Friedrich Nietzsche

Das große Lesebuch

Herausgegeben von
Ludger Lütkehaus

FISCHER Klassik

Erweiterte Neuausgabe

Erschienen bei FISCHER Taschenbuch
Frankfurt am Main, August 2014

© S. Fischer Verlag GmbH, Frankfurt am Main 2014
Satz: Dörlemann Satz, Lemförde
Druck und Bindung: CPI – Clausen & Bosse, Leck
Printed in Germany
ISBN 978-3-596-90584-3

Unsere Adressen im Internet:
www.fischerverlage.de
www.fischer-klassik.de

Inhalt

Friedrich Nietzsche, die umfänglichste Seele der Philosophie

Am Vormittag des 6. Januar 1889, es ist ein Sonntagmorgen, ereignet sich in Basel Ungewöhnliches. Jacob Burckhardt, der berühmte Kultur- und Kunsthistoriker der Universität, sucht den Kirchenhistoriker Franz Overbeck auf. Es ist alles andere als Besuchszeit, besonders für Basel, wo man auf Distanz hält. Doch beide sind über ihre kollegialen Kontakte hinaus durch die Beziehung zu einem Dritten verbunden: Friedrich Nietzsche, Burckhardt distanziert wohlwollend, Overbeck als Nietzsches bester Freund. Und Burckhardt hat gerade von Nietzsche aus Turin einen verstörenden Brief erhalten:

Lieber Herr Professor,
zuletzt wäre ich sehr viel lieber Basler Professor als Gott; aber ich habe es nicht gewagt, meinen Privat-Egoismus so weit zu treiben, um seinetwegen die Schaffung der Welt zu unterlassen. Sie sehen, man muss Opfer bringen, wie und wo man lebt. (...) Ich (...) leide an zerrissenen Stiefeln und danke dem Himmel jeden Augenblick für die a l t e Welt, für die die Menschen nicht einfach und still genug gewesen sind. – Da ich verurtheilt bin, die nächste Ewigkeit durch schlechte Witze zu unterhalten, so habe ich hier eine Schreiberei, die eigentlich nichts zu wünschen übrig lässt, sehr hübsch und ganz und gar nicht anstrengend (...). Was unangenehm ist und meiner Bescheidenheit zusetzt, ist, dass im Grunde jeder Name in der Geschichte ich bin; auch mit den Kindern, die ich in die Welt gesetzt habe, steht es so, dass ich mit einigem Misstrauen erwäge, ob nicht Alle, die *in* das ›Reich Gottes‹ kommen, auch *aus* Gott kommen. In diesem Herbst war ich, so gering gekleidet als möglich, zwei Mal bei meinem Begräbnisse zugegen (...) da ich gänzlich unerfahren in den Dingen bin, welche ich

schaffe, so steht Ihnen jede Kritik zu, ich bin dankbar, ohne versprechen zu können, Nutzen zu ziehn. Wir Artisten sind unbelehrbar. – (…) Erwägen Sie, wir machen eine schöne schöne (sic!) Plauderei, Turin ist nicht weit, sehr ernste Berufspflichten fehlen vor der Hand, ein Glas Veltliner würde zu beschaffen sein. Negligé des Anzugs Anstandsbedingung.

In herzlicher Liebe Ihr
Nietzsche

(…) Von Zeit zu Zeit wird gezaubert … Ich habe Kaiphas in Ketten legen lassen; auch bin ich voriges Jahr von den deutschen Ärzten auf eine sehr langwierige Weise gekreuzigt worden. Wilhelm(,) Bismarck und alle Antisemiten abgeschafft. Sie können von diesen (sic!) Brief jeden Gebrauch machen, der mich in der Achtung der Basler nicht heruntersetzt. –

Ein bewegendes Dokument, geprägt von einer verzweifelten Komik, offensichtlich diktiert vom Wahn. Overbeck nimmt unverzüglich Kontakt auf zu Professor Wille, dem Direktor der Basler Psychiatrie. Wille rät zu sofortiger Intervention. Noch am Abend des 7. Januar bricht Overbeck mit der Bahn nach Turin auf. Dort kommt es zu einer »fürchterlichen« Wiederbegegnung:

Ich erblicke Nietzsche in einer Sophaecke kauernd und lesend (…), entsetzlich verfallen aussehend, er (…) stürzt sich auf mich zu, umarmt mich heftig mich erkennend, und bricht in einen Tränenstrom aus, sinkt dann in Zuckungen aufs Sopha zurück, ich bin auch vor Erschütterung nicht im Stande auf den Beinen zu bleiben (…). Es kam vor, dass er in lauten Gesängen und Rasereien am Klavier sich maßlos steigernd Fetzen aus der Gedankenwelt, in der er zuletzt gelebt hat hervorstieß und dabei (…) sublime, wunderbar hellsichtige und unsäglich schauerliche Dinge über sich als den Nachfolger des toten Gottes vernehmen ließ, das Ganze auf dem Klavier gleichsam interpungierend, worauf wieder Konvulsionen und Ausbrüche eines unsäglichen Leidens erfolgten, (...) Äußerungen des Berufs, (...) der Possenreißer der neuen Ewigkeit zu sein, und er, der unvergleichliche Meister des Ausdrucks, war außer Stande selbst die Entzückungen seiner Fröhlichkeit anders als in den trivialsten Ausdrücken oder durch skurriles Tanzen und Springen wiederzugeben.

Mit Hilfe eines Begleiters gelingt es Overbeck, Nietzsche nach Basel zu überführen. Am 10. Januar 1889 wird er in die Basler Psychiatrie, die »Friedmatt«, eingeliefert. Eine Woche später trifft Nietzsches Mutter in Basel ein. Assistiert von einem Krankenwärter und einem jungen Arzt, der einst einer der Schüler Nietzsches am Basler Pädagogium gewesen war, bringt sie den vom Wahn zerrissenen, sie im Wahn gewalttätig bedrohenden Sohn in die Jenaer Nervenklinik. Ein Jahr später erhält sie die Erlaubnis, ihn in ihre Naumburger Wohnung zu nehmen, wo sie ihn bis zu ihrem Tod 1897 hingebungsvoll pflegt (vgl. Exkurs 1: Die grausame Wiederkehr des Dionysos. Friedrich Nietzsche liest Euripides – und antizipiert sein eigenes Geschick, Anhang S. 427 ff.).

Danach bemächtigt sich die Schwester Elisabeth Förster-Nietzsche, die Witwe des militanten Antisemiten Bernhard Förster, endgültig des inzwischen berühmt gewordenen Bruders. Schon die Mutter hatte ihren rigorosen Zugriff befremdet registriert. In der Weimarer »Villa Silberblick«, zugleich dem Domizil des Nietzsche-Archivs, lässt die Schwester den »lieben Kranken« pflegen. Mehr noch stellt sie die spektakuläre menschliche und philosophische Sehenswürdigkeit, die nun von der Aura des irrsinnigen Genies umweht ist, für die immer zahlreicheren Besucher aus. Sie ist Regisseurin, Agentin, Impresario, Managerin. Sie verwaltet sein Werk. Sie schreibt, stilisiert, mystifiziert seine Biographie. Sie nimmt es mit der Wahrheit nicht so genau. Sie, die er einst auf das Kosewort »Lama« getauft hatte, ohne schon so viel Böses zu ahnen, spuckt gegen ihre Feinde Gift und Galle. Sie fälscht seine Schriften und Briefe. Sie radiert und rasiert, was ihr nicht passt. So macht sie auf ihre Weise die Probe auf seine Lehre »Ueber Wahrheit und Lüge im außermoralischen Sinne« und vom »Willen zur Macht« – vor allem darauf, dass der Wille zur Macht »interpretiert« (vgl. Exkurs 2: Der Wille zur Macht und der Wille zum Text. Zur Geschichte der Nietzsche-Edition, Anhang S. 460 ff.). Die Schwester ist der böse Dämon Friedrich Nietzsches, der sein Werk zum Unglück für die Deutschen, zur Wegbereitung des Dritten Reiches macht, bis hin zum Empfang Adolf Hitlers, dem sie den Spazierstock des Bruders vermacht, drei Jahrzehnte später im Weimarer Nietzsche-Haus. Der wahnsinnige, hellsichtige Nietzsche kommentiert das vorauseilend am 4. Januar 1889: »Ich lasse eben alle Antisemiten erschießen ... Dionysos.«

Doch mit dieser weitreichenden Aufgabe wie mit etlichen anderen, die er in den ersten Januartagen 1889 in Angriff nimmt, überfordert der im Größenwahn delirierende Nietzsche sich. Die Erschießung »aller Antisemiten« durch »Dionysos«, den einst aus Asien nach Griechenland eingewanderten, den zerreißenden und zerrissenen Gott, der für Nietzsche zur wichtigsten mythischen Identifikationsfigur geworden ist, bleibt ihm ebenso versagt wie die Verhaftung des Papstes, das Arrangement einer Begegnung mit Nietzsches »Sohn Umberto«, dem italienischen König, mehr noch die Verklärung der von ihm einst als Gott geschaffenen Welt: so seine Phantasien, die er in Zettelform, den berühmt gewordenen »Wahnsinnszetteln«, am 31. Dezember 1888 und in den ersten Januartagen 1889 an alte Freunde und Bekannte, an diverse Briefpartner wie an die Spitzen der geistlichen und weltlichen Hierarchien schreibt. Allein im Wahn ist jene verklärende *frohe Botschaft* noch denkbar, noch sagbar, die Nietzsche so paradox wie schlüssig mit der Unterschrift »Der Gekreuzigte« neben den von »Dionysos« gezeichneten Zetteln versieht.

In dieser Doppelsignatur kommen die zentralen Chiffren von Nietzsches Leben und Denken zusammen, bis zur Unversöhnlichkeit konträr, gleichzeitig unterschwellig verbunden im Zeichen leidender und – wie auch immer – wiederauferstehender Gottes- und Menschensöhne. »Dionysos« ist *das* Symbol, das der seiner Herkunft entlaufene Pfarrerssohn Nietzsche dem Christentum entgegensetzt.

Dionysos' Beziehung zum christlichen Gott aber ist komplexer, als es die philosophische Schulweisheit will. Denn einerseits ist Dionysos zwar für Nietzsche der Gott der Immanenz, eines entschlossenen Wohnens hienieden ohne »Hinterweltler« und »Hinterwelt«, einer strikt weltlichen Religion, die das Leben in *allen* seinen Formen, jenseits von »Gut und Böse«, in Lust, nicht zuletzt der sexuellen Lust, und in Weh bejaht. Dionysos und *Anti-christ* fallen insofern tatsächlich zusammen. Der asiatisch-hellenische Gott ist die Chiffre für eine »unio mystica« mit dem Leben, für eine vitalistische Mystik, die der Religionserneuerer, der philosophische Religionsstifter Nietzsche wiederbeleben will.

Andererseits aber, auf Grund einer nie gelösten Ambivalenz, die Nietzsche zum gläubigsten aller atheistischen Philosophen, zum frömmsten aller Gottesmörder, manchmal geradezu zum Hoftheologen des toten Gottes macht, zeichnen sich hinter der tragischen Maske des Dionysos wieder und immer stärker die Züge des christlichen Gottessohnes ab, in dessen Rolle Nietzsche *sein* »Ecce homo« sagt. Vor allem die Bejahung des Leidens und die Verkündigung von Verklärung und Wiederauferstehung, Wiedergeburt stiften die Verbindung von Dionysos und Crucifixus. Was sich in Nietzsches letztem Brief an Jacob Burckhardt ausdrückt und sein Freund Franz Overbeck in Turin erlebt, ist der verzweifelt komische Totentanz eines Geistes, der als »Possenreißer der neuen Ewigkeiten« der parodistische »Nachfolger des toten Gottes« und Weltenschöpfers ist. »Zur Räson« werden Nietzsche in gewissem Sinn erst wieder die Psychiatrie und die Schwester bringen. Aber zu was für einer »Räson«.

Am 15. Oktober 1844 wird Friedrich Nietzsche als erstes Kind des Pfarrers Carl Ludwig Nietzsche und seiner Frau Franziska, ihrerseits einer Pfarrerstochter, im sächsischen Röcken bei Lützen geboren. 1849 stirbt der Vater nach einem schlimmen Siechtum an einem Gehirnleiden, ein halbes Jahr später der erst zweijährige Bruder Ludwig Joseph. Ein früher Riß geht durch Nietzsches Leben. Die Identifikation mit dem Vater, die Bestimmung zur Theologen-Rolle in einem durch die pietistisch inspirierte Frömmigkeit der Mutter geprägten Milieu soll den Riß schließen. Acht Jahre lang wächst der »kleine Fritz« nach dem Umzug der Familie 1850 nach Naumburg fast ausschließlich unter Frauen auf. Fast ebenso ausschließlich dann der Wechsel in die Männerwelt, die der Theologen, der Philologen. Von 1858 bis 1864 besucht Nietzsche das berühmte Internat von Schulpforta. 1864 beginnt er das Studium der Theologie an der Universität Bonn, im zweiten Semester wechselt er in die Philosophische Fakultät über. Ab 1865 studiert er Klassische Philologie an der Universität Leipzig. In demselben Jahr wird er mit der Philosophie Schopenhauers bekannt, der zu seinem wichtigsten philosophischen Lehrer wird. Der Militärdienst 1867/8 endet mit einem schweren Reitunfall.

1869 wird der erst 24jährige Nietzsche, der noch nicht einmal promoviert ist, auf eine außerordentliche Professur für Klassische Philologie an der Universität Basel berufen. Bald unternimmt der Wagner-Verehrer Nietzsche seine ersten Besuche bei den Wagners in Tribschen am Vierwaldstättersee. 1870 beginnt die Lebensfreundschaft mit Franz Overbeck, dem bekennenden Nichtchristen auf dem Lehrstuhl für Neues Testament und alte Kirchengeschichte. Fürwahr liberal geht es in Basel zu. Im deutsch-französischen Krieg leistet der »aus dem preußischen Untertanenverbande« ausgeschiedene Nietzsche als Freiwilliger Sanitätsdienst; er selber erkrankt an Ruhr und Rachendiphtherie. 1871 scheitert seine Bewerbung um den vakanten Basler Lehrstuhl für Philosophie. 1872 trägt Nietzsche seine erste große philosophische Schrift »Die Geburt der Tragödie aus dem Geiste der Musik«, die er aus einer Verbindung des »Apollinischen« mit dem »Dionysischen« hervorgehen sieht, die Bewunderung der Wagner-Anhänger und die harsche Kritik der exakten Philologen ein. 1873–1876 erscheinen die vier »Unzeitgemäßen Betrachtungen« über David Friedrich Strauss, Schopenhauer, Wagner und den »Nutzen und Nachteil der Historie für das Leben.«

1876 beginnt mit Nietzsches Beurlaubung krankheitshalber (schwere chronische Kopfschmerzen, Augen- und Magenbeschwerden) sein einsames europäisches Wanderleben, das ihn sommers in die Alpen, in den übrigen Jahreszeiten an die französische und italienische Mittelmeerküste führt. Genua, Venedig, Nizza, schließlich Turin, in den Alpen seit 1881 das Engadiner Sils-Maria sind Nietzsches bevorzugte Plätze. Doch zuhause ist der Nomade Nietzsche nirgendwo und nie.

Mit der Veröffentlichung von »Menschliches, Allzumenschliches« 1878 endet die Freundschaft mit Richard und Cosima Wagner. In dem Maße, wie Wagner nach dem Wort Nietzsches »zum Christentum zurückschleicht«, wendet er selber sich im Zeichen Voltaires einer religions- und moralkritisch radikalisierten Aufklärung zu. 1881 folgen unter dem Titel »Morgenröte« die »Gedanken über die moralischen Vorurteile«, 1882 die »Idyllen aus Messina« und »Die Fröhliche Wissenschaft«. Im selben Jahr stürzen die unerwiderte Liebe zu Lou von Salomé, der Bruch der Freundschaft mit Paul Rée und der zeitweilige Abbruch der Kontakte zur Mutter und zur Schwester, deren Intrigen Nietzsche zum Opfer fällt, ihn in eine tiefe Krise. In diesem Jahr lebt er mehr denn je, wie freilich schon länger und auch danach immer wieder, am Rande der Selbsttötung.

Mit dem ersten Teil von »Also sprach Zarathustra« 1883 versucht Nietzsche sich nach dem »Tod Gottes« und der »Heraufkunft des Nihilismus« in eine neue positive Philosophie zu retten, die in einer hymnischen, biblisch inspirierten Sprache die neue frohe Botschaft verkünden will. Sie steht im Zeichen der »Umwertung aller Werte«, des »Übermenschen«, des »Amor fati«, der »Liebe zum Geschick«, und der emphatisch bejahten »Ewigen Wiederkunft«, da capo, noch einmal, noch einmal ...

Nach dem Erscheinen des vierten Teiles des »Zarathustra« in einem Privatdruck 1885 radikalisiert sich schließlich 1886 mit »Jenseits von Gut und Böse«, 1887 mit der »Genealogie der Moral« und immer wieder neu ansetzenden nachgelassenen Fragmenten, die nach Nietzsches Tod unter dem Titel »Der Wille zur Macht« von seiner Schwester willkürlich zusammengestellt, zensiert, gefälscht werden, Nietzsches letzte Philosophie. 1888 publiziert er »Der Fall Wagner«, die »Götzen-Dämmerung«, »Nietzsche contra Wagner«, »Der Antichrist«, das autobiographische »Ecce homo« und die »Dionysos-Dithyramben«. In den ersten Januartagen 1889 bricht Nietzsche in Turin zusammen. Die – nach wie vor kontroverse – Diagnose der Basler wie dann der Jenaer Psychiatrie lautet auf progressive Paralyse, verursacht durch eine lange Zeit zurückliegende syphilitische Infektion.

Noch fast elf Jahre, ein Fünftel seines gesamten Lebens, hat Nietzsche in Jena, Naumburg und Weimar, bis 1897 bei und mit seiner Mutter, dann unter der Ägide seiner Schwester, weitergelebt. Am 25. August 1900 gibt er nach seinem Geist auch seinen Leib auf.

Mehr als 100 Jahre nach seinem Tod ist Nietzsche heute weltweit der meistgelesene, meistdiskutierte Denker. Aber ist er denn überhaupt ein Philosoph? Ist er nicht vielmehr ein Schriftsteller, ein Poet, ein Prophet, ein Religionsstifter? Finden sich in seinem Werk nicht Widersprüche, Brüche zuhauf? Spricht er nicht jeder Systematik Hohn? Ist er nichts zutiefst irrational? Worin liegt denn überhaupt die beispiellose Faszination, die ganz ohne Frage von ihm ausgeht?

Dafür gibt es viele Gründe, der offensichtlichste ist sein tragisches Geschick, sein ruheloses Wanderleben, sein spektakulärer Zusammenbruch. Christlich milde Geister haben nicht gezögert, seinen Wahnsinn als verdiente Strafe für den gotteslästerlichen, gottesmörderischen Atheisten zu deuten. Weniger bestrafungsbegierige Seelen werden sich des Mitgefühls nicht erwehren können – jenes Gefühls, das Nietzsche so heftig bekämpft und selber noch heftiger empfunden hat.

Wer Nietzsche gelesen hat und liest – und erstaunlich viele Menschen, auch, gerade Nichtphilosophen, lesen Nietzsche – wird darüber hinaus von einem der größten Schriftsteller deutscher Sprache fasziniert sein. Nietzsche ist in der Tat ein glänzender Stilist. Seine Aphorismen sind buchstäblich Geistes-Blitze, seine Kurzessays von einer unvergleichlichen Verdichtungsenergie. Und die Berufskrankheit der Schulphilosophie ist ihm fern: die Langeweile. Trotz des »größten Schwergewichts«, das er auf sich, seinem Denken lasten fühlt, ist er oft überaus witzig. Nur ein paar Beispiele: »Lucas, 18,14 verbessert. – Wer sich selbst erniedrigt, will erhöhet werden« (KSA II, 87). »Der Unterleib ist der Grund dafür, dass der Mensch sich nicht so leicht für einen Gott hält« (KSA V, 97). »Nicht wenige, die ihren Teufel austreiben wollten, fuhren dabei selber in die Säue« (KSA X, 103). »Schlechtes Gedächtniss. ›Das habe ich gethan‹, sagt mein Gedächtniss. ›Das kann ich nicht gethan haben‹, sagt mein Stolz und bleibt unerbittlich. Endlich – giebt das Gedächtnis nach« (KSA V, 86).

Sein berühmtestes Werk, der »Zarathustra«, ist, gemessen an diesen Qualitäten, vielleicht sein schwächstes: viel zu viel Pathos, zuviel »Pedal«, viel zu viele Unterstreichungen, die sein neues Evangelium ihm diktiert. Wenn Nietzsche als »freier Geist« in der Tradition der westeuropäischen Aufklärung »kalt«, analytisch schreibt, ist er viel besser. Die »Fröhliche Wissenschaft« ist sein größtes Buch. Die deutsche Philosophie ist – oft mit Recht – wegen ihrer Hartleibigkeit, Schwerverständlichkeit,

Umständlichkeit, ihrer fatal unauslotbaren »Tiefe« gescholten worden. Aber man vergisst dabei, dass sie mit Nietzsche und seinem Lehrer auch in dieser Hinsicht: Schopenhauer, zwei große Stilisten mitumfasst. Hegel und Heidegger? Nein, Schopenhauer und Nietzsche!

Indes geht es Nietzsche nicht um sprachlich glänzenden Firnis, sondern um existentielle Fragen, die ihn umtreiben und niemanden unberührt lassen. Nietzsche ist nicht nur der größte Psychologe unter den Philosophen, zumal einer der Entdecker des Unbewussten vor Freud, er ist die leidenschaftlichste, die »umfänglichste« Seele der Philosophie. Nach dem Satz vom zu *vermeidenden* Widerspruch mögen nüchternere und ärmere akademische Schreibtischtäter agieren.

Schließlich und vor allem: Nietzsche provoziert. Er scheut kein Risiko. Dass das Denken *kein* Glasperlenspiel ist, lässt sich bei ihm wie bei kaum einem anderen erfahren. Inzwischen provoziert er nicht mehr als Denker des »Willens zur Macht«, des Dritten Reiches, zu dem er, der *Anti*-Antisemit, zurechtgefälscht wurde. Das sind vergangene Zeiten. Ausgerechnet zwei erklärte italienische Antifaschisten, Giorgio Colli und Mazzino Montinari, haben den Deutschen die bisher beste, zuverlässigste Nietzsche-Ausgabe beschert, auch wenn seither die Kritische Gesamtausgabe des handschriftlichen Nachlasses ab 1885 für substantielle Korrekturen sorgt.

Nietzsches größte Provokationen knüpfen sich an zwei Zitate. Das erste lautet: »Du gehst zu Frauen? Vergiss die Peitsche nicht!« So steht es im »Zarathustra« (KSA IV, 86) (vgl. Exkurs 3: »Peitsche und Küche!«. »Zarathustras Schwester« und Nietzsches Peitschen-Rat, Anhang S. 464 ff.). Aber es steht dort, ganz abgesehen davon, dass es zumeist falsch zitiert wird, als doppelt distanzierte Rollenprosa: Nietzsches Zarathustra lässt ein »altes Weiblein« so sprechen. Und sieht man sich in den Bildern von Nietzsches Leben um, so entpuppt sich der rabiate Satz als Ge-

genbild jener Szene, die Nietzsche 1882 mit sich, Lou von Salomé und Paul Rée in einem Luzerner Photostudie inszeniert. Das »Weib« ist es hier, das über den beiden hoffnungslos verliebten Männern seine zierliche Peitsche schwingt. Nietzsche war ein sehr sensibler Freund und Verehrer der Frauen. Wenn er in seinen Schriften den übermännlichen Mann herauszukehren versucht – späte Reaktion auf den reinen Frauenhaushalt, in dem er aufwuchs –, so misslingt ihm das ebenso oft.

Das zweite Zitat ist sein berühmtestes und – je nach Position – auch sein umstrittenstes: »Gott ist todt«. Es steht im 125. Stück der »Fröhlichen Wissenschaft« (KSA III, 480ff.). An den betonierten Wänden der Philosophischen Fakultäten liest man gelegentlich in Graffiti-Form die halbwegs witzige Replik: »›Gott ist tot‹: Nietzsche.« »›Nietzsche ist tot‹: Gott« – auch wenn man nicht genau weiß, wann und wo Letzterer das gesagt haben kann. Gleichwie: Das Nietzsche-Zitat ist der Satz des *tollen Menschen*«, der dem Stück den Titel gibt, also wieder distanzierte Rollenprosa. Überdies geht es um ein potenziertes Zitat: Der »tolle Mensch« ist der Nachfahre des Kynikers Diogenes, der bei helllichtem Tag mit der Lampe Menschen sucht – jetzt ist der Neokyniker auf der vergeblichen Gottsuche.

Unverkürzt lautet das Zitat: »Gott ist todt! Gott bleibt todt! Und wir haben ihn getödtet!« (KSA III, 481) Diese Formel schreibt den Tod Gottes zwar fest: Hier gibt es keine Ewige Wiederkehr. Aber der Satz räumt immerhin ein, dass Gott einmal gelebt habe. Er nennt die spezifische Ursache des Gottestodes: einen Mord. Und er nennt die Täter: ein »Wir«, das den »tollen Menschen« und sein Publikum, »uns alle« umfassen soll. Das Publikum aber will nichts von seiner neuen Botschaft wissen – nicht etwa, weil es noch an einen lebenden Gott glaubte, das tut es gerade nicht, sondern deswegen, weil ihm die Botschaft vom Tod Gottes nichts sagt. Die Frage ist nur, ob sie das nicht *mehr* tut wie in einer vollendet gottlosen Zeit, die selbst die vom Tod Gottes hinterlassene Lücke nicht mehr empfindet, oder ob sie das *noch* nicht tut.

Und eben das ist die Einsicht des »tollen Menschen«: Die Menschen auf dem Markt haben noch nicht realisiert, was mit Gott gestorben ist: »das Heiligste und Mächtigste, was die Welt bisher besaß«; ihre »Sonne«, ihr Heliozentrum, das dem Kosmos bisher Richtung und Ordnung, buchstäblich »Orientierung« gab; das Licht, das sie vor Finsternis, Kälte und Leere schützte; das Sein, das sie vor einem »unendlichen Nichts« bewahrte. Wenn in den unendlichen Zeit-Räumen der kopernikanischen Welt das Licht der Gestirne den Menschen noch leuchten kann, auch nachdem sie längst verglüht sind, so ist hier nach der eigenwilligen paradoxen Wendung, die der »tolle Mensch« der kosmologischen Metapher gibt, die Bedeutung des Todes des Gestirns aller Gestirne, das Licht der gottesmörderischen Tat bei den Menschen noch nicht wirklich angekommen, obwohl, nein gerade weil die Tatsache als solche für sie längst zu einer Banalität geworden ist. Im Gegensatz zu seinem Publikum ist der »tolle Mensch« ein höchst bewusster Gottesmörder, ein inständiger Atheist, der ebensowohl um die Größe der mörderischen Tat wie um das Ausmaß des Verlustes weiß. Ernsthafter, in gewissem Sinn frömmer als diese Traueranzeige könnte ein atheistisches Manifest schwerlich sein.

In anderen Stücken der »Fröhlichen Wissenschaft« gibt der inständige Atheist Nietzsche, der seiner Herkunft unter Schmerzen entlaufene ehemalige »kleine Pastor«, weitere eindrucksvolle Versionen seiner Verlustmeldung, seiner unfrohen Botschaft: Noch sind die Menschen heiter, weil sie von einer großen Last befreit sind, mit der sie der furchterregende alte Gott beschwert hatte, aber auch deswegen, weil sie die damit einhergehende Verdüsterung noch nicht wahrgenommen haben und sich noch nicht fragen müssen wie Nietzsche in der Nachfolge Schopenhauers, was denn und ob überhaupt das Leben jetzt noch lohne.

Das heißt keineswegs, dass Nietzsche in der Rolle des bekennenden Gottesmörders nun Reue empfände: »Gott ist todt! Gott bleibt todt!« Aber der »freie Geist« Nietzsche ist redlich genug, die Verlustgeschichte des Gottestodes nicht zu verleugnen: weil sie seine eigene ist. Andere, freiere Geister mögen durchaus fröhlicher empfinden.

Hier liegt vielleicht Nietzsches größter Vorzug: Er diagnostiziert den Tod der Ideen, der Idole, in seinen Anfängen der Geschichte als wissenschaftlicher Religion seiner Zeit, dann den Tod Gottes, den Tod der Wahrheit, den Tod der Moral, den Tod des Sinns. Er ist überragend als desillusionierter und desillusionierender Analytiker. Er versucht diese Tode nicht wertrestaurativ rückgängig zu machen. Nötigenfalls stößt er im Gegenteil noch, was fällt. Reue und Reversion liegen ihm fern. Doch nicht die Trauer. Anders als die »letzten Menschen« des »Zarathustra«, die das »Glück erfunden« haben und darob »blinzeln«, die Menschen der Spaßkultur, dementiert er nicht den Verlust. Und er weiß in unangenehmster Klarheit, was nun die Frage ist: Wie jetzt auch nur »aushalten«? Woher den »Sinn« nehmen und nicht stehlen, wenn er nirgendwo mehr zu finden ist?

Die Zumutung dieser Frage freilich hält Nietzsche nicht aus. Dafür ist der Verlust ihm noch zu nah. Einen gelassenen Nihilismus, einen Atheismus, der weder banal noch inständig ist, kennt er nicht. Mit allen Mitteln und um jeden Preis sucht Nietzsche deswegen neue Positivitäten zu schaffen. Neue und alte Götter wie Dionysos und der Übermensch, vermeintlich neue, in Wahrheit sehr alte Ideen und Maximen wie der »Amor fati« und die »Ewige Wiederkunft« sollen die hinterbliebene Leerstelle füllen. Das Konzept des »Willens zur Macht« ist der letzte, der scheiternde Versuch Nietzsches, des Leidenslebens noch einmal Herr zu werden. Sein eigenes Leben soll die Probe darauf sein. Deswegen mündet Nietzsches Werk in eine extrem stilisierte philosophische Autobiographie. Doch damit wird der

Bogen seines Lebens vollends überspannt – bis der »toll« gewordene Mensch Nietzsche in der Doppelrolle von Dionysos und Gekreuzigtem, der sich selber ans Kreuz des Lebens geschlagen hat und dazu »Ecce homo« sagt, in Turin zusammenbricht.

»Zuletzt wäre ich viel lieber Basler Professor als Gott«:

Es wäre Nietzsche zu gönnen gewesen.

I. Ecce homo

Wie man wird, was man ist

Warum ich so weise bin.

I.

Das Glück meines Daseins, seine Einzigkeit vielleicht, liegt in seinem Verhängniss: ich bin, um es in Räthselform auszudrükken, als mein Vater bereits gestorben, als meine Mutter lebe ich noch und werde alt. Diese doppelte Herkunft, gleichsam aus der obersten und der untersten Sprosse an der Leiter des Lebens, décadent zugleich und A n f a n g – dies, wenn irgend Etwas, erklärt jene Neutralität, jene Freiheit von Partei im Verhältniss zum Gesammtprobleme des Lebens, die mich vielleicht auszeichnet. Ich habe für die Zeichen von Aufgang und Niedergang eine feinere Witterung als je ein Mensch gehabt hat, ich bin der Lehrer par excellence hierfür, – ich kenne Beides, ich bin Beides. – Mein Vater starb mit sechsunddreissig Jahren: er war zart, liebenswürdig und morbid, wie ein nur zum Vorübergehn bestimmtes Wesen, – eher eine gütige Erinnerung an das Leben, als das Leben selbst. Im gleichen Jahre, wo sein Leben abwärts gieng, gieng auch das meine abwärts: im sechsunddreissigsten Lebensjahre kam ich auf den niedrigsten Punkt meiner Vitalität, – ich lebte noch, doch ohne drei Schritt weit vor mich zu sehn. Damals – es war 1879 – legte ich meine Basler Professur nieder, lebte den Sommer über wie ein Schatten in St. Moritz und den nächsten Winter, den sonnenärmsten meines Lebens, a l s Schatten in Naumburg. Dies war mein Minimum: »Der Wanderer und sein Schatten« entstand währenddem. Unzweifelhaft, ich verstand mich damals auf Schatten … Im Winter darauf, meinem ersten Genueser Winter, brachte jene Versüssung und Vergeistigung, die mit einer extremen Armuth an Blut und Muskel beinahe bedingt ist, die »Morgenröthe« hervor. Die vollkommne Helle und Heiterkeit, selbst Exuberanz des Geistes, welche das genannte Werk wiederspiegelt, verträgt sich bei mir nicht nur mit der tiefsten physiologischen Schwäche, sondern sogar mit einem Excess von Schmerzgefühl. Mitten in Martern, die ein ununterbrochner dreitägiger Gehirn-Schmerz sammt mühseligem Schleimerbrechen mit sich bringt, – besass ich eine Dialektiker-Klarheit par excellence und dachte Dinge sehr kaltblütig durch, zu denen ich in gesünderen Verhältnissen nicht Kletterer, nicht raffinirt, nicht kalt genug bin. Meine Leser wissen vielleicht, in wie fern ich Dialektik als Décadence-Symptom betrachte, zum Beispiel im allerberühmtesten Fall: im Fall des Sokrates. – Alle krankhaften Störungen des Intellekts, selbst jene Halbbetäubung, die das Fieber im Gefolge hat, sind mir bis heute gänzlich fremde Dinge geblieben, über deren Natur und Häufigkeit ich mich erst auf gelehrtem Wege zu unterrichten hatte. Mein Blut läuft langsam. Niemand hat je an mir Fieber constatiren können. Ein Arzt, der mich länger als Nervenkranken behandelte, sagte schliesslich: »nein! an Ihren Nerven liegt's nicht, ich selber bin nur nervös.« Schlechterdings unnachweisbar irgend eine lokale Entartung; kein organisch bedingtes Magenleiden, wie sehr auch immer, als Folge der Gesammterschöpfung, die tiefste Schwäche des gastrischen Systems. Auch das Augenleiden, dem Blindwerden zeitweilig sich gefährlich annähernd, nur Folge, nicht ursächlich: so dass mit jeder Zunahme an Lebenskraft auch die Sehkraft wieder zugenommen hat. – Eine lange, allzulange Reihe von Jahren bedeutet bei mir Genesung, – sie bedeutet leider auch zugleich Rückfall, Verfall, Periodik einer Art décadence. Brauche ich, nach alledem, zu sagen, dass ich in Fragen der décadence erfahren bin? Ich habe sie vorwärts und rückwärts buchstabirt. Selbst jene Filigran-Kunst des Greifens und Begreifens überhaupt, jene Finger für nuances, jene Psychologie des »Um-die-Ecke-sehns« und was sonst mir eignet, ward damals erst erlernt, ist das eigentliche Geschenk jener Zeit, in der Alles sich bei mir verfeinerte, die Beobachtung selbst wie alle Organe der Beobachtung. Von der Kranken-Optik aus nach gesünderen Begriffen und Werthen, und wiederum umgekehrt aus der Fülle und Selbstgewissheit des reichen Lebens hinuntersehn in die heimliche Arbeit des Décadence-Instinkts – das war meine längste Übung, meine eigentliche Erfahrung, wenn irgend worin wurde ich darin Meister. Ich habe es jetzt in der Hand, ich habe die Hand dafür, P e r s p e k t i v e n u m z u s t e l l e n: erster Grund, weshalb für mich allein vielleicht eine »Umwerthung der Werthe« überhaupt möglich ist. –

2.

Abgerechnet nämlich, dass ich ein décadent bin, bin ich auch dessen Gegensatz. Mein Beweis dafür ist, unter Anderem, dass ich instinktiv gegen die schlimmen Zustände immer die r e c h t e n Mittel wählte: während der décadent an sich immer die ihm nachtheiligen Mittel wählt. Als summa summarum war ich gesund, als Winkel, als Specialität war ich décadent. Jene Energie zur absoluten Vereinsamung und Herauslösung aus gewohnten Verhältnissen, der Zwang gegen mich, mich nicht mehr besorgen, bedienen, b e ä r z t e l n zu lassen – das verräth die unbedingte Instinkt-Gewissheit darüber, w a s damals vor Allem noth that. Ich nahm mich selbst in die Hand, ich machte mich selbst wieder gesund: die Bedingung dazu – jeder Physiologe wird das zugeben – ist, d a s s m a n i m G r u n d e g e s u n d i s t. Ein typisch morbides Wesen kann nicht gesund werden, noch weniger sich selbst gesund machen; für einen typisch Gesunden kann umgekehrt Kranksein sogar ein energisches S t i m u l a n s zum Leben, zum Mehr-leben sein. So in der That erscheint mir j e t z t jene lange Krankheits-Zeit: ich entdeckte das Leben gleichsam neu, mich selber eingerechnet, ich schmeckte alle guten und selbst kleinen Dinge, wie sie Andre nicht leicht schmecken könnten, – ich machte aus meinem Willen zur Gesundheit, zum L e b e n, meine Philosophie … Denn man gebe Acht darauf: die Jahre meiner niedrigsten Vitalität waren es, wo ich a u f h ö r t e, Pessimist zu sein: der Instinkt der Selbst-Wiederherstellung v e r b o t mir eine Philosophie der Armuth und Entmuthigung … Und woran erkennt man im Grunde die W o h l -

25

gerathenheit! Dass ein wohlgerathner Mensch unsern Sinnen wohlthut: dass er aus einem Holze geschnitzt ist, das hart, zart und wohlriechend zugleich ist. Ihm schmeckt nur, was ihm zuträglich ist; sein Gefallen, seine Lust hört auf, wo das Maass des Zuträglichen überschritten wird. Er erräth Heilmittel gegen Schädigungen, er nützt schlimme Zufälle zu seinem Vortheil aus; was ihn nicht umbringt, macht ihn stärker. Er sammelt instinktiv aus Allem, was er sieht, hört, erlebt, s e i n e Summe: er ist ein auswählendes Princip, er lässt Viel durchfallen. Er ist immer in s e i n e r Gesellschaft, ob er mit Büchern, Menschen oder Landschaften verkehrt: er ehrt, indem er w ä h l t, indem er z u l ä s s t, indem er v e r t r a u t. Er reagirt auf alle Art Reize langsam, mit jener Langsamkeit, die eine lange Vorsicht und ein gewollter Stolz ihm angezüchtet haben, – er prüft den Reiz, der herankommt, er ist fern davon, ihm entgegenzugehn. Er glaubt weder an »Unglück«, noch an »Schuld«: er wird fertig, mit sich, mit Anderen, er weiss zu v e r g e s s e n, – er ist stark genug, dass ihm Alles zum Besten gereichen m u s s. – Wohlan, ich bin das G e g e n s t ü c k eines décadent: denn ich beschrieb eben m i c h.

3.

Ich betrachte es als ein grosses Vorrecht, einen solchen Vater gehabt zu haben: die Bauern, vor denen er predigte – denn er war, nachdem er einige Jahre am Altenburger Hofe gelebt hatte, die letzten Jahre Prediger – sagten, so müsse wohl ein Engel aussehn. – Und hiermit berühre ich die Frage der Rasse. Ich bin ein polnischer Edelmann pur sang, dem auch nicht ein Tropfen schlechtes Blut beigemischt ist, am wenigsten deutsches. Wenn ich den tiefsten Gegensatz zu mir suche, die unausrechenbare Gemeinheit der Instinkte, so finde ich immer meine Mutter und Schwester, – mit solcher canaille mich verwandt zu glauben wäre eine Lästerung auf meine Göttlichkeit. Die Behandlung, die ich von Seiten meiner Mutter und Schwester erfahre, bis auf diesen Augenblick, flösst mir ein unsägliches Grauen ein: hier arbeitet eine vollkommene Höllenmaschine, mit unfehlbarer Sicherheit über den Augenblick, wo man mich blutig verwunden kann – in meinen höchsten Augenblicken, … denn da fehlt jede Kraft, sich gegen giftiges Gewürm zu wehren … Die physiologische Contiguität ermöglicht eine solche disharmonia praestabilita … Aber ich bekenne, dass der tiefste Einwand gegen die »ewige Wiederkunft«, mein eigentlich a b g r ü n d l i c h e r Gedanke, immer Mutter und Schwester sind. – Aber auch als Pole bin ich ein ungeheurer Atavismus. Man würde Jahrhunderte zurückzugehn haben, um diese vornehmste Rasse, die es auf Erden gab, in dem Masse instinktrein zu finden, wie ich sie darstelle. Ich habe gegen Alles, was heute noblesse heisst, ein souveraines Gefühl von Distinktion, – ich würde dem jungen deutschen Kaiser nicht die Ehre zugestehn, mein Kutscher zu sein. Es giebt einen einzigen Fall, wo ich meines Gleichen anerkenne – ich bekenne es mit tiefer Dankbarkeit. Frau Cosima Wagner ist bei Weitem die vornehmste Natur; und, damit ich kein Wort zu wenig sage, sage ich, dass Richard Wagner der mir bei Weitem verwandteste Mann war … Der Rest ist Schweigen … Alle herrschenden Begriffe über Verwandtschafts-Grade sind ein physiologischer Widersinn, der nicht überboten werden kann. Der Papst treibt heute noch Handel mit diesem Widersinn. Man ist a m   w e n i g - s t e n mit seinen Eltern verwandt: es wäre das äusserste Zeichen von Gemeinheit, seinen Eltern verwandt zu sein. Die höheren Naturen haben ihren Ursprung unendlich weiter zurück, auf sie hin hat am längsten gesammelt, gespart, gehäuft werden müssen. Die g r o s s e n Individuen sind die ältesten: ich verstehe es nicht, aber Julius Cäsar könnte mein Vater sein – o d e r Alexander, dieser leibhafte Dionysos … In diesem Augenblick, wo ich dies schreibe, bringt die Post mir einen Dionysos-Kopf …

4.

Ich habe nie die Kunst verstanden, gegen mich einzunehmen – auch das verdanke ich meinem unvergleichlichen Vater – und selbst noch, wenn es mir von grossem Werthe schien. Ich bin sogar, wie sehr immer das unchristlich scheinen mag, nicht einmal gegen mich eingenommen. Man mag mein Leben hin- und herwenden, man wird darin, jenen Einen Fall abgerechnet, keine Spuren davon entdecken, dass Jemand bösen Willen gegen mich gehabt hätte, vielleicht aber etwas zu viel Spuren von gutem Willen … Meine Erfahrungen selbst mit Solchen, an denen Jedermann schlechte Erfahrungen macht, sprechen ohne Ausnahme zu deren Gunsten; ich zähme jeden Bär, ich mache die Hanswürste noch sittsam. In den sieben Jahren, wo ich an der obersten Klasse des Basler Pädagogiums Griechisch lehrte, habe ich keinen Anlass gehabt, eine Strafe zu verhängen; die Faulsten waren bei mir fleissig. Dem Zufall bin ich immer gewachsen; ich muss unvorbereitet sein, um meiner Herr zu sein. Das Instrument, es sei, welches es wolle, es sei so verstimmt, wie nur das Instrument »Mensch« verstimmt werden kann – ich müsste krank sein, wenn es mir nicht gelingen sollte, ihm etwas Anhörbares abzugewinnen. Und wie oft habe ich das von den »Instrumenten« selber gehört, dass sie sich noch nie s o gehört hätten (…).

5.

Auch noch in einem anderen Punkte bin ich bloss mein Vater noch einmal und gleichsam sein Fortleben nach einem allzufrühen Tode. Gleich Jedem, der nie unter seines Gleichen lebte und dem der Begriff »Vergeltung« so unzugänglich ist wie etwa der Begriff »gleiche Rechte«, verbiete ich mir in Fällen, wo eine kleine oder s e h r g r o s s e Thorheit an mir begangen wird, jede Gegenmaassregel, jede Schutzmaassregel, – wie billig, auch jede Vertheidigung, jede »Rechtfertigung«. Meine Art Vergeltung besteht darin, der Dummheit so schnell wie möglich eine Klugheit nachzuschicken: so holt man sie vielleicht noch ein. Im Gleichniss geredet: ich schicke einen Topf mit Confitüren, um eine s a u e r e Geschichte loszuwerden … Man hat nur Etwas an mir schlimm zu machen, ich »vergelte« es, dessen sei man sicher:

ich finde über Kurzem eine Gelegenheit, dem »Missethäter« meinen Dank auszudrücken (mitunter sogar für die Missethat) – oder ihn um Etwas zu bitten, was verbindlicher sein kann als Etwas geben ... Auch scheint es mir, dass das gröbste Wort, der gröbste Brief noch gutartiger, noch honnetter sind als Schweigen. Solchen, die schweigen, fehlt es fast immer an Feinheit und Höflichkeit des Herzens; Schweigen ist ein Einwand, Hinunterschlucken macht nothwendig einen schlechten Charakter, – es verdirbt selbst den Magen. Alle Schweiger sind dyspeptisch. – Man sieht, ich möchte die Grobheit nicht unterschätzt wissen, sie ist bei weitem die humanste Form des Widerspruchs und, inmitten der modernen Verzärtelung, eine unsrer ersten Tugenden. – Wenn man reich genug dazu ist, ist es selbst ein Glück, Unrecht zu haben. Ein Gott, der auf die Erde käme, dürfte gar nichts Andres thun als Unrecht, – nicht die Strafe, sondern die Schuld auf sich zu nehmen wäre erst göttlich.

6.

Die Freiheit vom Ressentiment, die Aufklärung über das Ressentiment – wer weiss, wie sehr ich zuletzt auch darin meiner langen Krankheit zu Dank verpflichtet bin! Das Problem ist nicht gerade einfach: man muss es aus der Kraft heraus und aus der Schwäche heraus erlebt haben. Wenn irgend Etwas überhaupt gegen Kranksein, gegen Schwachsein geltend gemacht werden muss, so ist es, dass in ihm der eigentliche Heilinstinkt, das ist der Wehr- und Waffen-Instinkt im Menschen mürbe wird. Man weiss von Nichts loszukommen, man weiss mit Nichts fertig zu werden, man weiss Nichts zurückzustossen, – Alles verletzt. Mensch und Ding kommen zudringlich nahe, die Erlebnisse treffen zu tief, die Erinnerung ist eine eiternde Wunde. Kranksein ist eine Art Ressentiment selbst. – Hiergegen hat der Kranke nur Ein grosses Heilmittel – ich nenne es den russischen Fatalismus, jenen Fatalismus ohne Revolte, mit dem sich ein russischer Soldat, dem der Feldzug zu hart wird, zuletzt in den Schnee legt. Nichts überhaupt mehr an-nehmen, an sich nehmen, in sich hineinnehmen, – überhaupt nicht mehr reagiren … Die grosse Vernunft dieses Fatalismus, der nicht immer nur der Muth zum Tode ist, als lebenerhaltend unter den lebensgefährlichsten Umständen, ist die Herabset-zung des Stoffwechsels, dessen Verlangsamung, eine Art Wille zum Winterschlaf. Ein paar Schritte weiter in dieser Logik, und man hat den Fakir, der wochenlang in einem Grabe schläft … Weil man zu schnell sich verbrauchen würde, wenn man über-haupt reagirte, reagirt man gar nicht mehr: dies ist die Logik. Und mit Nichts brennt man rascher ab, als mit den Ressenti-ments-Affekten. Der Ärger, die krankhafte Verletzlichkeit, die Ohnmacht zur Rache, die Lust, der Durst nach der Rache, das Giftmischen in jedem Sinne – das ist für Erschöpfte sicherlich die nachtheiligste Art zu reagiren: ein rapider Verbrauch von Nervenkraft, eine krankhafte Steigerung schädlicher Ausleerun-gen, zum Beispiel der Galle in den Magen, ist damit bedingt. Das Ressentiment ist das Verbotene an sich für den Kranken – sein Böses: leider auch sein natürlichster Hang. – Das begriff je-ner tiefe Physiolog Buddha. Seine »Religion«, die man besser als eine Hygiene bezeichnen dürfte, um sie nicht mit so erbar-mungswürdigen Dingen wie das Christenthum ist, zu vermi-schen, machte ihre Wirkung abhängig von dem Sieg über das Ressentiment: die Seele davon frei machen – erster Schritt zur Genesung. »Nicht durch Feindschaft kommt Feindschaft zu Ende, durch Freundschaft kommt Feindschaft zu Ende«: das steht am Anfang der Lehre Buddha's – so redet nicht die Moral, so redet die Physiologie. – Das Ressentiment, aus der Schwäche geboren, Niemandem schädlicher als dem Schwachen selbst, – im andern Falle, wo eine reiche Natur die Voraussetzung ist, ein überflüssiges Gefühl, ein Gefühl, über das Herr zu bleiben beinahe der Beweis des Reichthums ist. Wer den Ernst kennt, mit dem meine Philosophie den Kampf mit den Rach- und Nachgefühlen bis in die Lehre vom »freien Willen« hinein auf-genommen hat – der Kampf mit dem Christenthum ist nur ein

Einzelfall daraus – wird verstehn, weshalb ich mein persönliches Verhalten, meine Instinkt-Sicherheit in der Praxis hier gerade an's Licht stelle. In den Zeiten der décadence verbot ich sie mir als schädlich; sobald das Leben wieder reich und stolz genug dazu war, verbot ich sie mir als unter mir. Jener »russische Fatalismus«, von dem ich sprach, trat darin bei mir hervor, dass ich beinahe unerträgliche Lagen, Orte, Wohnungen, Gesellschaften, nachdem sie einmal, durch Zufall, gegeben waren, Jahre lang zäh festhielt, – es war besser, als sie ändern, als sie veränderbar zu fühlen, – als sich gegen sie aufzulehnen … Mich in diesem Fatalismus stören, mich gewaltsam aufwecken nahm ich damals tödtlich übel: – in Wahrheit war es auch jedes Mal tödtlich gefährlich. – Sich selbst wie ein Fatum nehmen, nicht sich »anders« wollen – das ist in solchen Zuständen die grosse Vernunft selbst.

7.

Ein ander Ding ist der Krieg. Ich bin meiner Art nach kriegerisch. Angreifen gehört zu meinen Instinkten. Feind sein können, Feind sein – das setzt vielleicht eine starke Natur voraus, jedenfalls ist es bedingt in jeder starken Natur. Sie braucht Widerstände, folglich sucht sie Widerstand: das aggressive Pathos gehört ebenso nothwendig zur Stärke als das Rach- und Nachgefühl zur Schwäche. Das Weib zum Beispiel ist rachsüchtig: das ist in seiner Schwäche bedingt, so gut wie seine Reizbarkeit für fremde Noth. – Die Stärke des Angreifenden hat in der Gegnerschaft, die er nöthig hat, eine Art Maass; jedes Wachsthum verräth sich im Aufsuchen eines gewaltigeren Gegners – oder Problems: denn ein Philosoph, der kriegerisch ist, fordert auch Probleme zum Zweikampf heraus. Die Aufgabe ist nicht, überhaupt über Widerstände Herr zu werden, sondern über solche, an denen man seine ganze Kraft, Geschmeidigkeit und Waffen-Meisterschaft einzusetzen hat, – über gleiche Gegner … Gleichheit vor dem Feinde – erste Voraussetzung zu einem rechtschaffnen Duell. Wo man verachtet, kann man nicht Krieg führen; wo man befiehlt, wo man Etwas unter sich sieht, hat man nicht Krieg zu führen. – Meine Kriegs-Praxis ist in vier Sätze zu fassen. Erstens: ich greife nur Sachen an, die siegreich sind, – ich warte unter Umständen, bis sie siegreich sind. Zweitens: ich greife nur Sachen an, wo ich keine Bundesgenossen finden würde, wo ich allein stehe, – wo ich mich allein compromittire ... Ich habe nie einen Schritt öffentlich gethan, der nicht compromittirte: das ist mein Kriterium des rechten Handelns. Drittens: ich greife nie Personen an, – ich bediene mich der Person nur wie eines starken Vergrösserungsglases, mit dem man einen allgemeinen, aber schleichenden, aber wenig greifbaren Nothstand sichtbar machen kann. So griff ich David Strauss an, genauer den Erfolg eines altersschwachen Buchs bei der deutschen »Bildung«, – ich ertappte diese Bildung dabei auf der That ... So griff ich Wagnern an, genauer die Falschheit, die Instinkt-Halbschlächtigkeit unsrer »Cultur«, welche die Raffinirten mit den Reichen, die Späten mit den Grossen verwechselt. Viertens: ich greife nur Dinge an, wo jedwede Personen-Differenz ausgeschlossen ist, wo jeder Hintergrund schlimmer Erfahrungen fehlt. Im Gegentheil, angreifen ist bei mir ein Beweis des Wohlwollens, unter Umständen der Dankbarkeit. Ich ehre, ich zeichne aus damit, dass ich meinen Namen mit dem einer Sache, einer Person verbinde: für oder wider – das gilt mir darin gleich. Wenn ich dem Christenthum den Krieg mache, so steht dies mir zu, weil ich von dieser Seite aus keine Fatalitäten und Hemmungen erlebt habe, – die ernstesten Christen sind mir immer gewogen gewesen. Ich selber, ein Gegner des Christenthums de rigueur, bin ferne davon, es dem Einzelnen nachzutragen, was das Verhängniss von Jahrtausenden ist. –

8.

Darf ich noch einen letzten Zug meiner Natur anzudeuten wagen, der mir im Umgang mit Menschen keine kleine Schwierigkeit macht? Mir eignet eine vollkommen unheimliche Reizbarkeit des Reinlichkeits-Instinkts, so dass ich die Nähe oder – was sage ich? – das Innerlichste, die »Eingeweide« jeder Seele physiologisch wahrnehme – r i e c h e … Ich habe an dieser Reizbarkeit psychologische Fühlhörner, mit denen ich jedes Geheimniss betaste und in die Hand bekomme: der viele v e r b o r g e n e Schmutz auf dem Grunde mancher Natur, vielleicht in schlechtem Blut bedingt, aber durch Erziehung übertüncht, wird mir fast bei der ersten Berührung schon bewusst. Wenn ich recht beobachtet habe, empfinden solche meiner Reinlichkeit unzuträgliche Naturen die Vorsicht meines Ekels auch ihrerseits: sie werden damit nicht wohlriechender … So wie ich mich immer gewöhnt habe – eine extreme Lauterkeit gegen mich ist meine Daseins-Voraussetzung, ich komme um unter unreinen Bedingungen –, schwimme und bade und plätschere ich gleichsam beständig im Wasser, in irgend einem vollkommen durchsichtigen und glänzenden Elemente. Das macht mir aus dem Verkehr mit Menschen keine kleine Gedulds-Probe; meine Humanität besteht n i c h t darin, mitzufühlen, wie der Mensch ist, sondern es a u s z u h a l t e n, dass ich ihn mitfühle … Meine Humanität ist eine beständige Selbstüberwindung. – Aber ich habe E i n s a m k e i t nöthig, will sagen, Genesung, Rückkehr zu mir, den Athem einer freien leichten spielenden Luft … Mein ganzer Zarathustra ist ein Dithyrambus auf die Einsamkeit, oder, wenn man mich verstanden hat, auf die R e i n h e i t … Zum Glück nicht auf die r e i n e T h o r h e i t. – Wer Augen für Farben hat, wird ihn diamanten nennen. – Der E k e l am Menschen, am »Gesindel« war immer meine grösste Gefahr (…)

(KSA VI, 264–269; 271–276)*

---

* Vgl. das Quellen- und Siglenverzeichnis, S. 432

Warum ich so klug bin.

1.

– Warum ich Einiges m e h r weiss? Warum ich überhaupt so klug bin? Ich habe nie über Fragen nachgedacht, die keine sind, – ich habe mich nicht verschwendet. – Eigentliche r e l i g i ö s e Schwierigkeiten zum Beispiel kenne ich nicht aus Erfahrung. Es ist mir gänzlich entgangen, in wiefern ich »sündhaft« sein sollte. Insgleichen fehlt mir ein zuverlässiges Kriterium dafür, was ein Gewissensbiss ist: nach dem, was man darüber h ö r t, scheint mir ein Gewissensbiss nichts Achtbares ... Ich möchte nicht eine Handlung h i n t e r d r e i n in Stich lassen, ich würde vorziehn, den schlimmen Ausgang, die F o l g e n grundsätzlich aus der Werthfrage wegzulassen. Man verliert beim schlimmen Ausgang gar zu leicht den r i c h t i g e n Blick für Das, was man that: ein Gewissensbiss scheint mir eine Art »böser Blick«. Etwas, das fehlschlägt, um so mehr bei sich in Ehren halten, w e i l es fehlschlug – das gehört eher schon zu meiner Moral. – »Gott«, »Unsterblichkeit der Seele«, »Erlösung«, »Jenseits« lauter Begriffe, denen ich keine Aufmerksamkeit, auch keine Zeit geschenkt habe, selbst als Kind nicht, – ich war vielleicht nie kindlich genug dazu? – Ich kenne den Atheismus durchaus nicht als Ergebniss, noch weniger als Ereigniss: er versteht sich bei mir aus Instinkt. Ich bin zu neugierig, zu f r a g w ü r d i g, zu übermüthig, um mir eine faustgrobe Antwort gefallen zu lassen. Gott ist eine faustgrobe Antwort, eine Undelicatesse gegen uns Denker –, im Grunde sogar bloss ein faustgrobes V e r b o t an uns: ihr sollt nicht denken! (...).

9.

An dieser Stelle ist nicht mehr zu umgehn die eigentliche Antwort auf die Frage, w i e m a n w i r d, w a s m a n i s t, zu geben. Und damit berühre ich das Meisterstück in der Kunst der Selbsterhaltung – der S e l b s t s u c h t ... Angenommen nämlich, dass die Aufgabe, die Bestimmung, das Schicksal der Aufgabe über ein durchschnittliches Maass bedeutend hinausliegt, so würde keine Gefahr grösser als sich selbst mit dieser Aufgabe zu Gesicht zu bekommen. Dass man wird, was man ist, setzt voraus, dass man nicht im Entferntesten ahnt, was man ist. Aus diesem Gesichtspunkte haben selbst die Fehlgriffe des Lebens ihren eignen Sinn und Werth, die zeitweiligen Nebenwege und Abwege, die Verzögerungen, die »Bescheidenheiten«, der Ernst, auf Aufgaben verschwendet, die jenseits der Aufgabe liegen. Darin kann eine grosse Klugheit, sogar die oberste Klugheit zum Ausdruck ⟨kommen⟩: wo nosce te ipsum das Recept zum Untergang wäre, wird Sich-Vergessen, Sich-Missverstehn, Sich-Verkleinern, -Verengern, -Vermittelmässigen zur Vernunft selber. Moralisch ausgedrückt: Nächstenliebe, Leben für Andere und Anderes kann die Schutzmassregel zur Erhaltung der härtesten Selbstigkeit sein. Dies ist der Ausnahmefall, in welchem ich, gegen meine Regel und Überzeugung, die Partei der »selbstlosen« Triebe nehme: sie arbeiten hier im Dienste der Selbstsucht, Selbstzucht. – Man muss die ganze Oberfläche des Bewusstseins – Bewusstsein ist eine Oberfläche – rein erhalten von irgend einem der grossen Imperative. Vorsicht selbst vor jedem grossen Worte, jeder grossen Attitüde! Lauter Gefahren, dass der Instinkt zu früh »sich versteht« – – Inzwischen wächst und wächst die organisirende, die zur Herrschaft berufne »Idee« in der Tiefe, – sie beginnt zu befehlen, sie leitet langsam aus Nebenwegen und Abwegen zurück, sie bereitet einzelne Qualitäten und Tüchtigkeiten vor, die einmal als Mittel zum Ganzen sich unentbehrlich erweisen werden, – sie bildet der Reihe nach alle dienenden Vermögen aus, bevor sie irgend Etwas von der dominirenden Aufgabe, von »Ziel«, »Zweck«, »Sinn« verlauten lässt. – Nach dieser Seite hin betrachtet ist mein Leben einfach wundervoll. Zur Aufgabe einer Umwerthung der Werthe waren vielleicht mehr Vermögen nöthig, als je in einem Einzelnen bei einander gewohnt haben, vor Allem auch Gegensätze von Vermögen, ohne dass diese sich stören, zerstören durften.

Rangordnung der Vermögen; Distanz; die Kunst zu trennen, ohne zu verfeinden; Nichts vermischen, Nichts »versöhnen«; eine ungeheure Vielheit, die trotzdem das Gegenstück des Chaos ist – dies war die Vorbedingung, die lange geheime Arbeit und Künstlerschaft meines Instinkts. Seine höhere Obhut zeigte sich in dem Maasse stark, dass ich in keinem Falle auch nur geahnt habe, was in mir wächst, – dass alle meine Fähigkeiten plötzlich, reif, in ihrer letzten Vollkommenheit eines Tags hervorsprangen. Es fehlt in meiner Erinnerung, dass ich mich je bemüht hätte, – es ist kein Zug von Ringen in meinem Leben nachweisbar, ich bin der Gegensatz einer heroischen Natur. Etwas »wollen«, nach Etwas »streben«, einen »Zweck«, einen »Wunsch« im Auge haben – das kenne ich Alles nicht aus Erfahrung. Noch in diesem Augenblick sehe ich auf meine Zukunft – eine weite Zukunft! – wie auf ein glattes Meer hinaus: kein Verlangen kräuselt sich auf ihm. Ich will nicht im Geringsten, dass Etwas anders wird als es ist; ich selber will nicht anders werden. Aber so habe ich immer gelebt. Ich habe keinen Wunsch gehabt. Jemand, der nach seinem vierundvierzigsten Jahre sagen kann, dass er sich nie um Ehren, um Weiber, um Geld bemüht hat! – Nicht dass sie mir gefehlt hätten … So war ich zum Beispiel eines Tags Universitätsprofessor, – ich hatte nie im Entferntesten an dergleichen gedacht, denn ich war kaum 24 Jahr alt. (…)

10.

An dieser Stelle thut eine grosse Besinnung Noth. Man wird mich fragen, warum ich eigentlich alle diese kleinen und nach herkömmlichem Urtheil gleichgültigen Dinge erzählt habe; ich schade mir selbst damit, um so mehr, wenn ich grosse Aufgaben zu vertreten bestimmt sei. Antwort: diese kleinen Dinge – Ernährung, Ort, Clima, Erholung, die ganze Casuistik der Selbstsucht – sind über alle Begriffe hinaus wichtiger als Alles, was man bisher wichtig nahm. Hier gerade muss man anfangen, umzulernen. Das, was die Menschheit bisher ernsthaft erwogen hat, sind nicht einmal Realitäten, blosse Einbildungen, strenger geredet, Lügen aus den schlechten Instinkten kranker, im tiefsten Sinne schädlicher Naturen heraus – alle die Begriffe »Gott«, »Seele«, »Tugend«, »Sünde«, »Jenseits«, »Wahrheit«, »ewiges Leben« … Aber man hat die Grösse der menschlichen Natur, ihre »Göttlichkeit« in ihnen gesucht … Alle Fragen der Politik, der Gesellschafts-Ordnung, der Erziehung sind dadurch bis in Grund und Boden gefälscht, dass man die schädlichsten Menschen für grosse Menschen nahm, – dass man die »kleinen« Dinge, will sagen die Grundangelegenheiten des Lebens selber verachten lehrte … Unsre jetzige Cultur ist im höchsten Grade zweideutig … Der deutsche Kaiser mit dem Papst paktirend, als ob nicht der Papst der Repräsentant der Todfeindschaft gegen das Leben wäre! … Das, was heute gebaut wird, steht in drei Jahren nicht mehr. – Wenn ich mich darnach messe, was ich kann, nicht davon zu reden, was hinter mir drein kommt, ein Umsturz, ein Aufbau ohne Gleichen, so habe ich mehr als irgend ein Sterblicher den Anspruch auf das Wort Grösse. Vergleiche ich mich nun mit den Menschen, die man bisher als erste Menschen ehrte, so ist der Unterschied handgreiflich. Ich rechne diese angeblich »Ersten« nicht einmal zu den Menschen überhaupt, – sie sind für mich Ausschuss der Menschheit, Ausgeburten von Krankheit und rachsüchtigen Instinkten: sie sind lauter unheilvolle, im Grunde unheilbare Unmenschen, die am Leben Rache nehmen … Ich will dazu der Gegensatz sein: mein Vorrecht ist, die höchste Feinheit für alle Zeichen gesunder Instinkte zu haben. Es fehlt jeder krankhafte Zug an mir; ich bin selbst in Zeiten schwerer Krankheit nicht krankhaft geworden; umsonst, dass man in meinem Wesen einen Zug von Fanatismus sucht. Man wird mir aus keinem Augenblick meines Lebens irgend eine anmaassliche oder pathetische Haltung nachweisen können. Das Pathos der Attitüde gehört nicht zur Grösse; wer Attitüden überhaupt nöthig hat, ist falsch … Vorsicht vor allen pittoresken Menschen! – Das Leben ist mir leicht geworden, am leichtesten, wenn es das Schwerste von mir verlangte. Wer mich in den siebzig Tagen dieses Herbstes gesehn hat, wo ich, ohne Unterbrechung, lauter Sachen ersten Ranges gemacht habe die kein Mensch mir nachmacht – oder vormacht, mit einer Verantwortlichkeit für alle Jahrtausende nach mir, wird keinen Zug von Spannung an mir wahrgenommen haben, um so mehr eine überströmende Frische und Heiterkeit. Ich ass nie mit angenehmeren Gefühlen, ich schlief nie besser. – Ich kenne keine andre Art, mit grossen Aufgaben zu verkehren als das S p i e l : dies ist, als Anzeichen der Grösse, eine wesentliche Voraussetzung. Der geringste Zwang, die düstre Miene, irgend ein harter Ton im Halse sind alles Einwände gegen einen Menschen, um wie viel mehr gegen sein Werk! ... Man darf keine Nerven haben ... Auch an der Einsamkeit l e i d e n ist ein Einwand, – ich habe immer nur an der »Vielsamkeit« gelitten ... In einer absurd frühen Zeit, mit sieben Jahren, wusste ich bereits, dass mich nie ein menschliches Wort erreichen würde: hat man mich je darüber betrübt gesehn? – Ich habe heute noch die gleiche Leutseligkeit gegen Jedermann, ich bin selbst voller Auszeichnung für die Niedrigsten: in dem Allen ist nicht ein Gran von Hochmuth, von geheimer Verachtung. W e n ich verachte, der e r r ä t h , dass er von mir verachtet wird: ich empöre durch mein blosses Dasein Alles, was schlechtes Blut im Leibe hat ... Meine Formel für die Grösse am Menschen ist a m o r f a t i : dass man Nichts anders haben will, vorwärts nicht, rückwärts nicht, in alle Ewigkeit nicht. Das Nothwendige nicht bloss ertragen, noch weniger verhehlen – aller Idealismus ist Verlogenheit vor dem Nothwendigen –, sondern es l i e b e n ...

Warum ich so gute Bücher schreibe.

1.

Das Eine bin ich, das Andre sind meine Schriften. – (…)

(KSA VI, 278 f., 293–298)

Mein Lebenslauf

Ich bin zu Röcken geboren, einem Dorf, das in der Nähe von Lützen liegt und sich an der Landstraße entlang hinzieht. Rings wird es von Weidengebüsch und vereinzelten Pappeln und Ulmen umschlossen, so daß aus der Ferne nur die ragenden Schornsteine und der alterthümliche Kirchthurm durch die grünen Wipfel hindurchschaut. Innerhalb des Dorfes breiten sich größere Teiche aus, nur durch schmale Landstrecken von einander getrennt; ringsum frisches Grün und knorrige Weiden. Etwas höher liegt das Pfarrhaus und die Kirche, ersteres von Gärten und Baumpflanzungen umgeben. Dicht grenzt der Friedhof an, voll von eingesunknen Grabsteinen und Kreuzen. Die Pfarrwohnung selbst wird von drei schön gewachsenen, weitästigen Ulmen beschattet und macht durch ihren stattlichen Bau und ihre innere Einrichtung auf jeden Besucher einen angenehmen Eindruck.

Hier bin ich am fünfzehnten Oktober 1844 geboren und erhielt meinem Geburtstag angemessen den Namen: »Friedrich Wilhelm.« Was ich über die ersten Jahre meines Lebens weiß, ist zu unbedeutend, um es zu erzählen. Verschiedne Eigenschaften entwickelten sich schon sehr frühe. So eine gewisse Ruhe und Schweigsamkeit, durch die ich mich von andern Kindern leicht fern hielt, dabei eine bisweilen ausbrechende Leidenschaftlichkeit. Von der Außenwelt unberührt lebte ich in einem glücklichen Familienkreis; das Dorf und die nächste Umgebung war meine Welt, alles Fernerliegende ein mir unbekanntes Zauberreich. – Der heitre Himmel, der mich bis jetzt umlacht hatte, wurde plötzlich von schwarzen, unheilschwangern Wolken getrübt. Mein Vater erkrankte gefährlich, ohne daß wir die Ursache der Krankheit durchschauten. Der scharfe Blick des Hofraths Opolzer erkannte sofort die Symptome einer Gehirnerweichung. Der Zustand wurde immer schlimmer, immer bedenklicher. Die zunehmenden Leiden meines Vaters, sein Erblinden, seine abgezehrte Gestalt, die Thränen meiner Mutter, die sorgenvollen Mienen des Arztes, endlich die unvorsichtigen Äußerungen der Land[s]leute mußten mich ein drohendes Unglück ahnen lassen. Und dieses Unglück brach auch ein – mein Vater starb. –

Ich übergehe meinen Schmerz, meine Thränen, die Leiden meiner Mutter, die tiefe Betrübniß des Dorfes. Wie hat mich das Begräbniß ergriffen! Wie drangen mir die dumpfen Sterbeglocken durch Mark und Bein! Zuerst fühlte ich, daß ich verwaist und vaterlos sei, daß ich einen liebevollen Vater verloren habe. Sein Bild steht noch lebendig vor meiner Seele: eine hohe, schmächtige Gestalt mit feinen Gesichtszügen und wohlwollender Freundlichkeit. Ueberall beliebt und gern gesehn, sowohl wegen seines geistreichen Gesprächs, als seiner theilnehmenden Herzlichkeit, von den Bauern geehrt und geliebt, als Geistlicher durch Wort und That segensreich wirkend, in der Familie der zärtlichste Gatte, der liebevollste Vater, war er das vollendete Musterbild eines Landgeistlichen.

>>Ach sie haben
Einen guten Mann begraben,
Und mir war er mehr!<<

Einige Monate darauf betraf mich ein zweites Unglück, das ich durch einen sonderbaren Traum voraus ahnte. Mir war es, als hörte ich aus der nahen Kirche dumpfen Orgelton. Ueberrascht öffne ich das Fenster, das der Kirche und dem Friedhof zugewandt war. Das Grab meines Vaters thut sich auf, eine weiße Gestalt steigt herauf und verschwindet in der Kirche. Die düsteren, unheimlichen Klänge rauschen fort; die weiße Gestalt erscheint wieder, etwas unter dem Arm tragend, das ich nicht deutlich erkannte. Der Hügel hebt sich, die Gestalt versinkt, die Orgel verstummt – ich erwache. Am folgenden Morgen wird mein jüngerer Bruder, ein lebhaftes und begabtes Kind, von Krämpfen überfallen und ist in einer halben Stunde todt. Er wurde ganz unmittelbar an dem Grabe meines Vaters beerdigt. –

Die Zeit, wo wir von unsrer geliebten Heimath scheiden sollten, rückte heran. Der letzte Tag und die letzte Nacht stehen mir noch besonders lebendig vor der Seele. Am Abend spielte ich noch mit meheren Kindern, eingedenk, daß es das letzte Mal sei, und nahm dann von ihnen, wie auch von allen Orten, die mir lieb und theuer geworden waren, Abschied. Die Abendglocke hallte mit wehmüthigen Klange durch die Fluren; mattes Dunkel breitete sich über unser Dorf, der Mond stieg auf und schaute bleich auf uns herab. Ich konnte nicht schlafen; unruhig und aufgeregt warf ich mich auf meinem Lager umher und stand endlich auf. Im Hof standen mehere beladne Wagen, der matte Schein einer Laterne beleuchtete die Hofräume. Nie erschien mir meine Zukunft so dunkel und ungewiß, als damals. Sobald der Morgen graute, wurden die Pferde angeschirrt; wir fuhren durch den Morgennebel fort und riefen unsrer lieben Heimath wehmüthig ein Lebewohl zu.

Naumburg, das Ziel unserer Reise machte auf mich einen höchst sonderbaren Eindruck. Das viele Neue, Kirchen und Häuser, öffentliche Plätze und Straßen, alles erregte mein Erstaunen und verwirrte zuerst meine Sinne. Auch die Umgegend zog mich sehr an, die durch ihre schönen Berge und Flußthäler, Schlösser und Burgen die ländliche Einfachheit meiner Heimath sehr in Schatten stellte. Bald auch begann ich meine Schullaufbahn und wurde nach genügenden Vorkenntnissen einem Institut zum Unterricht übergeben. Diese Zeit wurde für mich auch besonders dadurch wichtig, daß ich damals zuerst die beiden Knaben kennen lernte, mit denen verbunden ich bis jetzt in treuer Freundschaft stehe. Ueberhaupt wurde meine Bekanntschaft erweitert; ich wurde von meheren Familien freundlich aufgenommen und begann mich wieder heimisch und wohl zu fühlen. Im Kreis meiner Freunde verlebte ich frohe und glückliche Stunden; gleiche Bestrebungen, gleiche Wünsche banden unsere Seelen immer fester aneinander, so daß wir Freude und Leid gemeinsam genossen und ertrugen. Wie unbedeutend erscheinen doch die Trübsale der Knabenjahre! Leichte, fliehende Wolken verdunkeln die aufgegangne Sonne; wenn aber die Sonne hoch steht, und die Erde dennoch düster erscheint, dann müssen wahrlich schwere, drohende Wolken sie verschleiern. – Bald auch wurde ich als reif für das Gymnasium erklärt und betrat jene Räume, die ich schon früher immer mit einem geheimen Schauer betrachtet hatte. Die düsteren Lehrzimmer, die strengen und gelehrten Mienen meiner Lehrer, die vielen, so erwachsenen Mitschüler, die mit Geringschätzung auf mich herabsahen und im Gefühl eigner Würde die Neulinge kaum beachteten, alles dies machte mich ängstlich und scheu, und erst allmählich gewöhnte ich mich, meine Stellung mit mehr Zuversicht und Ruhe zu behaupten. Zu gleicher Zeit entwickelten sich auch verschiedne Lieblingsneigungen, von denen einige sich bis jetzt erhalten haben. Ins Besondere war es die Neigung zur Musik, die im Laufe der Zeit nur zunahm und jetzt unerschütterlich fest in meiner Seele wurzelt.

Ich war regelmäßig bis Tertia vorgerückt und hatte hier schon ein Semester zugebracht, da traf mich eine Veränderung, die körperlich und geistig bedeutungsvoll auf mich eingewirkt hat. Es wurde uns eine Pförtner Alumnatstelle angetragen; mir wurde ganz anheimgestellt, ob ich sie annehmen oder ausschlagen wollte. Schon früher hatte ich immer eine Zuneigung für Pforte gehegt, theils weil mich der gute Ruf der Anstalt und die berühmten Namen dort gewesener und dort seiender Männer anzogen, theils weil ich ihre schöne Lage und Umgebung bewunderte. Ich entschied mich schnell für die Annahme der Stelle und habe es nie bereut. Wenn auch die Trennung von Mutter, Schwester und lieben Freunden mir zuerst schwer fiel, so schwand dieses Gefühl doch sehr bald, und ich fühlte mich bald hier wieder zufrieden und wohl. Ich verkenne nicht, wie wohlthätig Pforte auf mich einwirkt, und ich kann nur wünschen, daß ich mich schon hier und noch mehr in spät'ren Zeiten immer als ein würdiger Sohn der Pforte erweise. –

(BAW I, 280–284)

Euphorion Cap. I.

...... Meine Seele durchwogt eine Fluth von weichen, beruhigenden Harmonien – ich weiß nicht was mich so wehmütig stimmt, ich möchte weinen und dann sterben. Es ist nichts mehr! Ich bin sehr matt, meine Hand zittert. ...

Das Frühroth spielt in bunten Farben am Himmel, ein sehr abgebrauchtes Feuerwerk, das mich langweilt. Meine Augen funkeln ganz anders, ich fürchte daß sie Löcher in den Himmel brennen. Ich fühle es, daß ich mich völlig entpuppt habe ich kenne mich durch und durch und möchte nur den Kopf meines Doppelgängers finden, um sein Gehirn zu seciren oder meinen eignen Kinderkopf mit goldnen Locken ... ach .. vor zwanzig Jahren .. Kind ... Kind ... so fremd klingt mir das Wort. Bin auch ich Kind gewesen, zugedrechselt worden durch den alten abgeleierten Weltmechanismus? Und schleppe jetzt – eine Klapper an der Tretmühle – recht behaglich langsam das Seil, das man Fatum nennt, bis ich verfault bin, der Schinder mich verscharrt, und nur einige Aasfliegen mir noch ein Wenig Unsterblichkeit zusichern?

Ich fühle beinahe bei diesem Gedanken eine Disposition zum Lachen – indessen geniert mich eine andere Idee – vielleicht entsprießen nämlich meinen Knochen auch Blümlein, vielleicht ein »herzig Veilchen« oder gar – wenn nämlich der Schinder auf meinem Grabe seine Nothdurft verrichtet – ein Vergißmeinnicht. Dann kommen Verliebte .... Widerwärtig! Widerwärtig! Das ist Fäulniß! Indeß ich hier in solchen Zukunftsgedanken schwelge – denn es deucht mir angenehmer in feuchter Erde zu verwesen als unter blauem Himmel zu vegetiren, als fetter Wurm zu krabbeln süßer als Mensch – ein wandelndes Fragezeichen – zu sein – beunruhigt mich immer daß Menschen auf der Straße dahinwandeln, bunte, geputzte, zierliche, lustige Menschen! Was sind sie? Uebertünchte Gräber sind sie, wie weiland irgend ein Mauschel gesagt hat.

In meiner Stube ist es todtenstill – meine Feder kratzt nur auf dem Papier – denn ich liebe es schreibend zu denken, da die Maschine noch nicht erfunden ist unsre Gedanken auf irgend einem Stoffe, unausgesprochen, ungeschrieben, abzuprägen. Vor mir ein Tintenfaß, um mein schwarzes Herz drin zu ersäufen, eine Scheere um mich an das Halsabschneiden zu gewöhnen, Manuscripte, um mich zu wischen und ein Nachttopf.

Mir gegenüber wohnt eine Nonne, die ich mitunter besuche um mich an ihrer Sittsamkeit zu erfreuen. Sie ist mir sehr genau bekannt, von Kopf bis zur Zehe, genauer als ich mir selber. Früher war sie Nonne, dünn und schmächtig – ich war Arzt und machte daß sie bald dick wurde. Mit ihr wohnt ihr Bruder zusammen in zeitlicher Ehe, der war mir zu fett und blühend, den habe ich mager gemacht – wie eine Leiche. Er wird in diesen Tagen sterben – was mir angenehm – denn ich werde ihn seciren. Zuvor aber will ich meine Lebensgeschichte niederschreiben, denn abgesehn davon daß sie interessant ist, ist sie auch lehrreich, junge Menschen bald alt zu machen .. darin bin ich nämlich Meister. Wer sie lesen soll? Meine Doppelgänger, deren noch viel in diesem Jammerthal wandeln.«

Hier lehnte sich Euphorion ein wenig zurück und stöhnte, denn er litt an der Rückenmarksdarre ......

(BAW II, 70f.)

Noch einmal eh ich weiter ziehe
Und mein⟨e⟩ Blicke vorwärts sende
Heb ich vereinsamt mein⟨e⟩ Hände
Zu dir empor, zu dem ich fliehe,
Dem ich in tiefster Herzenstiefe
Altäre feierlich geweiht
Daß allezeit
Mich seine Stimme wieder riefe.

Darauf erglühet tiefeingeschriebe⟨n⟩
Das Wort: Dem unbekannte⟨n⟩ Gotte:
Sein bin ich, ob ich in der Frevler Rotte
Auch bis zur Stunde bin gebliebe⟨n⟩:
Sein bin ich – und ich fühl' die Schlinge⟨n⟩,
Die mich im Kampf darniederziehn
Und, mag ich fliehn,
Mich doch zu seinem Dienste zwinge⟨n⟩.

Ich will dich kenne⟨n⟩ Unbekannter,
Du tief in mein⟨e⟩ Seele Greifender,
Mein Leben wie ein Sturm durchschweifender
Du Unfaßbarer, mir Verwandter!
Ich will dich kennen, selbst dir diene⟨n⟩

(BAW II, 428)

46

Mein Leben

Die Zwecke einer Lebensbeschreibung sind sehr mannigfaltig und bedingen daher auch durchaus verschiedne Arten der Ausführung. Im vorliegenden Falle muß es mir darauf ankommen, einer Schule, deren Einfluß ich das Meiste und Eigenthümlichste meiner geistigen Ausbildung verdanke, ein Bild eben dieser geistigen Ausbildung als Vermächtniß zu hinterlassen, entworfen in dem Punkte, wo ich im Begriff stehe, durch das Aufgeben einer alten, gewohnten Ordnung und durch das Hineinleben in weitere und höhere Bildungskreise meinem Geiste neue Bahnen vorzuzeichnen und hiermit eine neue Entwicklung zu beginnen.

Von Wendepunkten, die bis jetzt mein Leben in Theile zerlegen, nenne ich vornehmlich zwei: den Tod meines Vaters, des Landgeistlichen zu Röcken bei Lützen, und den dadurch veranlaßten Umzug unsrer Familie nach Naumburg; ein Ereigniß, das meine ersten fünf Lebensjahre abschließt. Sodann meinen Uebergang vom Naumburger Gymnasium nach Pforte, der in mein vierzehntes Jahr fällt. Von der frühsten Periode meiner Kindheit weiß ich wenig; was mir davon erzählt worden ist, erzähle ich nicht gern wieder. Sicherlich hatte ich vortreffliche Eltern; und ich bin überzeugt, daß gerade der Tod eines so ausgezeichneten Vaters, wie er mir einerseits väterliche Hülfe und Leitung für ein späteres Leben entzog, andrerseits die Keime des Ernsten, Betrachtenden in meine Seele legte.

Vielleicht war es nun ein Uebelstand, daß meine ganze Entwicklung von da an von keinem männlichen Auge beaufsichtigt wurde, sondern daß Neubegier, vielleicht auch Wissensdrang mir die mannigfaltigsten Bildungsstoffe in größter Unordnung zuführte, wie sie wohl geeignet waren, einen jungen kaum dem heimatlichen Nest entschloffenen Geist zu verwirren und vor allem die Grundlagen für ein gründliches Wissen zu gefährden.

So kennzeichnet diese ganze Zeit vom 9t. bis 15t. Jahre eine wahre Sucht nach einem ›Universalwissen‹, wie ich es zu nennen pflegte; auf der andern Seite wurde das kindliche Spiel nicht vernachlässigt, aber doch auch mit fast doktrinärem Eifer betrieben, so daß ich z. B. über fast alle Spiele kleine Büchlein geschrieben habe und sie meinen Freunden zur Kenntnißnahme vorlegte. Durch einen besondern Zufall aufgeweckt begann ich im 9t. Jahre leidenschaftlich die Musik und zwar sogleich componierend, wenn anders man die Bemühungen des erregten Kindes, zusammenklingende und folgende Töne zu Papier zu bringen und biblische Texte mit einer phantastischen Begleitung des Pianoforte abzusingen, componieren nennen kann. Desgleichen machte ich entsetzliche Gedichte, aber doch mit größter Beflissenheit. Ja ich zeichnete sogar und malte.

Wie ich nach Pforte kam, hatte ich so ziemlich in die meisten Wissenschaften und Künste hineingeguckt und fühlte eigentlich für alles Interesse, wenn ich von der allzu verstandesmäßigen Wissenschaft der mir allzu langweiligen Mathematik absehe. Gegen dieses planlose Irren in allen Gebieten des Wissens empfand ich aber mit der Zeit einen Widerwillen; ich wollte mich zu einer Beschränkung zwingen, um einzelnes gründlich und innerlich zu durchdringen. Dies Bestreben konnte sich behaglich zur Geltung bringen in einem kleinen wissenschaftlichen Verein, den ich mit zwei gleichgesinnten Freunden zur Förderung unsrer Ausbildung gründete. Die monatliche Einlieferung von Abhandlungen und Compositionen und deren Kritik, sowie vierteljährige Zusammenkünfte zwangen den Geist, kleine aber anregende Gebiete genauer zu betrachten und auf der andern Seite durch ein gründliches Erlernen der Compositionslehre der verflachenden Einwirkung des ›Phantasierens‹ entgegen zu arbeiten.

Zugleich erwuchs zunehmend meine Neigung für klassische Studien; ich gedenke mit der angenehmsten Erinnerung der ersten Eindrücke des Sophokles, des Aeschylos, des Plato vornehmlich in meiner Lieblingsdichtung, dem Symposion, dann der griechischen Lyriker.

In diesem Streben nach zunehmender Vertiefung des Wissens stehe ich noch jetzt; und es ist natürlich, daß ich über meine eignen Leistungen meistens ebenso geringschätzend denke, wie oft auch über die anderer, weil ich fast in jedem zu behandelnden Stoff eine Unergründlichkeit oder wenigstens eine schwere Ergründlichkeit finde. Es sei darum auch meine einzige Arbeit erwähnt, mit der ich in meiner Schullaufbahn fast zufrieden war: meine Abhandlung über die Ermanarichsage.

Jetzt, wo ich im Begriff bin, auf die Universität zu gehn, halte ich mir als unverbrüchliche Gesetze für mein ferneres wissenschaftliches Leben vor: die Neigung zu einem verflachenden Vielwissen zu bekämpfen, sodann meinen Hang, das Einzelne auf seine tiefsten und weitesten Gründe zurückzuführen, noch zu fördern. Scheinen diese Neigungen sich aufzuheben, so ist dies gewiß in einzelnen Fällen nicht unrichtig, und ich bemerke mitunter in mir etwas Ähnliches.

Im Kampf mit der einen, in der Förderung der andern hoffe ich zu siegen.

(BAW III, 66–68)

Meine Erziehung ist in ihren Hauptheilen mir selbst überlassen worden. Mein Vater, ein protestantischer Landgeistlicher in Thüringen, starb allzu früh: mir fehlte die strenge und überlegne Leitung eines männlichen Intellekts. Als ich im Knabenalter nach Schulpforta kam, lernte ich nur ein Surrogat der väterlichen Erziehung kennen, die uniformirende Disciplin einer geordneten Schule. Gerade aber dieser fast militärische Zwang, der, weil er auf die Masse wirken soll, das Individuelle kühl und oberflächlich behandelt, führte mich wieder auf mich selbst zurück. Ich rettete vor dem einförmigen Gesetz meine privaten Neigungen und Bestrebungen, ich lebte einen verborgnen Kultus bestimmter Künste, ich bemühte mich in einer überreizten Sucht nach universellem Wissen und Genießen die Starrheit einer gesetzlich bestimmten Zeitordnung und Zeitbenutzung zu

49

brechen. Es fehlte an einigen äußern Zufälligkeiten; sonst hätte ich es damals gewagt, Musiker zu werden. Zur Musik nämlich fühlte ich schon seit meinem neunten Jahre den allerstärksten Zug; in jenem glücklichen Zustande, in dem man noch nicht die Grenzen seiner Begabung kennt und alles, was man liebt, auch für erreichbar hält, hatte ich unzählige Compositionen niedergeschrieben und mir eine mehr als dilettantische Kenntniß der musikalischen Theorie erworben. Erst in der letzten Zeit meines Pförtner Lebens gab ich, in richtiger Selbsterkenntniß, alle künstlerischen Lebenspläne auf; in die so entstandene Lücke trat von jetzt ab die Philologie.

Ich verlangte nämlich nach einem Gegengewicht gegen die wechselvollen und unruhigen bisherigen Neigungen, nach einer Wissenschaft, die mit kühler Besonnenheit, mit logischer Kälte, mit gleichförmiger Arbeit gefördert werden könnte, ohne mit ihren Resultaten gleich ans Herz zu greifen. Dies alles aber glaubte ich damals in der Philologie zu finden. Die Vorbedingungen zu deren Studium werden einem Pförtner Schüler geradezu an die Hand gegeben. Es werden in dieser Anstalt mitunter spezifisch philologische Aufgaben gestellt zB. kritische Kommentare über bestimmte sophokleische oder aeschylische Chorgesänge. Sodann ist es ein besondrer Vorzug der Schulpforte, der einem zukünftigen Philologen sehr zu Statten kommt, daß unter den Schülern selbst eine angestrengte und mannichfache Lektüre griechischer und römischer Schriftsteller zum guten Ton gehört. Das Glücklichste aber war, daß ich auf ausgezeichnete philologische Lehrer traf, an deren Persönlichkeiten ich mein Urtheil über ihre Wissenschaft bildete. Wenn ich damals gerade Lehrer gehabt hätte, von der Art, wie sie auf Gymnasien mitunter gefunden werden, engherzige froschblütige Mikrologen, die von der Wissenschaft nichts als den gelehrten Staub kennen: ich hätte den Gedanken weit weggeworfen, jemals einer Wissenschaft anzugehören, der solche Schächer dienen. So aber lebten vor meinen Augen Philologen, wie Steinhart, Keil, Corssen, Peter, Männer mit freiem Blick und frischem Zuge, die mir zum

Theil auch ihre nähere Neigung schenkten. So kam es, daß ich schon in den letzten Jahren meines Pförtner Lebens mich selbständig mit zwei philologischen Arbeiten beschäftigte. In der einen wollte ich die Sagen vom Ostgothenkönig Ermanarich in ihren Verzweigungen nach den Quellen (Jordanes, Edda etc) darstellen, in der andern eine spezielle Form der griechischen Tyrannis, die Megarische zeichnen. Man pflegt in der Schulpforte bei dem Abgange irgend ein schriftliches Denkmal zu hinterlassen: zu diesem Zwecke war jene zweite Arbeit bestimmt, die mir unter den Händen zu einem Charakterbilde des Megarensers Theognis wurde.

Als ich nach sechsjährigem Aufenthalte der Schulpforte als einer strengen, aber nützlichen Lehrmeisterin Lebewohl gesagt hatte, gieng ich nach Bonn. Hier wurde ich mit Erstaunen war, wie gut unterrichtet und doch wie schlecht erzogen so ein Fürstenschüler auf die Universität kommt. Er hat eine Menge für sich gedacht, und jetzt fehlt ihm die Geschicklichkeit, diese Gedanken zu äußern. Er hat noch nichts von dem bildenden Einflusse der Frauen erfahren; aus Büchern und Überlieferungen glaubt er das Leben zu kennen, und doch kommt ihm jetzt alles so fremdartig und unangenehm vor. So ergieng es mir in Bonn: nicht alle die Mittel, nach denen ich griff, um jene Übelstände zu beseitigen, mochten gut gewählt sein, und Verdrießlichkeiten, unbequemer Umgang, übernommen⟨e⟩ Verpflichtungen usw. machten (…)

(BAW V, 252–254)

II. Schopenhauer

Rückblick auf meine zwei Leipziger Jahre

(...) Hier erscheint denn zum ersten Male der Name Schopenhauer auf diesen Blättern.

Verstimmungen und Verdrießlichkeiten persönlicher Art pflegen bei jungen Leuten leicht einen allgemeineren Charakter anzunehmen

(...) Ich hieng damals gerade mit einigen schmerzlichen Erfahrungen und Enttäuschungen ohne Beihülfe einsam in der Luft, ohne Grundsätze, ohne Hoffnungen und ohne eine freundliche Erinnerung. Mir ein eignes anpassendes Leben zu zimmern war mein Bestreben von früh bis Abend; dazu brach ich die letzte der Stützen ab, die mich an meine Bonner Vergangenheit fesselte; ich zerriß das Band zwischen mir und jener Verbindung. In der glücklichen Abgeschiedenheit meiner Wohnung gelang es mir mich selbst zu sammeln und wenn ich mit Freunden zusammen traf, so war es eben mit Mushacke und v. Gersdorff, die für ihren Theil mit gleichen Absichten umgiengen. – Nun vergegenwärtige man sich, wie in solchem Zustande die Lektüre von Schopenhauers Hauptwerk wirken mußte. Eines Tages fand ich nämlich im Antiquariat des alten Rohn dies Buch, nahm es als mir völlig fremd in die Hand und blätterte. Ich weiß nicht welcher Dämon mir zuflüsterte: »Nimm Dir dies Buch mit nach Hause« Es geschah jedenfalls wider meine sonstige Gewohnheit, Büchereinkäufe nicht zu überschleunigen. Zu Hause warf ich mich mit dem erworbenen Schatze in die Sophaecke und begann jenen energischen düsteren Genius auf mich wirken zu lassen. Hier war jede Zeile, die Entsagung, Verneinung, Resignation schrie, hier sah ich einen Spiegel, in dem ich Welt Leben und eigen Gemüth in entsetzlicher Großartigkeit erblickte. Hier sah mich das volle interesselose Sonnenauge der Kunst an, hier sah ich Krankheit und Heilung, Verbannung und Zufluchtsort, Hölle und

Himmel. Das Bedürfniß nach Selbsterkenntniß, ja Selbstzerna-
gung packte mich gewaltsam; Zeugen jenes Umschwunges sind
mir noch jetzt die unruhigen, schwermüthigen Tagebuchblätter
jener Zeit mit ihren nutzlosen Selbstanklagen und ihrem verzweifelten Aufschauen zur Heiligung und Umgestaltung des
ganzen Menschenkerns. Indem ich alle meine Eigenschaften und
Bestrebungen vor das Forum einer düsteren Selbstverachtung
zog, war ich bitter, ungerecht und zügellos in dem gegen mich
selbst gerichteten Haß. Auch leibliche Peinigungen fehlten nicht.
So zwang ich mich 14 Tage hintereinander immer erst um 2 Uhr
Nachts zu Bett zu gehen und es genau um 6 Uhr wieder zu verlassen. Eine nervöse Aufgeregtheit bemächtigte sich meiner und
wer weiß bis zu welchem Grade von Thorheit ich vorgeschritten
wäre wenn nicht die Lockungen des Lebens, der Eitelkeit und
der Zwang zu regelmäßigen Studien dagegen gewirkt hätten.

(BAW III, 297 f.)

Schopenhauer als Erzieher

(...) In solchen Nöthen, Bedürfnissen und Wünschen lernte ich Schopenhauer kennen.

Ich gehöre zu den Lesern Schopenhauers, welche, nachdem sie die erste Seite von ihm gelesen haben, mit Bestimmtheit wissen, dass sie alle Seiten lesen und auf jedes Wort hören werden, das er überhaupt gesagt hat. Mein Vertrauen zu ihm war sofort da und ist jetzt noch dasselbe wie vor neun Jahren. Ich verstand ihn als ob er für mich geschrieben hätte: um mich verständlich, aber unbescheiden und thöricht auszudrücken. Daher kommt es, dass ich nie in ihm eine Paradoxie gefunden habe, obwohl hier und da einen kleinen Irrthum; denn was sind Paradoxien anderes als Behauptungen, die kein Vertrauen einflössen, weil der Autor sie selbst ohne echtes Vertrauen machte, weil er mit ihnen glänzen, verführen und überhaupt scheinen wollte? Schopenhauer will nie scheinen: denn er schreibt für sich, und niemand will gern betrogen werden, am wenigsten ein Philosoph, der sich sogar zum Gesetze macht: betrüge niemanden, nicht einmal dich selbst! Selbst nicht mit dem gefälligen gesellschaftlichen Betrug, den fast jede Unterhaltung mit sich bringt und welchen die Schriftsteller beinahe unbewusst nachahmen; noch weniger mit dem bewussteren Betrug von der Rednerbühne herab und mit den künstlichen Mitteln der Rhetorik. Sondern Schopenhauer redet mit sich: oder, wenn man sich durchaus einen Zuhörer denken will, so denke man sich den Sohn, welchen der Vater unterweist. Es ist ein redliches, derbes, gutmüthiges Aussprechen, vor einem Hörer, der mit Liebe hört. Solche Schriftsteller fehlen uns. Das kräftige Wohlgefühl des Sprechenden umfängt uns beim ersten Tone seiner Stimme; es geht uns ähnlich wie beim Eintritt in den Hochwald, wir athmen tief und fühlen uns auf einmal wiederum wohl. Hier ist eine immer gleichartige stärkende Luft, so fühlen wir; hier ist eine gewisse unnachahmliche Unbefangenheit und Natürlichkeit, wie sie Menschen haben, die in sich zu Hause und zwar in einem sehr reichen Hause Herren sind: im Gegensatze zu den Schriftstellern, welche sich selbst am meisten wundern, wenn sie einmal geistreich waren und deren Vortrag dadurch etwas Unruhiges und Naturwidriges bekommt. Ebensowenig werden wir, wenn Schopenhauer spricht, an den Gelehrten erinnert, der von Natur steife und ungeübte Gliedmaassen hat und engbrüstig ist und deshalb eckig, verlegen oder gespreizt daher kommt; während auf der anderen Seite Schopenhauer's rauhe und ein wenig bärenmässige Seele die Geschmeidigkeit und höfische Anmuth der guten französischen Schriftsteller nicht sowohl vermissen als verschmähen lehrt und Niemand an ihm das nachgemachte gleichsam übersilberte Scheinfranzosenthum, auf das sich deutsche Schriftsteller so viel zu Gute thun, entdecken wird. Schopenhauers Ausdruck erinnert mich hier und da ein wenig an Goethe, sonst aber überhaupt nicht an deutsche Muster. Denn er versteht es, das Tiefsinnige einfach, das Ergreifende ohne Rhetorik, das Streng-Wissenschaftliche ohne Pedanterie zu sagen: und von welchem Deutschen hätte er dies lernen können? Auch hält er sich von der spitzfindigen, übermässig beweglichen und – mit Erlaubniss gesagt – ziemlich undeutschen Manier Lessing's frei: was ein grosses Verdienst ist, da Lessing in Bezug auf prosaische Darstellung unter Deutschen der verführerischeste Autor ist. Und um gleich das Höchste zu sagen, was ich von seiner Darstellungsart sagen kann, so beziehe ich auf ihn seinen Satz »ein Philosoph muss sehr ehrlich sein, um sich keiner poetischen oder rhetorischen Hülfsmittel zu bedienen.« Dass Ehrlichkeit etwas ist und sogar eine Tugend, gehört freilich im Zeitalter der öffentlichen Meinungen zu den privaten Meinungen, welche verboten sind; und deshalb werde ich Schopenhauer nicht gelobt, sondern nur charakterisirt haben, wenn ich wiederhole: er ist ehrlich, auch als Schriftsteller; und so wenige Schriftsteller sind es, dass man eigentlich gegen alle Menschen, welche schreiben, misstrauisch sein sollte. Ich weiss nur noch einen Schriftsteller, den ich in Betreff der Ehrlichkeit Schopenhauer gleich, ja noch höher stelle: das ist Montaigne. Dass ein solcher Mensch geschrieben hat, dadurch ist wahrlich die Lust auf dieser Erde zu leben vermehrt worden. Mir wenigstens geht es seit dem Bekanntwerden mit dieser freiesten und kräftigsten Seele so, dass ich sagen muss, was er von Plutarch sagt: »kaum habe ich einen Blick auf ihn geworfen, so ist mir ein Bein oder ein Flügel gewachsen«. Mit ihm würde ich es halten, wenn die Aufgabe gestellt wäre, es sich auf der Erde heimisch zu machen. –

Schopenhauer hat mit Montaigne noch eine zweite Eigenschaft, ausser der Ehrlichkeit, gemein: eine wirkliche erheiternde Heiterkeit. Aliis laetus, sibi sapiens. Es giebt nämlich zwei sehr unterschiedene Arten von Heiterkeit. Der wahre Denker erheitert und erquickt immer, ob er nun seinen Ernst oder seinen Scherz, seine menschliche Einsicht oder seine göttliche Nachsicht ausdrückt; ohne griesgrämige Gebärden, zitternde Hände, schwimmende Augen, sondern sicher und einfach, mit Muth und Stärke, vielleicht etwas ritterlich und hart, aber jedenfalls als ein Siegender: und das gerade ist es, was am tiefsten und innigsten erheitert, den siegenden Gott neben allen den Ungethümen, die er bekämpft hat, zu sehen. Die Heiterkeit dagegen, welche man bei mittelmässigen Schriftstellern und kurzangebundenen Denkern mitunter antrifft, macht unsereinen, beim Lesen, elend: wie ich das zum Beispiel bei David Straussens Heiterkeit empfand. Man schämt sich ordentlich, solche heitere Zeitgenossen zu haben, weil sie die Zeit und uns Menschen in ihr bei der Nachwelt blossstellen. Solche Heiterlinge sehen die Leiden und die Ungethüme gar nicht, die sie als Denker zu sehen und zu bekämpfen vorgeben; und deshalb erregt ihre Heiterkeit Verdruss, weil sie täuscht: denn sie will zu dem Glauben verführen, hier sei ein Sieg erkämpft worden. Im Grunde nämlich giebt es nur Heiterkeit, wo es Sieg giebt; und dies gilt von den Werken wahrer Denker ebensowohl als von jedem Kunstwerk. Mag der Inhalt immer so schrecklich und ernst sein als das Problem des

Daseins eben ist: bedrückend und quälend wird das Werk nur dann wirken, wenn der Halbdenker und der Halbkünstler den Dunst ihres Ungenügens darüber ausgebreitet haben; während dem Menschen nichts Fröhlicheres und Besseres zu Theil werden kann, als einem jener Siegreichen nahe zu sein, die, weil sie das Tiefste gedacht, gerade das Lebendigste lieben müssen und als Weise am Ende sich zum Schönen neigen. Sie reden wirklich, sie stammeln nicht und schwätzen auch nicht nach; sie bewegen sich und leben wirklich, nicht so unheimlich maskenhaft, wie sonst Menschen zu leben pflegen: weshalb es uns in ihrer Nähe wirklich einmal menschlich und natürlich zu Muthe ist und wir wie Goethe ausrufen möchten: »Was ist doch ein Lebendiges für ein herrliches köstliches Ding! wie abgemessen zu seinem Zustande, wie wahr, wie seiend!«

Ich schildere nichts als den ersten gleichsam physiologischen Eindruck, welchen Schopenhauer bei mir hervorbrachte, jenes zauberartige Ausströmen der innersten Kraft eines Naturgewächses auf ein anderes, das bei der ersten und leisesten Berührung erfolgt; und wenn ich jenen Eindruck nachträglich zerlege, so finde ich ihn aus drei Elementen gemischt, aus dem Eindrucke seiner Ehrlichkeit, seiner Heiterkeit und seiner Beständigkeit. Er ist ehrlich, weil er zu sich selbst und für sich selbst spricht und schreibt, heiter, weil er das Schwerste durch Denken besiegt hat, und beständig, weil er so sein muss. Seine Kraft steigt wie eine Flamme bei Windstille gerade und leicht aufwärts, unbeirrt, ohne Zittern und Unruhe. Er findet seinen Weg in jedem Falle, ohne dass wir auch nur merken, dass er ihn gesucht hätte; sondern wie durch ein Gesetz der Schwere gezwungen läuft er daher, so fest und behend, so unvermeidlich. Und wer je gefühlt hat, was das in unsrer Tragelaphen-Menschheit der Gegenwart heissen will, einmal ein ganzes, einstimmiges, in eignen Angeln hängendes und bewegtes, unbefangenes und ungehemmtes Naturwesen zu finden, der wird mein Glück und meine Verwunderung verstehen, als ich Schopenhauer gefunden hatte: ich ahnte, in ihm jenen Erzieher und Philosophen gefunden zu haben, den ich so lange suchte. Zwar nur als Buch: und das war ein grosser Mangel. Um so mehr strengte ich mich an, durch das Buch hindurch zu sehen und mir den lebendigen Menschen vorzustellen, dessen grosses Testament ich zu lesen hatte, und der nur solche zu seinen Erben zu machen verhiess, welche mehr sein wollten und konnten als nur seine Leser: nämlich seine Söhne und Zöglinge. (...)

(KSA I, 346–350)

(...) Ausser diesen Gefahren seiner ganzen Constitution, welchen Schopenhauer ausgesetzt gewesen wäre, er hätte nun in diesem oder jenem Jahrhundert gelebt – giebt es nun noch Gefahren, die aus seiner Zeit an ihn heran kamen; und diese Unterscheidung zwischen Constitutionsgefahren und Zeitgefahren ist wesentlich, um das Vorbildliche und Erzieherische in Schopenhauers Natur zu begreifen. Denken wir uns das Auge des Philosophen auf dem Dasein ruhend: er will dessen Werth neu festsetzen. Denn das ist die eigenthümliche Arbeit aller grossen Denker gewesen, Gesetzgeber für Maass, Münze und Gewicht der Dinge zu sein. Wie muss es ihm hinderlich werden, wenn die Menschheit, die er zunächst sieht, gerade eine schwächliche und von Würmern zerfressene Frucht ist! Wie viel muss er, um gerecht gegen das Dasein überhaupt zu sein, zu dem Unwerthe der gegenwärtigen Zeit hinzuaddiren! Wenn die Beschäftigung mit Geschichte vergangener oder fremder Völker werthvoll ist, so ist sie es am meisten für den Philosophen, der ein gerechtes Urtheil über das gesammte Menschenloos abgeben will, nicht also nur über das durchschnittliche, sondern vor allem auch über das höchste Loos, das einzelnen Menschen oder ganzen Völkern zufallen kann. Nun aber ist alles Gegenwärtige zudringlich, es wirkt und bestimmt das Auge, auch wenn der Philosoph es nicht will; und unwillkürlich wird es in der Gesammtabrechnung zu hoch taxirt sein. Deshalb muss der Philosoph seine Zeit in ihrem Unterschiede gegen andre wohl abschätzen und, indem er für sich die Gegenwart überwindet, auch in seinem Bilde, das er vom Leben giebt, die Gegenwart überwinden, nämlich unbemerkbar machen und gleichsam übermalen. Dies ist eine schwere, ja kaum lösbare Aufgabe. Das Urtheil der alten griechischen Philosophen über den Werth des Daseins besagt so viel mehr als ein modernes Urtheil, weil sie das Leben selbst in einer üppigen Vollendung vor sich und um sich hatten und weil bei ihnen nicht wie bei uns das Gefühl des Denkers sich verwirrt in dem Zwiespalte des Wunsches nach Freiheit, Schönheit, Grösse des Lebens und des Triebes nach Wahrheit, die nur frägt: was ist das Dasein überhaupt werth? Es bleibt für alle Zeiten wichtig zu wissen, was Empedocles, inmitten der kräftigsten und überschwänglichsten Lebenslust der griechischen Cultur, über das Dasein ausgesagt hat; sein Urtheil wiegt sehr schwer, zumal ihm durch kein einziges Gegenurtheil irgend eines andern grossen Philosophen aus derselben grossen Zeit widersprochen wird. Er spricht nur am deutlichsten, aber im Grunde – nämlich wenn man seine Ohren etwas aufmacht, sagen sie alle dasselbe. Ein moderner Denker wird, wie gesagt, immer an einem unerfüllten Wunsche leiden: er wird verlangen, dass man ihm erst wieder Leben, wahres, rothes, gesundes Leben zeige, damit er dann darüber seinen Richterspruch fälle. Wenigstens für sich selbst wird er es für nöthig halten, ein lebendiger Mensch zu sein, bevor er glauben darf, ein gerechter Richter sein zu können. Hier ist der Grund, weshalb gerade die neueren Philosophen zu den mächtigsten Förderern des Lebens, des Willens zum Leben gehören, und weshalb sie sich aus ihrer ermatteten eignen Zeit nach einer Cultur, nach einer verklärten Physis sehnen. Diese Sehnsucht ist aber auch ihre G e f a h r : in ihnen kämpft der Reformator des Lebens und der Philosoph, das heisst: der Richter des Lebens. Wohin sich auch der Sieg neige, es ist ein Sieg, der einen Verlust in sich schliessen wird. Und wie entging nun Schopenhauer auch dieser Gefahr?

Wenn jeder grosse Mensch auch am liebsten gerade als das ächte Kind seiner Zeit angesehn wird und jedenfalls an allen ihren Gebresten stärker und empfindlicher leidet als alle kleineren Menschen, so ist der Kampf eines solchen Grossen g e g e n seine Zeit scheinbar nur ein unsinniger und zerstörender Kampf gegen sich selbst. Aber eben nur scheinbar; denn in ihr bekämpft er das, was ihn hindert, gross zu sein, das bedeutet bei ihm nur: frei und ganz er selbst zu sein. Daraus folgt, dass seine Feindschaft im Grunde gerade gegen das gerichtet ist, was zwar an ihm selbst, was aber nicht eigentlich er selbst ist, nämlich gegen das unreine Durch- und Nebeneinander von Unmischbarem und ewig Unvereinbarem, gegen die falsche Anlöthung des Zeitgemässen an sein Unzeitgemässes; und endlich erweist sich das angebliche Kind der Zeit nur als S t i e f k i n d derselben. So strebte Schopenhauer, schon von früher Jugend an, jener falschen, eiteln und unwürdigen Mutter, der Zeit, entgegen, und indem er sie gleichsam aus sich auswies, reinigte und heilte er sein Wesen und fand sich selbst in seiner ihm zugehörigen Gesundheit und Reinheit wieder. Deshalb sind die Schriften Schopenhauers als Spiegel der Zeit zu benutzen; und gewiss liegt es nicht an einem Fehler des Spiegels, wenn in ihm alles Zeitgemässe nur wie eine entstellende Krankheit sichtbar wird, als Magerkeit und Blässe, als hohles Auge und erschlaffte Mienen, als die erkennbaren Leiden jener Stiefkindschaft. Die Sehnsucht nach starker Natur, nach gesunder und einfacher Menschheit war bei ihm eine Sehnsucht nach sich selbst; und sobald er die Zeit in sich besiegt hatte, musste er auch, mit erstauntem Auge, den Genius in sich erblikken. Das Geheimniss seines Wesens war ihm jetzt enthüllt, die Absicht jener Stiefmutter Zeit, ihm diesen Genius zu verbergen, vereitelt, das Reich der verklärten Physis war entdeckt. Wenn er jetzt nun sein furchtloses Auge der Frage zuwandte: »was ist das Leben überhaupt werth?« so hatte er nicht mehr eine verworrene und abgeblasste Zeit und deren heuchlerisch unklares Leben zu verurtheilen. Er wusste es wohl, dass noch Höheres und Reineres auf dieser Erde zu finden und zu erreichen sei als solch ein zeitgemässes Leben, und dass Jeder dem Dasein bitter Unrecht thue, der es nur nach dieser hässlichen Gestalt kenne und abschätze. Nein, der Genius selbst wird jetzt aufgerufen, um zu hören, ob dieser, die höchste Frucht des Lebens, vielleicht das Leben überhaupt rechtfertigen könne; der herrliche schöpferische Mensch soll auf die Frage antworten: »bejahst denn du im tiefsten Herzen dieses Dasein? Genügt es dir? Willst du sein Fürsprecher, sein Erlöser sein? Denn nur ein einziges wahrhaftiges Ja! aus deinem Munde – und das so schwer verklagte Leben soll frei sein«. (…)

(KSA I, 360–363)

(…) Also unverhohlen gesprochen: es ist nöthig, dass wir einmal recht böse werden, damit es besser wird. Und hierzu soll uns das Bild des Schopenhauerischen Menschen ermuthigen. Der Schopenhauerische Mensch nimmt das freiwillige Leiden der Wahrhaftigkeit auf sich, und dieses Leiden dient ihm, seinen Eigenwillen zu ertödten und jene völlige Umwälzung und Umkehrung seines Wesens vorzubereiten, zu der zu führen der eigentliche Sinn des Lebens ist. Dieses Heraussagen des Wahren erscheint den andern Menschen als Ausfluss der Bosheit, denn sie halten die Conservirung ihrer Halbheiten und Flausen für eine Pflicht der Menschlichkeit und meinen, man müsse böse sein, um ihnen also ihr Spielwerk zu zerstören. Sie sind versucht, einem Solchen zuzurufen, was Faust dem Mephistopheles sagt: »So setzest du der ewig regen, der heilsam schaffenden Gewalt die kalte Teufelsfaust entgegen«; und der, welcher schopenhauerisch leben wollte, würde wahrscheinlich einem Mephistopheles ähnlicher sehen als einem Faust – für die schwachsichtigen modernen Augen nämlich, welche im Verneinen immer das Abzeichen des Bösen erblicken. Aber es giebt eine Art zu verneinen und zu zerstören, welche gerade der Ausfluss jener mächtigen Sehnsucht nach Heiligung und Errettung ist, als deren erster philosophischer Lehrer Schopenhauer unter uns entheiligte und recht eigentlich verweltlichte Menschen trat.

Alles Dasein, welches verneint werden kann, verdient es auch, verneint zu werden; und wahrhaftig sein heisst an ein Dasein glauben, welches überhaupt nicht verneint werden könnte und welches selber wahr und ohne Lüge ist. Deshalb empfindet der Wahrhaftige den Sinn seiner Thätigkeit als einen metaphysischen, aus Gesetzen eines andern und höhern Lebens erklärbaren und im tiefsten Verstande bejahenden: so sehr auch alles, was er thut, als ein Zerstören und Zerbrechen der Gesetze dieses Lebens erscheint. Dabei muss sein Thun zu einem andauernden Leiden werden, aber er weiss, was auch Meister Eckhard weiss: »das schnellste Thier, das euch trägt zur Vollkommenheit, ist Leiden«. Ich sollte denken, es müsste jedem, der sich eine solche Lebensrichtung vor die Seele stellt, das Herz weit werden und in ihm ein heisses Verlangen entstehen, ein solcher Schopenhauerischer Mensch zu sein: also für sich und sein persönliches Wohl rein und von wundersamer Gelassenheit, in seinem Erkennen voll starken verzehrenden Feuers und weit entfernt von der kalten und verächtlichen Neutralität des sogenannten wissenschaftlichen Menschen, hoch emporgehoben über griesgrämige und verdriessliche Betrachtung, sich selbst immer als erstes Opfer der erkannten Wahrheit preisgebend, und im tiefsten von dem Bewusstsein durchdrungen, welche Leiden aus seiner Wahrhaftigkeit entspringen müssen. Gewiss, er vernichtet sein Erdenglück durch seine Tapferkeit, er muss selbst den Menschen, die er liebt, den Institutionen, aus deren Schoosse er hervorgegangen ist, feindlich sein, er darf weder Menschen, noch Dinge schonen, ob er gleich an ihrer Verletzung mit leidet, er wird verkannt werden und lange als Bundesgenosse von Mächten gelten, die er verabscheut, er wird, bei dem menschlichen Maasse seiner Einsicht, ungerecht sein müssen, bei allem Streben nach Gerechtigkeit: aber er darf sich mit den Worten zureden und trösten, welche Schopenhauer, sein grosser Erzieher, einmal gebraucht: »Ein glückliches Leben ist unmöglich: das Höchste, was der Mensch erlangen kann, ist ein h e r o i s c h e r L e b e n s -

lauf. Einen solchen führt der, welcher, in irgend einer Art und Angelegenheit, für das Allen irgendwie zu Gute Kommende mit übergrossen Schwierigkeiten kämpft und am Ende siegt, dabei aber schlecht oder gar nicht belohnt wird. (...)

(KSA I, 371–373)

Menschliches, Allzumenschliches

Vorrede.

1.

Man soll nur reden, wo man nicht schweigen darf; und nur von dem reden, was man ü b e r w u n d e n hat, – alles Andere ist Geschwätz, »Litteratur«, Mangel an Zucht. Meine Schriften reden n u r von meinen Ueberwindungen: »ich« bin darin, mit Allem, was mir feind war, ego ipsissimus, ja sogar, wenn ein stolzerer Ausdruck erlaubt wird, ego ipsissi m u m. Man erräth: ich habe schon Viel – u n t e r mir … Aber es bedurfte immer erst der Zeit, der Genesung, der Ferne, der Distanz, bis die Lust bei mir sich regte, etwas Erlebtes und Ueberlebtes, irgend ein eigenes Factum oder Fatum nachträglich für die Erkenntniss abzuhäuten, auszubeuten, blosszulegen, »darzustellen« (oder wie man's heissen will). Insofern sind alle meine Schriften, mit einer einzigen, allerdings wesentlichen Ausnahme, z u r ü c k z u d a t i e r e n – sie reden immer von einem »Hinter-mir« –: einige sogar, wie die drei ersten Unzeitgemässen Betrachtungen, noch zurück hinter die Entstehungs- und Erlebnisszeit eines vorher herausgegebenen Buches (der »Geburt der Tragödie« im gegebenen Falle: wie es einem feineren Beobachter und Vergleicher nicht verborgen bleiben darf). Jener zornige Ausbruch gegen die Deutschthümelei, Behäbigkeit und Sprach-Verlumpung des alt gewordenen David Strauss, der Inhalt der ersten Unzeitgemässen, machte Stimmungen Luft, mit denen ich lange vorher, als Student, inmitten deutscher Bildung und Bildungsphilisterei gesessen hatte (ich mache Anspruch auf die Vaterschaft des jetzt viel gebrauchten und missbrauchten Wortes »Bildungsphilister« –); und was ich gegen die »historische Krankheit« gesagt habe, das sagte ich als Einer, der von ihr langsam, mühsam genesen lernte und ganz und gar nicht Willens war, fürderhin auf »Historie« zu verzichten, weil er einstmals an ihr gelitten hatte. Als ich sodann, in der dritten Unzeitgemässen Betrachtung, meine Ehrfurcht vor meinem ersten und einzigen Erzieher, vor dem grossen Arthur Schopenhauer zum Ausdruck brachte – ich würde sie jetzt noch viel stärker, auch persönlicher ausdrücken – war ich für meine eigne Person schon mitten in der moralistischen Skepsis und Auflösung drin, das heisst ebenso sehr in der Kritik als der Vertiefung alles bisherigen Pessimismus –, und glaubte bereits »an gar nichts mehr«, wie das Volk sagt, auch an Schopenhauer nicht (...)

(KSA II, 369–370)

5.

– Damals lernte ich erst jenes einsiedlerische Reden, auf welches sich nur die Schweigendsten und Leidendsten verstehn: ich redete, ohne Zeugen oder vielmehr gleichgültig gegen Zeugen, um nicht am Schweigen zu leiden, ich sprach von lauter Dingen, die mich nichts angiengen, aber so, als ob sie mich etwas angiengen. Damals lernte ich die Kunst, mich heiter, objektiv, neugierig, vor allem gesund und boshaft zu geben, – und bei einem Kranken ist dies, wie mir scheinen will, sein »guter Geschmack«? Einem feineren Auge und Mitgefühl wird es trotzdem nicht entgehn, was vielleicht den Reiz dieser Schriften ausmacht, – dass hier ein Leidender und Entbehrender redet, wie als ob er nicht ein Leidender und Entbehrender sei. Hier soll das Gleichgewicht, die Gelassenheit, sogar die Dankbarkeit gegen das Leben aufrecht erhalten werden, hier waltet ein strenger, stolzer, beständig wacher, beständig reizbarer Wille, der sich die Aufgabe gestellt hat, das Leben wider den Schmerz zu vertheidigen und alle Schlüsse abzuknicken, welche aus Schmerz, Enttäuschung, Ueberdruss, Vereinsamung und andrem Moorgrunde gleich giftigen Schwämmen aufzuwachsen pflegen. Dies giebt vielleicht gerade unsern Pessimisten Fingerzeige zur eignen Prüfung? – denn damals war es so, wo ich mir den Satz abgewann: »ein Leidender hat auf Pessimismus n o c h k e i n R e c h t!«, damals führte ich mit mir einen langwierig-geduldigen Feldzug gegen den unwissenschaftlichen Grundhang jedes romantischen Pessimismus, einzelne persönliche Erfahrungen zu allgemeinen Urtheilen, ja Welt-Verurtheilungen aufzubauschen, auszudeuten … kurz, damals drehte ich meinen Blick h e r u m. Optimismus, zum Zweck der Wiederherstellung, um irgend wann einmal wieder Pessimist sein zu d ü r f e n – versteht ihr das? Gleich wie ein Arzt seinen Kranken in eine völlig fremde Umgebung stellt, damit er seinem ganzen »Bisher«, seinen Sorgen, Freunden, Briefen, Pflichten, Dummheiten und Gedächtnissmartern entrückt wird und Hände und Sinne nach neuer Nahrung, neuer Sonne, neuer Zukunft ausstrecken lernt, so zwang ich mich, als Arzt und Kranker in Einer Person, zu einem umgekehrten unerprobten K l i m a d e r S e e l e, und namentlich zu einer abziehenden Wanderung in die Fremde, in d a s Fremde, zu einer Neugierde nach aller Art von Fremdem … Ein langes Herumziehn, Suchen, Wechseln folgte hieraus, ein Widerwille gegen alles Festbleiben, gegen jedes plumpe Bejahen und Verneinen; ebenfalls eine Diätetik und Zucht, welche es dem Geiste so leicht als möglich machen wollte, weit zu laufen, hoch zu fliegen, vor Allem immer wieder fort zu fliegen. Thatsächlich ein Minimum von Leben, eine Loskettung von allen gröberen Begehrlichkeiten, eine Unabhängigkeit inmitten aller Art äusserer Ungunst, sammt dem Stolze, leben zu k ö n n e n unter dieser Ungunst; etwas Cynismus vielleicht, etwas »Tonne«, aber ebenso gewiss viel Grillen-Glück, Grillen-Munterkeit, viel Stille, Licht, feinere Thorheit, verborgenes Schwärmen – das Alles ergab zuletzt eine grosse geistige Erstarkung, eine wachsende Lust und Fülle der Gesundheit. Das Leben selbst b e l o h n t uns für unsern zähen Willen zum Leben, für einen solchen langen Krieg, wie ich ihn damals mit mir gegen den Pessimismus der Lebensmüdigkeit führte, schon für jeden aufmerksamen Blick unsrer Dankbarkeit, der sich die kleinsten, zartesten, flüchtigsten Geschenke des Lebens nicht entgehn lässt. Wir bekommen endlich dafür seine g r o s -

sen Geschenke, vielleicht auch sein grösstes, das es zu geben vermag, – wir bekommen u n s r e A u f g a b e wieder zurück. – –

6.

– Sollte mein Erlebniss – die Geschichte einer Krankheit und Genesung, denn es lief auf eine Genesung hinaus – nur mein persönliches Erlebniss gewesen sein? Und gerade nur m e i n »Menschlich-Allzumenschliches«? Ich möchte heute das Umgekehrte glauben; das Zutrauen kommt mir wieder und wieder dafür, dass meine Wanderbücher doch nicht nur für mich aufgezeichnet waren, wie es bisweilen den Anschein hatte –. Darf ich nunmehr, nach sechs Jahren wachsender Zuversicht, sie von Neuem zu einem Versuche auf die Reise schicken? Darf ich sie Denen sonderlich an's Herz und Ohr legen, welche mit irgend einer »Vergangenheit« behaftet sind und Geist genug übrig haben, um auch noch am G e i s t e ihrer Vergangenheit zu leiden? Vor allem aber Euch, die ihr es am schwersten habt, ihr Seltenen, Gefährdetsten, Geistigsten, Muthigsten, die ihr das G e w i s s e n der modernen Seele sein müsst und als solche ihr W i s s e n haben müsst, in denen was es nur heute von Krankheit, Gift und Gefahr geben kann zusammen kommt, – deren Loos es will, dass ihr kränker sein müsst als irgend ein Einzelner, weil ihr nicht »n u r E i n z e l n e« seid …, deren Trost es ist, den Weg zu einer n e u e n Gesundheit zu wissen, ach! und zu gehen, einer Gesundheit von Morgen und Uebermorgen, ihr Vorherbestimmten, ihr Siegreichen, ihr Zeit-Ueberwinder, ihr Gesündesten, ihr Stärksten, ihr g u t e n E u r o p ä e r! – –

7.

– Dass ich schliesslich meinen Gegensatz gegen den r o m a n t i - s c h e n P e s s i m i s m u s, das heisst zum Pessimismus der Entbehrenden, Missglückten, Ueberwundenen, noch in eine Formel bringe: es giebt einen Willen zum Tragischen und zum

Pessimismus, der das Zeichen ebensosehr der Strenge als der Stärke des Intellekts (Geschmacks, Gefühls, Gewissens) ist. Man fürchtet, mit diesem Willen in der Brust, nicht das Furchtbare und Fragwürdige, das allem Dasein eignet; man sucht es selbst auf. Hinter einem solchen Willen steht der Muth, der Stolz, das Verlangen nach einem g r o s s e n Feinde. – Dies war m e i n e pessimistische Perspektive von Anbeginn, – eine neue Perspektive, wie mich dünkt? eine solche, die auch heute noch neu und fremd ist? Bis zu diesem Augenblick halte ich an ihr fest, und, wenn man mir glauben will, ebensowohl für mich, als, gelegentlich wenigstens, g e g e n mich ... Wollt ihr dies erst bewiesen? Aber was sonst wäre mit dieser langen Vorrede – bewiesen?

S i l s - M a r i a, Oberengadin,
im September 1886.

(KSA II, 374–377)

Also sprach Zarathustra

Der Nothschrei.

Des nächsten Tages sass Zarathustra wieder auf seinem Steine vor der Höhle, während die Thiere draussen in der Welt herumschweiften, dass sie neue Nahrung heimbrächten, – auch neuen Honig: denn Zarathustra hatte den alten Honig bis auf das letzte Korn verthan und verschwendet. Als er aber dermaassen dasass, mit einem Stecken in der Hand, und den Schatten seiner Gestalt auf der Erde abzeichnete, nachdenkend und, wahrlich! nicht über sich und seinen Schatten – da erschrak er mit Einem Male und fuhr zusammen: denn er sahe neben seinem Schatten noch einen andern Schatten. Und wie er schnell um sich blickte und aufstand, siehe, da stand der Wahrsager neben ihm, der selbe, den er einstmals an seinem Tische gespeist und getränkt hatte, der Verkündiger der grossen Müdigkeit, welcher lehrte: »Alles ist gleich, es lohnt sich Nichts, Welt ist ohne Sinn, Wissen würgt.« Aber sein Antlitz hatte sich inzwischen verwandelt; und als ihm Zarathustra in die Augen blickte, wurde sein Herz abermals erschreckt: so viel schlimme Verkündigungen und aschgraue Blitze liefen über diess Gesicht.

Der Wahrsager, der es wahrgenommen, was sich in Zarathustra's Seele zutrug, wischte mit der Hand über sein Antlitz hin, wie als ob er dasselbe wegwischen wollte; desgleichen that auch Zarathustra. Und als Beide dergestalt sich schweigend gefasst und gekräftigt hatten, gaben sie sich die Hände, zum Zeichen, dass sie sich wiedererkennen wollten.

»Sei mir willkommen, sagte Zarathustra, du Wahrsager der grossen Müdigkeit, du sollst nicht umsonst einstmals mein Tisch- und Gastfreund gewesen sein. Iss und trink auch heute bei mir und vergieb es, dass ein vergnügter alter Mann mit dir zu Tische sitzt!« – »Ein vergnügter alter Mann? antwortete der Wahrsager, den Kopf schüttelnd: wer du aber auch bist oder sein willst, oh Zarathustra, du bist es zum Längsten hier Oben gewesen, – dein Nachen soll über Kurzem nicht mehr im Trocknen sitzen!« – »Sitze ich denn im Trocknen?« fragte Zarathustra lachend. – »Die Wellen um deinen Berg, antwortete der Wahrsager, steigen und steigen, die Wellen grosser Noth und Trübsal: die werden bald auch deinen Nachen heben und dich davontragen.« Zarathustra schwieg hierauf und wunderte sich. – »Hörst du noch Nichts? fuhr der Wahrsager fort: rauscht und braust es nicht herauf aus der Tiefe?« – Zarathustra schwieg abermals und horchte: da hörte er einen langen, langen Schrei, welchen die Abgründe sich zuwarfen und weitergaben, denn keiner wollte ihn behalten: so böse klang er.

»Du schlimmer Verkündiger, sprach endlich Zarathustra, das ist ein Nothschrei und der Schrei eines Menschen, der mag wohl aus einem schwarzen Meere kommen. Aber was geht mich Menschen-Noth an! Meine letzte Sünde, die mir aufgespart blieb, – weisst du wohl, wie sie heisst?«

– »Mitleiden! antwortete der Wahrsager aus einem überströmenden Herzen und hob beide Hände empor – oh Zarathustra, ich komme, dass ich dich zu deiner letzten Sünde verführe!« –

Und kaum waren diese Worte gesprochen, da erscholl der Schrei abermals, und länger und ängstlicher als vorher, auch schon viel näher. »Hörst du? Hörst du, oh Zarathustra? rief der Wahrsager, dir gilt der Schrei, dich ruft er: komm, komm, komm, es ist Zeit, es ist höchste Zeit!« –

Zarathustra schwieg hierauf, verwirrt und erschüttert; endlich fragte er, wie Einer, der bei sich selber zögert: »Und wer ist das, der dort mich ruft?«

»Aber du weisst es ja, antwortete der Wahrsager heftig, was verbirgst du dich? Der höhere Mensch ist es, der nach dir schreit!«

»Der höhere Mensch? schrie Zarathustra von Grausen erfasst: was will der? Was will der? Der höhere Mensch! Was will der hier?« – und seine Haut bedeckte sich mit Schweiss.

Der Wahrsager aber antwortete nicht auf die Angst Zarathustra's, sondern horchte und horchte nach der Tiefe zu. Als es jedoch lange Zeit dort stille blieb, wandte er seinen Blick zurück und sahe Zarathustra stehn und zittern.

»Oh Zarathustra, hob er mit trauriger Stimme an, du stehst nicht da wie Einer, den sein Glück drehend macht: du wirst tanzen müssen, dass du mir nicht umfällst!

Aber wenn du auch vor mir tanzen wolltest und alle deine Seitensprünge springen: Niemand soll mir doch sagen dürfen: »Siehe, hier tanzt der letzte frohe Mensch!«

Umsonst käme Einer auf diese Höhe, der d e n hier suchte: Höhlen fände er wohl und Hinter-Höhlen, Verstecke für Versteckte, aber nicht Glücks-Schachte und Schatzkammern und neue Glücks-Goldadern.

Glück – wie fände man wohl das Glück bei solchen Vergrabenen und Einsiedlern! Muss ich das letzte Glück noch auf glückseligen Inseln suchen und ferne zwischen vergessenen Meeren?

Aber Alles ist gleich, es lohnt sich Nichts, es hilft kein Suchen, es giebt auch keine glückseligen Inseln mehr!« – –

Also seufzte der Wahrsager; bei seinem letzten Seufzer aber wurde Zarathustra wieder hell und sicher, gleich Einem, der aus einem tiefen Schlunde an's Licht kommt. »Nein! Nein! Drei Mal Nein! rief er mit starker Stimme und strich sich den Bart – D a s weiss ich besser! Es giebt noch glückselige Inseln! Stille d a v o n, du seufzender Trauersack!

Höre d a v o n auf zu plätschern, du Regenwolke am Vormittag! Stehe ich denn nicht schon da, nass von deiner Trübsal und begossen wie ein Hund?

Nun schüttle ich mich und laufe dir davon, dass ich wieder trocken werde: dess darfst du nicht Wunder haben! Dünke ich dir unhöflich? Aber hier ist m e i n Hof.

Was aber deinen höheren Menschen angeht: wohlan! ich suche ihn flugs in jenen Wäldern: d a h e r kam sein Schrei. Vielleicht bedrängt ihn da ein böses Thier.

Er ist in m e i n e m Bereiche: darin soll er mir nicht zu Schaden kommen! Und wahrlich, es giebt viele böse Thiere bei mir.« –

Mit diesen Worten wandte sich Zarathustra zum Gehen. Da sprach der Wahrsager: »Oh Zarathustra, du bist ein Schelm!

Ich weiss es schon: du willst mich los sein! Lieber noch läufst du in die Wälder und stellst bösen Thieren nach!

Aber was hilft es dir? Des Abends wirst du doch mich wieder-haben, in deiner eignen Höhle werde ich dasitzen, geduldig und schwer wie ein Klotz – und auf dich warten!«

»So sei's! rief Zarathustra zurück im Fortgehn: und was mein ist in meiner Höhle, gehört auch dir, meinem Gastfreunde!

Solltest du aber drin noch Honig finden, wohlan! so lecke ihn nur auf, du Brummbär, und versüsse deine Seele! Am Abende nämlich wollen wir Beide guter Dinge sein,

– guter Dinge und froh darob, dass dieser Tag zu Ende gieng! Und du selber sollst zu meinen Liedern als mein Tanzbär tanzen.

Du glaubst nicht daran? Du schüttelst den Kopf? Wohlan! Wohlauf! Alter Bär! Aber auch ich – bin ein Wahrsager.«

Also sprach Zarathustra.

(KSA IV, 300–303)

Die fröhliche Wissenschaft

(...) Eine vierte Frage wäre, ob auch Schopenhauer mit seinem Pessimismus, das heisst dem Problem vom Werth des Daseins, gerade ein Deutscher gewesen sein müsste. Ich glaube nicht. Das Ereigniss, nach welchem dies Problem mit Sicherheit zu erwarten stand, so dass ein Astronom der Seele Tag und Stunde dafür hätte ausrechnen können, der Niedergang des Glaubens an den christlichen Gott, der Sieg des wissenschaftlichen Atheismus, ist ein gesammt-europäisches Ereigniss, an dem alle Rassen ihren Antheil von Verdienst und Ehre haben sollen. Umgekehrt wäre gerade den Deutschen zuzurechnen – jenen Deutschen, mit welchen Schopenhauer gleichzeitig lebte –, diesen Sieg des Atheismus am längsten und gefährlichsten verzögert zu haben; Hegel namentlich war sein Verzögerer par excellence, gemäss dem grandiosen Versuche, den er machte, uns zur Göttlichkeit des Daseins zu allerletzt noch mit Hülfe unsres sechsten Sinnes, des »historischen Sinnes« zu überreden. Schopenhauer war als Philosoph der erste eingeständliche und unbeugsame Atheist, den wir Deutschen gehabt haben: seine Feindschaft gegen Hegel hatte hier ihren Hintergrund. Die Ungöttlichkeit des Daseins galt ihm als etwas Gegebenes, Greifliches, Undiskutirbares; er verlor jedes Mal seine Philosophen-Besonnenheit und gerieth in Entrüstung, wenn er Jemanden hier zögern und Umschweife machen sah. An dieser Stelle liegt seine ganze Rechtschaffenheit: der unbedingte redliche Atheismus ist eben die Voraussetzung seiner Problemstellung, als ein endlich und schwer errungener Sieg des europäischen Gewissens, als der folgenreichste Akt einer zweitausendjährigen Zucht zur Wahrheit, welche am Schlusse sich die Lüge im Glauben an Gott verbietet ... Man sieht, was eigentlich über den christlichen Gott gesiegt hat:

die christliche Moralität selbst, der immer strenger genommene Begriff der Wahrhaftigkeit, die Beichtväter-Feinheit des christlichen Gewissens, übersetzt und sublimirt zum wissenschaftlichen Gewissen, zur intellektuellen Sauberkeit um jeden Preis. Die Natur ansehn, als ob sie ein Beweis für die Güte und Obhut eines Gottes sei; die Geschichte interpretiren zu Ehren einer göttlichen Vernunft, als beständiges Zeugniss einer sittlichen Weltordnung und sittlicher Schlussabsichten; die eigenen Erlebnisse auslegen, wie sie fromme Menschen lange genug ausgelegt haben, wie als ob Alles Fügung, Alles Wink, Alles dem Heil der Seele zu Liebe ausgedacht und geschickt sei: das ist nunmehr v o r b e i, das hat das Gewissen g e g e n sich, das gilt allen feineren Gewissen als unanständig, unehrlich, als Lügnerei, Feminismus, Schwachheit, Feigheit, – mit dieser Strenge, wenn irgend womit, sind wir eben g u t e Europäer und Erben von Europa's längster und tapferster Selbstüberwindung. Indem wir die christliche Interpretation dergestalt von uns stossen und ihren »Sinn« wie eine Falschmünzerei verurtheilen, kommt nun sofort auf eine furchtbare Weise die S c h o p e n h a u e r i s c h e Frage zu uns: h a t   d e n n   d a s   D a s e i n   ü b e r h a u p t   e i n e n   S i n n ? – jene Frage, die ein paar Jahrhunderte brauchen wird, um auch nur vollständig und in alle ihre Tiefe hinein gehört zu werden. Was Schopenhauer selbst auf diese Frage geantwortet hat, war – man vergebe es mir – etwas Voreiliges, Jugendliches, nur eine Abfindung, ein Stehen- und Steckenbleiben in eben den christlich-asketischen Moral-Perspektiven, welchen, mit dem Glauben an Gott, d e r   G l a u b e   g e k ü n d i g t   w a r ... Aber er hat die Frage g e s t e l l t – als ein guter Europäer, wie gesagt, und n i c h t als Deutscher. – Oder hätten etwa die Deutschen, wenigstens mit der Art, in welcher sie sich der Schopenhauerischen Frage bemächtigten, ihre innere Zugehörigkeit und Verwandtschaft, ihre Vorbereitung, ihr B e d ü r f n i s s nach seinem Problem bewiesen? Dass nach Schopenhauer auch in Deutschland – übrigens spät genug! – über das von ihm aufgestellte Problem gedacht und gedruckt worden ist, reicht gewiss nicht aus, zu

Gunsten dieser engeren Zugehörigkeit zu entscheiden; man könnte selbst die eigentümliche Ungeschicktheit dieses Nach-Schopenhauerischen Pessimismus dagegen geltend machen, – die Deutschen benahmen sich ersichtlich nicht dabei wie in ihrem Elemente. Hiermit spiele ich ganz und gar nicht auf Eduard von Hartmann an; im Gegentheil, mein alter Verdacht ist auch heute noch nicht gehoben, dass er für uns zu geschickt ist, ich will sagen, dass er als arger Schalk von Anbeginn sich vielleicht nicht nur über den deutschen Pessimismus lustig gemacht hat, – dass er am Ende etwa gar es den Deutschen testamentarisch »vermachen« könnte, wie weit man sie selbst, im Zeitalter der Gründungen, hat zum Narren haben können. Aber ich frage: soll man vielleicht den alten Brummkreisel Bahnsen den Deutschen zu Ehren rechnen, der sich mit Wollust sein Leben lang um sein realdialektisches Elend und »persönliches Pech« gedreht hat, – wäre etwa das gerade deutsch? (ich empfehle anbei seine Schriften, wozu ich sie selbst gebraucht habe, als antipessimistische Kost, namentlich um seiner elegantiae psychologicae willen, mit denen, wie mich dünkt, auch dem verstopftesten Leibe und Gemüthe beizukommen ist). Oder dürfte man solche Dilettanten und alte Jungfern, wie den süsslichen Virginitäts-Apostel Mainländer unter die rechten Deutschen zählen? Zuletzt wird es ein Jude gewesen sein (– alle Juden werden süsslich, wenn sie moralisiren). Weder Bahnsen, noch Mainländer, noch gar Eduard von Hartmann geben eine sichere Handhabe für die Frage ab, ob der Pessimismus Schopenhauer's, sein entsetzter Blick in eine entgöttlichte, dumm, blind, verrückt und fragwürdig gewordene Welt, sein ehrliches Entsetzen ... nicht nur ein Ausnahme-Fall unter Deutschen, sondern ein deutsches Ereigniss gewesen ist: während Alles, was sonst im Vordergrunde steht, unsre tapfre Politik, unsre fröhliche Vaterländerei, welche entschlossen genug alle Dinge auf ein wenig philosophisches Princip hin (»Deutschland, Deutschland über Alles«) betrachtet, also sub specie speciei, nämlich der deutschen species, mit grosser Deutlichkeit das Gegentheil bezeugt. Nein!

die Deutschen von heute sind keine Pessimisten! Und Schopenhauer war Pessimist, nochmals gesagt, als guter Europäer und nicht als Deutscher. – (...)

(KSA III, 599–602)

Arthur Schopenhauer.

Was er lehrte ist abgethan,
Was er lebte, wird bleiben stahn:
Seht ihn nur an!
Niemandem war er unterthan!

(KSA XI, 303)

III. Wagner

Richard Wagner in Bayreuth

I.

Damit ein Ereignis Grösse habe, muss zweierlei zusammenkommen: der grosse Sinn Derer, die es vollbringen und der grosse Sinn Derer, die es erleben. An sich hat kein Ereigniss Grösse, und wenn schon ganze Sternbilder verschwinden, Völker zu Grunde gehen, ausgedehnte Staaten gegründet und Kriege mit ungeheuren Kräften und Verlusten geführt werden: über Vieles der Art bläst der Hauch der Geschichte hinweg, als handele es sich um Flocken. Es kommt aber auch vor, dass ein gewaltiger Mensch einen Streich führt, der an einem harten Gestein wirkungslos niedersinkt; ein kurzer scharfer Wiederhall, und Alles ist vorbei. Die Geschichte weiss auch von solchen gleichsam abgestumpften Ereignissen beinahe Nichts zu melden. So überschleicht einen Jeden, welcher ein Ereigniss herankommen sieht, die Sorge, ob Die, welche es erleben, seiner würdig sein werden. Auf dieses Sich-Entsprechen von That und Empfänglichkeit rechnet und zielt man immer, wenn man handelt, im Kleinsten wie im Grössten; und Der, welcher geben will, muss zusehen, dass er die Nehmer findet, die dem Sinne seiner Gabe genugthun. Eben deshalb hat auch die einzelne That eines selbst grossen Menschen keine Grösse, wenn sie kurz, stumpf und unfruchtbar ist; denn in dem Augenblicke, wo er sie that, muss ihm jedenfalls die tiefe Einsicht gefehlt haben, dass sie gerade jetzt nothwendig sei: er hatte nicht scharf genug gezielt, die Zeit nicht bestimmt genug erkannt und gewählt: der Zufall war Herr über ihn geworden, während gross sein und den Blick für die Nothwendigkeit haben streng zusammengehört.

Darüber also, ob Das, was jetzt in Bayreuth vor sich geht, im rechten Augenblick vor sich geht und nothwendig ist, sich Sorge zu machen und Bedenken zu haben, überlassen wir billig wohl Denen, welche über Wagner's Blick für das Nothwendige selbst

Bedenken haben. Uns Vertrauensvolleren muss es so erscheinen, dass er ebenso an die Grösse seiner That, als an den grossen Sinn Derer, welche sie erleben sollen, glaubt. Darauf sollen alle Jene stolz sein, welchen dieser Glaube gilt, jenen Vielen oder Wenigen – denn dass es nicht Alle sind, dass jener Glaube nicht der ganzen Zeit gilt, selbst nicht einmal dem ganzen deutschen Volke in seiner gegenwärtigen Erscheinung, hat er uns selber gesagt (...).

In Bayreuth ist auch der Zuschauer anschauenswerth, es ist kein Zweifel. Ein weiser betrachtender Geist, der aus einem Jahrhundert in's andere gienge, die merkwürdigen Cultur-Regungen zu vergleichen, würde dort viel zu sehen haben; er würde fühlen müssen, dass er hier plötzlich in ein warmes Gewässer gerathe, wie Einer, der in einem See schwimmt und der Strömung einer heissen Quelle nahe kommt: aus anderen, tieferen Gründen muss diese emporkommen, sagt er sich, das umgebende Wasser erklärt sie nicht und ist jedenfalls selber flacheren Ursprungs. So werden alle Die, welche das Bayreuther Fest begehen, als unzeitgemässe Menschen empfunden werden: sie haben anderswo ihre Heimath als in der Zeit und finden anderwärts sowohl ihre Erklärung als ihre Rechtfertigung. Mir ist immer deutlicher geworden, dass der »Gebildete«, sofern er ganz und völlig die Frucht dieser Gegenwart ist, Allem, was Wagner thut und denkt, nur durch die Parodie beikommen kann (...)

(KSA I, 431–433)

Dass es überhaupt eine Kunst geben könne, so sonnenhaft hell und warm, um ebenso die Niedrigen und Armen im Geiste mit ihrem Strahle zu erleuchten, als den Hochmuth der Wissenden zu schmelzen: Das musste erfahren werden und war nicht zu errathen. Aber im Geiste eines Jeden, der es jetzt erfährt, muss es alle Begriffe über Erziehung und Cultur umwenden; ihm wird der Vorhang vor einer Zukunft aufgezogen scheinen, in welcher es keine höchsten Güter und Beglückungen mehr giebt, die nicht den Herzen Aller gemein sind. Der Schimpf, welcher bisher dem Worte »gemein« anklebte, wird dann von ihm hinweggenommen sein.

Wenn sich solchermaassen die Ahnung in die Ferne wagt, wird die bewusste Einsicht die unheimliche sociale Unsicherheit unserer Gegenwart in's Auge fassen und sich die Gefährdung einer Kunst nicht verbergen, welche gar keine Wurzeln zu haben scheint, wenn nicht in jener Ferne und Zukunft und die ihre blühenden Zweige uns eher zu Gesicht kommen lässt, als das Fundament, aus dem sie hervorwächst. Wie retten wir diese heimathlose Kunst hindurch bis zu jener Zukunft, wie dämmen wir die Fluth der überall unvermeidlich scheinenden Revolution so ein, dass mit dem Vielen, was dem Untergange geweiht ist und ihn verdient, nicht auch die beseligende Anticipation und Bürgschaft einer besseren Zukunft, einer freieren Menschheit weggeschwemmt wird?

Wer so sich fragt und sorgt, hat an Wagner's Sorge Antheil genommen; er wird mit ihm sich getrieben fühlen, nach jenen bestehenden Mächten zu suchen, welche den guten Willen haben, in den Zeiten der Erdbeben und Umstürze die Schutzgeister der edelsten Besitzthümer der Menschheit zu sein. Einzig in diesem Sinne frägt Wagner durch seine Schriften bei den Gebildeten an, ob sie sein Vermächtniss, den kostbaren Ring seiner Kunst mit in ihren Schatzhäusern bergen wollen; und selbst das grossartige Vertrauen, welches Wagner dem deutschen Geiste auch in seinen politischen Zielen geschenkt hat, scheint mir darin seinen Ursprung zu haben, dass er dem Volke der Reformation jene Kraft, Milde und Tapferkeit zutraut, welche nöthig ist, um »das Meer der Revolution in das Bette des ruhig fliessenden Stromes der Menschheit einzudämmen«: und fast möchte ich meinen, dass er Diess und nichts Anderes durch die Symbolik seines Kaisermarsches ausdrücken wollte.

Im Allgemeinen ist aber der hülfreiche Drang des schaffenden Künstlers zu gross, der Horizont seiner Menschenliebe zu umfänglich, als dass sein Blick an den Umzäunungen des nationalen Wesens hängen bleiben sollte. Seine Gedanken sind wie die jedes guten und grossen Deutschen ü b e r d e u t s c h und die Sprache seiner Kunst redet nicht zu Völkern, sondern zu Menschen.

Aber zu M e n s c h e n d e r Z u k u n f t.

Das ist der ihm eigenthümliche Glaube, seine Qual und seine Auszeichnung. Kein Künstler irgend welcher Vergangenheit hat eine so merkwürdige Mitgift von seinem Genius erhalten, Niemand hat ausser ihm diesen Tropfen herbster Bitterkeit mit jedem nektarischen Tranke, welchen die Begeisterung ihm reichte, trinken müssen. Es ist nicht, wie man glauben möchte, der verkannte, der gemisshandelte, der in seiner Zeit gleichsam flüchtige Künstler, welcher sich diesen Glauben, zur Nothwehr, gewann: Erfolg und Misserfolg bei den Zeitgenossen konnten ihn nicht aufheben und nicht begründen. Er gehört nicht zu diesem Geschlecht, mag es ihn preisen oder verwerfen: – das ist das Urtheil seines Instinctes; und ob je ein Geschlecht zu ihm gehören werde, das kann Dem, welcher daran nicht glauben mag, auch nicht bewiesen werden. Aber wohl kann auch dieser Ungläubige die Frage stellen, welcher Art ein Geschlecht sein müsse, in dem Wagner sein »Volk« wiedererkennen würde, als den Inbegriff aller Derjenigen, welche eine gemeinsame Noth empfinden und sich von ihr durch eine gemeinsame Kunst erlösen wollen. (…)

II.

Die gute Vernunft bewahre uns vor dem Glauben, dass die Menschheit irgend wann einmal endgültige ideale Ordnungen finden werde und dass dann das Glück mit immer gleichem Strahle, gleich der Sonne der Tropenländer, auf die solchermaassen Geordneten niederbrennen müsse: mit einem solchen Glauben hat Wagner Nichts zu thun, er ist kein Utopist. Wenn er des Glaubens an die Zukunft nicht entrathen kann, so heisst diess gerade nur so viel, dass er an die jetzigen Menschen Eigenschaften wahrnimmt, welche nicht zum unveränderlichen Charakter und Knochenbau des menschlichen Wesens gehören, sondern wandelbar, ja vergänglich sind, und dass gerade d i e s e r E i g e n - s c h a f t e n w e g e n die Kunst unter ihnen ohne Heimath und er selber der vorausgesendete Bote einer anderen Zeit sein müsse. Kein goldenes Zeitalter, kein unbewölkter Himmel ist diesen kommenden Geschlechtern beschieden, auf welche ihn sein Instinct anweist und deren ungefähre Züge aus der Geheimschrift seiner Kunst so weit zu errathen sind, als es möglich ist, von der Art der Befriedigung auf die Art der Noth zu schliessen. Auch die übermenschliche Güte und Gerechtigkeit wird nicht wie ein unbeweglicher Regenbogen über das Gefilde dieser Zukunft gespannt sein. Vielleicht wird jenes Geschlecht im Ganzen sogar böser erscheinen, als das jetzige, – denn es wird, im Schlimmen wie im Guten, o f f e n e r sein; ja es wäre möglich, dass seine Seele, wenn sie einmal in vollem, freiem Klange sich ausspräche, unsere Seelen in ähnlicher Weise erschüttern und erschrecken würde, wie wenn die Stimme irgend eines bisher versteckten bösen Naturgeistes laut geworden wäre. Oder wie klingen diese Sätze an unser Ohr: dass die Leidenschaft besser ist, als der Stoicismus und die Heuchelei, dass Ehrlich-sein, selbst im Bösen, besser ist, als sich selber an die Sittlichkeit des Herkommens verlieren, dass der freie Mensch sowohl gut, als böse sein kann, dass aber der unfreie Mensch eine Schande der Natur ist, und an keinem himmlischen, noch irdischen Troste Antheil hat; endlich, dass Jeder, der frei werden will, es durch sich selber werden muss, und dass Niemandem die Freiheit als ein Wundergeschenk in den Schooss fällt. Wie schrill und unheimlich diess auch klingen möge: es sind Töne aus jener zukünftigen Welt, welche d e r K u n s t w a h r h a f t b e d ü r f t i g ist und von ihr auch wahrhafte Befriedigungen erwarten kann; es ist die Sprache der auch im Menschlichen wiederhergestellten Natur, es ist genau Das, was ich früher richtige Empfindung im Gegensatz zu der jetzt herrschenden unrichtigen Empfindung nannte.

Nun aber giebt es allein für die Natur, nicht für die Unnatur und die unrichtige Empfindung, wahre Befriedigungen und Erlösungen. Der Unnatur, wenn sie einmal zum Bewusstsein über sich gekommen ist, bleibt nur die Sehnsucht in's Nichts übrig, die Natur dagegen begehrt nach Verwandelung durch Liebe: jene will n i c h t sein, diese will a n d e r s sein. Wer diess begriffen hat, führe sich jetzt in aller Stille der Seele die schlichten Motive der Wagnerischen Kunst vorüber, um sich zu fragen, ob mit ihnen die Natur oder die Unnatur ihre Ziele, wie diese eben bezeichnet wurden, verfolgt.

Der Unstäte, Verzweifelte findet durch die erbarmende Liebe eines Weibes, das lieber sterben, als ihm untreu sein will, die Erlösung von seiner Qual: das Motiv des fliegenden Holländers. – Die Liebende, allem eigenen Glück entsagend, wird, in einer himmlischen Wandelung von Amor in Caritas, zur Heiligen und rettet die Seele des Geliebten: Motiv des Tannhäuser. – Das Herrlichste, Höchste kommt verlangend herab zu den Menschen und will nicht nach dem Woher? gefragt sein; es geht, als die unselige Frage gestellt wird, mit schmerzlichem Zwang in sein höheres Leben zurück: Motiv des Lohengrin. – Die liebende Seele des Weibes und ebenso das Volk nehmen willig den neuen beglückenden Genius auf, obschon die Pfleger des Ueberlieferten und Herkömmlichen ihn von sich stossen und verlästern: Motiv der Meistersinger. Zwei Liebende, ohne Wissen über ihr Geliebtsein, sich vielmehr tief verwundet und verachtet glaubend, begehren von einander den Todestrank zu trinken, scheinbar zur Sühne der Beleidigung, in Wahrheit aber aus einem unbewussten Drange: sie wollen durch den Tod von aller Trennung und Verstellung befreit sein. Die geglaubte Nähe des Todes löst ihre Seele und führt sie in ein kurzes schauervolles Glück, wie als ob sie wirklich dem Tage, der Täuschung, ja dem Leben entronnen wären: Motiv in Tristan und Isolde.

Im Ringe des Nibelungen ist der tragische Held ein Gott, dessen Sinn nach Macht dürstet, und der, indem er alle Wege geht, sie zu gewinnen, sich durch Verträge bindet, seine Freiheit verliert, und in den Fluch, welcher auf der Macht liegt, verflochten wird. Er erfährt seine Unfreiheit gerade darin, dass er kein Mittel mehr hat, sich des goldenen Ringes, des Inbegriffs aller Erdenmacht und zugleich der höchsten Gefahren für ihn selbst, so lange er in dem Besitze seiner Feinde ist, zu bemächtigen: die Furcht vor dem Ende und der Dämmerung aller Götter überkommt ihn und ebenso die Verzweifelung darüber, diesem Ende nur entgegensehen, nicht entgegenwirken zu können. Er bedarf des freien furchtlosen Menschen, welcher, ohne seinen Rath und Beistand, ja im Kampfe wider die göttliche Ordnung, von sich aus die dem Gotte versagte That vollbringt: er sieht ihn nicht und gerade dann, wenn eine neue Hoffnung noch erwacht, muss er dem Zwange, der ihn bindet, gehorchen: durch seine Hand muss das Liebste vernichtet, das reinste Mitleiden mit seiner Noth bestraft werden. Da ekelt ihn endlich vor der Macht, welche das Böse und die Unfreiheit im Schoosse trägt, sein Wille bricht sich, er selber verlangt nach dem Ende, das ihm von ferne her droht. Und jetzt erst geschieht das früher Ersehnteste: der freie furchtlose Mensch erscheint, er ist im Widerspruche gegen alles Herkommen entstanden; seine Erzeuger büssen es, dass ein Bund wider die Ordnung der Natur und Sitte sie verknüpfte: sie gehen zu Grunde, aber Siegfried lebt. Im Anblicke seines herrlichen Werdens und Aufblühens weicht der Ekel aus der Seele Wotan's, er geht dem Geschicke des Helden mit dem Auge der väterlichsten Liebe und Angst nach. Wie er das Schwert sich schmiedet, den Drachen tödtet, den Ring gewinnt, dem listigsten Truge entgeht, Brünnhilde erweckt, wie der Fluch, der auf dem Ringe ruht, auch ihn nicht verschont, ihm nah und näher kommt, wie er, treu in Untreue, das Liebste aus Liebe verwundend, von den Schatten und Nebeln der Schuld umhüllt wird, aber zuletzt lauter wie die Sonne heraustaucht und untergeht, den ganzen Himmel mit seinem Feuerglanze entzündend und die Welt vom Fluche reinigend, – Das alles schaut der Gott, dem der waltende Speer im Kampfe mit dem Freiesten zerbrochen ist und der seine Macht an ihn verloren hat, voller Wonne am eigenen Unterliegen, voller Mitfreude und Mitleiden mit seinem Ueberwinder: sein Auge liegt mit dem Leuchten einer schmerzlichen Seligkeit auf den letzten Vorgängen, er ist frei geworden in Liebe, frei von sich selbst.

Und nun fragt euch selber, ihr Geschlechter jetzt lebender Menschen! Ward diess für euch gedichtet? Habt ihr den Muth, mit eurer Hand auf die Sterne dieses ganzen Himmelsgewölbes von Schönheit und Güte zu zeigen und zu sagen: es ist unser Leben, das Wagner unter die Sterne versetzt hat?

Wo sind unter euch die Menschen, welche das göttliche Bild Wotan's sich nach ihrem Leben zu deuten vermögen und welche selber immer grösser werden, je mehr sie, wie er, zurücktreten? Wer von euch will auf Macht verzichten, wissend und erfahrend, dass die Macht böse ist? Wo sind Die, welche wie Brünnhilde aus Liebe ihr Wissen dahingeben und zuletzt doch ihrem Leben das allerhöchste Wissen entnehmen: »trauernder Liebe tiefstes Leid schloss die Augen mir auf.« Und die Freien, Furchtlosen, in unschuldiger Selbstigkeit aus sich Wachsenden und Blühenden, die Siegfriede unter euch?

Wer so fragt und vergebens fragt, der wird sich nach der Zukunft umsehen müssen; und sollte sein Blick in irgend welcher Ferne gerade noch jenes »Volk« entdecken, welches seine eigene Geschichte aus den Zeichen der Wagnerischen Kunst herauslesen darf, so versteht er zuletzt auch, was Wagner diesem Volke sein wird: – Etwas, das er uns allen nicht sein kann, nämlich nicht der Seher einer Zukunft, wie er uns vielleicht erscheinen möchte, sondern der Deuter und Verklärer einer Vergangenheit.

(KSA I, 503–510)

Menschliches, Allzumenschliches

3.

– Es war in der That damals die höchste Zeit, Abschied zu nehmen: alsbald schon bekam ich den Beweis dafür. Richard Wagner, scheinbar der Siegreichste, in Wahrheit ein morsch gewordener, verzweifelnder Romantiker, sank plötzlich, hülflos und zerbrochen, vor dem christlichen Kreuze nieder … Hat denn kein Deutscher für dieses schauerliche Schauspiel damals Augen im Kopfe, Mitgefühl in seinem Gewissen gehabt? War ich der Einzige, der an ihm – litt? Genug, mir selbst gab dies unerwartete Ereigniss wie ein Blitz Klarheit über den Ort, den ich verlassen hatte, – und auch jenen nachträglichen Schrecken, wie ihn Jeder empfindet, der unbewusst durch eine ungeheure Gefahr gelaufen ist. Als ich allein weiter gieng, zitterte ich; nicht lange darauf, und ich war krank, mehr als krank, nämlich müde, aus der unaufhaltsamen Enttäuschung über Alles, was uns modernen Menschen zur Begeisterung übrig blieb, über die allerorts vergeudete Kraft, Arbeit, Hoffnung, Jugend, Liebe; müde aus Ekel vor dem Femininischen und Schwärmerisch-Zuchtlosen dieser Romantik, vor der ganzen idealistischen Lügnerei und Gewissens-Verweichlichung, die hier wieder einmal den Sieg über Einen der Tapfersten davongetragen hatte; müde endlich, und nicht am wenigsten aus dem Gram eines unerbittlichen Argwohns, – dass ich, nach dieser Enttäuschung, verurtheilt sei, tiefer zu misstrauen, tiefer zu verachten, tiefer allein zu sein, als je vorher. Meine Aufgabe – wohin war sie? Wie? schien es jetzt nicht, als ob sich meine Aufgabe von mir zurückziehe, als ob ich nun für lange kein Recht mehr auf sie habe? Was thun, um diese grösste Entbehrung auszuhalten? – Ich begann damit, dass ich mir gründlich und grundsätzlich alle romantische Musik verbot, diese zweideutige grossthuerische schwüle Kunst, welche den Geist um seine Strenge und Lustigkeit bringt und jede Art unklarer Sehnsucht, schwammichter Begehrlichkeit wuchern macht. »Cave musicam« ist auch heute noch mein Rath an Alle, die Manns genug sind, um in Dingen des Geistes auf Reinlichkeit zu halten; solche Musik entnervt, erweicht, verweiblicht, ihr »Ewig-Weibliches« zieht u n s – hinab! ... G e g e n die romantische Musik wendete sich damals mein erster Argwohn, meine nächste Vorsicht; und wenn ich überhaupt noch etwas von der Musik hoffte, so war es in der Erwartung, es möchte ein Musiker kommen, kühn, fein, boshaft, südlich, übergesund genug, um an jener Musik auf eine unsterbliche Weise R a c h e z u n e h m e n. –

(KSA II, 372 f.)

Der Fall Wagner

Ich mache mir eine kleine Erleichterung. Es ist nicht nur die reine Bosheit, wenn ich in dieser Schrift Bizet auf Kosten Wagner's lobe. Ich bringe unter vielen Spässen eine Sache vor, mit der nicht zu spassen ist. Wagnern den Rücken zu kehren war für mich ein Schicksal; irgend Etwas nachher wieder gern zu haben ein Sieg. Niemand war vielleicht gefährlicher mit der Wagnerei verwachsen, Niemand hat sich härter gegen sie gewehrt, Niemand sich mehr gefreut, von ihr los zu sein. Eine lange Geschichte! – Will man ein Wort dafür? – Wenn ich Moralist wäre, wer weiss, wie ich's nennen würde! Vielleicht S e l b s t ü b e r w i n d u n g. – Aber der Philosoph liebt die Moralisten nicht ... er liebt auch die schönen Worte nicht ...

Was verlangt ein Philosoph am ersten und letzten von sich? Seine Zeit in sich zu überwinden, »zeitlos« zu werden. Womit also hat er seinen härtesten Strauss zu bestehn? Mit dem, worin gerade er das Kind seiner Zeit ist. Wohlan! Ich bin so gut wie Wagner das Kind dieser Zeit, will sagen ein d é c a d e n t : nur dass ich das begriff, nur dass ich mich dagegen wehrte. Der Philosoph in mir wehrte sich dagegen.

Was mich am tiefsten beschäftigt hat, das ist in der That das Problem der décadence, – ich habe Gründe dazu gehabt. »Gut und Böse« ist nur eine Spielart jenes Problems. Hat man sich für die Abzeichen des Niedergangs ein Auge gemacht, so versteht man auch die Moral, – man versteht, was sich unter ihren heiligsten Namen und Werthformeln versteckt: das v e r a r m t e Leben, der Wille zum Ende, die grosse Müdigkeit. Moral v e r n e i n t das Leben ... Zu einer solchen Aufgabe war mir eine Selbstdisciplin von Nöthen: – Partei zu nehmen g e g e n alles Kranke an mir, eingerechnet Wagner, eingerechnet Schopenhauer, eingerechnet die ganze moderne »Menschlichkeit«. –

Eine tiefe Entfremdung, Erkältung, Ernüchterung gegen alles Zeitliche, Zeitgemässe: und als höchsten Wunsch das Auge Z a - r a t h u s t r a 's, ein Auge, das die ganze Thatsache Mensch aus ungeheurer Ferne übersieht, – u n t e r sich sieht ... Einem solchen Ziele – welches Opfer wäre ihm nicht gemäss? welche »Selbst-Überwindung«! welche »Selbst-Verleugnung«!

Mein grösstes Erlebniss war eine G e n e s u n g. Wagner gehört bloss zu meinen Krankheiten.

Nicht dass ich gegen diese Krankheit undankbar sein möchte. Wenn ich mit dieser Schrift den Satz aufrecht halte, dass Wagner s c h ä d l i c h ist, so will ich nicht weniger aufrecht halten, wem er trotzdem unentbehrlich ist – dem Philosophen. Sonst kann man vielleicht ohne Wagner auskommen: dem Philosophen aber steht es nicht frei, Wagner's zu entrathen. Er hat das schlechte Gewissen seiner Zeit zu sein, – dazu muss er deren bestes Wissen haben. Aber wo fände er für das Labyrinth der modernen Seele einen eingeweihteren Führer, einen beredteren Seelenkündiger als Wagner? Durch Wagner redet die Modernität ihre i n t i m s t e Sprache: sie verbirgt weder ihr Gutes, noch ihr Böses, sie hat alle Scham vor sich verlernt. Und umgekehrt: man hat beinahe eine Abrechnung über den W e r t h des Modernen gemacht, wenn man über Gut und Böse bei Wagner mit sich im Klaren ist. – Ich verstehe es vollkommen, wenn heut ein Musiker sagt »ich hasse Wagner, aber ich halte keine andre Musik mehr aus«. Ich würde aber auch einen Philosophen verstehn, der erklärte: »Wagner r e s ü m i r t die Modernität. Es hilft nichts, man muss erst Wagnerianer sein ...«

(KSA VI, 11 f.)

4.

– Ich erzähle noch die Geschichte des »Rings«. Sie gehört hierher. Auch sie ist eine Erlösungsgeschichte: nur dass dies Mal Wagner es ist, der erlöst wird. – Wagner hat, sein halbes Leben lang, an die Revolution geglaubt, wie nur irgend ein Franzose an sie geglaubt hat. Er suchte nach ihr in der Runenschrift des Mythus, er glaubte in Siegfried den typischen Revolutionär zu finden. – »Woher stammt alles Unheil in der Welt?« fragte sich Wagner. Von »alten Verträgen«: antwortete er, gleich allen Revolutions-Ideologen. Auf deutsch: von Sitten, Gesetzen, Moralen, Institutionen, von Alledem, worauf die alte Welt, die alte Gesellschaft ruht. »Wie schafft man das Unheil aus der Welt? Wie schafft man die alte Gesellschaft ab?« Nur dadurch, dass man den »Verträgen« (dem Herkommen, der Moral) den Krieg erklärt. Das thut Siegfried. Er beginnt früh damit, sehr früh: seine Entstehung ist bereits eine Kriegserklärung an die Moral – er kommt aus Ehebruch, aus Blutschande zur Welt … Nicht die Sage, sondern Wagner ist der Erfinder dieses radikalen Zugs; an diesem Punkte hat er die Sage corrigirt … Siegfried fährt fort, wie er begonnen hat: er folgt nur dem ersten Impulse, er wirft alles Ueberlieferte, alle Ehrfurcht, alle Furcht über den Haufen. Was ihm missfällt, sticht er nieder. Er rennt alten Gottheiten unehrerbietig wider den Leib. Seine Hauptunternehmung aber geht dahin, das Weib zu emancipiren – »Brünnhilde zu erlösen« … Siegfried und Brünnhilde; das Sakrament der freien Liebe; der Aufgang des goldnen Zeitalters; die Götterdämmerung der alten Moral – das Uebel ist abgeschafft … Wagner's Schiff lief lange Zeit lustig auf dieser Bahn. Kein Zweifel, Wagner suchte auf ihr sein höchstes Ziel. – Was geschah? Ein Unglück. Das Schiff fuhr auf ein Riff; Wagner sass fest. Das Riff war die Schopenhauerische Philosophie; Wagner sass auf einer conträren Weltansicht fest. Was hatte er in Musik gesetzt? Den Optimismus. Wagner schämte sich. Noch dazu einen Optimismus, für den Schopenhauer ein böses Beiwort geschaffen hatte – den ruchlosen Optimismus. Er schämte sich noch einmal. Er besann sich lange, seine Lage schien verzweifelt … Endlich dämmerte ihm ein Ausweg: das Riff, an dem er scheiterte, wie? wenn er es als Ziel, als Hinterabsicht, als eigentlichen Sinn seiner Reise interpretirte? Hier zu scheitern –

das war auch ein Ziel. Bene navigavi, cum naufragium feci …
Und er übersetzte den »Ring« in's Schopenhauerische. Alles
läuft schief, Alles geht zu Grunde, die neue Welt ist so schlimm,
wie die alte: – das Nichts, die indische Circe winkt … Brünnhilde, die nach der altern Absicht sich mit einem Liede zu Ehren
der freien Liebe zu verabschieden hatte, die Welt auf eine socia-
listische Utopie vertröstend, mit der »Alles gut wird«, bekommt
jetzt etwas Anderes zu thun. Sie muss erst Schopenhauer studi-
ren; sie muss das vierte Buch der »Welt als Wille und Vorstellung« in Verse bringen. Wagner war erlöst … Allen Ernstes,
dies war eine Erlösung. Die Wohlthat, die Wagner Schopenhauern verdankt, ist unermesslich. Erst der Philosoph der décadence gab dem Künstler der décadence sich selbst – –

5.

Dem Künstler der décadence – da steht das Wort. Und damit beginnt mein Ernst. Ich bin ferne davon, harmlos zuzu-
schauen, wenn dieser décadent uns die Gesundheit verdirbt –
und die Musik dazu! Ist Wagner überhaupt ein Mensch? Ist er
nicht eher eine Krankheit? Er macht Alles krank, woran er
rührt, – er hat die Musik krank gemacht –

Ein typischer décadent, der sich nothwendig in seinem verderbten Geschmack fühlt, der mit ihm einen höheren Geschmack in Anspruch nimmt, der seine Verderbniss als Gesetz,
als Fortschritt, als Erfüllung in Geltung zu bringen weiss.

Und man wehrt sich nicht. Seine Verführungskraft steigt in's
Ungeheure, es qualmt um ihn von Weihrauch, das Missverständniss über ihn heisst sich »Evangelium« – er hat durchaus nicht
bloss die Armen des Geistes zu sich überredet!

Ich habe Lust, ein wenig die Fenster aufzumachen. Luft!
Mehr Luft! – –

Dass man sich in Deutschland über Wagner betrügt, befremdet mich nicht. Das Gegentheil würde mich befremden. Die
Deutschen haben sich einen Wagner zurecht gemacht, den sie

verehren können: sie waren noch nie Psychologen, sie sind damit dankbar, dass sie missverstehn. Aber dass man sich auch in Paris über Wagner betrügt! wo man beinahe nichts Andres mehr ist als Psycholog. Und in Sankt-Petersburg! wo man Dinge noch erräth, die selbst in Paris nicht errathen werden. Wie verwandt muss Wagner der gesammten europäischen décadence sein, dass er von ihr nicht als décadent empfunden wird! Er gehört zu ihr: er ist ihr Protagonist, ihr grösster Name … Man ehrt sich, wenn man i h n in die Wolken hebt. – Denn dass man nicht gegen ihn sich wehrt, das ist selbst schon ein Zeichen von décadence. Der Instinkt ist geschwächt. Was man zu scheuen hätte, das zieht an. Man setzt an die Lippen, was noch schneller in den Abgrund treibt. – Will man ein Beispiel? Aber man hat nur das regime zu beobachten, das sich Anämische oder Gichtische oder Diabetiker selbst verordnen. Definition des Vegetariers: ein Wesen, das eine corroborirende Diät nöthig hat. Das Schädliche als schädlich empfinden, sich etwas Schädliches verbieten k ö n n e n ist ein Zeichen noch von Jugend, von Lebenskraft. Den Erschöpften l o c k t das Schädliche: den Vegetarier das Gemüse. Die Krankheit selbst kann ein Stimulans des Lebens sein: nur muss man gesund genug für dies Stimulans sein! – Wagner vermehrt die Erschöpfung: d e s h a l b zieht er die Schwachen und Erschöpften an. Oh über das Klapperschlangen-Glück des alten Meisters, da er gerade immer »die Kindlein« zu sich kommen sah! –

Ich stelle diesen Gesichtspunkt voran: Wagner's Kunst ist krank. Die Probleme, die er auf die Bühne bringt – lauter Hysteriker-Probleme –, das Convulsivische seines Affekts, seine überreizte Sensibilität, sein Geschmack, der nach immer schärfern Würzen verlangte, seine Instabilität, die er zu Principien verkleidete, nicht am wenigsten die Wahl seiner Helden und Heldinnen, diese als physiologische Typen betrachtet (– eine Kranken-Galerie! –): Alles zusammen stellt ein Krankheitsbild dar, das keinen Zweifel lässt. W a g n e r e s t u n e n é v r o s e. Nichts ist vielleicht heute besser bekannt, Nichts jedenfalls besser studirt als der Proteus-Charakter der Degenerescenz, der hier sich als Kunst und Künstler verpuppt. Unsre Aerzte und Physiologen haben in Wagner ihren interessantesten Fall, zum Mindesten einen sehr vollständigen. Gerade, weil Nichts moderner ist als diese Gesammterkrankung, diese Spätheit und Überreiztheit der nervösen Maschinerie, ist Wagner der moderne Künstler par excellence, der Cagliostro der Modernität. In seiner Kunst ist auf die verführerischeste Art gemischt, was heute alle Welt am nöthigsten hat, – die drei grossen Stimulantia der Erschöpften, das Brutale, das Künstliche und das Unschuldige (Idiotische).

Wagner ist ein grosser Verderb für die Musik. Er hat in ihr das Mittel errathen, müde Nerven zu reizen, – er hat die Musik damit krank gemacht. Seine Erfindungsgabe ist keine kleine in der Kunst, die Erschöpftesten wieder aufzustacheln, die Halbtodten in's Leben zu rufen. Er ist der Meister hypnotischer Griffe, er wirft die Stärksten noch wie Stiere um. Der Erfolg Wagner's – sein Erfolg bei den Nerven und folglich bei den Frauen – hat die ganze ehrgeizige Musiker-Welt zu Jüngern seiner Geheimkunst gemacht. Und nicht nur die ehrgeizige, auch die kluge ... Man macht heute nur Geld mit kranker Musik; unsre grossen Theater leben von Wagner.

(KSA VI, 19–23)

Nachschrift

Die Anhängerschaft an Wagner zahlt sich theuer. Was macht sie aus dem Geist? befreit Wagner den Geist? – Ihm eignet jede Zweideutigkeit, jeder Doppelsinn, Alles überhaupt, was die Ungewissen überredet, ohne ihnen zum Bewusstsein zu bringen, wofür sie überredet sind. Damit ist Wagner ein Verführer grossen Stils. Es giebt nichts Müdes, nichts Abgelebtes, nichts Lebensgefährliches und Weltverleumderisches in Dingen des Geistes, das von seiner Kunst nicht heimlich in Schutz genommen würde – es ist der schwärzeste Obskurantismus, den er in die Lichthüllen des Ideals verbirgt. Er schmeichelt jedem nihilistischen (– buddhistischen) Instinkte und verkleidet ihn in Musik, er schmeichelt jeder Christlichkeit, jeder religiösen Ausdrucksform der décadence. Man mache seine Ohren auf: Alles, was je auf dem Boden des v e r a r m t e n Lebens aufgewachsen ist, die ganze Falschmünzerei der Transscendenz und des Jenseits, hat in Wagner's Kunst ihren sublimsten Fürsprecher – n i c h t in Formeln: Wagner ist zu klug für Formeln – sondern in einer Überredung der Sinnlichkeit, die ihrerseits wieder den Geist mürbe und müde macht. Die Musik als Circe ... Sein letztes Werk ist hierin sein grösstes Meisterstück. Der Parsifal wird in der Kunst der Verführung ewig seinen Rang behalten, als der G e n i e s t r e i c h der Verführung ... Ich bewundere dies Werk, ich möchte es selbst gemacht haben; in Ermangelung davon v e r s t e h e   i c h   e s ... Wagner war nie besser inspirirt als am Ende. Das Raffinement im Bündniss von Schönheit und Krankheit geht hier so weit, dass es über Wagner's frühere Kunst gleichsam Schatten legt: – sie erscheint zu hell, zu gesund. Versteht ihr das? Die Gesundheit, die Helligkeit als Schatten wirkend? als E i n w a n d beinahe? ... So weit sind wir schon r e i n e T h o r e n ... Niemals gab es einen grösseren Meister in dumpfen hieratischen Wohlgerüchen, – nie lebte ein gleicher Kenner alles k l e i n e n Unendlichen, alles Zitternden und Überschwänglichen, aller Femininismen aus dem Idiotikon des Glücks! – Trinkt nur, meine Freunde, die Philtren dieser Kunst! Ihr findet nirgends eine angenehmere Art, euren Geist zu entnerven, eure Männlichkeit unter einem Rosengebüsche zu vergessen ... Ah dieser alte Zauberer! Dieser Klingsor aller Klingsore! Wie er u n s damit den Krieg macht! uns, den freien Geistern! Wie er jeder Feigheit der modernen Seele mit Zaubermädchen-Tönen zu Willen redet! – Es gab nie einen solchen T o d h a s s auf die Erkenntniss! – Man muss Cyniker sein, um hier nicht verführt zu werden, man muss beissen können, um hier nicht anzubeten. Wohlan, alter Verführer! Der Cyniker warnt dich – cave canem ...

Die Anhängerschaft an Wagner zahlt sich theuer. Ich beobachte die Jünglinge, die lange seiner Infektion ausgesetzt waren. Die nächste, relativ unschuldige Wirkung ist die ⟨Verderbniss⟩ des Geschmacks. Wagner wirkt wie ein fortgesetzter Gebrauch von Alkohol. Er stumpft ab, er verschleimt den Magen. Spezifische Wirkung: Entartung des rhythmischen Gefühls. Der Wagnerianer nennt zuletzt rhythmisch, was ich selbst, mit einem griechischen Sprüchwort, »den Sumpf bewegen« nenne. Schon viel gefährlicher ist die Verderbniss der Begriffe. Der Jüngling wird zum Mondkalb, – zum »Idealisten«. Er ist über die Wissenschaft hinaus; darin steht er auf der Höhe des Meisters. Dagegen macht er den Philosophen; er schreibt Bayreuther Blätter; er löst alle Probleme im Namen des Vaters, des Sohnes und des heiligen Meisters. Am unheimlichsten freilich bleibt die Verderbniss der Nerven. Man gehe Nachts durch eine grössere Stadt: überall hört man, dass mit feierlicher Wuth Instrumente genothzüchtigt werden – ein wildes Geheul mischt sich dazwischen. Was geht da vor? – Die Jünglinge beten Wagner an ... Bayreuth reimt sich auf Kaltwasserheilanstalt. – Typisches Telegramm aus Bayreuth: b e r e i t s b e r e u t. – Wagner ist schlimm für die Jünglinge; er ist verhängnissvoll für das Weib. Was ist, ärztlich gefragt, eine Wagnerianerin? – Es scheint mir, dass ein Arzt jungen Frauen nicht ernst genug diese Gewissens-Alternative stellen könnte: Eins o d e r das Andere. – Aber sie haben bereits gewählt. Man kann nicht zween Herren dienen, wenn der Eine Wagner heisst. Wagner hat das Weib erlöst; das Weib hat ihm dafür Bayreuth gebaut. Ganz Opfer, ganz Hingebung: man hat Nichts, was man ihm nicht geben würde. Das Weib verarmt sich zu Gunsten des Meisters, es wird rührend, es steht nackt vor ihm. – Die Wagnerianerin – die anmuthigste Zweideutigkeit, die es heute giebt: sie v e r k ö r p e r t die Sache Wagner's, – in ihrem Zeichen s i e g t seine Sache ... Ah, dieser alte Räuber! Er raubt uns die Jünglinge, er raubt selbst noch unsre Frauen und schleppt sie in seine Höhle ... Ah, dieser alte Minotaurus! Was er uns schon gekostet hat! Alljährlich führt man ihm Züge der schönsten Mädchen und Jünglinge in sein Labyrinth, damit er sie verschlinge, – alljährlich intonirt ganz Europa »auf nach Kreta! auf nach Kreta!« …

(KSA VI, 42–45)

Ecce homo

Warum ich so klug bin

5.

Hier, wo ich von den Erholungen meines Lebens rede, habe ich ein Wort nöthig, um meine Dankbarkeit für das auszudrücken, was mich in ihm bei weitem am Tiefsten und Herzlichsten erholt hat. Dies ist ohne allen Zweifel der intimere Verkehr mit Richard Wagner gewesen. Ich lasse den Rest meiner menschlichen Beziehungen billig; ich möchte um keinen Preis die Tage von Tribschen aus meinem Leben weggeben, Tage des Vertrauens, der Heiterkeit, der sublimen Zufälle – der tiefen Augenblicke ... Ich weiss nicht, was Andre mit Wagner erlebt haben: über unsern Himmel ist nie eine Wolke hinweggegangen. – Und hiermit komme ich nochmals auf Frankreich zurück, – ich habe keine Gründe, ich habe bloss einen verachtenden Mundwinkel gegen Wagnerianer et hoc genus omne übrig, welche Wagner damit zu ehren glauben, dass sie ihn sich ähnlich finden ... So wie ich bin, in meinen tiefsten Instinkten Allem, was deutsch ist, fremd, so dass schon die Nähe eines Deutschen meine Verdauung verzögert, war die erste Berührung mit Wagner auch das erste Aufathmen in meinem Leben: ich empfand, ich verehrte ihn als Ausland, als Gegensatz, als leibhaften Protest gegen alle »deutschen Tugenden« – Wir, die wir in der Sumpfluft der Fünfziger Jahre Kinder gewesen sind, sind mit Nothwendigkeit Pessimisten für den Begriff »deutsch«; wir können gar nichts Anderes sein als Revolutionäre, – wir werden keinen Zustand der Dinge zugeben, wo der Mucker obenauf ist. Es ist mir vollkommen gleichgültig, ob er heute in andren Farben spielt, ob er sich in Scharlach kleidet und Husaren-Uniformen anzieht ... Wohlan! Wagner war ein Revolutionär – er lief vor den Deutschen davon ... Als Artist hat man keine Heimat in Europa ausser in Paris; die délicatesse in allen fünf Kunstsinnen, die

Wagner's Kunst voraussetzt, die Finger für nuances, die psychologische Morbidität, findet sich nur in Paris. Man hat nirgendswo sonst diese Leidenschaft in Fragen der Form, diesen Ernst in der mise en scène – es ist der Pariser Ernst par excellence. Man hat in Deutschland gar keinen Begriff von der ungeheuren Ambition, die in der Seele eines Pariser Künstlers lebt. Der Deutsche ist gutmüthig – Wagner war durchaus nicht gutmüthig … Aber ich habe schon zur Genüge ausgesprochen (in »Jenseits von Gut und Böse« S. 256 f.), wohin Wagner gehört, in wem er seine Nächstverwandten hat: es ist die französische Spät-Romantik, jene hochfliegende und hoch emporreissende Art von Künstlern wie Delacroix, wie Berlioz, mit einem fond von Krankheit, von Unheilbarkeit im Wesen, lauter Fanatiker des A u s d r u c k s, Virtuosen durch und durch … Wer war der erste i n t e l l i g e n t e Anhänger Wagner's überhaupt? Charles Baudelaire, derselbe, der zuerst Delacroix verstand, jener typische décadent, in dem sich ein ganzes Geschlecht von Artisten wiedererkannt hat – er war vielleicht auch der letzte … Was ich Wagnern nie vergeben habe? Dass er zu den Deutschen c o n - d e s c e n d i r t e, – dass er reichsdeutsch wurde … Soweit Deutschland reicht, v e r d i r b t es die Cultur. –

6.

Alles erwogen, hätte ich meine Jugend nicht ausgehalten ohne Wagnerische Musik. Denn ich war v e r u r t h e i l t zu Deutschen. Wenn man von einem unerträglichen Druck loskommen will, so hat man Haschisch nöthig. Wohlan, ich hatte Wagner nöthig. Wagner ist das Gegengift gegen alles Deutsche par excellence, – Gift, ich bestreite es nicht … Von dem Augenblick an, wo es einen Klavierauszug des Tristan gab – mein Compliment, Herr von Bülow! –, war ich Wagnerianer. Die älteren Werke Wagner's sah ich unter mir – noch zu gemein, zu »deutsch« … Aber ich suche heute noch nach einem Werke von gleich gefährlicher Fascination, von einer gleich schauerlichen und süssen Unendlichkeit, wie der Tristan ist, – ich suche in allen Künsten vergebens. Alle Fremdheiten Lionardo da Vinci's entzaubern sich beim ersten Tone des Tristan. Dies Werk ist durchaus das non plus ultra Wagner's; er erholte sich von ihm mit den Meistersingern und dem Ring. Gesünder werden – das ist ein R ü c k s c h r i t t bei einer Natur wie Wagner ... Ich nehme es als Glück ersten Rangs, zur rechten Zeit gelebt und gerade unter Deutschen gelebt zu haben, um r e i f für dies Werk zu sein: so weit geht bei mir die Neugierde des Psychologen. Die Welt ist arm für den, der niemals krank genug für diese »Wollust der Hölle« gewesen ist: es ist erlaubt, es ist fast geboten, hier eine Mystiker-Formel anzuwenden. – Ich denke, ich kenne besser als irgend Jemand das Ungeheure, das Wagner vermag, die fünfzig Welten fremder Entzückungen, zu denen Niemand ausser ihm Flügel hatte; und so wie ich bin, stark genug, um mir auch das Fragwürdigste und Gefährlichste noch zum Vortheil zu wenden und damit stärker zu werden, nenne ich Wagner den grossen Wohlthäter meines Lebens. Das, worin wir verwandt sind, dass wir tiefer gelitten haben, auch an einander, als Menschen dieses Jahrhunderts zu leiden vermöchten, wird unsre Namen ewig wieder zusammenbringen; und so gewiss Wagner unter Deutschen bloss ein Missverständniss ist, so gewiss bin ich's und werde es immer sein. – Zwei Jahrhunderte psychologische und artistische Diciplin z u - e r s t, meine Herrn Germanen! ... Aber das holt man nicht nach. –

(KSA VI, 288–290)

Nietzsche contra Wagner

Wir Antipoden.

Man erinnert sich vielleicht, zum Mindesten unter meinen Freunden, dass ich Anfangs mit einigen Irrthümern und Überschätzungen und jedenfalls als H o f f e n d e r auf diese moderne Welt losgegangen bin. Ich verstand – wer weiss, auf welche persönlichen Erfahrungen hin? den philosophischen Pessimismus des neunzehnten Jahrhunderts als Symptom einer höheren Kraft des Gedankens, einer siegreicheren Fülle des Lebens, als diese in der Philosophie Hume's, Kant's und Hegel's zum Ausdruck gekommen war, – ich nahm die t r a g i s c h e Erkenntniss als den schönsten Luxus unsrer Cultur, als deren kostbarste, vornehmste, gefährlichste Art Verschwendung, aber immerhin, auf Grund ihres Überreichthums, als ihren e r l a u b t e n Luxus. Desgleichen deutete ich mir die Musik Wagner's zurecht zum Ausdruck einer dionysischen Mächtigkeit der Seele, in ihr glaubte ich das Erdbeben zu hören, mit dem eine von Alters her aufgestaute Urkraft von Leben sich endlich Luft macht, gleichgültig dagegen, ob Alles, was sich heute Cultur nennt, damit in's Wakkeln geräth. Man sieht, was ich verkannte, man sieht insgleichen, womit ich Wagnern und Schopenhauern b e s c h e n k t e – mit mir … Jede Kunst, jede Philosophie darf als Heil- und Hülfsmittel des wachsenden oder des niedergehenden Lebens angesehen werden: sie setzen immer Leiden und Leidende voraus. Aber es giebt zweierlei Leidende, einmal die an der Ü b e r f ü l l e des Lebens Leidenden, welche eine dionysische Kunst wollen und ebenso eine tragische Einsicht und Aussicht auf das Leben – und sodann die an der V e r a r m u n g des Lebens Leidenden, die Ruhe, Stille, glattes Meer o d e r aber den Rausch, den Krampf, die Betäubung von Kunst und Philosophie verlangen. Die Rache am Leben selbst – die wollüstigste Art Rausch für solche Verarmte! … Dem Doppel-Bedürfniss der Letzteren entspricht ebenso Wagner wie Schopenhauer – sie verneinen das Leben, sie verleumden es, damit sind sie meine Antipoden. –

(KSA VI, 424 f.)

Wagner als Apostel der Keuschheit.

1.

– Ist das noch deutsch?
Aus deutschem Herzen kam dies schwüle Kreischen?
Und deutschen Leibs ist dies
Sich-selbst-Zerfleischen?
Deutsch ist dies Priester-Hände-Spreizen,
Dies weihrauchdüftelnde Sinne-Reizen?
Und deutsch dies Stürzen, Stocken, Taumeln,
Dies zuckersüsse Bimbambaumeln?
Dies Nonnen-Äugeln, Ave-Glockenbimmeln,
Dies ganze falsch verzückte
Himmel-Überhimmeln? …

– Ist das noch deutsch?
Erwägt! Noch steht ihr an der Pforte …
Denn was ihr hört, ist R o m, – R o m s G l a u b e
o h n e W o r t e !

2.

Zwischen Sinnlichkeit und Keuschheit giebt es keinen nothwendigen Gegensatz; jede gute Ehe, jede eigentliche Herzensliebschaft ist über diesen Gegensatz hinaus. Aber in jenem Falle, wo es wirklich diesen Gegensatz giebt, braucht es zum Glück noch lange kein tragischer Gegensatz zu sein. Dies dürfte wenigstens für alle wohlgerathneren, wohlgemutheren Sterblichen gelten, welche ferne davon sind, ihr labiles Gleichgewicht zwischen Engel und petite bête ohne Weiteres zu den Gegengründen des Daseins zu rechnen, – die Feinsten, die Hellsten, gleich Hafis, gleich Goethe, haben darin sogar einen Reiz mehr gesehn … Solche Widersprüche gerade verführen zum Dasein … Andrerseits versteht es sich nur zu gut, dass, wenn einmal die verunglückten Thiere der Circe dazu gebracht werden, die Keuschheit anzubeten, sie in ihr nur ihren Gegensatz sehn und a n b e t e n werden – oh mit was für einem tragischen Gegrunz und Eifer! man kann es sich denken – jenen peinlichen und vollkommen überflüssigen Gegensatz, den Richard Wagner unbestreitbar am Ende seines Lebens noch hat in Musik setzen und auf die Bühne bringen wollen. W o z u d o c h ? wie man billig fragen darf.

3.

Dabei ist freilich jene andre Frage nicht zu umgehn, was ihn eigentlich jene männliche (ach, so unmännliche) »Einfalt vom Lande« angieng, jener arme Teufel und Naturbursch Parsifal, der von ihm mit so verfänglichen Mitteln schliesslich katholisch gemacht wird – wie? war dieser Parsifal überhaupt e r n s t gemeint? Denn dass man über ihn g e l a c h t hat, möchte ich am wenigsten bestreiten, Gottfried Keller auch nicht … Man möchte es nämlich wünschen, dass der Wagnersche Parsifal heiter gemeint sei, gleichsam als Schlussstück und Satyrdrama, mit dem der Tragiker Wagner gerade auf eine ihm gebührende und würdige Weise von uns, auch von sich, vor Allem v o n d e r T r a g ö d i e habe Abschied nehmen wollen, nämlich mit einem Excess höchster und muthwilligster Parodie auf das Tragische selbst, auf den ganzen schauerlichen Erden-Ernst und Erden-Jammer von Ehedem, auf die endlich überwundene d ü m m s t e F o r m in der Widernatur des asketischen Ideals. Der Parsifal ist ja ein Operetten-Stoff par excellence … Ist der Parsifal Wagner's sein heimliches Überlegenheits-Lachen über sich selber, der Triumph seiner letzten höchsten Künstler-Freiheit, Künstler-Jenseitigkeit – Wagner, der über sich zu l a c h e n weiss? … Man möchte es, wie gesagt, wünschen: denn was würde der ernstgemeinte Parsifal sein? Hat man wirklich nöthig, in ihm (wie man sich gegen mich ausgedrückt hat) »die Ausgeburt eines toll gewordnen Hasses auf Erkenntniss, Geist und Sinnlichkeit« zu sehn? einen Fluch auf Sinne und Geist in Einem Hass und Athem? eine Apostasie und Umkehr zu christlichkrankhaften und obskurantistischen Idealen? Und zuletzt gar ein Sich-selbst-Verneinen, Sich-selbst-Durchstreichen von Seiten eines Künstlers, der bis dahin mit aller Macht seines Willens auf das Umgekehrte, auf höchste Vergeistigung und Versinnlichung seiner Kunst aus gewesen war? Und nicht nur seiner Kunst, auch seines Lebens? Man erinnere sich, wie begeistert seiner Zeit Wagner in den Fusstapfen des Philosophen Feuerbach gegangen ist. Feuerbach's Wort von der »gesunden Sinnlichkeit« – das klang in den dreissiger und vierziger Jahren Wagnern gleich vielen Deutschen – sie nannten sich die jungen Deutschen – wie das Wort der Erlösung. Hat er schliesslich darüber umgelernt? Da es zum Mindesten scheint, dass er zuletzt den Willen hatte, darüber umzulehren? ... Ist der Hass auf das Leben bei ihm Herr geworden, wie bei Flaubert? ... Denn der Parsifal ist ein Werk der Tücke, der Rachsucht, der heimlichen Giftmischerei gegen die Voraussetzungen des Lebens, ein schlechtes Werk. – Die Predigt der Keuschheit bleibt eine Aufreizung zur Widernatur: ich verachte Jedermann, der den Parsifal nicht als Attentat auf die Sittlichkeit empfindet. –

Wie ich von Wagner loskam.

1.

Schon im Sommer 1876, mitten in der Zeit der ersten Festspiele, nahm ich bei mir von Wagnern Abschied. Ich vertrage nichts Zweideutiges; seitdem Wagner in Deutschland war, condescendirte er Schritt für Schritt zu Allem, was ich verachte – selbst zum Antisemitismus ... Es war in der That damals die höchste Zeit, Abschied zu nehmen: alsbald schon bekam ich den Beweis dafür. Richard Wagner, scheinbar der Siegreichste, in Wahrheit ein morsch gewordner verzweifelnder décadent, sank plötzlich, hülflos und zerbrochen, vor dem christlichen Kreuze nieder ... Hat denn kein Deutscher für dies schauerliche Schauspiel damals Augen im Kopfe, Mitgefühl in seinem Gewissen gehabt? War ich der Einzige, der an ihm – litt? – Genug, mir selbst gab das unerwartete Ereigniss wie ein Blitz Klarheit über den Ort, den ich verlassen hatte – und auch jenen nachträglichen Schauder, den Jeder empfindet, der unbewusst durch eine ungeheure Gefahr gelaufen ist. Als ich allein weiter gieng, zitterte ich; nicht lange darauf war ich krank, mehr als krank, nämlich müde, – müde aus der unaufhaltsamen Enttäuschung über Alles, was uns modernen Menschen zur Begeisterung übrig blieb, über die allerorts vergeudete Kraft, Arbeit, Hoffnung, Jugend, Liebe, müde aus Ekel vor der ganzen idealistischen Lügnerei und Gewissens-Verweichlichung, die hier wieder einmal den Sieg über Einen der Tapfersten davongetragen hatte, müde endlich, und nicht am wenigsten, aus dem Gram eines unerbittlichen Argwohns – dass ich nunmehr verurtheilt sei, tiefer zu misstrauen, tiefer zu verachten, tiefer allein zu sein als je vorher. Denn ich hatte Niemanden gehabt als Richard Wagner ... Ich war immer verurtheilt zu Deutschen ...

(KSA VI, 429–432)

IV. Tragödie

Die Geburt der Tragödie

1.

Wir werden viel für die aesthetische Wissenschaft gewonnen haben, wenn wir nicht nur zur logischen Einsicht, sondern zur unmittelbaren Sicherheit der Anschauung gekommen sind, dass die Fortentwickelung der Kunst an die Duplicität des Apollinischen und des Dionysischen gebunden ist: in ähnlicher Weise, wie die Generation von der Zweiheit der Geschlechter, bei fortwährendem Kampfe und nur periodisch eintretender Versöhnung, abhängt. Diese Namen entlehnen wir von den Griechen, welche die tiefsinnigen Geheimlehren ihrer Kunstanschauung zwar nicht in Begriffen, aber in den eindringlich deutlichen Gestalten ihrer Götterwelt dem Einsichtigen vernehmbar machen. An ihre beiden Kunstgottheiten, Apollo und Dionysus, knüpft sich unsere Erkenntniss, dass in der griechischen Welt ein ungeheurer Gegensatz, nach Ursprung und Zielen, zwischen der Kunst des Bildners, der apollinischen, und der unbildlichen Kunst der Musik, als der des Dionysus, besteht: beide so verschiedne Triebe gehen neben einander her, zumeist im offnen Zwiespalt mit einander und sich gegenseitig zu immer neuen kräftigeren Geburten reizend, um in ihnen den Kampf jenes Gegensatzes zu perpetuiren, den das gemeinsame Wort »Kunst« nur scheinbar überbrückt; bis sie endlich, durch einen metaphysischen Wunderakt des hellenischen »Willens«, mit einander gepaart erscheinen und in dieser Paarung zuletzt das ebenso dionysische als apollinische Kunstwerk der attischen Tragödie erzeugen.

Um uns jene beiden Triebe näher zu bringen, denken wir sie uns zunächst als die getrennten Kunstwelten des Traumes und des Rausches; zwischen welchen physiologischen Erscheinungen ein entsprechender Gegensatz, wie zwischen dem Apollinischen und dem Dionysischen zu bemerken ist. Im Traume traten zuerst, nach der Vorstellung des Lucretius, die herrlichen Göttergestalten vor die Seelen der Menschen, im Traume sah der grosse Bildner den entzückenden Gliederbau übermenschlicher Wesen, und der hellenische Dichter, um die Geheimnisse der poetischen Zeugung befragt, würde ebenfalls an den Traum erinnert und eine ähnliche Belehrung gegeben haben, wie sie Hans Sachs in den Meistersingern giebt:

> Mein Freund, das grad' ist Dichters Werk,
> dass er sein Träumen deut' und merk'.
> Glaubt mir, des Menschen wahrster Wahn
> wird ihm im Traume aufgethan:
> all' Dichtkunst und Poëterei
> ist nichts als Wahrtraum-Deuterei.

Der schöne Schein der Traumwelten, in deren Erzeugung jeder Mensch voller Künstler ist, ist die Voraussetzung aller bildenden Kunst, ja auch, wie wir sehen werden, einer wichtigen Hälfte der Poësie. Wir geniessen im unmittelbaren Verständnisse der Gestalt, alle Formen sprechen zu uns, es giebt nichts Gleichgültiges und Unnöthiges. Bei dem höchsten Leben dieser Traumwirklichkeit haben wir doch noch die durchschimmernde Empfindung ihres S c h e i n s : wenigstens ist dies meine Erfahrung, für deren Häufigkeit, ja Normalität, ich manches Zeugniss und die Aussprüche der Dichter beizubringen hätte. Der philosophische Mensch hat sogar das Vorgefühl, dass auch unter dieser Wirklichkeit, in der wir leben und sind, eine zweite ganz andre verborgen liege, dass also auch sie ein Schein sei; und Schopenhauer bezeichnet geradezu die Gabe, dass Einem zu Zeiten die Menschen und alle Dinge als blosse Phantome oder Traumbilder vorkommen, als das Kennzeichen philosophischer Befähigung. Wie nun der Philosoph zur Wirklichkeit des Daseins, so verhält sich der künstlerisch erregbare Mensch zur Wirklichkeit des Traumes; er sieht genau und gern zu: denn aus diesen Bildern deutet er sich das Leben, an diesen Vorgängen übt er sich für das

Leben. Nicht etwa nur die angenehmen und freundlichen Bilder sind es, die er mit jener Allverständigkeit an sich erfährt: auch das Ernste, Trübe, Traurige, Finstere, die plötzlichen Hemmungen, die Neckereien des Zufalls, die bänglichen Erwartungen, kurz die ganze »göttliche Komödie« des Lebens, mit dem Inferno, zieht an ihm vorbei, nicht nur wie ein Schattenspiel – denn er lebt und leidet mit in diesen Scenen – und doch auch nicht ohne jene flüchtige Empfindung des Scheins; und vielleicht erinnert sich Mancher, gleich mir, in den Gefährlichkeiten und Schrecken des Traumes sich mitunter ermuthigend und mit Erfolg zugerufen zu haben: »Es ist ein Traum! Ich will ihn weiter träumen!« Wie man mir auch von Personen erzählt hat, die die Causalität eines und desselben Traumes über drei und mehr aufeinanderfolgende Nächte hin fortzusetzen im Stande waren: Thatsachen, welche deutlich Zeugniss dafür abgeben, dass unser innerstes Wesen, der gemeinsame Untergrund von uns allen, mit tiefer Lust und freudiger Nothwendigkeit den Traum an sich erfährt.

Diese freudige Nothwendigkeit der Traumerfahrung ist gleichfalls von den Griechen in ihrem Apollo ausgedrückt worden: Apollo, als der Gott aller bildnerischen Kräfte, ist zugleich der wahrsagende Gott. Er, der seiner Wurzel nach der »Scheinende«, die Lichtgottheit ist, beherrscht auch den schönen Schein der inneren Phantasie-Welt. Die höhere Wahrheit, die Vollkommenheit dieser Zustände im Gegensatz zu der lückenhaft verständlichen Tageswirklichkeit, sodann das tiefe Bewusstsein von der in Schlaf und Traum heilenden und helfenden Natur ist zugleich das symbolische Analogon der wahrsagenden Fähigkeit und überhaupt der Künste, durch die das Leben möglich und lebenswerth gemacht wird. Aber auch jene zarte Linie, die das Traumbild nicht überschreiten darf, um nicht pathologisch zu wirken, widrigenfalls der Schein als plumpe Wirklichkeit uns betrügen würde – darf nicht im Bilde des Apollo fehlen: jene maassvolle Begrenzung, jene Freiheit von den wilderen Regungen, jene weisheitsvolle Ruhe des Bildnergottes. Sein Auge muss »sonnenhaft«, gemäss seinem Ursprunge, sein; auch wenn es zürnt und unmuthig blickt, liegt die Weihe des schönen Scheines auf ihm. Und so möchte von Apollo in einem excentrischen Sinne das gelten, was Schopenhauer von dem im Schleier der Maja befangenen Menschen sagt. Welt als Wille und Vorstellung I, S. 416: »Wie auf dem tobenden Meere, das, nach allen Seiten unbegränzt, heulend Wellenberge erhebt und senkt, auf einem Kahn ein Schiffer sitzt, dem schwachen Fahrzeug vertrauend; so sitzt, mitten in einer Welt von Qualen, ruhig der einzelne Mensch, gestützt und vertrauend auf das principium individuationis«. Ja es wäre von Apollo zu sagen, dass in ihm das unerschütterte Vertrauen auf jenes principium und das ruhige Dasitzen des in ihm Befangenen seinen erhabensten Ausdruck bekommen habe, und man möchte selbst Apollo als das herrliche Götterbild des principii individuationis bezeichnen, aus dessen Gebärden und Blikken die ganze Lust und Weisheit des »Scheines«, sammt seiner Schönheit, zu uns spräche.

An derselben Stelle hat uns Schopenhauer das ungeheure G r a u s e n geschildert, welches den Menschen ergreift, wenn er plötzlich an den Erkenntnissformen der Erscheinung irre wird, indem der Satz vom Grunde, in irgend einer seiner Gestaltungen, eine Ausnahme zu erleiden scheint. Wenn wir zu diesem Grausen die wonnevolle Verzückung hinzunehmen, die bei demselben Zerbrechen des principii individuationis aus dem innersten Grunde des Menschen, ja der Natur emporsteigt, so thun wir einen Blick in das Wesen des D i o n y s i s c h e n, das uns am nächsten noch durch die Analogie des R a u s c h e s gebracht wird. Entweder durch den Einfluss des narkotischen Getränkes, von dem alle ursprünglichen Menschen und Völker in Hymnen sprechen, oder bei dem gewaltigen, die ganze Natur lustvoll durchdringenden Nahen des Frühlings erwachen jene dionysischen Regungen, in deren Steigerung das Subjective zu völliger Selbstvergessenheit hinschwindet. Auch im deutschen Mittelalter wälzten sich unter der gleichen dionysischen Gewalt immer wachsende Schaaren, singend und tanzend, von Ort zu Ort:

in diesen Sanct-Johann- und Sanct-Veittänzern erkennen wir die bacchischen Chöre der Griechen wieder, mit ihrer Vorgeschichte in Kleinasien, bis hin zu Babylon und den orgiastischen Sakäen. Es giebt Menschen, die, aus Mangel an Erfahrung oder aus Stumpfsinn, sich von solchen Erscheinungen wie von »Volkskrankheiten«, spöttisch oder bedauernd im Gefühl der eigenen Gesundheit abwenden: die Armen ahnen freilich nicht, wie leichenfarbig und gespenstisch eben diese ihre »Gesundheit« sich ausnimmt, wenn an ihnen das glühende Leben dionysischer Schwärmer vorüberbraust.

Unter dem Zauber des Dionysischen schließt sich nicht nur der Bund zwischen Mensch und Mensch wieder zusammen: auch die entfremdete, feindliche oder unterjochte Natur feiert wieder ihr Versöhnungsfest mit ihrem verlorenen Sohne, dem Menschen. Freiwillig beut die Erde ihre Gaben, und friedfertig nahen die Raubthiere der Felsen und der Wüste. Mit Blumen und Kränzen ist der Wagen des Dionysus überschüttet: unter seinem Joche schreiten Panther und Tiger. Man verwandele das Beethoven'sche Jubellied der »Freude« in ein Gemälde und bleibe mit seiner Einbildungskraft nicht zurück, wenn die Millionen schauervoll in den Staub sinken: so kann man sich dem Dionysischen nähern. Jetzt ist der Sclave freier Mann, jetzt zerbrechen alle die starren, feindseligen Abgrenzungen, die Noth, Willkür oder »freche Mode« zwischen den Menschen festgesetzt haben. Jetzt, bei dem Evangelium der Weltenharmonie, fühlt sich Jeder mit seinem Nächsten nicht nur vereinigt, versöhnt, verschmolzen, sondern eins, als ob der Schleier der Maja zerrissen wäre und nur noch in Fetzen vor dem geheimnissvollen Ur-Einen herumflattere. Singend und tanzend äussert sich der Mensch als Mitglied einer höheren Gemeinsamkeit: er hat das Gehen und das Sprechen verlernt und ist auf dem Wege, tanzend in die Lüfte emporzufliegen. Aus seinen Gebärden spricht die Verzauberung. Wie jetzt die Thiere reden, und die Erde Milch und Honig giebt, so tönt auch aus ihm etwas Uebernatürliches: als Gott fühlt er sich, er selbst wandelt jetzt so verzückt und erhoben, wie er die Götter im Traume wandeln sah. Der Mensch ist nicht mehr Künstler, er ist Kunstwerk geworden: die Kunstgewalt der ganzen Natur, zur höchsten Wonnebefriedigung des Ur-Einen, offenbart sich hier unter den Schauern des Rausches. Der edelste Thon, der kostbarste Marmor wird hier geknetet und behauen, der Mensch, und zu den Meisselschlägen des dionysischen Weltenkünstlers tönt der eleusinische Mysterienruf: »Ihr stürzt nieder, Millionen? Ahnest du den Schöpfer, Welt?« –

(KSA I, 25–30)

3.

Um dies zu begreifen, müssen wir jenes kunstvolle Gebäude der apollinischen Cultur gleichsam Stein um Stein abtragen, bis wir die Fundamente erblicken, auf die es begründet ist. Hier gewahren wir nun zuerst die herrlichen olympischen Göttergestalten, die auf den Giebeln dieses Gebäudes stehen, und deren Thaten in weithin leuchtenden Reliefs dargestellt seine Friese zieren. Wenn unter ihnen auch Apollo steht, als eine einzelne Gottheit neben anderen und ohne den Anspruch einer ersten Stellung, so dürfen wir uns dadurch nicht beirren lassen. Derselbe Trieb, der sich in Apollo versinnlichte, hat überhaupt jene ganze olympische Welt geboren, und in diesem Sinne darf uns Apollo als Vater derselben gelten. Welches war das ungeheure Bedürfniss, aus dem eine so leuchtende Gesellschaft olympischer Wesen entsprang?

Wer, mit einer anderen Religion im Herzen, an diese Olympier herantritt und nun nach sittlicher Höhe, ja Heiligkeit, nach unleiblicher Vergeistigung, nach erbarmungsvollen Liebesblicken bei ihnen sucht, der wird unmuthig und enttäuscht ihnen bald den Rücken kehren müssen. Hier erinnert nichts an Askese, Geistigkeit und Pflicht: hier redet nur ein üppiges, ja triumphirendes Dasein zu uns, in dem alles Vorhandene vergöttlicht ist, gleichviel ob es gut oder böse ist. Und so mag der Beschauer recht betroffen vor diesem phantastischen Ueberschwang des

Lebens stehn, um sich zu fragen, mit welchem Zaubertrank im Leibe diese übermüthigen Menschen das Leben genossen haben mögen, dass, wohin sie sehen, Helena, das »in süsser Sinnlichkeit schwebende« Idealbild ihrer eignen Existenz, ihnen entgegenlacht. Diesem bereits rückwärts gewandten Beschauer müssen wir aber zurufen: »Geh' nicht von dannen, sondern höre erst, was die griechische Volksweisheit von diesem selben Leben aussagt, das sich hier mit so unerklärlicher Heiterkeit vor dir ausbreitet. Es geht die alte Sage, dass König Midas lange Zeit nach dem weisen S i l e n, dem Begleiter des Dionysus, im Walde gejagt habe, ohne ihn zu fangen. Als er ihm endlich in die Hände gefallen ist, fragt der König, was für den Menschen das Allerbeste und Allervorzüglichste sei. Starr und unbeweglich schweigt der Dämon; bis er, durch den König gezwungen, endlich unter gellem Lachen in diese Worte ausbricht: »Elendes Eintagsgeschlecht, des Zufalls Kinder und der Mühsal, was zwingst du mich dir zu sagen, was nicht zu hören für dich das Erspriesslichste ist? Das Allerbeste ist für dich gänzlich unerreichbar: nicht geboren zu sein, nicht zu s e i n, n i c h t s zu sein. Das Zweitbeste aber ist für dich – bald zu sterben«.

Wie verhält sich zu dieser Volksweisheit die olympische Götterwelt? Wie die entzückungsreiche Vision des gefolterten Märtyrers zu seinen Peinigungen.

Jetzt öffnet sich uns gleichsam der olympische Zauberberg und zeigt uns seine Wurzeln. Der Grieche kannte und empfand die Schrecken und Entsetzlichkeiten des Daseins: um überhaupt leben zu können, musste er vor sie hin die glänzende Traumgeburt der Olympischen stellen. Jenes ungeheure Misstrauen gegen die titanischen Mächte der Natur, jene über allen Erkenntnissen erbarmungslos thronende Moira, jener Geier des grossen Menschenfreundes Prometheus, jenes Schreckensloos des weisen Oedipus, jener Geschlechtsfluch der Atriden, der Orest zum Muttermorde zwingt, kurz jene ganze Philosophie des Waldgottes, sammt ihren mythischen Exempeln, an der die schwermüthigen Etrurier zu Grunde gegangen sind – wurde von den Griechen durch jene künstlerische Mittelwelt der Olympier fortwährend von Neuem überwunden, jedenfalls verhüllt und dem Anblick entzogen. Um leben zu können, mussten die Griechen diese Götter, aus tiefster Nöthigung, schaffen: welchen Hergang wir uns wohl so vorzustellen haben, dass aus der ursprünglichen titanischen Götterordnung des Schreckens durch jenen apollinischen Schönheitstrieb in langsamen Uebergängen die olympische Götterordnung der Freude entwickelt wurde: wie Rosen aus dornigem Gebüsch hervorbrechen. Wie anders hätte jenes so reizbar empfindende, so ungestüm begehrende, zum Leiden so einzig befähigte Volk das Dasein ertragen können, wenn ihm nicht dasselbe, von einer höheren Glorie umflossen, in seinen Göttern gezeigt worden wäre. Derselbe Trieb, der die Kunst in's Leben ruft, als die zum Weiterleben verführende Ergänzung und Vollendung des Daseins, liess auch die olympische Welt entstehn, in der sich der hellenische »Wille« einen verklärenden Spiegel vorhielt. So rechtfertigen die Götter das Menschenleben, indem sie es selbst leben – die allein genügende Theodicee! Das Dasein unter dem hellen Sonnenscheine solcher Götter wird als das an sich Erstrebenswerthe empfunden, und der eigentliche Schmerz der homerischen Menschen bezieht sich auf das Abscheiden aus ihm, vor allem auf das baldige Abscheiden: so dass man jetzt von ihnen, mit Umkehrung der silenischen Weisheit, sagen könnte, »das Allerschlimmste sei für sie, bald zu sterben, das Zweitschlimmste, überhaupt einmal zu sterben«. Wenn die Klage einmal ertönt, so klingt sie wieder vom kurzlebenden Achilles, von dem blättergleichen Wechsel und Wandel des Menschengeschlechts, von dem Untergang der Heroenzeit. Es ist des grössten Helden nicht unwürdig, sich nach dem Weiterleben zu sehnen, sei es selbst als Tagelöhner. So ungestüm verlangt, auf der apollinischen Stufe, der »Wille« nach diesem Dasein, so eins fühlt sich der homerische Mensch mit ihm, dass selbst die Klage zu seinem Preisliede wird. (…)

(KSA I, 34–37)

4.

(...) Wenn wir uns den Träumenden vergegenwärtigen, wie er, mitten in der Illusion der Traumwelt und ohne sie zu stören, sich zuruft: »es ist ein Traum, ich will ihn weiter träumen«, wenn wir hieraus auf eine tiefe innere Lust des Traumanschauens zu schliessen haben, wenn wir andererseits, um überhaupt mit dieser inneren Lust am Schauen träumen zu können, den Tag und seine schreckliche Zudringlichkeit völlig vergessen haben müssen: so dürfen wir uns alle diese Erscheinungen etwa in folgender Weise, unter der Leitung des traumdeutenden Apollo, interpretiren. So gewiss von den beiden Hälften des Lebens, der wachen und der träumenden Hälfte, uns die erstere als die ungleich bevorzugtere, wichtigere, würdigere, lebenswerthere, ja allein gelebte dünkt: so möchte ich doch, bei allem Anscheine einer Paradoxie, für jenen geheimnissvollen Grund unseres Wesens, dessen Erscheinung wir sind, gerade die entgegengesetzte Werthschätzung des Traumes behaupten. Je mehr ich nämlich in der Natur jene allgewaltigen Kunsttriebe und in ihnen eine inbrünstige Sehnsucht zum Schein, zum Erlöstwerden durch den Schein gewahr werde, um so mehr fühle ich mich zu der metaphysischen Annahme gedrängt, dass das Wahrhaft-Seiende und Ur-Eine, als das ewig Leidende und Widerspruchsvolle, zugleich die entzückende Vision, den lustvollen Schein, zu seiner steten Erlösung braucht: welchen Schein wir, völlig in ihm befangen und aus ihm bestehend, als das Wahrhaft-Nichtseiende d. h. als ein fortwährendes Werden in Zeit, Raum und Causalität, mit anderen Worten, als empirische Realität zu empfinden genöthigt sind. Sehen wir also einmal von unsrer eignen »Realität« für einen Augenblick ab, fassen wir unser empirisches Dasein, wie das der Welt überhaupt, als eine in jedem Moment erzeugte Vorstellung des Ur-Einen, so muss uns jetzt der Traum als der S c h e i n d e s S c h e i n s, somit als eine noch höhere Befriedigung der Urbegierde nach dem Schein hin gelten. Aus diesem selben Grunde hat der innerste Kern der Natur jene unbeschreibliche Lust an dem naiven Künstler und dem naiven Kunstwerke, das gleichfalls nur »Schein des Scheins« ist. R a f a e l , selbst einer jener unsterblichen »Naiven«, hat uns in einem gleichnissartigen Gemälde jenes Depotenziren des Scheins zum Schein, den Urprozess des naiven Künstlers und zugleich der apollinischen Cultur, dargestellt. In seiner Transfiguration zeigt uns die untere Hälfte, mit dem besessenen Knaben, den verzweifelnden Trägern, den rathlos geängstigten Jüngern, die Wiederspiegelung des ewigen Urschmerzes, des einzigen Grundes der Welt: der »Schein« ist hier Widerschein des ewigen Widerspruchs, des Vaters der Dinge. Aus diesem Schein steigt nun, wie ein ambrosischer Duft, eine visionsgleiche neue Scheinwelt empor, von der jene im ersten Schein Befangenen nichts sehen – ein leuchtendes Schweben in reinster Wonne und schmerzlosem, aus weiten Augen strahlenden Anschauen. Hier haben wir, in höchster Kunstsymbolik, jene apollinische Schönheitswelt und ihren Untergrund, die schreckliche Weisheit des Silen, vor unseren Blicken und begreifen, durch Intuition, ihre gegenseitige Nothwendigkeit. Apollo aber tritt uns wiederum als die Vergöttlichung des principii individuationis entgegen, in dem allein das ewig erreichte Ziel des Ur-Einen, seine Erlösung durch den Schein, sich vollzieht: er zeigt uns, mit erhabenen Gebärden, wie die ganze Welt der Qual nöthig ist, damit durch sie der Einzelne zur Erzeugung der erlösenden Vision gedrängt werde und dann, ins Anschauen derselben versunken, ruhig auf seinem schwankenden Kahne, inmitten des Meeres, sitze.

Diese Vergöttlichung der Individuation kennt, wenn sie überhaupt imperativisch und Vorschriften gebend gedacht wird, nur Ein Gesetz, das Individuum d. h. die Einhaltung der Grenzen des Individuums, das M a a s s im hellenischen Sinne. Apollo, als ethische Gottheit, fordert von den Seinigen das Maass und, um es einhalten zu können, Selbsterkenntniss. Und so läuft neben der ästhetischen Nothwendigkeit der Schönheit die Forderung des »Erkenne dich selbst« und des »Nicht zu viel!« her, während Selbstüberhebung und Uebermaass als die eigentlich feindseligen Dämonen der nicht-apollinischen Sphäre, daher als Eigenschaften der vor-apollinischen Zeit, des Titanenzeitalters, und der ausser-apollinischen Welt d. h. der Barbarenwelt, erachtet wurden. Wegen seiner titanenhaften Liebe zu den Menschen musste Prometheus von den Geiern zerrissen werden, seiner übermässigen Weisheit halber, die das Räthsel der Sphinx löste, musste Oedipus in einen verwirrenden Strudel von Unthaten stürzen: so interpretirte der delphische Gott die griechische Vergangenheit.

»Titanenhaft« und »barbarisch« dünkte dem apollinischen Griechen auch die Wirkung, die das Dionysische erregte: ohne dabei sich verhehlen zu können, dass er selbst doch zugleich auch innerlich mit jenen gestürzten Titanen und Heroen verwandt sei. Ja er musste noch mehr empfinden: sein ganzes Dasein mit aller Schönheit und Mässigung ruhte auf einem verhüllten Untergrunde des Leidens und der Erkenntniss, der ihm wieder durch jenes Dionysische aufgedeckt wurde. Und siehe! Apollo konnte nicht ohne Dionysus leben! Das »Titanische« und das »Barbarische« war zuletzt eine eben solche Nothwendigkeit wie das Apollinische! Und nun denken wir uns, wie in diese auf den Schein und die Mässigung gebaute und künstlich gedämmte Welt der ekstatische Ton der Dionysusfeier in immer lockenderen Zauberweisen hineinklang, wie in diesen das ganze Uebermaass der Natur in Lust, Leid und Erkenntniss, bis zum durchdringenden Schrei, laut wurde: denken wir uns, was diesem dämonischen Volksgesange gegenüber der psalmodirende Künstler des Apollo, mit dem gespensterhaften Harfenklange, bedeuten konnte! Die Musen der Künste des »Scheins« verblassten vor einer Kunst, die in ihrem Rausche die Wahrheit sprach, die Weisheit des Silen rief Wehe! Wehe! aus gegen die heiteren Olympier. Das Individuum, mit allen seinen Grenzen und Maassen, ging hier in der Selbstvergessenheit der dionysischen Zustände unter und vergass die apollinischen Satzungen. Das Uebermaass enthüllte sich als Wahrheit, der Widerspruch, die aus Schmerzen geborene Wonne sprach von sich aus dem Herzen der Natur heraus. Und so war, überall dort, wo das Dionysische durchdrang, das Apollinische aufgehoben und vernichtet. Aber eben so gewiss ist, dass dort, wo der erste Ansturm ausgehalten wurde, das Ansehen und die Majestät des delphischen Gottes starrer und drohender als je sich äusserte. Ich vermag nämlich den d o r i s c h e n Staat und die dorische Kunst mir nur als ein fortgesetztes Kriegslager des Apollinischen zu erklären: nur in einem unausgesetzten Widerstreben gegen das titanisch-barbarische Wesen des Dionysischen konnte eine so trotzig-spröde, mit Bollwerken umschlossene Kunst, eine so kriegsgemässe und herbe Erziehung, ein so grausames und rücksichtsloses Staatswesen von längerer Dauer sein. (...)

(KSA I, 38–41)

Vielleicht gewinnen wir einen Ausgangspunkt der Betrachtung, wenn ich die Behauptung hinstelle, dass sich der Satyr, das fingirte Naturwesen, zu dem Culturmenschen in gleicher Weise verhält, wie die dionysische Musik zur Civilisation. Von letzterer sagt Richard Wagner, dass sie von der Musik aufgehoben werde wie der Lampenschein vom Tageslicht. In gleicher Weise, glaube ich, fühlte sich der griechische Culturmensch im Angesicht des Satyrchors aufgehoben: und dies ist die nächste Wirkung der dionysischen Tragödie, dass der Staat und die Gesellschaft, überhaupt die Klüfte zwischen Mensch und Mensch einem übermächtigen Einheitsgefühle weichen, welches an das Herz der Natur zurückführt. Der metaphysische Trost, – mit welchem, wie ich schon hier andeute, uns jede wahre Tragödie entlässt – dass das Leben im Grunde der Dinge, trotz allem Wechsel der Erscheinungen unzerstörbar mächtig und lustvoll sei, dieser Trost erscheint in leibhafter Deutlichkeit als Satyrchor, als Chor von Naturwesen, die gleichsam hinter aller Civilisation unvertilgbar leben und trotz allem Wechsel der Generationen und der Völkergeschichte ewig dieselben bleiben.

Mit diesem Chore tröstet sich der tiefsinnige und zum zartesten und schwersten Leiden einzig befähigte Hellene, der mit schneidigem Blicke mitten in das furchtbare Vernichtungstreiben der sogenannten Weltgeschichte, eben so wie in die Grausamkeit der Natur geschaut hat und in Gefahr ist, sich nach einer buddhaistischen Verneinung des Willens zu sehnen. Ihn rettet die Kunst, und durch die Kunst rettet ihn sich – das Leben.

Die Verzückung des dionysischen Zustandes mit seiner Vernichtung der gewöhnlichen Schranken und Grenzen des Daseins enthält nämlich während seiner Dauer ein l e t h a r g i s c h e s Element, in das sich alles persönlich in der Vergangenheit Erlebte eintaucht. So scheidet sich durch diese Kluft der Vergessenheit die Welt der alltäglichen und der dionysischen Wirklichkeit von einander ab. Sobald aber jene alltägliche Wirklichkeit wieder ins Bewusstsein tritt, wird sie mit Ekel als solche empfunden; eine asketische, willenverneinende Stimmung ist die Frucht jener Zustände. In diesem Sinne hat der dionysische Mensch Aehnlichkeit mit Hamlet: beide haben einmal einen wahren Blick in das Wesen der Dinge gethan, sie haben e r k a n n t, und es ekelt sie zu handeln; denn ihre Handlung kann nichts am ewigen Wesen der Dinge ändern, sie empfinden es als lächerlich oder schmachvoll, dass ihnen zugemuthet wird, die Welt, die aus den Fugen ist, wieder einzurichten. Die Erkenntniss tödtet das Handeln, zum Handeln gehört das Umschleiertsein durch die Illusion – das ist die Hamletlehre, nicht jene wohlfeile Weisheit von Hans dem Träumer, der aus zu viel Reflexion, gleichsam aus einem Ueberschuss von Möglichkeiten nicht zum Handeln kommt; nicht das Reflectiren, nein! – die wahre Erkenntniss, der Einblick in die grauenhafte Wahrheit überwiegt jedes zum Handeln antreibende Motiv, bei Hamlet sowohl als bei dem dionysischen Menschen. Jetzt verfängt kein Trost mehr, die Sehnsucht geht über eine Welt nach dem Tode, über die Götter selbst hinaus, das Dasein wird, sammt seiner gleissenden Wiederspiegelung in den Göttern oder in einem unsterblichen Jenseits, verneint. In der Bewusstheit der einmal geschauten Wahrheit sieht jetzt der Mensch überall nur das Entsetzliche oder Absurde des Seins, jetzt versteht er das Symbolische im Schicksal der Ophelia, jetzt erkennt er die Weisheit des Waldgottes Silen: es ekelt ihn.

Hier, in dieser höchsten Gefahr des Willens, naht sich, als rettende, heilkundige Zauberin, die K u n s t; sie allein vermag jene Ekelgedanken über das Entsetzliche oder Absurde des Daseins in Vorstellungen umzubiegen, mit denen sich leben lässt: diese sind das E r h a b e n e als die künstlerische Bändigung des Entsetzlichen und das K o m i s c h e als die künstlerische Entladung vom Ekel des Absurden. (...)

(KSA I, 55–57)

16.

(...) Aus dem Wesen der Kunst, wie sie gemeinhin nach der einzigen Kategorie des Scheines und der Schönheit begriffen wird, ist das Tragische in ehrlicher Weise gar nicht abzuleiten; erst aus dem Geiste der Musik heraus verstehen wir eine Freude an der Vernichtung des Individuums. Denn an den einzelnen Beispielen einer solchen Vernichtung wird uns nur das ewige Phänomen der dionysischen Kunst deutlich gemacht, die den Willen in seiner Allmacht gleichsam hinter dem principio individuationis, das ewige Leben jenseit aller Erscheinung und trotz aller Vernichtung zum Ausdruck bringt. Die metaphysische Freude am Tragischen ist eine Uebersetzung der instinctiv unbewussten dionysischen Weisheit in die Sprache des Bildes: der Held, die höchste Willenserscheinung, wird zu unserer Lust verneint, weil er doch nur Erscheinung ist, und das ewige Leben des Willens durch seine Vernichtung nicht berührt wird. »Wir glauben an das ewige Leben«, so ruft die Tragödie; während die Musik die unmittelbare Idee dieses Lebens ist. Ein ganz verschiednes Ziel hat die Kunst des Plastikers: hier überwindet Apollo das Leiden des Individuums durch die leuchtende Verherrlichung der E w i g k e i t d e r E r s c h e i n u n g, hier siegt die Schönheit über das dem Leben inhärirende Leiden, der Schmerz wird in einem gewissen Sinne aus den Zügen der Natur hinweggelogen. In der dionysischen Kunst und in deren tragischer Symbolik redet uns dieselbe Natur mit ihrer wahren, unverstellten Stimme an: »Seid wie ich bin! Unter dem unaufhörlichen Wechsel der Erscheinungen die ewig schöpferische, ewig zum Dasein zwingende, an diesem Erscheinungswechsel sich ewig befriedigende Urmutter!«

17.

Auch die dionysische Kunst will uns von der ewigen Lust des Daseins überzeugen: nur sollen wir diese Lust nicht in den Erscheinungen, sondern hinter den Erscheinungen suchen. Wir sollen erkennen, wie alles, was entsteht, zum leidvollen Untergange bereit sein muss, wir werden gezwungen in die Schrecken der Individualexistenz hineinzublicken – und sollen doch nicht erstarren: ein metaphysischer Trost reisst uns momentan aus dem Getriebe der Wandelgestalten heraus. Wir sind wirklich in kurzen Augenblicken das Urwesen selbst und fühlen dessen unbändige Daseinsgier und Daseinslust; der Kampf, die Qual, die Vernichtung der Erscheinungen dünkt uns jetzt wie nothwendig, bei dem Uebermaass von unzähligen, sich in's Leben drängenden und stossenden Daseinsformen, bei der überschwänglichen Fruchtbarkeit des Weltwillens; wir werden von dem wüthenden Stachel dieser Qualen in demselben Augenblicke durchbohrt, wo wir gleichsam mit der unermesslichen Urlust am Dasein eins geworden sind und wo wir die Unzerstörbarkeit und Ewigkeit dieser Lust in dionysischer Entzückung ahnen. Trotz Furcht und Mitleid sind wir die glücklich-Lebendigen, nicht als Individuen, sondern als das eine Lebendige, mit dessen Zeugungslust wir verschmolzen sind. (...)

(KSA I, 108 f.)

18

Es ist ein ewiges Phänomen: immer findet der gierige Wille ein Mittel, durch eine über die Dinge gebreitete Illusion seine Geschöpfe im Leben festzuhalten und zum Weiterleben zu zwingen. Diesen fesselt die sokratische Lust des Erkennens und der Wahn, durch dasselbe die ewige Wunde des Daseins heilen zu können, jenen umstrickt der vor seinen Augen wehende verführerische Schönheitsschleier der Kunst, jenen wiederum der metaphysische Trost, dass unter dem Wirbel der Erscheinungen das ewige Leben unzerstörbar weiterfliesst: um von den gemeineren und fast noch kräftigeren Illusionen, die der Wille in jedem Augenblick bereit hält, zu schweigen. Jene drei Illusionsstufen sind überhaupt nur für die edler ausgestatteten Naturen, von denen die Last und Schwere des Daseins überhaupt mit tieferer Unlust empfunden wird und die durch ausgesuchte Reizmittel über diese Unlust hinwegzutäuschen sind. Aus diesen Reizmitteln besteht alles, was wir Cultur nennen: je nach der Proportion der Mischungen haben wir eine vorzugsweise s o k r a t i s c h e oder k ü n s t l e r i s c h e oder t r a g i s c h e Cultur: oder wenn man historische Exemplificationen erlauben will: es giebt entweder eine alexandrinische oder eine hellenische oder eine buddhaistische Cultur.

Unsere ganze moderne Welt ist in dem Netz der alexandrinischen Cultur befangen und kennt als Ideal den mit höchsten Erkenntnisskräften ausgerüsteten, im Dienste der Wissenschaft arbeitenden t h e o r e t i s c h e n M e n s c h e n, dessen Urbild und Stammvater Sokrates ist. Alle unsere Erziehungsmittel haben ursprünglich dieses Ideal im Auge: jede andere Existenz hat sich mühsam nebenbei emporzuringen, als erlaubte, nicht als beabsichtigte Existenz. In einem, fast erschreckenden Sinne ist hier eine lange Zeit der Gebildete allein in der Form des Gelehrten gefunden worden; selbst unsere dichterischen Künste haben sich aus gelehrten Imitationen entwickeln müssen, und in dem Haupteffect des Reimes erkennen wir noch die Entstehung unserer poetischen Form aus künstlichen Experimenten mit einer nicht heimischen, recht eigentlich gelehrten Sprache. Wie unverständlich müsste einem ächten Griechen der an sich verständliche moderne Culturmensch F a u s t erscheinen, der durch alle Facultäten unbefriedigt stürmende, aus Wissenstrieb der Magie und dem Teufel ergebene Faust, den wir nur zur Vergleichung neben Sokrates zu stellen haben, um zu erkennen, dass der moderne Mensch die Grenzen jener sokratischen Erkenntnisslust zu ahnen beginnt und aus dem weiten wüsten Wissensmeere nach einer Küste verlangt. Wenn Goethe einmal zu Eckermann, mit Bezug auf Napoleon, äussert: »Ja mein Guter, es giebt auch eine Productivität der Thaten«, so hat er, in anmuthig naiver Weise, daran erinnert, dass der nicht theoretische Mensch für den modernen Menschen etwas Unglaubwürdiges und Staunenerregendes ist, so dass es wieder der Weisheit eines Goethe bedarf, um auch eine so befremdende Existenzform begreiflich, ja verzeihlich zu finden.

Und nun soll man sich nicht verbergen, was im Schoosse dieser sokratischen Cultur verborgen liegt! Der unumschränkt sich wähnende Optimismus! Nun soll man nicht erschrecken, wenn die Früchte dieses Optimismus reifen, wenn die von einer derartigen Cultur bis in die niedrigsten Schichten hinein durchsäuerte Gesellschaft allmählich unter üppigen Wallungen und Begehrungen erzittert, wenn der Glaube an das Erdenglück Aller, wenn der Glaube an die Möglichkeit einer solchen allgemeinen Wissenscultur allmählich in die drohende Forderung eines solchen alexandrinischen Erdenglückes, in die Beschwörung eines Euripideischen deus ex machina umschlägt! Man soll es merken: die alexandrinische Cultur braucht einen Sclavenstand, um auf die Dauer existieren zu können: aber sie leugnet, in ihrer optimistischen Betrachtung des Daseins, die Nothwendigkeit eines solchen Standes und geht deshalb, wenn der Effect ihrer schönen Verführungs- und Beruhigungsworte von der »Würde des Menschen« und der »Würde der Arbeit« verbraucht ist, allmählich einer grauenvollen Vernichtung entgegen. Es giebt nichts

Furchtbareres als einen barbarischen Sclavenstand, der seine Existenz als ein Unrecht zu betrachten gelernt hat und sich anschickt, nicht nur für sich, sondern für alle Generationen Rache zu nehmen. Wer wagt es, solchen drohenden Stürmen entgegen, sicheren Muthes an unsere blassen und ermüdeten Religionen zu appelliren, die selbst in ihren Fundamenten zu Gelehrtenreligionen entartet sind: so dass der Mythus, die nothwendige Voraussetzung jeder Religion, bereits überall gelähmt ist, und selbst auf diesem Bereich jener optimistische Geist zur Herrschaft gekommen ist, den wir als den Vernichtungskeim unserer Gesellschaft eben bezeichnet haben.

Während das im Schoosse der theoretischen Cultur schlummernde Unheil allmählich den modernen Menschen zu ängstigen beginnt, und er, unruhig, aus dem Schatze seiner Erfahrungen nach Mitteln greift, um die Gefahr abzuwenden, ohne selbst an diese Mittel recht zu glauben; während er also seine eigenen Consequenzen zu ahnen beginnt: haben grosse allgemein angelegte Naturen, mit einer unglaublichen Besonnenheit, das Rüstzeug der Wissenschaft selbst zu benützen gewusst, um die Grenzen und die Bedingtheit des Erkennens überhaupt darzulegen und damit den Anspruch der Wissenschaft auf universale Geltung und universale Zwecke entscheidend zu leugnen: bei welchem Nachweise zum ersten Male jene Wahnvorstellung als solche erkannt wurde, welche, an der Hand der Causalität, sich anmaasst, das innerste Wesen der Dinge ergründen zu können. Der ungeheuren Tapferkeit und Weisheit Kant's und Schopenhauer's ist der schwerste Sieg gelungen, der Sieg über den im Wesen der Logik verborgen liegenden Optimismus, der wiederum der Untergrund unserer Cultur ist. Wenn dieser an die Erkennbarkeit und Ergründlichkeit aller Welträthsel, gestützt auf die ihm unbedenklichen aeternae veritates, geglaubt und Raum, Zeit und Causalität als gänzlich unbedingte Gesetze von allgemeinster Gültigkeit behandelt hatte, offenbarte Kant, wie diese eigentlich nur dazu dienten, die blosse Erscheinung, das Werk der Maja, zur einzigen und höchsten Realität zu erheben und sie an die Stelle des innersten und wahren Wesens der Dinge zu setzen und die wirkliche Erkenntniss von diesem dadurch unmöglich zu machen, d. h., nach einem Schopenhauer'schen Ausspruche, den Träumer noch fester einzuschläfern (W. a. W. u. V. I, p. 498). Mit dieser Erkenntniss ist eine Cultur eingeleitet, welche ich als eine tragische zu bezeichnen wage: deren wichtigstes Merkmal ist, dass an die Stelle der Wissenschaft als höchstes Ziel die Weisheit gerückt wird, die sich, ungetäuscht durch die verführerischen Ablenkungen der Wissenschaften, mit unbewegtem Blicke dem Gesammtbilde der Welt zuwendet und in diesem das ewige Leiden mit sympathischer Liebesempfindung als das eigne Leiden zu ergreifen sucht. Denken wir uns eine heranwachsende Generation mit dieser Unerschrockenheit des Blicks, mit diesem heroischen Zug ins Ungeheure, denken wir uns den kühnen Schritt dieser Drachentödter, die stolze Verwegenheit, mit der sie allen den Schwächlichkeitsdoctrinen jenes Optimismus den Rücken kehren, um im Ganzen und Vollen »resolut zu leben«: sollte es nicht nöthig sein, dass der tragische Mensch dieser Cultur, bei seiner Selbsterziehung zum Ernst und zum Schrecken, eine neue Kunst, die Kunst des metaphysischen Trostes, die Tragödie als die ihm zugehörige Helena begehren und mit Faust ausrufen muss:

> Und sollt' ich nicht, sehnsüchtigster Gewalt,
> In's Leben ziehn die einzigste Gestalt?

Nachdem aber die sokratische Cultur von zwei Seiten aus erschüttert ist und das Scepter ihrer Unfehlbarkeit nur noch mit zitternden Händen zu halten vermag, einmal aus Furcht vor ihren eigenen Consequenzen, die sie nachgerade zu ahnen beginnt, sodann weil sie selbst von der ewigen Gültigkeit ihres Fundamentes nicht mehr mit dem früheren naiven Zutrauen überzeugt ist: so ist es ein trauriges Schauspiel, wie sich der Tanz ihres Denkens sehnsüchtig immer auf neue Gestalten stürzt, um sie zu umarmen, und sie dann plötzlich wieder, wie Mephistophcles die verführerischen Lamien, schaudernd fahren lässt. Das ist ja das Merkmal jenes »Bruches«, von dem Jedermann als von dem Urleiden der modernen Cultur zu reden pflegt, dass der theoretische Mensch vor seinen Consequenzen erschrickt und unbefriedigt es nicht mehr wagt sich dem furchtbaren Eisstrome des Daseins anzuvertrauen: ängstlich läuft er am Ufer auf und ab. Er will nichts mehr ganz haben, ganz auch mit aller der natürlichen Grausamkeit der Dinge. Soweit hat ihn das optimistische Betrachten verzärtelt. (...)

(KSA I, 115–119)

20.

(...) Möge uns Niemand unsern Glauben an eine noch bevorstehende Wiedergeburt des hellenischen Alterthums zu verkümmern suchen; denn in ihm finden wir allein unsre Hoffnung für eine Erneuerung und Läuterung des deutschen Geistes durch den Feuerzauber der Musik. Was wüssten wir sonst zu nennen, was in der Verödung und Ermattung der jetzigen Cultur irgend welche tröstliche Erwartung für die Zukunft erwecken könnte? Vergebens spähen wir nach einer einzigen kräftig geästeten Wurzel, nach einem Fleck fruchtbaren und gesunden Erdbodens: überall Staub, Sand, Erstarrung, Verschmachten. Da möchte sich ein trostlos Vereinsamter kein besseres Symbol wählen können, als den Ritter mit Tod und Teufel, wie ihn uns Dürer gezeichnet hat, den geharnischten Ritter mit dem erzenen, harten Blicke, der seinen Schreckensweg, unbeirrt durch seine grausen Gefährten, und doch hoffnungslos, allein mit Ross und Hund zu nehmen weiss. Ein solcher Dürerscher Ritter war unser Schopenhauer: ihm fehlte jede Hoffnung, aber er wollte die Wahrheit. Es giebt nicht Seinesgleichen. –

Aber wie verändert sich plötzlich jene eben so düster geschilderte Wildniss unserer ermüdeten Cultur, wenn sie der dionysische Zauber berührt! Ein Sturmwind packt alles Abgelebte,

Morsche, Zerbrochne, Verkümmerte, hüllt es wirbelnd in eine rothe Staubwolke und trägt es wie ein Geier in die Lüfte. Verwirrt suchen unsere Blicke nach dem Entschwundenen: denn was sie sehen, ist wie aus einer Versenkung an's goldne Licht gestiegen, so voll und grün, so üppig lebendig, so sehnsuchtsvoll unermesslich. Die Tragödie sitzt inmitten dieses Ueberflusses an Leben, Leid und Lust, in erhabener Entzückung, sie horcht einem fernen schwermüthigen Gesange – er erzählt von den Müttern des Seins, deren Namen lauten: Wahn, Wille, Wehe. – Ja, meine Freunde, glaubt mit mir an das dionysische Leben und an die Wiedergeburt der Tragödie. Die Zeit des sokratischen Menschen ist vorüber: kränzt euch mit Epheu, nehmt den Thyrsusstab zur Hand und wundert euch nicht, wenn Tiger und Panther sich schmeichelnd zu euren Knien niederlegen. Jetzt wagt es nur, tragische Menschen zu sein: denn ihr sollt erlöst werden. Ihr sollt den dionysischen Festzug von Indien nach Griechenland geleiten! Rüstet euch zu hartem Streite, aber glaubt an die Wunder eures Gottes!

(KSA I, 131 f.)

24.

(...) Hier nun wird es nöthig, uns mit einem kühnen Anlauf in eine Metaphysik der Kunst hinein zu schwingen, indem ich den früheren Satz wiederhole, dass nur als ein aesthetisches Phänomen das Dasein und die Welt gerechtfertigt erscheint: in welchem Sinne uns gerade der tragische Mythus zu überzeugen hat, dass selbst das Hässliche und Disharmonische ein künstlerisches Spiel ist, welches der Wille, in der ewigen Fülle seiner Lust, mit sich selbst spielt. Dieses schwer zu fassende Urphänomen der dionysischen Kunst wird aber auf directem Wege einzig verständlich und unmittelbar erfasst in der wunderbaren Bedeutung der musikalischen Dissonanz: wie überhaupt die Musik, neben die Welt hingestellt, allein einen Begriff davon geben kann, was unter der Rechtfertigung der Welt als eines aesthetischen Phänomens zu verstehen ist. Die Lust, die der tragische Mythus erzeugt, hat eine gleiche Heimat, wie die lustvolle Empfindung der Dissonanz in der Musik. Das Dionysische, mit seiner selbst am Schmerz percipirten Urlust, ist der gemeinsame Geburtsschooss der Musik und des tragischen Mythus.

Sollte sich nicht inzwischen dadurch, dass wir die Musikrelation der Dissonanz zu Hülfe nahmen, jenes schwierige Problem der tragischen Wirkung wesentlich erleichtert haben? Verstehen wir doch jetzt, was es heissen will, in der Tragödie zugleich schauen zu wollen und sich über das Schauen hinaus zu sehnen: welchen Zustand wir in Betreff der künstlerisch verwendeten Dissonanz eben so zu charakterisiren hätten, dass wir hören wollen und über das Hören uns zugleich hinaussehnen. Jenes Streben in's Unendliche, der Flügelschlag der Sehnsucht, bei der höchsten Lust an der deutlich percipirten Wirklichkeit, erinnern daran, dass wir in beiden Zuständen ein dionysisches Phänomen zu erkennen haben, das uns immer von Neuem wieder das spielende Aufbauen und Zertrümmern der Individualwelt als den Ausfluss einer Urlust offenbart, in einer ähnlichen Weise, wie wenn von Heraklit dem Dunklen die weltbildende Kraft einem Kinde verglichen wird, das spielend Steine hin und her setzt und Sandhaufen aufbaut und wieder einwirft.

Um also die dionysische Befähigung eines Volkes richtig abzuschätzen, dürften wir nicht nur an die Musik des Volkes, sondern eben so nothwendig an den tragischen Mythus dieses Volkes als den zweiten Zeugen jener Befähigung zu denken haben. Es ist nun, bei dieser engsten Verwandtschaft zwischen Musik und Mythus, in gleicher Weise zu vermuthen, dass mit einer Entartung und Depravation des Einen eine Verkümmerung der Anderen verbunden sein wird: wenn anders in der Schwächung des Mythus überhaupt eine Abschwächung des dionysischen Vermögens zum Ausdruck kommt. Ueber Beides dürfte uns aber ein Blick auf die Entwicklung des deutschen Wesens nicht in Zweifel lassen: in der Oper wie in dem abstracten Charakter unseres mythenlosen Daseins, in einer zur Ergetzlichkeit herabgesunkenen Kunst, wie in einem vom Begriff geleiteten Leben, hatte sich uns jene gleich unkünstlerische, als am Leben zehrende Natur des sokratischen Optimismus enthüllt. Zu unserem Troste aber gab es Anzeichen dafür, dass trotzdem der deutsche Geist in herrlicher Gesundheit, Tiefe und dionysischer Kraft unzerstört, gleich einem zum Schlummer niedergesunknen Ritter, in einem unzugänglichen Abgrunde ruhe und träume: aus welchem Abgrunde zu uns das dionysische Lied emporsteigt, um uns zu verstehen zu geben, dass dieser deutsche Ritter auch jetzt noch seinen uralten dionysischen Mythus in selig-ernsten Visionen träumt. Glaube Niemand, dass der deutsche Geist seine mythische Heimat auf ewig verloren habe, wenn er so deutlich noch die Vogelstimmen versteht, die von jener Heimat erzählen. Eines Tages wird er sich wach finden, in aller Morgenfrische eines ungeheuren Schlafes: dann wird er Drachen tödten, die tückischen Zwerge vernichten und Brünnhilde erwecken – und Wotan's Speer selbst wird seinen Weg nicht hemmen können!

Meine Freunde, ihr, die ihr an die dionysische Musik glaubt, ihr wisst auch, was für uns die Tragödie bedeutet. In ihr haben wir, wiedergeboren aus der Musik, den tragischen Mythus – und in ihm dürft ihr Alles hoffen und das Schmerzlichste vergessen! Das Schmerzlichste aber ist für uns alle – die lange Entwürdigung, unter der der deutsche Genius, entfremdet von Haus und Heimat, im Dienst tückischer Zwerge lebte. Ihr versteht das Wort – wie ihr auch, zum Schluss, meine Hoffnungen verstehen werdet.

25.

Musik und tragischer Mythus sind in gleicher Weise Ausdruck der dionysischen Befähigung eines Volkes und von einander untrennbar. Beide entstammen einem Kunstbereiche, das jenseits des Apollinischen liegt; beide verklären eine Region, in deren

Lustaccorden die Dissonanz eben so wie das schreckliche Weltbild reizvoll verklingt; beide spielen mit dem Stachel der Unlust, ihren überaus mächtigen Zauberkünsten vertrauend; beide rechtfertigen durch dieses Spiel die Existenz selbst der »schlechtesten Welt.« Hier zeigt sich das Dionysische, an dem Apollinischen gemessen, als die ewige und ursprüngliche Kunstgewalt, die überhaupt die ganze Welt der Erscheinung in's Dasein ruft: in deren Mitte ein neuer Verklärungsschein nöthig wird, um die belebte Welt der Individuation im Leben festzuhalten. Könnten wir uns eine Menschwerdung der Dissonanz denken – und was ist sonst der Mensch? – so würde diese Dissonanz, um leben zu können, eine herrliche Illusion brauchen, die ihr einen Schönheitsschleier über ihr eignes Wesen decke. Dies ist die wahre Kunstabsicht des Apollo: in dessen Namen wir alle jene zahllosen Illusionen des schönen Scheins zusammenfassen, die in jedem Augenblick das Dasein überhaupt lebenswerth machen und zum Erleben des nächsten Augenblicks drängen.

Dabei darf von jenem Fundamente aller Existenz, von dem dionysischen Untergrunde der Welt, genau nur soviel dem menschlichen Individuum in's Bewusstsein treten, als von jener apollinischen Verklärungskraft wieder überwunden werden kann, so dass diese beiden Kunsttriebe ihre Kräfte in strenger wechselseitiger Proportion, nach dem Gesetze ewiger Gerechtigkeit, zu entfalten genöthigt sind. Wo sich die dionysischen Mächte so ungestüm erheben, wie wir dies erleben, da muss auch bereits Apollo, in eine Wolke gehüllt, zu uns herniedergestiegen sein; dessen üppigste Schönheitswirkungen wohl eine nächste Generation schauen wird.

Dass diese Wirkung aber nöthig sei, dies würde Jeder am sichersten, durch Intuition, nachempfinden, wenn er einmal, sei es auch im Traume, in eine althellenische Existenz sich zurückversetzt fühlte: im Wandeln unter hohen ionischen Säulengängen, aufwärtsblickend zu einem Horizont, der durch reine und edle Linien abgeschnitten ist, neben sich Wiederspiegelungen seiner verklärten Gestalt in leuchtendem Marmor, rings um sich feierlich schreitende oder zart bewegte Menschen, mit harmonisch tönenden Lauten und rhythmischer Gebärdensprache – würde er nicht, bei diesem fortwährenden Einströmen der Schönheit, zu Apollo die Hand erhebend ausrufen müssen: »Seliges Volk der Hellenen! Wie gross muss unter euch Dionysus sein, wenn der delische Gott solche Zauber für nöthig hält, um euren dithyrambischen Wahnsinn zu heilen!« – Einem so Gestimmten dürfte aber ein greiser Athener, mit dem erhabenen Auge des Aeschylus zu ihm aufblickend, entgegnen: »Sage aber auch dies, du wunderlicher Fremdling: wie viel musste dies Volk leiden, um so schön werden zu können! Jetzt aber folge mir zur Tragödie und opfere mit mir im Tempel beider Gottheiten!«

(KSA I, 152–156)

Versuch einer Selbstkritik

1

Was auch diesem fragwürdigen Buche zu Grunde liegen mag: es muss eine Frage ersten Ranges und Reizes gewesen sein, noch dazu eine tief persönliche Frage, – Zeugniss dafür ist die Zeit, in der es entstand, trotz der es entstand, die aufregende Zeit des deutsch-französischen Krieges von 1870/71. Während die Donner der Schlacht von Wörth über Europa weggiengen, sass der Grübler und Räthselfreund, dem die Vaterschaft dieses Buches zu Theil ward, irgendwo in einem Winkel der Alpen, sehr vergrübelt und verräthselt, folglich sehr bekümmert und unbekümmert zugleich, und schrieb seine Gedanken über die G r i e c h e n nieder, – den Kern des wunderlichen und schlecht zugänglichen Buches, dem diese späte Vorrede (oder Nachrede) gewidmet sein soll. Einige Wochen darauf: und er befand sich selbst unter den Mauern von Metz, immer noch nicht losgekommen von den Fragezeichen, die er zur vorgeblichen »Heiterkeit« der Griechen und der griechischen Kunst gesetzt hatte; bis er endlich, in jenem Monat tiefster Spannung, als man in Versailles über den Frieden berieth, auch mit sich zum Frieden kam und, langsam von einer aus dem Felde heimgebrachten Krankheit genesend, die »Geburt der Tragödie aus dem Geiste der M u s i k« letztgültig bei sich feststellte. – Aus der Musik? Musik und Tragödie? Griechen und Tragödien-Musik? Griechen und das Kunstwerk des Pessimismus? Die wohlgerathenste, schönste, bestbeneidete, zum Leben verführendste Art der bisherigen Menschen, die Griechen – wie? gerade sie hatten die Tragödie n ö t h i g? Mehr noch – die Kunst? Wozu – griechische Kunst? ....

Man erräth, an welche Stelle hiermit das grosse Fragezeichen vom Werth des Daseins gesetzt war. Ist Pessimismus n o t h - w e n d i g das Zeichen des Niedergangs, Verfalls, des Missrathenseins, der ermüdeten und geschwächten Instinkte? – wie er es bei den Indern war, wie er es, allem Anschein nach, bei uns, den »modernen« Menschen und Europäern ist? Giebt es einen Pessimismus der Stärke? Eine intellektuelle Vorneigung für das Harte, Schauerliche, Böse, Problematische des Daseins aus Wohlsein, aus überströmender Gesundheit, aus Fülle des Daseins? Giebt es vielleicht ein Leiden an der Ueberfülle selbst? Eine versucherische Tapferkeit des schärfsten Blicks, die nach dem Furchtbaren verlangt, als nach dem Feinde, dem würdigen Feinde, an dem sie ihre Kraft erproben kann? an dem sie lernen will, was »das Fürchten« ist? Was bedeutet, gerade bei den Griechen der besten, stärksten, tapfersten Zeit, der tragische Mythus? Und das ungeheure Phänomen des Dionysischen? Was, aus ihm geboren, die Tragödie? – Und wiederum: das, woran die Tragödie starb, der Sokratismus der Moral, die Dialektik, Genügsamkeit und Heiterkeit des theoretischen Menschen – wie? könnte nicht gerade dieser Sokratismus ein Zeichen des Niedergangs, der Ermüdung, Erkrankung, der anarchisch sich lösenden Instinkte sein? Und die »griechische Heiterkeit« des späteren Griechenthums nur eine Abendröthe? Der epikurische Wille gegen den Pessimismus nur eine Vorsicht des Leidenden? Und die Wissenschaft selbst, unsere Wissenschaft – ja, was bedeutet überhaupt, als Symptom des Lebens angesehn, alle Wissenschaft? Wozu, schlimmer noch, woher – alle Wissenschaft? Wie? Ist Wissenschaftlichkeit vielleicht nur eine Furcht und Ausflucht vor dem Pessimismus? Eine feine Nothwehr gegen – die Wahrheit? Und, moralisch geredet, etwas wie Feig- und Falschheit? Unmoralisch geredet, eine Schlauheit? Oh Sokrates, Sokrates, war das vielleicht dein Geheimniss? Oh geheimnissvoller Ironiker, war dies vielleicht deine – Ironie? – –

2.

Was ich damals zu fassen bekam, etwas Furchtbares und Gefährliches, ein Problem mit Hörnern, nicht nothwendig gerade ein

Stier, jedenfalls ein neues Problem: heute würde ich sagen, dass es das Problem der Wissenschaft selbst war – Wissenschaft zum ersten Male als problematisch, als fragwürdig gefasst. Aber das Buch, in dem mein jugendlicher Muth und Argwohn sich damals ausliess – was für ein unmögliches Buch musste aus einer so jugendwidrigen Aufgabe erwachsen! Aufgebaut aus lauter vorzeitigen übergrünen Selbsterlebnissen, welche alle hart an der Schwelle des Mittheilbaren lagen, hingestellt auf den Boden der Kunst – denn das Problem der Wissenschaft kann nicht auf dem Boden der Wissenschaft erkannt werden –, ein Buch vielleicht für Künstler mit dem Nebenhange analytischer und retrospektiver Fähigkeiten (das heisst für eine Ausnahme-Art von Künstlern, nach denen man suchen muss und nicht einmal suchen möchte ...), voller psychologischer Neuerungen und Artisten-Heimlichkeiten, mit einer Artisten-Metaphysik im Hintergrunde, ein Jugendwerk voller Jugendmuth und Jugend-Schwermuth, unabhängig, trotzig-selbstständig auch noch, wo es sich einer Autorität und eignen Verehrung zu beugen scheint, kurz ein Erstlingswerk auch in jedem schlimmen Sinne des Wortes, trotz seines greisenhaften Problems, mit jedem Fehler der Jugend behaftet, vor allem mit ihrem »Viel zu lang«, ihrem »Sturm und Drang«: andererseits, in Hinsicht auf den Erfolg, den es hatte (in Sonderheit bei dem grossen Künstler, an den es sich wie zu einem Zwiegespräch wendete, bei Richard Wagner) ein bewiesenes Buch, ich meine ein solches, das jedenfalls »den Besten seiner Zeit« genug gethan hat. Darauf hin sollte es schon mit einiger Rücksicht und Schweigsamkeit behandelt werden; trotzdem will ich nicht gänzlich unterdrücken, wie unangenehm es mir jetzt erscheint, wie fremd es jetzt nach sechzehn Jahren vor mir steht, – vor einem älteren, hundert Mal verwöhnteren, aber keineswegs kälter gewordenen Auge, das auch jener Aufgabe selbst nicht fremder wurde, an welche sich jenes verwegene Buch zum ersten Male herangewagt hat, – die Wissenschaft unter der Optik des Künstlers zu sehn, die Kunst aber unter der des Lebens ....

3

Nochmals gesagt, heute ist es mir ein unmögliches Buch, – ich heisse es schlecht geschrieben, schwerfällig, peinlich, bilderwüthig und bilderwirrig, gefühlsam, hier und da verzuckert bis zum Femininischen, ungleich im Tempo, ohne Willen zur logischen Sauberkeit, sehr überzeugt und deshalb des Beweisens sich überhebend, misstrauisch selbst gegen die S c h i c k l i c h k e i t des Beweisens, als Buch für Eingeweihte, als »Musik« für Solche, die auf Musik getauft, die auf gemeinsame und seltene Kunst-Erfahrungen hin von Anfang der Dinge an verbunden sind, als Erkennungszeichen für Blutsverwandte in artibus, – ein hochmüthiges und schwärmerisches Buch, das sich gegen das profanum vulgus der »Gebildeten« von vornherein noch mehr als gegen das »Volk« abschliesst, welches aber, wie seine Wirkung bewies und beweist, sich gut genug auch darauf verstehen muss, sich seine Mitschwärmer zu suchen und sie auf neue Schleichwege und Tanzplätze zu locken. Hier redete jedenfalls – das gestand man sich mit Neugierde ebenso als mit Abneigung ein – eine f r e m d e Stimme, der Jünger eines noch »unbekannten Gottes«, der sich einstweilen unter die Kapuze des Gelehrten, unter die Schwere und dialektische Unlustigkeit des Deutschen, selbst unter die schlechten Manieren des Wagnerianers versteckt hat; hier war ein Geist mit fremden, noch namenlosen Bedürfnissen, ein Gedächtniss strotzend von Fragen, Erfahrungen, Verborgenheiten, welchen der Name Dionysos wie ein Fragezeichen mehr beigeschrieben war; hier sprach – so sagte man sich mit Argwohn – etwas wie eine mystische und beinahe mänadische Seele, die mit Mühsal und willkürlich, fast unschlüssig darüber, ob sie sich mittheilen oder verbergen wolle, gleichsam in einer fremden Zunge stammelt. Sie hätte s i n g e n sollen, diese »neue Seele« – und nicht reden! Wie schade, dass ich, was ich damals zu sagen hatte, es nicht als Dichter zu sagen wagte: ich hätte es vielleicht gekonnt! Oder mindestens als Philologe: – bleibt doch auch heute noch für den Philologen auf diesem Gebiete beinahe Alles zu entdecken und auszugraben! Vor allem das Problem, d a s s hier ein Problem vorliegt, – und dass die Griechen, so lange wir keine Antwort auf die Frage »was ist dionysisch?« haben, nach wie vor gänzlich unerkannt und unvorstellbar sind ...

4.

Ja, was ist dionysisch? – In diesem Buche steht eine Antwort darauf, – ein »Wissender« redet da, der Eingeweihte und Jünger seines Gottes. Vielleicht würde ich jetzt vorsichtiger und weniger beredt von einer so schweren psychologischen Frage reden, wie sie der Ursprung der Tragödie bei den Griechen ist. Eine Grundfrage ist das Verhältniss des Griechen zum Schmerz, sein Grad von Sensibilität, – blieb dies Verhältniss sich gleich? oder drehte es sich um? – jene Frage, ob wirklich sein immer stärkeres V e r - l a n g e n n a c h S c h ö n h e i t, nach Festen, Lustbarkeiten, neuen Culten, aus Mangel, aus Entbehrung, aus Melancholie, aus Schmerz erwachsen ist? Gesetzt nämlich, gerade dies wäre wahr – und Perikles (oder Thukydides) giebt es uns in der grossen Leichenrede zu verstehen –: woher müsste dann das entgegengesetzte Verlangen, das der Zeit nach früher hervortrat, stammen, das V e r l a n g e n n a c h d e m H ä s s l i c h e n, der gute strenge Wille des älteren Hellenen zum Pessimismus, zum tragischen Mythus, zum Bilde alles Furchtbaren, Bösen, Räthselhaften, Vernichtenden, Verhängnissvollen auf dem Grunde des Daseins, – woher müsste dann die Tragödie stammen? Vielleicht aus der L u s t, aus der Kraft, aus überströmender Gesundheit, aus übergrosser Fülle? Und welche Bedeutung hat dann, physiologisch gefragt, jener Wahnsinn, aus dem die tragische wie die komische Kunst erwuchs, der dionysische Wahnsinn? Wie? Ist Wahnsinn vielleicht nicht nothwendig das Symptom der Entartung, des Niedergangs, der überspäten Cultur? Giebt es vielleicht – eine Frage für Irrenärzte – Neurosen der G e s u n d h e i t? der Volks-Jugend und -Jugendlichkeit? Worauf weist jene Synthesis von Gott und Bock im Satyr? Aus welchem Selbsterlebniss, auf welchen Drang hin musste sich der Grieche den dionysischen Schwärmer und Urmenschen als Satyr denken? Und was den Ursprung des tragischen Chors betrifft: gab es in jenen Jahrhunderten, wo der griechische Leib blühte, die griechische Seele von Leben überschäumte, vielleicht endemische Entzückungen? Visionen und Hallucinationen, welche sich ganzen Gemeinden, ganzen Cultversammlungen mittheilten? Wie? wenn die Griechen, gerade im Reichthum ihrer Jugend, den Willen zum Tragischen hatten und Pessimisten waren? wenn es gerade der Wahnsinn war, um ein Wort Plato's zu gebrauchen, der die grössten Segnungen über Hellas gebracht hat? Und wenn, andererseits und umgekehrt, die Griechen gerade in den Zeiten ihrer Auflösung und Schwäche, immer optimistischer, oberflächlicher, schauspielerischer, auch nach Logik und Logisirung der Welt brünstiger, also zugleich »heiterer« und »wissenschaftlicher« wurden? Wie? könnte vielleicht, allen »modernen Ideen« und Vorurtheilen des demokratischen Geschmacks zum Trotz, der Sieg des Optimismus, die vorherrschend gewordene Vernünftigkeit, der praktische und theoretische Utilitarismus, gleich der Demokratie selbst, mit der er gleichzeitig ist, – ein Symptom der absinkenden Kraft, des nahenden Alters, der physiologischen Ermüdung sein? Und gerade nicht – der Pessimismus? War Epikur ein Optimist – gerade als Leidender? – – Man sieht, es ist ein ganzes Bündel schwerer Fragen, mit dem sich dieses Buch belastet hat, – fügen wir seine schwerste Frage noch hinzu! Was bedeutet, unter der Optik des Lebens gesehn, – die Moral? ...

5.

Bereits im Vorwort an Richard Wagner wird die Kunst – und nicht die Moral – als die eigentlich metaphysische Thätigkeit des Menschen hingestellt; im Buche selbst kehrt der anzügliche Satz mehrfach wieder, dass nur als ästhetisches Phänomen das Dasein der Welt gerechtfertigt ist. In der That, das ganze Buch kennt nur einen Künstler-Sinn und -Hintersinn hinter allem Geschehen, – einen »Gott«, wenn man will, aber gewiss nur einen gänzlich unbedenklichen und unmoralischen Künstler-Gott, der im Bauen wie im Zerstören, im Guten wie im Schlimmen, seiner gleichen Lust und Selbstherrlichkeit inne werden will, der sich, Welten schaffend, von der Noth der Fülle und Ueberfülle, vom Leiden der in ihm gedrängten Gegensätze löst. Die Welt, in jedem Augenblicke die erreichte Erlösung Gottes, als die ewig wechselnde, ewig neue Vision des Leidendsten, Gegensätzlichsten, Widerspruchreichsten, der nur im Scheine sich zu erlösen weiss: diese ganze Artisten-Metaphysik mag man willkürlich, müssig, phantastisch nennen –, das Wesentliche daran ist, dass sie bereits einen Geist verräth, der sich einmal auf jede Gefahr hin gegen die moralische Ausdeutung und Bedeutsamkeit des Daseins zur Wehre setzen wird. Hier kündigt sich, vielleicht zum ersten Male, ein Pessimismus »jenseits von Gut und Böse« an, hier kommt jene »Perversität der Gesinnung« zu Wort und Formel, gegen welche Schopenhauer nicht müde geworden ist, im Voraus seine zornigsten Flüche und Donnerkeile zu schleudern, – eine Philosophie, welche es wagt, die Moral selbst in die Welt der Erscheinung zu setzen, herabzusetzen und nicht nur unter die »Erscheinungen« (im Sinne des idealistischen terminus technicus), sondern unter die »Täuschungen«, als Schein, Wahn, Irrthum, Ausdeutung, Zurechtmachung, Kunst. Vielleicht lässt sich die Tiefe dieses widermoralischen Hanges am besten aus dem behutsamen und feindseligen Schweigen ermessen, mit dem in dem ganzen Buche das Christenthum behandelt ist, – das Christenthum als die ausschweifendste Durchfigurirung des moralischen Thema's, welche die Menschheit bisher anzuhören bekommen hat. In Wahrheit, es giebt zu der rein ästhetischen Weltauslegung und Welt-Rechtfertigung, wie sie in diesem Buche gelehrt wird, keinen grösseren Gegensatz als die christliche Lehre, welche nur moralisch ist und sein will und mit ihren absoluten Maassen, zum Beispiel schon mit ihrer Wahrhaftigkeit Gottes, die Kunst, jede Kunst in's Reich der Lüge verweist, – das heisst verneint, verdammt, verurtheilt. Hinter einer derartigen Denk- und Werthungsweise, welche kunstfeindlich sein muss, so lange sie irgendwie ächt ist, empfand ich von jeher auch das L e b e n s - f e i n d l i c h e , den ingrimmigen rachsüchtigen Widerwillen gegen das Leben selbst: denn alles Leben ruht auf Schein, Kunst, Täuschung, Optik, Nothwendigkeit des Perspektivischen und des Irrthums. Christenthum war von Anfang an, wesentlich und gründlich, Ekel und Ueberdruss des Lebens am Leben, welcher sich unter dem Glauben an ein »anderes« oder »besseres« Leben nur verkleidete, nur versteckte, nur aufputzte. Der Hass auf die »Welt«, der Fluch auf die Affekte, die Furcht vor der Schönheit und Sinnlichkeit, ein Jenseits, erfunden, um das Diesseits besser zu verleumden, im Grunde ein Verlangen in's Nichts, an's Ende, in's Ausruhen, hin zum »Sabbat der Sabbate« – dies Alles dünkte mich, ebenso wie der unbedingte Wille des Christenthums, n u r moralische Werthe gelten zu lassen, immer wie die gefährlichste und unheimlichste Form aller möglichen Formen eines »Willens zum Untergang«, zum Mindesten ein Zeichen tiefster Erkrankung, Müdigkeit, Missmuthigkeit, Erschöpfung, Verarmung an Leben, – denn vor der Moral (in Sonderheit christlichen, das heisst unbedingten Moral) m u s s das Leben beständig und unvermeidlich Unrecht bekommen, weil Leben etwas essentiell Unmoralisches i s t , – m u s s endlich das Leben, erdrückt unter dem Gewichte der Verachtung und des ewigen Nein's, als begehrens-unwürdig, als unwerth an sich empfunden werden. Moral selbst – wie? sollte Moral nicht ein »Wille zur Verneinung des Lebens«, ein heimlicher Instinkt der Vernichtung, ein Verfalls-, Verkleinerungs-, Verleumdungsprincip, ein Anfang vom Ende sein? Und, folglich, die Gefahr der Gefahren? ... G e g e n die Moral also kehrte sich damals, mit diesem fragwürdigen Buche, mein Instinkt, als ein fürsprechender Instinkt des Lebens, und erfand sich eine grundsätzliche Gegenlehre und Gegenwerthung des Lebens, eine rein artistische, eine a n t i c h r i s t l i c h e . Wie sie nennen? Als Philologe und Mensch der Worte taufte ich sie, nicht ohne einige Freiheit – denn wer wüsste den rechten Namen des Antichrist? – auf den Namen eines griechischen Gottes: ich hiess sie die d i o n y s i s c h e. –

6.

Man versteht, an welche Aufgabe ich bereits mit diesem Buche zu rühren wagte? ... Wie sehr bedauere ich es jetzt, dass ich damals noch nicht den Muth (oder die Unbescheidenheit?) hatte, um mir in jedem Betrachte für so eigne Anschauungen und Wagnisse auch eine e i g n e S p r a c h e zu erlauben, – dass ich mühselig mit Schopenhauerischen und Kantischen Formeln fremde und neue Werthschätzungen auszudrücken suchte, welche dem Geiste Kantens und Schopenhauers, ebenso wie ihrem Geschmacke, von Grund aus entgegen giengen! Wie dachte doch Schopenhauer über die Tragödie? »Was allem Tragischen den eigenthümlichen Schwung zur Erhebung giebt – sagt er, Welt als Wille und Vorstellung II, 495 – ist das Aufgehen der Erkenntniss, dass die Welt, das Leben kein rechtes Genügen geben könne, mithin unsrer Anhänglichkeit n i c h t w e r t h sei: darin besteht der tragische Geist –, er leitet demnach zur R e s i g n a t i o n hin«. Oh wie anders redete Dionysos zu mir! Oh wie ferne war mir damals gerade dieser ganze Resignationismus! – Aber es giebt etwas viel Schlimmeres an dem Buche, das ich jetzt noch mehr bedaure, als mit Schopenhauerischen Formeln dionysische Ahnungen verdunkelt und verdorben zu haben: dass ich mir nämlich überhaupt das grandiose g r i e c h i s c h e P r o b l e m, wie mir es aufgegangen war, durch Einmischung der modernsten Dinge v e r d a r b! Dass ich Hoffnungen anknüpfte, wo Nichts zu hoffen war, wo Alles allzudeutlich auf ein Ende hinwies! Dass ich, auf Grund der deutschen letzten Musik, vom »deutschen Wesen« zu fabeln begann, wie als ob es eben im Begriff sei, sich selbst zu entdecken und wiederzufinden – und das zu einer Zeit, wo der deutsche Geist, der nicht vor Langem noch den Willen zur Herrschaft über Europa, die Kraft zur Führung Europa's gehabt hatte, eben letztwillig und endgültig a b -

146

dankte und, unter dem pomphaften Vorwande einer Reichs-Begründung, seinen Uebergang zur Vermittelmässigung, zur Demokratie und den »modernen Ideen« machte! In der That, inzwischen lernte ich hoffnungslos und schonungslos genug von diesem »deutschen Wesen« denken, insgleichen von der jetzigen deutschen Musik, als welche Romantik durch und durch ist und die ungriechischeste aller möglichen Kunstformen: überdies aber eine Nervenverderberin ersten Ranges, doppelt gefährlich bei einem Volke, das den Trunk liebt und die Unklarheit als Tugend ehrt, nämlich in ihrer doppelten Eigenschaft als berauschendes und zugleich benebelndes Narkotikum. – Abseits freilich von allen übereilten Hoffnungen und fehlerhaften Nutzanwendungen auf Gegenwärtigstes, mit denen ich mir damals mein erstes Buch verdarb, bleibt das grosse dionysische Fragezeichen, wie es darin gesetzt ist, auch in Betreff der Musik, fort und fort bestehen: wie müsste eine Musik beschaffen sein, welche nicht mehr romantischen Ursprungs wäre, gleich der deutschen, – sondern dionysischen? ...

7.

– Aber, mein Herr, was in aller Welt ist Romantik, wenn nicht Ihr Buch Romantik ist? Lässt sich der tiefe Hass gegen »Jetztzeit«, »Wirklichkeit« und »moderne Ideen« weiter treiben, als es in Ihrer Artisten-Metaphysik geschehen ist? – welche lieber noch an das Nichts, lieber noch an den Teufel, als an das »Jetzt« glaubt? Brummt nicht ein Grundbass von Zorn und Vernichtungslust unter aller Ihrer contrapunktischen Stimmen-Kunst und Ohren-Verführerei hinweg, eine wüthende Entschlossenheit gegen Alles, was »jetzt« ist, ein Wille, welcher nicht gar zu ferne vom praktischen Nihilismus ist und zu sagen scheint »lieber mag Nichts wahr sein, als dass ihr Recht hättet, als dass eure Wahrheit Recht behielte!« Hören Sie selbst, mein Herr Pessimist und Kunstvergöttlicher, mit aufgeschlossnerem Ohre eine einzige ausgewählte Stelle Ihres Buches an, jene nicht unberedte Drachentödter-Stelle, welche für junge Ohren und Herzen verfänglichrattenfängerisch klingen mag: wie? ist das nicht das ächte rechte Romantiker-Bekenntniss von 1830, unter der Maske des Pessimismus von 1850? hinter dem auch schon das übliche Romantiker-Finale präludirt, – Bruch, Zusammenbruch, Rückkehr und Niedersturz vor einem alten Glauben, vor dem alten Gotte ... Wie? ist Ihr Pessimisten-Buch nicht selbst ein Stück Antigriechenthum und Romantik, selbst etwas »ebenso Berauschendes als Benebelndes«, ein Narkotikum jedenfalls, ein Stück Musik sogar, d e u t s c h e r Musik? Aber man höre:

> »Denken wir uns eine heranwachsende Generation mit dieser Uner-schrockenheit des Blicks, mit diesem heroischen Zug in's Ungeheure, denken wir uns den kühnen Schritt dieser Drachentödter, die stolze Verwegenheit, mit der sie allen den Schwächlichkeitsdoktrinen des Optimismus den Rücken kehren, um im Ganzen und Vollen ›resolut zu leben‹: s o l l t e e s n i c h t n ö t h i g s e i n, dass der tragische Mensch dieser Cultur, bei seiner Selbsterziehung zum Ernst und zum Schrecken, eine neue Kunst, d i e K u n s t d e s m e t a p h y s i s c h e n T r o s t e s, die Tragödie als die ihm zugehörige Helena begehren und mit Faust ausrufen muss:
> Und sollt' ich nicht, sehnsüchtigster Gewalt,
> In's Leben zieh'n die einzigste Gestalt?«

»Sollte es nicht n ö t h i g sein?« ... Nein, drei Mal nein! ihr jungen Romantiker: es sollte n i c h t nöthig sein! Aber es ist sehr wahrscheinlich, dass es so e n d e t, dass i h r so endet, nämlich »getröstet«, wie geschrieben steht, trotz aller Selbsterziehung zum Ernst und zum Schrecken, »metaphysisch getröstet«, kurz, wie Romantiker enden, c h r i s t l i c h ..... Nein! Ihr solltet vor-erst die Kunst des d i e s s e i t i g e n Trostes lernen, – ihr solltet l a - c h e n lernen, meine jungen Freunde, wenn anders ihr durchaus Pessimisten bleiben wollt; vielleicht dass ihr darauf hin, als La-chende, irgendwann einmal alle metaphysische Trösterei zum Teufel schickt – und die Metaphysik voran! (...)

V. Historie

Fatum und Geschichte

Gedanken.

Osterferien 1862.   F W Nietzsche.

Wenn wir mit freiem, unbefangenem Blick die christliche Lehre
und Kirchengeschichte anschauen könnten, so würden wir manche den allgemeinen Ideen widerstrebende Ansichten aus-
spre(c)hen müssen. Aber so, von unsern ersten Tagen an eingeengt in das Joch der Gewohnheit und der Vorurtheile, durch die
Eindrücke unsrer Kindheit in der natürlichen Entwicklung un-
sers Geistes gehemmt und in der Bildung unsres Temperaments
bestimmt, glauben wir es fast als Vergehn betrachten zu müssen,
wenn wir einen freieren Standpunkt wählen, um von da aus ein
unparteiisches und der Zeit angemessenes Urtheil über Religion
und Christentum fällen zu können.

Ein solcher Versuch ist nicht das Werk einiger Wochen, sondern eines Lebens.

Denn wie vermöchte man die Autorität zweier Jahrtausende,
die Bürgschaft der geistreichsten Männer aller Zeiten durch die
Resultate jugendlichen Grübelns vernichten, wie vermöchte
man sich mit Pfantasien und unreifen Ideen über alle jene in die
Weltgeschichte tief eingreifenden Wehen und Segnungen einer
Religionsentwicklung hinwegsetzen?

Es ist vollends eine Vermessenheit, philosophische Probleme
lösen zu wollen, über die ein Meinungskampf seit meheren Jahrtausenden geführt ist: Ansichten umzustürzen, die den Menschen nach dem Glauben der geistreichsten Männer erst zum
wahren Menschen erheben: Naturwissenschaft mit Philosophie
zu einigen, ohne auch nur die Hauptergebnisse beider zu kennen: endlich aus Naturwissenschaft und Geschichte ein System
des Reellen aufzustellen, während die Einheit der Weltgeschichte
und die principiellsten Grundlagen sich dem Geiste noch nicht
offenbart haben.

Sich in das Meer des Zweifels hinauszuwagen, ohne Kompaß und Führer ist Thorheit und Verderben für unentwickelte Köpfe; die Meisten werden von Stürmen verschlagen, nur sehr wenige entdecken neue Länder.

Aus der Mitte des unermeßlichen Ideenozeans sehnt man sich dann oft nach dem festen Lande zurück: wie oft überschlich mich nicht bei fruchtlosen Spekulationen die Sehnsucht zur Geschichte und Naturwissenschaft!

Geschichte und Naturwissenschaft, die wundervollen Vermächtnisse unsrer ganzen Vergangenheit, die Verkünderinnen unsrer Zukunft, sie allein sind die sichern Grundlagen, auf denen wir den Thurm unsrer Spekulation bauen können.

Wie oft erschien mir nicht unsre ganze bisherige Philosophie als ein babylonischer Thurmbau; in den Himmel hineinzuragen, ist das Ziel aller großen Bestrebungen; das Himmelreich auf Erde heißt fast dasselbe.

Eine unendliche Gedankenverwirrung im Volke ist das trostlose Resultat; es stehen noch große Umwälzungen bevor, wenn die Menge erst begriffen hat, daß das ganze Christenthum sich auf Annahmen gründet; die Existenz Gottes, Unsterblichkeit Bibelautorität, Inspiration und anderes werden immer Probleme bleiben. Ich habe alles zu leugnen versucht: o, niederreißen ist leicht, aber aufbauen! Und selbst niederreißen scheint leichter, als es ist; wir sind durch die Eindrücke unsrer Kindheit, die Einflüsse unsrer Eltern, unsrer Erziehung so in unserm Innersten bestimmt, daß jene tief eingewurzelten Vorurtheile sich nicht so leicht durch Vernunftgründe oder bloßen Willen herausreißen lassen. Die Macht der Gewohnheit, das Bedürfniß nach Höherem, der Bruch mit allem Bestehenden, Auflösung aller Formen der Gesellschaft, der Zweifel, ob nicht zweitausend Jahre schon die Menschheit durch ein Trugbild irre geleitet, das Gefühl der eignen Vermessenheit und Tollkühnheit: das alles kämpft einen unentschiedenen Kampf, bis endlich schmerzliche Erfahrungen, traurige Ereignisse unser Herz wieder zu dem alten Kinderglauben zurückführen. Den Eindruck aber zu beobachten, den solche Zweifel auf das Gemüth machen, das muß einem Jedem ein Beitrag zu seiner eignen Kulturgeschichte sein. Es ist nicht anders denkbar, als daß auch etwas haften bleibt, ein Ergebniß aller jener Spekulation, was nicht immer ein Wissen, sondern auch ein Glaube sein kann, ja was selbst ein moralisches Gefühl bisweilen anregt oder niederdrückt.

Wie die Sitte als ein Ergebniß einer Zeit, eines Volkes, einer Geistesrichtung dasteht, so ist die Moral das Resultat einer allgemeinen Menschheitsentwicklung. Sie ist die Summe aller Wahrheiten für unsre Welt; möglich, daß sie in der unendlichen Welt nicht mehr bedeutet, als das Ergebniß einer Geistesrichtung in der unsrigen: möglich, daß aus den Wahrheitsresultaten der einzelnen Welten sich wieder eine Universalwahrheit entwickelt!

Wissen wir doch kaum, ob die Menschheit selbst nicht nur eine Stufe, eine Periode im Allgemeinen, im Werdenden ist, ob sie nicht eine willkürliche Erscheinung Gottes. Ist nicht vielleicht der Mensch nur die Entwicklung des Steines durch das Medium Pflanze, Thier? Wäre hier schon seine Vollendung erreicht und läge hierin nicht auch Geschichte? Hat dies ewige Werden nie ein Ende? Was sind die Triebfedern dieses großen Uhrwerks? Sie sind verborgen, aber sie sind dieselben in der großen Uhr, die wir Geschichte nennen. Das Zifferblatt sind die Ereignisse. Von Stunde zu Stunde rückt der Zeiger weiter, um nach Zwölfen seinen Gang von Neuem anzufangen; eine neue Weltperiode bricht an.

Und könnte man als jene Triebfedern nicht die immanente Humanität nehmen? (Dann wären beide Ansichten vermittelt.) Oder lenken höhre Rücksichten und Pläne das Ganze? Ist der Mensch nur Mittel oder ist er Zweck?

Für uns Zweck, für uns ist Veränderung da, für uns giebt es Epochen und Perioden. Wie könnten auch wir höhre Pläne sehen. Wir sehen nur, wie aus derselben Quelle, aus der Humanität sich unter den äußern Eindrücken Ideen bilden; wie diese Leben und Gestalt gewinnen; Gemeingut aller, Gewissen, Pflichtgefühl werden; wie der ewige Produktionstrieb sie als Stoff zu neuen verarbeitet, wie sie das Leben gestalten, die Geschichte regieren; wie sie im Kampf von einander annehmen und wie aus dieser Mischung neue Gestaltungen hervorgehn. Ein Kämpfen und Wogen verschiedenster Strömungen mit Ebbe und Fluth, alle dem ewigen Ozeane zu.

Alles bewegt sich in ungeheuren immer weiter werdenden Kreisen um einander; der Mensch ist einer der innersten Kreise. Will er die Schwingungen der äußern ermessen, so muß er von sich und den nächst weitern Kreise⟨n⟩ auf noch umfassendere abstrahieren. Diese nächst weitern sind Völker-, Gesellschaft- und Menschheitsgeschichte. Das gemeinsame Centrum aller Schwingungen, den unendlich kleinen Kreis zu suchen, ist Aufgabe der Naturwissenschaft; jetzt erkennen wir, da der Mensch zugleich in sich und für sich jenes Centrum sucht, welche einzige Bedeutsamkeit Geschichte und Naturwissenschaft für uns haben müssen.

Indem der Mensch aber in den Kreisen der Weltgeschichte mit fortgerissen wird, entsteht jener Kampf des Einzelwillens mit dem Gesammtwillen; hier liegt jenes unendlich wichtige Problem angedeutet, die Frage um Berechtigung des Individuums zum Volk, des Volkes zur Menschheit, der Menschheit zur Welt; hier auch das Grundverhältniß von Fatum und Geschichte.

Die höchste Auffassung von Universalgeschichte ist für den Menschen unmöglich; der große Historiker aber wird ebenso wie der große Philosoph Prophet; denn beide abstrahieren von inneren Kreisen auf äußere. Dem Fatum aber ist seine Stellung noch nicht gesichert; werfen wir noch einen Blick auf das Menschenleben, um seine Berechtigung im Einzelnen und damit im Gesammten zu erkennen.

Was bestimmt unser Lebensglück? Haben wir es den Ereignissen zu danken, von deren Wirbel wir fortgerissen werden? Oder ist nicht vielmehr unser Temperament gleichsam der Farbenton aller Ereignisse? Tritt uns nicht alles im Spiegel unsrer eignen Persönlichkeit entgegen? Und geben nicht die Ereignisse gleichsam nur die Tonart unsres Geschickes an, während die Stärke und Schwäche, mit der es uns trifft, lediglich von unsern Temperament abhängt? Frage geistreiche Mediziner, sagt Emerson, wie viel Temperament nicht entscheidet und was es überhaupt nicht entscheidet?

Unser Temperament aber ist nichts als unser Gemüth, auf dem sich die Eindrücke unsrer Verhältnisse und Ereignisse ausgeprägt haben. Was ist es, was die Seele so vieler Menschen mit Macht zu dem Gewöhnlichen niederzieht und einen höhern Ideenaufflug so erschwert? Ein fatalistischer Schädel- und Rückgratsbau, der Stand und die Natur ihrer Eltern, das Alltägliche ihrer Verhältnisse, das Gemeine ihrer Umgebung, selbst das Eintönige ihrer Heimat. Wir sind beeinflußt worden, ohne die Kraft zu einer Gegenwirkung in uns zu tragen, ohne selbst zu erkennen, daß wir beeinflußt sind. Es ist ein schmerzliches Gefühl, seine Selbständigkeit in einem unbewußten Annehmen von äußern Eindrücken aufgegeben, Fähigkeiten der Seele durch die Macht der Gewohnheit erdrückt und wider Willen die Keime zu Verirrungen in die Seele gegraben zu haben.

In höherm Maßstabe finden wir dies alles in der Völkergeschichte wieder. Viele Völker, von denselben Ereignissen getroffen, sind doch auf die verschiedenste Art beeinflußt worden.

Es ist deshalb Beschränktheit, der ganzen Menschheit irgend eine spezielle Form des Staates oder der Gesellschaft gleichsam mit Stereotypen aufdrucken zu wollen; alle socialen und communistischen Ideen leiden an diesem Irrtum. Denn der Mensch ist nie derselbe wieder; sobald es aber möglich wäre, durch einen starken Willen die ganze Weltvergangenheit umzustürzen, sofort träten wir in die Reihe unabhängiger Götter, und Weltgeschichte hieße dann für uns nicht⟨s⟩ als ein träumerisches Selbstentrücktsein; der Vorhang fällt, und der Mensch findet sich wieder, wie ein Kind mit Welten spielend, wie ein Kind, das beim Morgenglühn aufwacht und sich lachend die furchtbaren Träume von der Stirne streicht.

Der freie Wille erscheint als das Fessellose, Willkürliche; er ist das unendlich Freie, Schweifende, der Geist. Das Fatum aber ist eine Notwendigkeit, wenn wir nicht glauben sollen, daß die Weltgeschichte ein Traumesirren, die unsäglichen Wehen der Menschheit Einbildungen, wir selbst Spielbälle unsrer Phantasien sind. Fatum ist die unendliche Kraft des Widerstandes gegen den freien Willen; freier Wille ohne Fatum ist ebenso wenig denkbar, wie Geist ohne Reelles Gutes ohne Böses. Denn erst der Gegensatz macht die Eigenschaft.

Das Fatum predigt immer wieder den Grundsatz: »Die Ereignisse sind es, die die Ereignisse bestimmen.« Wäre dies der einzig wahre Grundsatz, so ist der Mensch ein Spielball dunkel wirkender Kräfte, unverantwortlich für seine Fehler, überhaupt frei von moralischen Unterschieden, ein notwendiges Glied in einer Kette. Glücklich, wenn er seine Lage nicht durchschaut, wenn er nicht convulsivisch in den Fesseln zuckt, die ihn umstricken, wenn er nicht mit wahnsinniger Lust die Welt und ihren Mechanismus zu verwirren trachtet!

Vielleicht ist in ähnlicher Weise, wie der Geist nur die unendlich kleinste Substanz, das Gute nur die subtilste Entwicklung des Bösen aus sich heraus sein kann, der freie Wille nichts als die höchste Potenz des Fatums. Weltgeschichte ist dann Geschichte der Materie, wenn man die Bedeutung dieses Wortes unendlich weit nimmt. Denn es muß noch höhere Principien geben, vor denen alle Unterschiede in eine große Einheitlichkeit zusammenfließen, vor denen alles Entwicklung, Stufenfolge ist, alles einem ungeheuren Ozeane zuströmt, wo sich alle Entwicklungshebel der Welt wiederfinden, vereinigt, verschmolzen, alleins. –

(BAW II, 54–59)

Vom Nutzen und Nachtheil der Historie für das Leben

Vorwort.

»Uebrigens ist mir Alles verhasst, was mich bloss belehrt, ohne meine Thätigkeit zu vermehren, oder unmittelbar zu beleben«. Dies sind Worte Goethes, mit denen, als mit einem herzhaft ausgedrückten Ceterum censeo, unsere Betrachtung über den Werth und den Unwerth der Historie beginnen mag. In derselben soll nämlich dargestellt werden, warum Belehrung ohne Belebung, warum Wissen, bei dem die Thätigkeit erschlafft, warum Historie als kostbarer Erkenntniss-Ueberfluss und Luxus uns ernstlich, nach Goethes Wort, verhasst sein muss – deshalb, weil es uns noch am Nothwendigsten fehlt, und weil das Ueberflüssige der Feind des Nothwendigen ist. Gewiss, wir brauchen die Historie, aber wir brauchen sie anders, als sie der verwöhnte Müssiggänger im Garten des Wissens braucht, mag derselbe auch vornehm auf unsere derben und anmuthlosen Bedürfnisse und Nöthe herabsehen. Das heisst, wir brauchen sie zum Leben und zur That, nicht zur bequemen Abkehr vom Leben und von der That oder gar zur Beschönigung des selbstsüchtigen Lebens und der feigen und schlechten That. Nur soweit die Historie dem Leben dient, wollen wir ihr dienen: aber es giebt einen Grad, Historie zu treiben und eine Schätzung derselben, bei der das Leben verkümmert und entartet: ein Phänomen, welches an merkwürdigen Symptomen unserer Zeit sich zur Erfahrung zu bringen jetzt eben so nothwendig ist als es schmerzlich sein mag.

Ich habe mich bestrebt eine Empfindung zu schildern, die mich oft genug gequält hat; ich räche mich an ihr, indem ich sie der Oeffentlichkeit preisgebe. Vielleicht wird irgend Jemand durch eine solche Schilderung veranlasst, mir zu erklären, dass er diese Empfindung zwar auch kenne, aber dass ich sie nicht rein und ursprünglich genug empfunden und durchaus nicht mit der gebührenden Sicherheit und Reife der Erfahrung ausgesprochen habe. So vielleicht der Eine oder der Andere; die Meisten aber werden mir sagen, dass es eine ganz verkehrte, unnatürliche, abscheuliche und schlechterdings unerlaubte Empfindung sei, ja dass ich mich mit derselben der so mächtigen historischen Zeitrichtung unwürdig gezeigt habe, wie sie bekanntlich seit zwei Menschenaltern unter den Deutschen namentlich zu bemerken ist. Nun wird jedenfalls dadurch, dass ich mich mit der Naturbeschreibung meiner Empfindung hervorwage, die allgemeine Wohlanständigkeit eher gefördert als beschädigt, dadurch dass ich Vielen Gelegenheit gebe, einer solchen Zeitrichtung, wie der eben erwähnten, Artigkeiten zu sagen. Für mich aber gewinne ich etwas, was mir noch mehr werth ist als die Wohlanständigkeit – öffentlich über unsere Zeit belehrt und zurecht gewiesen zu werden.

Unzeitgemäss ist auch diese Betrachtung, weil ich etwas, worauf die Zeit mit Recht stolz ist, ihre historische Bildung, hier einmal als Schaden, Gebreste und Mangel der Zeit zu verstehen versuche, weil ich sogar glaube, dass wir Alle an einem verzehrenden historischen Fieber leiden und mindestens erkennen sollten, dass wir daran leiden. Wenn aber Goethe mit gutem Rechte gesagt hat, dass wir mit unseren Tugenden zugleich auch unsere Fehler anbauen, und wenn, wie Jedermann weiss, eine hypertrophische Tugend – wie sie mir der historische Sinn unserer Zeit zu sein scheint – so gut zum Verderben eines Volkes werden kann wie ein hypertrophisches Laster: so mag man mich nur einmal gewähren lassen. Auch soll zu meiner Entlastung nicht verschwiegen werden, dass ich die Erfahrungen, die mir jene quälenden Empfindungen erregten, meistens aus mir selbst und nur zur Vergleichung aus Anderen entnommen habe, und dass ich nur sofern ich Zögling älterer Zeiten, zumal der griechischen bin, über mich als ein Kind dieser jetzigen Zeit zu so unzeitgemässen Erfahrungen komme. So viel muss ich mir aber selbst von Berufs wegen als classischer Philologe zugestehen dürfen: denn ich wüsste nicht, was die classische Philologie in unserer Zeit für einen Sinn hätte, wenn nicht den, in ihr unzeitgemäss – das heisst gegen die Zeit und dadurch auf die Zeit und hoffentlich zu Gunsten einer kommenden Zeit – zu wirken.

1.

Betrachte die Heerde, die an dir vorüberweidet: sie weiss nicht was Gestern, was Heute ist, springt umher, frisst, ruht, verdaut, springt wieder, und so vom Morgen bis zur Nacht und von Tage zu Tage, kurz angebunden mit ihrer Lust und Unlust, nämlich an den Pflock des Augenblickes und deshalb weder schwermüthig noch überdrüssig. Dies zu sehen geht dem Menschen hart ein, weil er seines Menschenthums sich vor dem Thiere brüstet und doch nach seinem Glücke eifersüchtig hinblickt – denn das will er allein, gleich dem Thiere weder überdrüssig noch unter Schmerzen leben, und will es doch vergebens, weil er es nicht will wie das Thier. Der Mensch fragt wohl einmal das Thier: warum redest du mir nicht von deinem Glücke und siehst mich nur an? Das Thier will auch antworten und sagen, das kommt daher dass ich immer gleich vergesse, was ich sagen wollte – da vergass es aber auch schon diese Antwort und schwieg: so dass der Mensch sich darob verwunderte.

Er wundert sich aber auch über sich selbst, das Vergessen nicht lernen zu können und immerfort am Vergangenen zu hängen: mag er noch so weit, noch so schnell laufen, die Kette läuft mit. Es ist ein Wunder: der Augenblick, im Husch da, im Husch vorüber, vorher ein Nichts, nachher ein Nichts, kommt doch noch als Gespenst wieder und stört die Ruhe eines späteren Augenblicks. Fortwährend löst sich ein Blatt aus der Rolle der Zeit, fällt heraus, flattert fort – und flattert plötzlich wieder zurück, dem Menschen in den Schooss. Dann sagt der Mensch »ich erinnere mich« und beneidet das Thier, welches sofort vergisst und jeden Augenblick wirklich sterben, in Nebel und Nacht zurücksinken und auf immer erlöschen sieht. So lebt das Thier unhistorisch: denn es geht auf in der Gegenwart, wie eine Zahl, ohne dass ein wunderlicher Bruch übrig bleibt, es weiss sich nicht zu verstellen, verbirgt nichts und erscheint in jedem Momente ganz und gar als das was es ist, kann also gar nicht anders sein als ehrlich. Der Mensch hingegen stemmt sich gegen die grosse und immer grössere Last des Vergangenen: diese drückt ihn nieder oder beugt ihn seitwärts, diese beschwert seinen Gang als eine unsichtbare und dunkle Bürde, welche er zum Scheine einmal verläugnen kann, und welche er im Umgange mit seines Gleichen gar zu gern verläugnet: um ihren Neid zu wecken. Deshalb ergreift es ihn, als ob er eines verlorenen Paradieses gedachte, die weidende Heerde oder, in vertrauterer Nähe, das Kind zu sehen, das noch nichts Vergangenes zu verläugnen hat und zwischen den Zäunen der Vergangenheit und der Zukunft in überseliger Blindheit spielt. Und doch muss ihm sein Spiel gestört werden: nur zu zeitig wird es aus der Vergessenheit heraufgerufen. Dann lernt es das Wort »es war« zu verstehen, jenes Losungswort, mit dem Kampf, Leiden und Ueberdruss an den Menschen herankommen, ihn zu erinnern, was sein Dasein im Grunde ist – ein nie zu vollendendes Imperfectum. Bringt endlich der Tod das ersehnte Vergessen, so unterschlägt er doch zugleich dabei die Gegenwart und das Dasein und drückt damit das Siegel auf jene Erkenntniss, dass Dasein nur ein ununterbrochenes Gewesensein ist, ein Ding, das davon lebt, sich selbst zu verneinen und zu verzehren, sich selbst zu widersprechen.

Wenn ein Glück, wenn ein Haschen nach neuem Glück in irgend einem Sinne das ist, was den Lebenden im Leben festhält und zum Leben fortdrängt, so hat vielleicht kein Philosoph mehr Recht als der Cyniker: denn das Glück des Thieres, als des vollendeten Cynikers, ist der lebendige Beweis für das Recht des Cynismus. Das kleinste Glück, wenn es nur ununterbrochen da ist und glücklich macht, ist ohne Vergleich mehr Glück als das grösste, das nur als Episode, gleichsam als Laune, als toller Einfall, zwischen lauter Unlust, Begierde und Entbehren kommt. Bei dem kleinsten aber und bei dem grössten Glücke ist es immer Eines, wodurch Glück zum Glücke wird: das Vergessenkönnen oder, gelehrter ausgedrückt, das Vermögen, während seiner Dauer unhistorisch zu empfinden. Wer sich nicht auf der Schwelle des Augenblicks, alle Vergangenheiten vergessend, niederlassen kann, wer nicht auf einem Punkte wie eine Siegesgöttin ohne Schwindel und Furcht zu stehen vermag, der wird nie wissen, was Glück ist und noch schlimmer: er wird nie etwas thun, was Andere glücklich macht. Denkt euch das äusserste Beispiel, einen Menschen, der die Kraft zu vergessen gar nicht besässe, der verurtheilt wäre, überall ein Werden zu sehen: ein Solcher glaubt nicht mehr an sein eigenes Sein, glaubt nicht mehr an sich, sieht alles in bewegte Punkte auseinander fliessen und verliert sich in diesem Strome des Werdens: er wird wie der rechte Schüler Heraklits zuletzt kaum mehr wagen den Finger zu heben. Zu allem Handeln gehört Vergessen: wie zum Leben alles Organischen nicht nur Licht, sondern auch Dunkel gehört. Ein Mensch, der durch und durch nur historisch empfinden wollte, wäre dem ähnlich, der sich des Schlafens zu enthalten gezwungen würde, oder dem Thiere, das nur vom Wiederkäuen und immer wiederholten Wiederkäuen leben sollte. Also: es ist möglich, fast ohne Erinnerung zu leben, ja glücklich zu leben, wie das Thier zeigt; es ist aber ganz und gar unmöglich, ohne Vergessen überhaupt zu leben. Oder, um mich noch einfacher über mein Thema zu erklären: es giebt einen Grad von Schlaflosigkeit, von Wiederkäuen, von historischem Sinne, bei dem das Lebendige zu Schaden kommt, und zuletzt zu Grunde geht, sei es nun ein Mensch oder ein Volk oder eine Cultur.

Um diesen Grad und durch ihn dann die Grenze zu bestimmen, an der das Vergangene vergessen werden muss, wenn es nicht zum Todtengräber des Gegenwärtigen werden soll, müsste man genau wissen, wie gross die plastische Kraft eines Menschen, eines Volkes, einer Cultur ist, ich meine jene Kraft, aus sich heraus eigenartig zu wachsen, Vergangenes und Fremdes umzubilden und einzuverleiben, Wunden auszuheilen, Verlorenes zu ersetzen, zerbrochene Formen aus sich nachzuformen. Es giebt Menschen die diese Kraft so wenig besitzen, dass sie an einem einzigen Erlebniss, an einem einzigen Schmerz, oft zumal an einem einzigen zarten Unrecht, wie an einem ganz kleinen blutigen Risse unheilbar verbluten; es giebt auf der anderen Seite solche, denen die wildesten und schauerlichsten Lebensunfälle und selbst Thaten der eigenen Bosheit so wenig anhaben, dass sie es mitten darin oder kurz darauf zu einem leidlichen Wohlbefinden und zu einer Art ruhigen Gewissens bringen. Je stärkere Wurzeln die innerste Natur eines Menschen hat, um so mehr wird er auch von der Vergangenheit sich aneignen oder anzwingen; und dächte man sich die mächtigste und ungeheuerste Natur, so wäre sie daran zu erkennen, dass es für sie gar keine Grenze des historischen Sinnes geben würde, an der er überwuchernd und schädlich zu wirken vermöchte; alles Vergangene, eigenes und fremdestes, würde sie an sich heran, in sich hineinziehen und gleichsam zu Blut umschaffen. Das was eine solche Natur nicht bezwingt, weiss sie zu vergessen; es ist nicht mehr da, der Horizont ist geschlossen und ganz, und nichts vermag daran zu erinnern, dass es noch jenseits desselben Menschen, Leidenschaften, Lehren, Zwecke giebt. Und dies ist ein allgemeines Gesetz: jedes Lebendige kann nur innerhalb eines Horizontes gesund, stark und fruchtbar werden; ist es unvermögend einen Horizont um sich zu ziehen und zu selbstisch wiederum, innerhalb eines fremden den eigenen Blick einzuschliessen, so siecht es matt oder überhastig zu zeitigem Untergange dahin. Die Heiterkeit, das gute Gewissen, die frohe That, das Vertrauen auf das Kommende – alles das hängt, bei dem Einzelnen wie bei dem Volke, davon ab, dass es eine Linie giebt, die das Uebersehbare, Helle von dem Unaufhellbaren und Dunkeln scheidet, davon dass man eben so gut zur rechten Zeit zu vergessen weiss, als man sich zur rechten Zeit erinnert, davon dass man mit kräftigem Instincte herausfühlt, wann es nöthig ist, historisch, wann unhistorisch zu empfinden. Dies gerade ist der Satz, zu dessen Betrachtung der Leser eingeladen ist: das Unhistorische und das Historische ist gleichermaassen für die Gesundheit eines Einzelnen, eines Volkes und einer Cultur nöthig.

Hier bringt nun Jeder zunächst eine Beobachtung mit: das historische Wissen und Empfinden eines Menschen kann sehr beschränkt, sein Horizont eingeengt wie der eines Alpenthal-Bewohners sein, in jedes Urtheil mag er eine Ungerechtigkeit, in jede Erfahrung den Irrthum legen, mit ihr der Erste zu sein – und trotz aller Ungerechtigkeit und allem Irrthum steht er doch in unüberwindlicher Gesundheit und Rüstigkeit da und erfreut jedes Auge; während dicht neben ihm der bei weitem Gerechtere und Belehrtere kränkelt und zusammenfällt, weil die Linien seines Horizontes immer von Neuem unruhig sich verschieben, weil er sich aus dem viel zarteren Netze seiner Gerechtigkeiten und Wahrheiten nicht wieder zum derben Wollen und Begehren herauswinden kann. Wir sahen dagegen das Thier, das ganz unhistorisch ist und beinahe innerhalb eines punktartigen Horizontes wohnt und doch in einem gewissen Glücke, wenigstens ohne Ueberdruss und Verstellung lebt; wir werden also die Fähigkeit, in einem bestimmten Grade unhistorisch empfinden zu können, für die wichtigere und ursprünglichere halten müssen, insofern in ihr das Fundament liegt, auf dem überhaupt erst etwas Rechtes, Gesundes und Grosses, etwas wahrhaft Menschliches wachsen kann. Das Unhistorische ist einer umhüllenden Atmosphäre ähnlich, in der sich Leben allein erzeugt, um mit der Vernichtung dieser Atmosphäre wieder zu verschwinden. Es ist wahr: erst dadurch, dass der Mensch denkend, überdenkend, vergleichend, trennend, zusammenschliessend jenes unhistorische Element einschränkt, erst dadurch dass innerhalb jener umschliessenden Dunstwolke ein heller, blitzender Lichtschein entsteht, also erst durch die Kraft, das Vergangene zum Leben zu gebrauchen und aus dem Geschehenen wieder Geschichte zu machen, wird der Mensch zum Menschen: aber in einem Uebermaasse von Historie hört der Mensch wieder auf, und ohne jene Hülle des Unhistorischen würde er nie angefangen haben und anzufangen wagen. Wo finden sich Thaten, die der Mensch zu thun vermöchte, ohne vorher in jene Dunstschicht des Unhistorischen eingegangen zu sein? Oder um die Bilder bei Seite zu lassen und zur Illustration durch das Beispiel zu greifen: man vergegenwärtige sich doch einen Mann, den eine heftige Leidenschaft, für ein Weib oder für einen grossen Gedanken, herumwirft und fortzieht; wie verändert sich ihm seine Welt! Rückwärts blickend fühlt er sich blind, seitwärts hörend vernimmt er das Fremde wie einen dumpfen bedeutungsleeren Schall; was er überhaupt wahrnimmt, das nahm er noch nie so wahr; so fühlbar nah, gefärbt, durchtönt, erleuchtet, als ob er es mit allen Sinnen zugleich ergriffe. Alle Werthschätzungen sind verändert und entwerthet; so vieles vermag er nicht mehr zu schätzen, weil er es kaum mehr fühlen kann: er fragt sich ob er so lange der Narr fremder Worte, fremder Meinungen gewesen sei; er wundert sich, dass sein Gedächtniss sich unermüdlich in einem Kreise dreht und doch zu schwach und müde ist, um nur einen einzigen Sprung aus diesem Kreise heraus zu machen. Es ist der ungerechteste Zustand von der Welt, eng, undankbar gegen das Vergangene, blind gegen Gefahren, taub gegen Warnungen, ein kleiner lebendiger Wirbel in einem todten Meere von Nacht und Vergessen: und doch ist dieser Zustand – unhistorisch, widerhistorisch durch und durch – der Geburtsschooss nicht nur einer ungerechten, sondern vielmehr jeder rechten That; und kein Künstler wird sein Bild, kein Feldherr seinen Sieg, kein Volk seine Freiheit erreichen, ohne sie in einem derartig unhistorischen Zustande vorher begehrt und erstrebt zu haben. Wie der Handelnde, nach Goethes Ausdruck, immer gewissenlos ist, so ist er auch wissenlos, er vergisst das Meiste, um Eins zu thun, er ist ungerecht gegen das, was hinter ihm liegt und kennt nur Ein Recht, das Recht dessen, was jetzt werden soll. So liebt jeder Handelnde seine That unendlich mehr als sie geliebt zu werden verdient: und die besten Thaten geschehen in einem solchen Ueberschwange der Liebe, dass sie jedenfalls dieser Liebe unwerth sein müssen, wenn ihr Werth auch sonst unberechenbar gross wäre.

Sollte Einer im Stande sein, diese unhistorische Atmosphäre, in der jedes grosse geschichtliche Ereigniss entstanden ist, in zahlreichen Fällen auszuwittern und nachzuathmen, so vermöchte ein Solcher vielleicht, als erkennendes Wesen, sich auf einen überhistorischen Standpunkt zu erheben (...).

Ueberhistorisch wäre ein solcher Standpunkt zu nennen, weil Einer, der auf ihm steht, gar keine Verführung mehr zum Weiterleben und zur Mitarbeit an der Geschichte verspüren könnte, dadurch dass er die Eine Bedingung alles Geschehens, jene Blindheit und Ungerechtigkeit in der Seele des Handelnden, erkannt hätte; er wäre selbst davon geheilt, die Historie von nun an noch übermässig ernst zu nehmen: hätte er doch gelernt, an jedem Menschen, an jedem Erlebniss, unter Griechen oder Türken, aus einer Stunde des ersten oder des neunzehnten Jahrhunderts, die Frage sich zu beantworten, wie und wozu gelebt werde. Wer seine Bekannten fragt, ob sie die letzten zehn oder zwanzig Jahre noch einmal zu durchleben wünschten, wird leicht wahrnehmen, wer von ihnen für jenen überhistorischen Standpunkt vorgebildet ist: zwar werden sie wohl Alle Nein! antworten, aber sie werden jenes Nein! verschieden begründen. Die Einen vielleicht damit, dass sie sich getrösten »aber die nächsten zwanzig werden besser sein« (...). Wir wollen sie die historischen Menschen nennen; der Blick in die Vergangenheit drängt sie zur Zukunft hin, feuert ihren Muth an, es noch länger mit dem Leben aufzunehmen, entzündet die Hoffnung, dass das Rechte noch komme, dass das Glück hinter dem Berge sitze, auf den sie zuschreiten. Diese historischen Menschen glauben, dass der Sinn des Daseins im Verlaufe eines P r o z e s s e s immer mehr ans Licht kommen werde, sie schauen nur deshalb rückwärts, um an der Betrachtung des bisherigen Prozesses die Gegenwart zu verstehen und die Zukunft heftiger begehren zu lernen; sie wissen gar nicht, wie unhistorisch sie trotz aller ihrer Historie denken und handeln, und wie auch ihre Beschäftigung mit der Geschichte nicht im Dienste der reinen Erkenntniss, sondern des Lebens steht.

Aber jene Frage, deren erste Beantwortung wir gehört haben, kann auch einmal anders beantwortet werden. Zwar wiederum mit einem Nein! aber mit einem anders begründeten Nein. Mit dem Nein des überhistorischen Menschen, der nicht im Prozesse das Heil sieht, für den vielmehr die Welt in jedem einzelnen Augenblicke fertig ist und ihr Ende erreicht. Was könnten zehn neue Jahre lehren, was die vergangenen zehn nicht zu lehren vermochten!

Ob nun der Sinn der Lehre Glück oder Resignation oder Tugend oder Busse ist, darin sind die überhistorischen Menschen mit einander nie einig gewesen; aber, allen historischen Betrachtungsarten des Vergangenen entgegen, kommen sie zur vollen Einmüthigkeit des Satzes: das Vergangene und das Gegenwärtige ist Eines und dasselbe, nämlich in aller Mannichfaltigkeit typisch gleich und als Allgegenwart unvergänglicher Typen ein stillstehendes Gebilde von unverändertem Werthe und ewig gleicher Bedeutung. Wie die Hunderte verschiedener Sprachen denselben typisch festen Bedürfnissen der Menschen entsprechen, so dass Einer, der diese Bedürfnisse verstände, aus allen Sprachen nichts Neues zu lernen vermöchte: so erleuchtet sich der überhistorische Denker alle Geschichte der Völker und der Einzelnen von innen heraus, hellseherisch den Ursinn der verschiedenen Hieroglyphen errathend und allmählich sogar der immer neu hinzuströmenden Zeichenschrift ermüdet ausweichend: denn wie sollte er es im unendlichen Ueberflusse des Geschehenden nicht zur Sättigung, zur Uebersättigung, ja zum Ekel bringen! (…)

Doch lassen wir den überhistorischen Menschen ihren Ekel und ihre Weisheit: heute wollen wir vielmehr einmal unserer Unweisheit von Herzen froh werden und uns als den Thätigen und Fortschreitenden, als den Verehrern des Prozesses, einen guten Tag machen. Mag unsere Schätzung des Historischen nur ein occidentalisches Vorurtheil sein; wenn wir nur wenigstens innerhalb dieser Vorurtheile fortschreiten und nicht stillestehen! Wenn wir nur dies gerade immer besser lernen, Historie zum Zwecke des L e b e n s zu treiben! Dann wollen wir den Ueberhistorischen gerne zugestehen, dass sie mehr Weisheit besitzen, als wir; falls wir nämlich nur sicher sein dürfen, mehr Leben als sie zu besitzen: denn so wird jedenfalls unsere Unweisheit mehr Zukunft haben, als ihre Weisheit. Und damit gar kein Zweifel über den Sinn dieses Gegensatzes von Leben und Weisheit bestehen bleibe, will ich mir durch ein von Alters her wohlbewährtes Verfahren zu Hülfe kommen und gerades Wegs einige Thesen aufstellen.

Ein historisches Phänomen, rein und vollständig erkannt und in ein Erkenntnissphänomen aufgelöst, ist für den, der es erkannt hat, todt: denn er hat in ihm den Wahn, die Ungerechtigkeit, die blinde Leidenschaft und überhaupt den ganzen irdisch umdunkelten Horizont jenes Phänomens und zugleich eben darin seine geschichtliche Macht erkannt. Diese Macht ist jetzt für ihn, den Wissenden, machtlos geworden: vielleicht noch nicht für ihn, den Lebenden.

Die Geschichte als reine Wissenschaft gedacht und souverän geworden, wäre eine Art von Lebens-Abschluss und Abrechnung für die Menschheit. Die historische Bildung ist vielmehr nur im Gefolge einer mächtigen neuen Lebensströmung, einer werdenden Cultur zum Beispiel, etwas Heilsames und Zukunft-Verheissendes, also nur dann, wenn sie von einer höheren Kraft beherrscht und geführt wird und nicht selber herrscht und führt.

Die Historie, sofern sie im Dienste des Lebens steht, steht im Dienste einer unhistorischen Macht und wird deshalb nie, in dieser Unterordnung, reine Wissenschaft, etwa wie die Mathematik es ist, werden können und sollen. Die Frage aber, bis zu welchem Grade das Leben den Dienst der Historie überhaupt brauche, ist eine der höchsten Fragen und Sorgen in Betreff der Gesundheit eines Menschen, eines Volkes, einer Cultur. Denn bei einem gewissen Uebermaass derselben zerbröckelt und entartet das Leben und zuletzt auch wieder, durch diese Entartung, selbst die Historie.

2.

Dass das Leben aber den Dienst der Historie brauche, muss eben so deutlich begriffen werden als der Satz, der später zu beweisen sein wird – dass ein Uebermaass der Historie dem Lebendigen schade. In dreierlei Hinsicht gehört die Historie dem Lebendigen: sie gehört ihm als dem Thätigen und Strebenden, ihm als dem Bewahrenden und Verehrenden, ihm als dem Leidenden und der Befreiung Bedürftigen. Dieser Dreiheit von Beziehungen entspricht eine Dreiheit von Arten der Historie: sofern es erlaubt ist eine monumentalische, eine antiquarische und eine kritische Art der Historie zu unterscheiden.

Die Geschichte gehört vor Allem dem Thätigen und Mächtigen, dem, der einen grossen Kampf kämpft, der Vorbilder, Lehrer, Tröster braucht und sie unter seinen Genossen und in der Gegenwart nicht zu finden vermag. So gehörte sie Schillern: denn unsere Zeit ist so schlecht, sagte Goethe, dass dem Dichter im umgebenden menschlichen Leben keine brauchbare Natur mehr begegnet. Mit der Rücksicht auf den Thätigen nennt zum Beispiel Polybius die politische Historie die rechte Vorbereitung zur Regierung eines Staates und die vorzüglichste Lehrmeisterin, als welche durch die Erinnerung an die Unfälle Anderer uns ermahne, die Abwechselungen des Glückes standhaft zu ertragen. Wer hierin den Sinn der Historie zu erkennen gelernt hat, den muss es verdriessen, neugierige Reisende oder peinliche Mikrologen auf den Pyramiden grosser Vergangenheiten herumklettern zu sehen; dort, wo er die Anreizungen zum Nachahmen und Bessermachen findet, wünscht er nicht dem Müssiggänger zu begegnen, der, begierig nach Zerstreuung oder Sensation, wie unter den gehäuften Bilderschätzen einer Galerie herumstreicht. Dass der Thätige mitten unter den schwächlichen und hoffnungslosen Müssiggängern, mitten unter den scheinbar thätigen, in Wahrheit nur aufgeregten und zappelnden Genossen nicht verzage und Ekel empfinde, blickt er hinter sich und unterbricht den Lauf zu seinem Ziele, um einmal aufzuathmen.

Sein Ziel aber ist irgend ein Glück, vielleicht nicht sein eigenes, oft das eines Volkes oder das der Menschheit insgesammt; er flieht vor der Resignation zurück und gebraucht die Geschichte als Mittel gegen die Resignation. Zumeist winkt ihm kein Lohn, wenn nicht der Ruhm, das heisst die Anwartschaft auf einen Ehrenplatz im Tempel der Historie, wo er selbst wieder den Späterkommenden Lehrer, Tröster und Warner sein kann. Denn sein Gebot lautet: das was einmal vermochte, den Begriff »Mensch« weiter auszuspannen und schöner zu erfüllen, das muss auch ewig vorhanden sein, um dies ewig zu vermögen. Dass die grossen Momente im Kampfe der Einzelnen eine Kette bilden, dass in ihnen ein Höhenzug der Menschheit durch Jahrtausende hin sich verbinde, dass für mich das Höchste eines solchen längst vergangenen Momentes noch lebendig, hell und gross sei – das ist der Grundgedanke im Glauben an die Humanität, der sich in der Forderung einer monumentalischen Historie ausspricht. Gerade aber an dieser Forderung, dass das Grosse ewig sein solle, entzündet sich der furchtbarste Kampf. Denn alles Andere, was noch lebt, ruft Nein. Das Monumentale soll nicht entstehen – das ist die Gegenlosung. Die dumpfe Gewöhnung, das Kleine und Niedrige, alle Winkel der Welt erfüllend, als schwere Erdenluft um alles Grosse qualmend, wirft sich hemmend, täuschend, dämpfend, erstickend in den Weg, den das Grosse zur Unsterblichkeit zu gehen hat. Dieser Weg aber führt durch menschliche Gehirne! Durch die Gehirne geängstigter und kurzlebender Thiere, die immer wieder zu denselben Nöthen auftauchen und mit Mühe eine geringe Zeit das Verderben von sich abwehren. Denn sie wollen zunächst nur Eines: leben um jeden Preis. Wer möchte bei ihnen jenen schwierigen Fackel-Wettlauf der monumentalen Historie vermuthen, durch den allein das Grosse weiterlebt! Und doch erwachen immer wieder Einige, die sich im Hinblick auf das vergangene Grosse und gestärkt durch seine Betrachtung so beseligt fühlen, als ob das Menschenleben eine herrliche Sache sei, und als ob es gar die schönste Frucht dieses bitteren Gewächses sei, zu wissen, dass früher einmal Einer stolz und stark durch dieses Dasein gegangen ist, ein Anderer mit Tiefsinn, ein Dritter mit Erbarmen und hülfreich – alle aber Eine Lehre hinterlassend, dass der am schönsten lebt, der das Dasein nicht achtet. Wenn der gemeine Mensch diese Spanne Zeit so trübsinnig ernst und begehrlich nimmt, wussten jene, auf ihrem Wege zur Unsterblichkeit und zur monumentalen Historie, es zu einem olympischen Lachen oder mindestens zu einem erhabenen Hohne zu bringen; oft stiegen sie mit Ironie in ihr Grab – denn was war an ihnen zu begraben! Doch nur das, was sie als Schlacke, Unrath, Eitelkeit, Thierheit immer bedrückt hatte und was jetzt der Vergessenheit anheim fällt, nachdem es längst ihrer Verachtung preisgegeben war. Aber Eines wird leben, das Monogramm ihres eigensten Wesens, ein Werk, eine That, eine seltene Erleuchtung, eine Schöpfung: es wird leben, weil keine Nachwelt es entbehren kann. In dieser verklärtesten Form ist der Ruhm doch etwas mehr als der köstlichste Bissen unserer Eigenliebe, wie ihn Schopenhauer genannt hat, es ist der Glaube an die Zusammengehörigkeit und Continuität des Grossen aller Zeiten, es ist ein Protest gegen den Wechsel der Geschlechter und die Vergänglichkeit.

Wodurch also nützt dem Gegenwärtigen die monumentalische Betrachtung der Vergangenheit, die Beschäftigung mit dem Classischen und Seltenen früherer Zeiten? Er entnimmt daraus, dass das Grosse, das einmal da war, jedenfalls einmal m ö g l i c h war und deshalb auch wohl wieder einmal möglich sein wird; er geht muthiger seinen Gang, denn jetzt ist der Zweifel, der ihn in schwächeren Stunden anfällt, ob er nicht vielleicht das Unmögliche wolle, aus dem Felde geschlagen. Nehme man an, dass Jemand glaube, es gehörten nicht mehr als hundert productive, in einem neuen Geiste erzogene und wirkende Menschen dazu, um der in Deutschland gerade jetzt modisch gewordenen Gebildetheit den Garaus zu machen, wie müsste es ihn bestärken wahrzunehmen, dass die Cultur der Renaissance sich auf den Schultern einer solchen Hundert-Männer-Schaar heraushob.

Und doch – um an dem gleichen Beispiel sofort noch etwas Neues zu lernen – wie fliessend und schwebend, wie ungenau wäre jene Vergleichung! Wie viel des Verschiedenen muss, wenn sie jene kräftigende Wirkung thun soll, dabei übersehen, wie gewaltsam muss die Individualität des Vergangenen in eine allgemeine Form hineingezwängt und an allen scharfen Ecken und Linien zu Gunsten der Uebereinstimmung zerbrochen werden! Im Grunde ja könnte das, was einmal möglich war, sich nur dann zum zweiten Male als möglich einstellen, wenn die Pythagoreer Recht hätten zu glauben, dass bei gleicher Constellation der himmlischen Körper auch auf Erden das Gleiche, und zwar bis auf's Einzelne und Kleine sich wiederholen müsse: so dass immer wieder, wenn die Sterne eine gewisse Stellung zu einander haben, ein Stoiker sich mit einem Epikureer verbinden und Cäsar ermorden und immer wieder bei einem anderen Stande Columbus Amerika entdecken wird. Nur wenn die Erde ihr Theaterstück jedesmal nach dem fünften Akt von Neuem anfienge, wenn es feststünde, dass dieselbe Verknotung von Motiven, derselbe deus ex machina, dieselbe Katastrophe in bestimmten Zwischenräumen wiederkehrten, dürfte der Mächtige die monumentale Historie in voller ikonischer Wahrhaftigkeit, das heisst jedes Factum in seiner genau gebildeten Eigenthümlichkeit und Einzigkeit begehren: wahrscheinlich also nicht eher, als bis die Astronomen wieder zu Astrologen geworden sind. Bis dahin wird die monumentale Historie jene volle Wahrhaftigkeit nicht brauchen können: immer wird sie das Ungleiche annähern, verallgemeinern und endlich gleichsetzen, immer wird sie die Verschiedenheit der Motive und Anlässe abschwächen, um auf Kosten der causae die effectus monumental, nämlich vorbildlich und nachahmungswürdig, hinzustellen: so dass man sie, weil sie möglichst von den Ursachen absieht, mit geringer Uebertreibung eine Sammlung der »Effecte an sich« nennen könnte, als von Ereignissen, die zu allen Zeiten Effect machen werden. Das, was bei Volksfesten, bei religiösen oder kriegerischen Gedenktagen gefeiert wird, ist eigentlich ein solcher »Effect an sich«: er ist es, der die Ehrgeizigen nicht schlafen lässt, der den Unternehmenden wie ein Amulet am Herzen liegt, nicht aber der wahrhaft geschichtliche Connexus von Ursachen und Wirkungen, der, vollständig erkannt, nur beweisen würde, dass nie wieder etwas durchaus Gleiches bei dem Würfelspiele der Zukunft und des Zufalls herauskommen könne.

So lange die Seele der Geschichtschreibung in den grossen A n t r i e b e n liegt, die ein Mächtiger aus ihr entnimmt, so lange die Vergangenheit als nachahmungswürdig, als nachahmbar und zum zweiten Male möglich beschrieben werden muss, ist sie jedenfalls in der Gefahr, etwas verschoben, in's Schöne umgedeutet und damit der freien Erdichtung angenähert zu werden; ja es giebt Zeiten, die zwischen einer monumentalischen Vergangenheit und einer mythischen Fiction gar nicht zu unterscheiden vermögen: weil aus der einen Welt genau dieselben Antriebe entnommen werden können, wie aus der anderen. R e g i e r t also die monumentalische Betrachtung des Vergangenen über die anderen Betrachtungsarten, ich meine über die antiquarische und kritische, so leidet die Vergangenheit selbst S c h a d e n: ganze grosse Theile derselben werden vergessen, verachtet, und fliessen fort wie eine graue ununterbrochene Fluth, und nur einzelne geschmückte Facta heben sich als Inseln heraus: an den seltenen Personen, die überhaupt sichtbar werden, fällt etwas Unnatürliches und Wunderbares in die Augen, gleichsam die goldene Hüfte, welche die Schüler des Pythagoras an ihrem Meister erkennen wollten. Die monumentale Historie täuscht durch Analogien: sie reizt mit verführerischen Aehnlichkeiten den Muthigen zur Verwegenheit, den Begeisterten zum Fanatismus, und denkt man sich gar diese Historie in den Händen und Köpfen der begabten Egoisten und der schwärmerischen Bösewichter, so werden Reiche zerstört, Fürsten ermordet, Kriege und Revolutionen angestiftet und die Zahl der geschichtlichen »Effecte an sich«, das heisst der Wirkungen ohne zureichende Ursachen, von Neuem vermehrt. Soviel zur Erinnerung an die Schäden, welche die monumentale Historie unter den Mächtigen und

Thätigen, seien sie nun gut oder böse, anrichten kann: was wirkt sie aber erst, wenn sich ihrer die Ohnmächtigen und Unthätigen bemächtigen und bedienen!

Nehmen wir das einfachste und häufigste Beispiel. Man denke sich die unkünstlerischen und schwachkünstlerischen Naturen durch die monumentalische Künstlerhistorie geharnischt und bewehrt: gegen wen werden sie jetzt ihre Waffen richten! Gegen ihre Erbfeinde, die starken Kunstgeister, also gegen die, welche allein aus jener Historie wahrhaft, das heisst zum Leben hin zu lernen und das Erlernte in eine erhöhte Praxis umzusetzen vermögen. Denen wird der Weg verlegt; denen wird die Luft verfinstert, wenn man ein halb begriffenes Monument irgend einer grossen Vergangenheit götzendienerisch und mit rechter Beflissenheit umtanzt, als ob man sagen wollte: »Seht, das ist die wahre und wirkliche Kunst: was gehen euch die Werdenden und Wollenden an!« Scheinbar besitzt dieser tanzende Schwarm sogar das Privilegium des »guten Geschmacks«: denn immer stand der Schaffende im Nachtheil gegen den, der nur zusah, und nicht selbst die Hand anlegte; wie zu allen Zeiten der politische Kannegiesser klüger, gerechter und überlegsamer war, als der regierende Staatsmann. Will man aber gar auf das Gebiet der Kunst den Gebrauch der Volksabstimmungen und der Zahlen-Majoritäten übertragen und den Künstler gleichsam vor das Forum der aesthetischen Nichtsthuer zu seiner Selbstvertheidigung nöthigen, so kann man einen Eid darauf im Voraus leisten, dass er verurtheilt werden wird: nicht obwohl, sondern gerade weil seine Richter den Kanon der monumentalen Kunst, das heisst nach der gegebenen Erklärung, der Kunst, die zu allen Zeiten »Effect gemacht hat,« feierlich proclamirt haben: während ihnen für alle noch nicht monumentale, weil gegenwärtige Kunst erstens das Bedürfniss, zweitens die reine Neigung, drittens eben jene Auctorität der Historie abgeht. Dagegen verräth ihnen ihr Instinct, dass die Kunst durch die Kunst todtgeschlagen werden könne: das Monumentale soll durchaus nicht wieder entstehen, und dazu nützt gerade das, was einmal die Auctorität des Monumentalen aus der Vergangenheit her hat. So sind sie Kunstkenner, weil sie die Kunst überhaupt beseitigen möchten, so gebärden sie sich als Aerzte, während sie es im Grunde auf Giftmischerei abgesehen haben, so bilden sie ihre Zunge und ihren Geschmack aus, um aus ihrer Verwöhntheit zu erklären, warum sie alles das, was ihnen von nahrhafter Kunstspeise angeboten wird, so beharrlich ablehnen. Denn sie wollen nicht, dass das Grosse entsteht: ihr Mittel ist zu sagen »seht, das Grosse ist schon da!« In Wahrheit geht sie dieses Grosse, das schon da ist, so wenig an, wie das, was entsteht: davon legt ihr Leben Zeugniss ab. Die monumentalische Historie ist das Maskenkleid, in dem sich ihr Hass gegen die Mächtigen und Grossen ihrer Zeit für gesättigte Bewunderung der Mächtigen und Grossen vergangener Zeiten ausgiebt, in welchem verkappt sie den eigentlichen Sinn jener historischen Betrachtungsart in den entgegengesetzten umkehren; ob sie es deutlich wissen oder nicht, sie handeln jedenfalls so, als ob ihr Wahlspruch wäre: lasst die Todten die Lebendigen begraben.

Jede der drei Arten von Historie, die es giebt, ist nur gerade auf Einem Boden und unter Einem Klima in ihrem Rechte: auf jedem anderen wächst sie zum verwüstenden Unkraut heran. Wenn der Mensch, der Grosses schaffen will, überhaupt die Vergangenheit braucht, so bemächtigt er sich ihrer vermittelst der monumentalischen Historie; wer dagegen im Gewohnten und Altverehrten beharren mag, pflegt das Vergangene als antiquarischer Historiker; und nur der, dem eine gegenwärtige Noth die Brust beklemmt und der um jeden Preis die Last von sich abwerfen will, hat ein Bedürfniss zur kritischen, das heisst richtenden und verurtheilenden Historie. Von dem gedankenlosen Verpflanzen der Gewächse rührt manches Unheil her: der Kritiker ohne Noth, der Antiquar ohne Pietät, der Kenner des Grossen ohne das Können des Grossen sind solche zum Unkraut aufgeschossene, ihrem natürlichen Mutterboden entfremdete und deshalb entartete Gewächse.

3

Die Geschichte gehört also zweitens dem Bewahrenden und Verehrenden, dem, der mit Treue und Liebe dorthin zurückblickt, woher er kommt, worin er geworden ist; durch diese Pietät trägt er gleichsam den Dank für sein Dasein ab. Indem er das von Alters her Bestehende mit behutsamer Hand pflegt, will er die Bedingungen, unter denen er entstanden ist, für solche bewahren, welche nach ihm entstehen sollen – und so dient er dem Leben. Der Besitz von Urväter-Hausrath verändert in einer solchen Seele seinen Begriff: denn sie wird vielmehr von ihm besessen. Das Kleine, das Beschränkte, das Morsche und Veraltete erhält seine eigene Würde und Unantastbarkeit dadurch, dass die bewahrende und verehrende Seele des antiquarischen Menschen in diese Dinge übersiedelt und sich darin ein heimisches Nest bereitet. Die Geschichte seiner Stadt wird ihm zur Geschichte seiner selbst; er versteht die Mauer, das gethürmte Thor, die Rathsverordnung, das Volksfest wie ein ausgemaltes Tagebuch seiner Jugend und findet sich selbst in diesem Allen, seine Kraft, seinen Fleiss, seine Lust, sein Urtheil, seine Thorheit und Unart wieder. Hier liess es sich leben, sagt er sich, denn es lässt sich leben, hier wird es sich leben lassen, denn wir sind zäh und nicht über Nacht umzubrechen. So blickt er, mit diesem »Wir«, über das vergängliche wunderliche Einzelleben hinweg und fühlt sich selbst als den Haus-, Geschlechts- und Stadtgeist. Mitunter grüsst er selbst über weite verdunkelnde und verwirrende Jahrhunderte hinweg die Seele seines Volkes als seine eigne Seele; ein Hindurchfühlen und Herausahnen, ein Wittern auf fast verlöschten Spuren, ein instinctives Richtig-Lesen der noch so überschriebenen Vergangenheit, ein rasches Verstehen der Palimpseste, ja Polypseste – das sind seine Gaben und Tugenden. Mit ihnen stand Goethe vor dem Denkmale Erwin's von Steinbach; in dem Sturme seiner Empfindung zerriss der historische zwischen ihnen ausgebreitete Wolkenschleier: er sah das deutsche Werk zum ersten Male wieder, »wirkend aus starker rauher deutscher Seele.« Ein solcher Sinn und Zug führte die Italiäner der Renaissance und erweckte in ihren Dichtern den antiken italischen Genius von Neuem, zu einem »wundersamen Weiterklingen des uralten Saitenspiels«, wie Jacob Burckhardt sagt. Den höchsten Werth hat aber jener historisch-antiquarische Verehrungssinn, wo er über bescheidne, rauhe, selbst kümmerliche Zustände, in denen ein Mensch oder ein Volk lebt, ein einfaches rührendes Lust- und Zufriedenheits-Gefühl verbreitet; wie zum Beispiel Niebuhr mit ehrlicher Treuherzigkeit eingesteht, in Moor und Haide unter freien Bauern, die eine Geschichte haben, vergnügt zu leben und keine Kunst zu vermissen. Wie könnte die Historie dem Leben besser dienen, als dadurch, dass sie auch die minder begünstigten Geschlechter und Bevölkerungen an ihre Heimat und Heimatsitte anknüpft, sesshaft macht und sie abhält, nach dem Besseren in der Fremde herum zu schweifen und um dasselbe wetteifernd zu kämpfen? Mitunter sieht es wie Eigensinn und Unverstand aus, was den Einzelnen an diese Gesellen und Umgebungen, an diese mühselige Gewohnheit, an diesen kahlen Bergrücken gleichsam festschraubt – aber es ist der heilsamste und der Gesammtheit förderlichste Unverstand; wie Jeder weiss, der sich die furchtbaren Wirkungen abenteuernder Auswanderungslust, etwa gar bei ganzen Völkerschwärmen, deutlich gemacht hat, oder der den Zustand eines Volkes in der Nähe sieht, das die Treue gegen seine Vorzeit verloren hat und einem rastlosen kosmopolitischen Wählen und Suchen nach Neuem und immer Neuem preisgegeben ist. Die entgegengesetzte Empfindung, das Wohlgefühl des Baumes an seinen Wurzeln, das Glück sich nicht ganz willkürlich und zufällig zu wissen, sondern aus einer Vergangenheit als Erbe, Blüthe und Frucht herauszuwachsen und dadurch in seiner Existenz entschuldigt, ja gerechtfertigt zu werden – dies ist es, was man jetzt mit Vorliebe als den eigentlich historischen Sinn bezeichnet.

Das ist nun freilich nicht der Zustand, in dem der Mensch am meisten befähigt wäre, die Vergangenheit in reines Wissen aufzulösen; so dass wir auch hier wahrnehmen, was wir bei der monumentalischen Historie wahrgenommen haben, dass die Vergangenheit selbst leidet, so lange die Historie dem Leben dient und von Lebenstrieben beherrscht wird. Mit einiger Freiheit des Bildes gesprochen: Der Baum fühlt seine Wurzeln mehr als dass er sie sehen könnte: dies Gefühl aber misst ihre Grösse nach der Grösse und Kraft seiner sichtbaren Aeste. Mag der Baum schon darin irren: wie wird er erst über den ganzen Wald um sich herum im Irrthum sein! von dem er nur soweit etwas weiss und fühlt als dieser ihn selbst hemmt oder selbst fördert – aber nichts ausserdem. Der antiquarische Sinn eines Menschen, einer Stadtgemeinde, eines ganzen Volkes hat immer ein höchst beschränktes Gesichtsfeld; das Allermeiste nimmt er gar nicht wahr, und das Wenige, was er sieht, sieht er viel zu nahe und isolirt; er kann es nicht messen und nimmt deshalb alles als gleich wichtig und deshalb jedes Einzelne als zu wichtig. Dann giebt es für die Dinge der Vergangenheit keine Werthverschiedenheiten und Proportionen, die den Dingen unter einander wahrhaft gerecht würden; sondern immer nur Maasse und Proportionen der Dinge zu dem antiquarisch rückwärts blickenden Einzelnen oder Volke.

Hier ist immer eine Gefahr sehr in der Nähe: endlich wird einmal alles Alte und Vergangene, das überhaupt noch in den Gesichtskreis tritt, einfach als gleich ehrwürdig hingenommen, alles was aber diesem Alten nicht mit Ehrfurcht entgegen kommt, also das Neue und Werdende, abgelehnt und angefeindet. So duldeten selbst die Griechen den hieratischen Stil ihrer bildenden Künste neben dem freien und grossen, ja sie duldeten später die spitzen Nasen und das frostige Lächeln nicht nur, sondern machten selbst eine Feinschmeckerei daraus. Wenn sich der Sinn eines Volkes derartig verhärtet, wenn die Historie dem vergangnen Leben so dient, dass sie das Weiterleben und gerade das höhere Leben untergräbt, wenn der historische Sinn das Leben nicht mehr conservirt, sondern mumisirt: so stirbt der Baum, unnatürlicher Weise, von oben allmählich nach der Wurzel zu ab – und zuletzt geht gemeinhin die Wurzel selbst zu Grunde. Die antiquarische Historie entartet selbst in dem Augenblicke, in dem das frische Leben der Gegenwart sie nicht mehr beseelt und begeistert. Jetzt dorrt die Pietät ab, die gelehrtenhafte Gewöhnung besteht ohne sie fort und dreht sich egoistisch-selbstgefällig um ihren eignen Mittelpunkt. Dann erblickt man wohl das widrige Schauspiel einer blinden Sammelwuth, eines rastlosen Zusammenscharrens alles einmal Dagewesenen. Der Mensch hüllt sich in Moderduft; es gelingt ihm selbst eine bedeutendere Anlage, ein edleres Bedürfniss durch die antiquarische Manier zu unersättlicher Neubegier, richtiger Alt- und Allbegier herabzustimmen; oftmals sinkt er so tief, dass er zuletzt mit jeder Kost zufrieden ist und mit Lust selbst den Staub bibliographischer Quisquilien frisst.

Aber selbst, wenn jene Entartung nicht eintritt, wenn die antiquarische Historie das Fundament, auf dem sie allein zum Heile des Lebens wurzeln kann, nicht verliert: immer bleiben doch genug Gefahren übrig, falls sie nämlich allzu mächtig wird und die andern Arten, die Vergangenheit zu betrachten, überwuchert. Sie versteht eben allein Leben zu b e w a h r e n, nicht zu zeugen; deshalb unterschätzt sie immer das Werdende, weil sie für dasselbe keinen errathenden Instinct hat – wie ihn zum Beispiel die monumentalische Historie hat. So hindert jene den kräftigen Entschluss zum Neuen, so lähmt sie den Handelnden, der immer, als Handelnder, etwelche Pietäten verletzen wird und muss. Die Thatsache, dass etwas alt geworden ist, gebiert jetzt die Forderung, dass es unsterblich sein müsse; denn wenn Einer nachrechnet, was Alles ein solches Alterthum – eine alte Sitte der Väter, ein religiöser Glaube, ein ererbtes politisches Vorrecht – während der Dauer seiner Existenz erfahren hat, welche Summe der Pietät und Verehrung seitens des Einzelnen und der Generationen: so erscheint es vermessen oder selbst ruchlos, ein solches Alterthum durch ein Neuthum zu ersetzen und einer solchen Zahlen-Anhäufung von Pietäten und Verehrungen die Einer des Werdenden und Gegenwärtigen entgegenzustellen.

Hier wird es deutlich, wie nothwendig der Mensch, neben der monumentalischen und antiquarischen Art, die Vergangenheit zu betrachten, oft genug eine dritte Art nöthig hat, die kritische: und zwar auch diese wiederum im Dienste des Lebens. Er muss die Kraft haben und von Zeit zu Zeit anwenden, eine Vergangenheit zu zerbrechen und aufzulösen, um leben zu können: dies erreicht er dadurch, dass er sie vor Gericht zieht, peinlich inquirirt, und endlich verurtheilt; jede Vergangenheit aber ist werth verurtheilt zu werden – denn so steht es nun einmal mit den menschlichen Dingen: immer ist in ihnen menschliche Gewalt und Schwäche mächtig gewesen. Es ist nicht die Gerechtigkeit, die hier zu Gericht sitzt; es ist noch weniger die Gnade, die hier das Urtheil verkündet: sondern das Leben allein, jene dunkle, treibende, unersättlich sich selbst begehrende Macht. Sein Spruch ist immer ungnädig, immer ungerecht, weil er nie aus einem reinen Borne der Erkenntniss geflossen ist; aber in den meisten Fällen würde der Spruch ebenso ausfallen, wenn ihn die Gerechtigkeit selber spräche. »Denn Alles was entsteht, ist werth, dass es zu Grunde geht. Drum besser wär's, dass nichts entstünde.« Es gehört sehr viel Kraft dazu, leben zu können und zu vergessen, in wie fern leben und ungerecht sein Eins ist. Luther selbst hat einmal gemeint, dass die Welt nur durch eine Vergesslichkeit Gottes entstanden sei; wenn Gott nämlich an das »schwere Geschütz« gedacht hätte, er würde die Welt nicht geschaffen haben. Mitunter aber verlangt eben dasselbe Leben, das die Vergessenheit braucht, die zeitweilige Vernichtung dieser Vergessenheit; dann soll es eben gerade klar werden, wie ungerecht die Existenz irgend eines Dinges, eines Privilegiums, einer Kaste, einer Dynastie zum Beispiel ist, wie sehr dieses Ding den Untergang verdient. Dann wird seine Vergangenheit kritisch betrachtet, dann greift man mit dem Messer an seine Wurzeln, dann schreitet man grausam über alle Pietäten hinweg. Es ist immer ein gefährlicher, nämlich für das Leben selbst gefährlicher Prozess: und Menschen oder Zeiten, die auf diese Weise dem Leben dienen, dass sie eine Vergangenheit richten und vernichten, sind immer gefährliche und gefährdete Menschen und Zeiten. Denn da wir nun einmal die Resultate früherer Geschlechter sind, sind wir auch die Resultate ihrer Verirrungen, Leidenschaften und Irrthümer, ja Verbrechen; es ist nicht möglich sich ganz von dieser Kette zu lösen. Wenn wir jene Verirrungen verurtheilen und uns ihrer für enthoben erachten, so ist die Thatsache nicht beseitigt, dass wir aus ihnen herstammen. Wir bringen es im besten Falle zu einem Widerstreite der ererbten, angestammten Natur und unserer Erkenntniss, auch wohl zu einem Kampfe einer neuen strengen Zucht gegen das von Alters her Angezogne und Angeborne, wir pflanzen eine neue Gewöhnung, einen neuen Instinct, eine zweite Natur an, so dass die erste Natur abdorrt. Es ist ein Versuch, sich gleichsam a posteriori eine Vergangenheit zu geben, aus der man stammen möchte, im Gegensatz zu der, aus der man stammt – immer ein gefährlicher Versuch, weil es so schwer ist eine Grenze im Verneinen des Vergangenen zu finden, und weil die zweiten Naturen meistens schwächlicher als die ersten sind. Es bleibt zu häufig bei einem Erkennen des Guten, ohne es zu thun, weil man auch das Bessere kennt, ohne es thun zu können. Aber hier und da gelingt der Sieg doch, und es giebt sogar für die Kämpfenden, für die, welche sich der kritischen Historie zum Leben bedienen, einen merkwürdigen Trost: nämlich zu wissen, dass auch jene erste Natur irgend wann einmal eine zweite Natur war und dass jede siegende zweite Natur zu einer ersten wird. –

4.

Dies sind die Dienste, welche die Historie dem Leben zu leisten vermag; jeder Mensch und jedes Volk braucht je nach seinen Zielen, Kräften und Nöthen eine gewisse Kenntniss der Vergangenheit, bald als monumentalische, bald als antiquarische, bald als kritische Historie: aber nicht wie eine Schaar von reinen, dem Leben nur zusehenden Denkern, nicht wie wissensgierige, durch Wissen allein zu befriedigende Einzelne, denen Vermehrung der Erkenntniss das Ziel selbst ist, sondern immer nur zum Zweck des Lebens und also auch unter der Herrschaft und obersten Führung dieses Zweckes. Dass dies die natürliche Beziehung einer Zeit, einer Cultur, eines Volkes zur Historie ist – hervorgerufen durch Hunger, regulirt durch den Grad des Bedürfnisses, in Schranken gehalten durch die innewohnende plastische Kraft – dass die Kenntniss der Vergangenheit zu allen Zeiten nur im Dienste der Zukunft und Gegenwart begehrt ist, nicht zur Schwächung der Gegenwart, nicht zur Entwurzelung einer lebenskräftigen Zukunft: das Alles ist einfach, wie die Wahrheit einfach ist, und überzeugt sofort auch den, der dafür nicht erst den historischen Beweis sich führen lässt. (...)

(KSA I, 245–271)

10.

(...) Schenkt mir erst Leben, dann will ich euch auch eine Cultur daraus schaffen! – So ruft jeder Einzelne dieser ersten Generation, und alle diese Einzelnen werden sich unter einander an diesem Rufe erkennen. Wer wird ihnen dieses Leben schenken?

Kein Gott und kein Mensch: nur ihre eigne Jugend: entfesselt diese und ihr werdet mit ihr das Leben befreit haben. Denn es lag nur verborgen, im Gefängniss, es ist noch nicht verdorrt und erstorben – fragt euch selbst!

Aber es ist krank, dieses entfesselte Leben und muss geheilt werden. Es ist siech an vielen Uebeln und leidet nicht nur durch die Erinnerung an seine Fesseln – es leidet, was uns hier vornehmlich angeht, an der historischen Krankheit. Das Uebermaass von Historie hat die plastische Kraft des Lebens angegriffen, es versteht nicht mehr, sich der Vergangenheit wie einer kräftigen Nahrung zu bedienen. Das Uebel ist furchtbar, und trotzdem! Wenn nicht die Jugend die hellseherische Gabe der Natur hätte, so würde Niemand wissen, dass es ein Uebel ist und dass ein Paradies der Gesundheit verloren gegangen ist. Dieselbe

Jugend erräth aber auch mit dem heilkräftigen Instincte derselben Natur, wie dieses Paradies wieder zu gewinnen ist; sie kennt die Wundsäfte und Arzneien gegen die historische Krankheit, gegen das Uebermaass des Historischen: wie heissen sie doch?

Nun man wundere sich nicht, es sind die Namen von Giften: die Gegenmittel gegen das Historische heissen – das Unhistorische und das Ueberhistorische. Mit diesen Namen kehren wir zu den Anfängen unserer Betrachtung und zu ihrer Ruhe zurück.

Mit dem Worte »das Unhistorische« bezeichne ich die Kunst und Kraft vergessen zu können und sich in einen begrenzten Horizont einzuschliessen; »überhistorisch« nenne ich die Mächte, die den Blick von dem Werden ablenken, hin zu dem, was dem Dasein den Charakter des Ewigen und Gleichbedeutenden giebt, zu Kunst und Religion. Die Wissenschaft – denn sie ist es, die von Giften reden würde – sieht in jener Kraft, in diesen Mächten gegnerische Mächte und Kräfte; denn sie hält nur die Betrachtung der Dinge für die wahre und richtige, also für die wissenschaftliche Betrachtung, welche überall ein Gewordnes, ein Historisches und nirgends ein Seiendes, Ewiges sieht; sie lebt in einem innerlichen Widerspruche ebenso gegen die aeternisirenden Mächte der Kunst und Religion, als sie das Vergessen, den Tod des Wissens, hasst, als sie alle Horizont-Umschränkungen aufzuheben sucht und den Menschen in ein unendlich-unbegrenztes Lichtwellen-Meer des erkannten Werdens hineinwirft.

Wenn er nur darin leben könnte! Wie die Städte bei einem Erdbeben einstürzen und veröden und der Mensch nur zitternd und flüchtig sein Haus auf vulkanischem Grunde aufführt, so bricht das Leben selbst in sich zusammen und wird schwächlich und muthlos, wenn das Begriffsbeben, das die Wissenschaft erregt, dem Menschen das Fundament aller seiner Sicherheit und Ruhe, den Glauben an das Beharrliche und Ewige, nimmt. Soll nun das Leben über das Erkennen, über die Wissenschaft, soll das Erkennen über das Leben herrschen? Welche von beiden

Gewalten ist die höhere und entscheidende? Niemand wird zweifeln: das Leben ist die höhere, die herrschende Gewalt, denn ein Erkennen, welches das Leben vernichtete, würde sich selbst mit vernichtet haben. Das Erkennen setzt das Leben voraus, hat also an der Erhaltung des Lebens dasselbe Interesse, welches jedes Wesen an seiner eignen Fortexistenz hat. So bedarf die Wissenschaft einer höheren Aufsicht und Ueberwachung; eine G e s u n d h e i t s l e h r e d e s L e b e n s stellt sich dicht neben die Wissenschaft; und ein Satz dieser Gesundheitslehre würde eben lauten: das Unhistorische und das Ueberhistorische sind die natürlichen Gegenmittel gegen die Ueberwucherung des Lebens durch das Historische, gegen die historische Krankheit. Es ist wahrscheinlich, dass wir, die Historisch-Kranken, auch an den Gegenmitteln zu leiden haben. Aber dass wir an ihnen leiden, ist kein Beweis gegen die Richtigkeit des gewählten Heilverfahrens.

Und hier erkenne ich die Mission jener J u g e n d , jenes ersten Geschlechtes von Kämpfern und Schlangentödtern, das einer glücklicheren und schöneren Bildung und Menschlichkeit voranzieht, ohne von diesem zukünftigen Glücke und der einstmaligen Schönheit mehr zu haben als eine verheissende Ahnung. Diese Jugend wird an dem Uebel und an den Gegenmitteln zugleich leiden: und trotzdem glaubt sie einer kräftigeren Gesundheit und überhaupt einer natürlicheren Natur sich berühmen zu dürfen als ihre Vorgeschlechter, die gebildeten »Männer« und »Greise« der Gegenwart. Ihre Mission aber ist es, die Begriffe, die jene Gegenwart von »Gesundheit« und »Bildung« hat, zu erschüttern und Hohn und Hass gegen so hybride Begriffs-Ungeheuer zu erzeugen; und das gewährleistende Anzeichen ihrer eignen kräftigeren Gesundheit soll gerade dies sein, dass sie, diese Jugend nämlich, selbst keinen Begriff, kein Parteiwort aus den umlaufenden Wort- und Begriffsmünzen der Gegenwart zur Bezeichnung ihres Wesens gebrauchen kann, sondern nur von einer in ihr thätigen kämpfenden, ausscheidenden, zertheilenden Macht und von einem immer erhöhten Lebensgefühle in jeder guten Stunde überzeugt wird. Man mag bestreiten, dass diese Jugend bereits Bildung habe – aber für welche Jugend wäre dies ein Vorwurf? Man mag ihr Rohheit und Unmässigkeit nachsagen – aber sie ist noch nicht alt und weise genug, um sich zu bescheiden; vor allem braucht sie aber keine fertige Bildung zu heucheln und zu vertheidigen und geniesst alle die Tröstungen und Vorrechte der Jugend, zumal das Vorrecht der tapferen unbesonnenen Ehrlichkeit und den begeisternden Trost der Hoffnung.

Von diesen Hoffenden weiss ich, dass sie alle diese Allgemeinheiten aus der Nähe verstehn und mit ihrer eigensten Erfahrung in eine persönlich gemeinte Lehre sich übersetzen werden; die Andern mögen einstweilen nichts als verdeckte Schüsseln wahrnehmen, die wohl auch leer sein können; bis sie einmal überrascht mit eignen Augen sehen, dass die Schüsseln gefüllt sind und dass Angriffe, Forderungen, Lebenstriebe, Leidenschaften in diesen Allgemeinheiten eingeschachtelt und zusammengedrückt lagen, die nicht lange Zeit so verdeckt liegen konnten. Diese Zweifler auf die Zeit, die alles an's Licht bringt, verweisend, wende ich mich zum Schluss an jene Gesellschaft der Hoffenden, um ihnen den Gang und Verlauf ihrer Heilung, ihrer Errettung von der historischen Krankheit und damit ihre eigne Geschichte bis zu dem Zeitpunkt durch ein Gleichniss zu erzählen, wo sie wieder gesund genug sein werden, von Neuem Historie zu treiben und sich der Vergangenheit unter der Herrschaft des Lebens, in jenem dreifachen Sinne, nämlich monumental oder antiquarisch oder kritisch, zu bedienen. In jenem Zeitpunkt werden sie unwissender sein, als die »Gebildeten« der Gegenwart; denn sie werden viel verlernt und sogar alle Lust verloren haben, nach dem, was jene Gebildeten vor allem wissen wollen, überhaupt noch hinzublicken; ihre Kennzeichen sind, von dem Gesichtsfelde jener Gebildeten aus gesehen, gerade ihre »Unbildung«, ihre Gleichgültigkeit und Verschlossenheit gegen vieles Berühmte, selbst gegen manches Gute. Aber sie sind, an jenem Endpunkte ihrer Heilung, wieder M e n s c h e n geworden und haben aufgehört, menschenähnliche Aggregate zu sein – das ist etwas! Das sind noch Hoffnungen! Lacht euch nicht dabei das Herz, ihr Hoffenden?

Und wie kommen wir zu jenem Ziele? werdet ihr fragen. Der Delphische Gott ruft euch, gleich am Anfange eurer Wanderung nach jenem Ziele, seinen Spruch entgegen »Erkenne dich selbst«. Es ist ein schwerer Spruch: denn jener Gott »verbirgt nicht und verkündet nicht, sondern zeigt nur hin«, wie Heraklit gesagt hat. Worauf weist er euch hin?

Es gab Jahrhunderte, in denen die Griechen in einer ähnlichen Gefahr sich befanden, in der wir uns befinden, nämlich an der Ueberschwemmung durch das Fremde und Vergangne, an der »Historie« zu Grunde zu gehen. Niemals haben sie in stolzer Unberührbarkeit gelebt: ihre »Bildung« war vielmehr lange Zeit ein Chaos von ausländischen, semitischen, babylonischen, lydischen aegyptischen Formen und Begriffen und ihre Religion ein wahrer Götterkampf des ganzen Orients: ähnlich etwa wie jetzt die »deutsche Bildung« und Religion ein in sich kämpfendes Chaos des gesammten Auslandes, der gesammten Vorzeit ist. Und trotzdem wurde die hellenische Cultur kein Aggregat, Dank jenem apollinischen Spruche. Die Griechen lernten allmählich das Chaos zu organisiren, dadurch dass sie sich, nach der delphischen Lehre, auf sich selbst, das heisst auf ihre ächten Bedürfnisse zurück besannen und die Schein-Bedürfnisse absterben liessen. So ergriffen sie wieder von sich Besitz; sie blieben nicht lange die überhäuften Erben und Epigonen des ganzen Orients; sie wurden selbst, nach beschwerlichem Kampfe mit sich selbst, durch die praktische Auslegung jenes Spruches, die glücklichsten Bereicherer und Mehrer des ererbten Schatzes und die Erstlinge und Vorbilder aller kommenden Culturvölker.

Dies ist ein Gleichniss für jeden Einzelnen von uns: er muss das Chaos in sich organisiren, dadurch dass er sich auf seine ächten Bedürfnisse zurückbesinnt. Seine Ehrlichkeit, sein tüchtiger und wahrhaftiger Charakter muss sich irgendwann einmal dagegen sträuben, dass immer nur nachgesprochen, nachgelernt, nachgeahmt werde; er beginnt dann zu begreifen, dass Cultur noch etwas Andres sein kann als Dekoration des Lebens, das heisst im Grunde doch immer nur Verstellung und Verhüllung; denn aller Schmuck versteckt das Geschmückte. So entschleiert sich ihm der griechische Begriff der Cultur – im Gegensatze zu dem romanischen – der Begriff der Cultur als einer neuen und verbesserten Physis, ohne Innen und Aussen, ohne Verstellung und Convention, der Cultur als einer Einhelligkeit zwischen Leben, Denken, Scheinen und Wollen. So lernt er aus seiner eignen Erfahrung, dass es die höhere Kraft der sittlichen Natur war, durch die den Griechen der Sieg über alle anderen Culturen gelungen ist, und dass jede Vermehrung der Wahrhaftigkeit auch eine vorbereitende Förderung der wahren Bildung sein muss: mag diese Wahrhaftigkeit auch gelegentlich der gerade in Achtung stehenden Gebildetheit ernstlich schaden, mag sie selbst einer ganzen dekorativen Cultur zum Falle verhelfen können.

(KSA I, 329–334)

Menschliches, Allzumenschliches

2.

Erbfehler der Philosophen. – Alle Philosophen haben den gemeinsamen Fehler an sich, dass sie vom gegenwärtigen Menschen ausgehen und durch eine Analyse desselben an's Ziel zu kommen meinen. Unwillkürlich schwebt ihnen »der Mensch« als eine aeterna Veritas, als ein Gleichbleibendes in allem Strudel, als ein sicheres Maass der Dinge vor. Alles, was der Philosoph über den Menschen aussagt, ist aber im Grunde nicht mehr, als ein Zeugniss über den Menschen eines sehr beschränkten Zeitraumes. Mangel an historischem Sinn ist der Erbfehler aller Philosophen; manche sogar nehmen unversehens die allerjüngste Gestaltung des Menschen, wie eine solche unter dem Eindruck bestimmter Religionen, ja bestimmter politischer Ereignisse entstanden ist, als die feste Form, von der man ausgehen müsse. Sie wollen nicht lernen, dass der Mensch geworden ist, dass auch das Erkenntnissvermögen geworden ist; während Einige von ihnen sogar die ganze Welt aus diesem Erkenntnissvermögen sich herausspinnen lassen. – Nun ist alles Wesentliche der menschlichen Entwickelung in Urzeiten vor sich gegangen, lange vor jenen vier tausend Jahren, die wir ungefähr kennen; in diesen mag sich der Mensch nicht viel mehr verändert haben. Da sieht aber der Philosoph »Instincte« am gegenwärtigen Menschen und nimmt an, dass diese zu den unveränderlichen Thatsachen des Menschen gehören und insofern einen Schlüssel zum Verständniss der Welt überhaupt abgeben können; die ganze Teleologie ist darauf gebaut, dass man vom Menschen der letzten vier Jahrtausende als von einem ewigen redet, zu welchem hin alle Dinge in der Welt von ihrem Anbeginne eine natürliche Richtung haben. Alles aber ist geworden; es giebt keine ewigen Thatsachen: sowie es keine absoluten Wahrheiten giebt. – Demnach ist das historische Philosophiren von jetzt ab nöthig und mit ihm die Tugend der Bescheidung.

(KSA II, 24 f.)

223.

Wohin man reisen muss. – Die unmittelbare Selbstbeobachtung reicht nicht lange aus, um sich kennen zu lernen: wir brauchen Geschichte, denn die Vergangenheit strömt in hundert Wellen in uns fort; wir selber sind ja Nichts als Das, was wir in jedem Augenblick von diesem Fortströmen empfinden. Auch hier sogar, wenn wir in den Fluss unseres anscheinend eigensten und persönlichsten Wesens hinabsteigen wollen, gilt Heraklit's Satz: man steigt nicht zweimal in den selben Fluss. – Das ist eine Weisheit, die allmählich zwar altbacken geworden, aber trotzdem eben so kräftig und nahrhaft geblieben ist, wie sie es je war: ebenso wie jene, dass, um Geschichte zu verstehen, man die lebendigen Ueberreste geschichtlicher Epochen aufsuchen müsse, – dass man reisen müsse, wie Altvater Herodot reiste, zu Nationen – diese sind ja nur festgewordene ältere Culturstufen, auf die man sich stellen kann –, zu sogenannten wilden und halbwilden Völkerschaften namentlich, dorthin wo der Mensch das Kleid Europa's ausgezogen oder noch nicht angezogen hat. Nun giebt es aber noch eine feinere Kunst und Absicht des Reisens, welche es nicht immer nöthig macht, von Ort zu Ort und über Tausende von Meilen hin den Fuss zu setzen. Es leben sehr wahrscheinlich die letzten drei Jahrhunderte in allen ihren Culturfärbungen und -Strahlenbrechungen auch in unserer Nähe noch fort: sie wollen nur entdeckt werden. In manchen Familien, ja in einzelnen Menschen liegen die Schichten schön und übersichtlich noch übereinander: anderswo giebt es schwieriger zu verstehende Verwerfungen des Gesteins. Gewiss hat sich in abgelegenen Gegenden, in weniger betretenen Gebirgsthälern, umschlosseneren Gemeinwesen ein ehrwürdiges Musterstück sehr viel älterer Empfindung leichter erhalten können und muss hier aufgespürt werden: während es zum Beispiel unwahrscheinlich ist, in Berlin, wo der Mensch ausgelaugt und abgebrüht zur Welt kommt, solche Entdeckungen zu machen. (…)

(KSA II, 477)

188.

Geistige und leibliche Verpflanzung als Heilmittel. – Die verschiedenen Culturen sind verschiedene geistige Klimata, von denen ein jedes diesem oder jenem Organismus vornehmlich schädlich oder heilsam ist. Die Historie im Ganzen, als das Wissen um die verschiedenen Culturen, ist die Heilmittellehre, nicht aber die Wissenschaft der Heilkunst selber. Der Arzt ist erst recht noch nöthig, der sich dieser Heilmittellehre bedient, um Jeden in sein ihm gerade erspriessliches Klima zu senden – zeitweilig oder auf immer. In der Gegenwart leben, innerhalb einer einzigen Cultur, genügt nicht als allgemeines Recept, dabei würden zu viele höchst nützliche Arten von Menschen aussterben, die in ihr nicht gesund athmen können. Mit der Historie muss man ihnen Luft machen und sie zu erhalten suchen; auch die Menschen zurückgebliebener Culturen haben ihren Werth. – Dieser Cur der Geister steht zur Seite, dass die Menschheit in leiblicher Beziehung darnach streben muss, durch eine medicinische Geographie dahinterzukommen, zu welchen Entartungen und Krankheiten jede Gegend der Erde Anlass giebt, und umgekehrt welche Heilfactoren sie bietet: und dann müssen allmählich Völker, Familien und Einzelne so lange und so anhaltend verpflanzt werden, bis man über die angeerbten physischen Gebrechen Herr geworden ist. Die ganze Erde wird endlich eine Summe von Gesundheits-Stationen sein.

(KSA II, 634f.)

VI. Wahrheit

Ueber das Pathos der Wahrheit

Die Wahrheit! Schwärmerischer Wahn eines Gottes! Was geht die Menschen die Wahrheit an!

Und was war die Heraklitische »Wahrheit«!

Und wo ist sie hin? Ein verflogener Traum, weggewischt aus den Mienen der Menschheit, mit anderen Träumen! – Sie war die Erste nicht!

Vielleicht würde ein gefühlloser Dämon von alledem, was wir mit stolzer Metapher »Weltgeschichte« und »Wahrheit« und »Ruhm« nennen, nichts zu sagen wissen, als diese Worte:

»In irgend einem abgelegnen Winkel des in zahllosen Sonnensystemen flimmernd ausgegossenen Weltalls gab es einmal ein Gestirn, auf dem kluge Thiere das E r k e n n e n erfanden. Es war die hochmüthigste und verlogenste Minute der Weltgeschichte, aber doch nur eine Minute. Nach wenigen Athemzügen der Natur erstarrte das Gestirn, und die klugen Thiere mußten sterben. Es war auch an der Zeit: denn ob sie schon viel erkannt zu haben, sich brüsteten, waren sie doch zuletzt, zu großer Verdrossenheit, dahinter gekommen, daß sie alles falsch erkannt hatten. Sie starben und fluchten im Sterben der Wahrheit. Das war die Art dieser verzweifelten Thiere, die das Erkennen erfunden hatten.«

Dies würde das Loos des Menschen sein, wenn er eben nur ein erkennendes Thier wäre; die Wahrheit würde ihn zur Verzweiflung und zur Vernichtung treiben, die Wahrheit, ewig zur Unwahrheit verdammt zu sein. Dem Menschen geziemt aber allein der Glaube an die erreichbare Wahrheit, an die zutrauensvoll sich nahende Illusion. Lebt er nicht eigentlich d u r c h ein fortwährendes Getäuschtwerden? Verschweigt ihm die Natur nicht das Allermeiste, ja gerade das Allernächste z. B. seinen eignen Leib, von dem er nur ein gauklerisches »Bewußtsein« hat? In dieses Bewußtsein ist er eingeschlossen, und die Natur warf den Schlüssel weg. O der verhängnißvollen Neubegier des Philosophen, der durch eine Spalte einmal aus dem Bewußtheits-Zimmer hinaus und hinab zu sehen verlangt: vielleicht ahnt er dann, wie auf dem Gierigen, dem Unersättlichen, dem Ekelhaften, dem Erbarmungslosen, dem Mörderischen der Mensch ruht, in der Gleichgültigkeit seines Nichtswissens und gleichsam auf dem Rücken eines Tigers in Träumen hängend.

»Laßt ihn hängen«, ruft die K u n s t. »Weckt ihn auf« ruft der Philosoph, im Pathos der Wahrheit. Doch er selbst versinkt, während er den Schlafenden zu rütteln glaubt, in einen noch tieferen magischen Schlummer – vielleicht träumt er dann von den »Ideen« oder von der Unsterblichkeit. Die Kunst ist mächtiger als die Erkenntniß, denn s i e will das Leben, und jene erreicht als letztes Ziel nur – die Vernichtung. –

(KSA I, 759 f.)

Ueber Wahrheit und Lüge im aussermoralischen Sinne

I.

In irgend einem abgelegenen Winkel des in zahllosen Sonnensystemen flimmernd ausgegossenen Weltalls gab es einmal ein Gestirn, auf dem kluge Thiere das Erkennen erfanden. Es war die hochmüthigste und verlogenste Minute der »Weltgeschichte«: aber doch nur eine Minute. Nach wenigen Athemzügen der Natur erstarrte das Gestirn, und die klugen Thiere mussten sterben. – So könnte Jemand eine Fabel erfinden und würde doch nicht genügend illustrirt haben, wie kläglich, wie schattenhaft und flüchtig, wie zwecklos und beliebig sich der menschliche Intellekt innerhalb der Natur ausnimmt; es gab Ewigkeiten, in denen er nicht war; wenn es wieder mit ihm vorbei ist, wird sich nichts begeben haben. Denn es giebt für jenen Intellekt keine weitere Mission, die über das Menschenleben hinausführte. Sondern menschlich ist er, und nur sein Besitzer und Erzeuger nimmt ihn so pathetisch, als ob die Angeln der Welt sich in ihm drehten. Könnten wir uns aber mit der Mücke verständigen, so würden wir vernehmen, dass auch sie mit diesem Pathos durch die Luft schwimmt und in sich das fliegende Centrum dieser Welt fühlt. Es ist nichts so verwerflich und gering in der Natur, was nicht durch einen kleinen Anhauch jener Kraft des Erkennens sofort wie ein Schlauch aufgeschwellt würde; und wie jeder Lastträger seinen Bewunderer haben will, so meint gar der stolzeste Mensch, der Philosoph, von allen Seiten die Augen des Weltalls teleskopisch auf sein Handeln und Denken gerichtet zu sehen.

Es ist merkwürdig, dass dies der Intellekt zu Stande bringt, er, der doch gerade nur als Hülfsmittel den unglücklichsten delikatesten vergänglichsten Wesen beigegeben ist, um sie eine Minute im Dasein festzuhalten; aus dem sie sonst, ohne jene Beigabe, so schnell wie Lessings Sohn zu flüchten allen Grund hätten. Jener

mit dem Erkennen und Empfinden verbundene Hochmuth, ver-
blendende Nebel über die Augen und Sinne der Menschen le-
gend, täuscht sie also über den Werth des Daseins, dadurch dass
er über das Erkennen selbst die schmeichelhafteste Werthschätzung in sich trägt. Seine allgemeinste Wirkung ist Täuschung –
aber auch die einzelsten Wirkungen tragen etwas von gleichem
Charakter an sich.

Der Intellekt, als ein Mittel zur Erhaltung des Individuums,
entfaltet seine Hauptkräfte in der Verstellung; denn diese ist das
Mittel, durch das die schwächeren, weniger robusten Individuen
sich erhalten, als welchen einen Kampf um die Existenz mit
Hörnern oder scharfem Raubthier-Gebiss zu führen versagt ist.
Im Menschen kommt diese Verstellungskunst auf ihren Gipfel:
hier ist die Täuschung, das Schmeicheln, Lügen und Trügen, das
Hinter-dem-Rücken-Reden, das Repräsentiren, das im erborg-
ten Glanze Leben, das Maskirtsein, die verhüllende Convention,
das Bühnenspiel vor Anderen und vor sich selbst, kurz das fortwährend Herumflattern um die eine Flamme Eitelkeit so sehr
die Regel und das Gesetz, dass fast nichts unbegreiflicher ist, als
wie unter den Menschen ein ehrlicher und reiner Trieb zur
Wahrheit aufkommen konnte. Sie sind tief eingetaucht in Illusionen und Traumbilder, ihr Auge gleitet nur auf der Oberfläche
der Dinge herum und sieht »Formen«, ihre Empfindung führt
nirgends in die Wahrheit, sondern begnügt sich Reize zu empfangen und gleichsam ein tastendes Spiel auf dem Rücken der
Dinge zu spielen. Dazu lässt sich der Mensch Nachts, ein Leben
hindurch, im Traume belügen, ohne dass sein moralisches Gefühl dies je zu verhindern suchte: während es Menschen geben
soll, die durch starken Willen das Schnarchen beseitigt haben.
Was weiss der Mensch eigentlich von sich selbst! Ja, vermöchte
er auch nur sich einmal vollständig, hingelegt wie in einen er-
leuchteten Glaskasten, zu percipiren? Verschweigt die Natur
ihm nicht das Allermeiste, selbst über seinen Körper, um ihn,
abseits von den Windungen der Gedärme, dem raschen Fluss der
Blutströme, den verwickelten Faserzitterungen, in ein stolzes

gauklerisches Bewusstsein zu bannen und einzuschliessen! Sie warf den Schlüssel weg: und wehe der verhängnissvollen Neubegier, die durch eine Spalte einmal aus dem Bewusstseinszimmer heraus und hinab zu sehen vermöchte und die jetzt ahnte, dass auf dem Erbarmungslosen, dem Gierigen, dem Unersättlichen, dem Mörderischen der Mensch ruht, in der Gleichgültigkeit seines Nichtwissens, und gleichsam auf dem Rücken eines Tigers in Träumen hängend. Woher, in aller Welt, bei dieser Constellation der Trieb zur Wahrheit!

Soweit das Individuum sich gegenüber andern Individuen erhalten will, benutzte es in einem natürlichen Zustande der Dinge den Intellekt zumeist nur zur Verstellung: weil aber der Mensch zugleich aus Noth und Langeweile gesellschaftlich und heerdenweise existiren will, braucht er einen Friedensschluss und trachtet darnach dass wenigstens das allergröbste bellum omnium contra omnes aus seiner Welt verschwinde. Dieser Friedensschluss bringt aber etwas mit sich, was wie der erste Schritt zur Erlangung jenes räthselhaften Wahrheitstriebes aussieht. Jetzt wird nämlich das fixirt, was von nun an »Wahrheit« sein soll d. h. es wird eine gleichmässig gültige und verbindliche Bezeichnung der Dinge erfunden und die Gesetzgebung der Sprache giebt auch die ersten Gesetze der Wahrheit: denn es entsteht hier zum ersten Male der Contrast von Wahrheit und Lüge: der Lügner gebraucht die gültigen Bezeichnungen, die Worte, um das Unwirkliche als wirklich erscheinen zu machen; er sagt z. B. ich bin reich, während für diesen Zustand gerade »arm« die richtige Bezeichnung wäre. Er missbraucht die festen Conventionen durch beliebige Vertauschungen oder gar Umkehrungen der Namen. Wenn er dies in eigennütziger und übrigens Schaden bringender Weise thut, so wird ihm die Gesellschaft nicht mehr trauen und ihn dadurch von sich ausschliessen. Die Menschen fliehen dabei das Betrogenwerden nicht so sehr, als das Beschädigtwerden durch Betrug. Sie hassen auch auf dieser Stufe im Grunde nicht die Täuschung, sondern die schlimmen, feindseligen Folgen gewisser Gattungen von Täuschungen. In einem ähnlichen beschränkten Sinne will der Mensch auch nur die Wahrheit. Er begehrt die angenehmen, Leben erhaltenden Folgen der Wahrheit; gegen die reine folgenlose Erkenntniss ist er gleichgültig, gegen die vielleicht schädlichen und zerstörenden Wahrheiten sogar feindlich gestimmt. Und überdies: wie steht es mit jenen Conventionen der Sprache? Sind sie vielleicht Erzeugnisse der Erkenntniss, des Wahrheitssinnes: decken sich die Bezeichnungen und die Dinge? Ist die Sprache der adäquate Ausdruck aller Realitäten?

Nur durch Vergesslichkeit kann der Mensch je dazu kommen zu wähnen: er besitze eine Wahrheit in dem eben bezeichneten Grade. Wenn er sich nicht mit der Wahrheit in der Form der Tautologie d. h. mit leeren Hülsen begnügen will, so wird er ewig Illusionen für Wahrheiten einhandeln. Was ist ein Wort? Die Abbildung eines Nervenreizes in Lauten. Von dem Nervenreiz aber weiterzuschliessen auf eine Ursache ausser uns, ist bereits das Resultat einer falschen und unberechtigten Anwendung des Satzes vom Grunde. Wie dürften wir, wenn die Wahrheit bei der Genesis der Sprache, der Gesichtspunkt der Gewissheit bei den Bezeichnungen allein entscheidend gewesen wäre, wie dürften wir doch sagen: der Stein ist hart: als ob uns »hart« noch sonst bekannt wäre und nicht nur als eine ganz subjektive Reizung! Wir theilen die Dinge nach Geschlechtern ein, wir bezeichnen den Baum als männlich, die Pflanze als weiblich: welche willkürlichen Übertragungen! Wie weit hinausgeflogen über den Canon der Gewissheit! Wir reden von einer Schlange: die Bezeichnung trifft nichts als das Sichwinden, könnte also auch dem Wurme zukommen. Welche willkürlichen Abgrenzungen, welche einseitigen Bevorzugungen bald der bald jener Eigenschaft eines Dinges! Die verschiedenen Sprachen neben einander gestellt zeigen, dass es bei den Worten nie auf die Wahrheit, nie auf einen adäquaten Ausdruck ankommt: denn sonst gäbe es nicht so viele Sprachen. Das »Ding an sich« (das würde eben die reine folgenlose Wahrheit sein) ist auch dem Sprachbildner ganz unfasslich und ganz und gar nicht erstrebenswerth. Er bezeichnet nur die Relationen der Dinge zu den Menschen und nimmt zu deren Ausdrucke die kühnsten Metaphern zu Hülfe. Ein Nervenreiz zuerst übertragen in ein Bild! erste Metapher. Das Bild wieder nachgeformt in einem Laut! Zweite Metapher. Und jedesmal vollständiges Ueberspringen der Sphäre, mitten hinein in eine ganz andere und neue. Man kann sich einen Menschen denken, der ganz taub ist und nie eine Empfindung des Tones und der Musik gehabt hat: wie dieser etwa die Chladnischen Klangfiguren im Sande anstaunt, ihre Ursachen im Erzittern der Saite findet und nun darauf schwören wird, jetzt müsse er wissen, was die Menschen den Ton nennen, so geht es uns allen mit der Sprache. Wir glauben etwas von den Dingen selbst zu wissen, wenn wir von Bäumen, Farben, Schnee und Blumen reden und besitzen doch nichts als Metaphern der Dinge, die den ursprünglichen Wesenheiten ganz und gar nicht entsprechen. Wie der Ton als Sandfigur, so nimmt sich das räthselhafte X des Dings an sich einmal als Nervenreiz, dann als Bild, endlich als Laut aus. Logisch geht es also jedenfalls nicht bei der Entstehung der Sprache zu, und das ganze Material worin und womit später der Mensch der Wahrheit, der Forscher, der Philosoph arbeitet und baut, stammt, wenn nicht aus Wolkenkukuksheim, so doch jedenfalls nicht aus dem Wesen der Dinge.

Denken wir besonders noch an die Bildung der Begriffe: jedes Wort wird sofort dadurch Begriff, dass es eben nicht für das einmalige ganz und gar individualisirte Urerlebniss, dem es sein Entstehen verdankt, etwa als Erinnerung dienen soll, sondern zugleich für zahllose, mehr oder weniger ähnliche, d. h. streng genommen niemals gleiche, also auf lauter ungleiche Fälle passen muss. Jeder Begriff entsteht durch Gleichsetzen des Nicht-Gleichen. So gewiss nie ein Blatt einem anderen ganz gleich ist, so gewiss ist der Begriff Blatt durch beliebiges Fallenlassen dieser individuellen Verschiedenheiten, durch ein Vergessen des Unterscheidenden gebildet und erweckt nun die Vorstellung, als ob es in der Natur ausser den Blättern etwas gäbe, das »Blatt« wäre, etwa eine Urform, nach der alle Blätter gewebt, gezeichnet, abgezirkelt, gefärbt, gekräuselt, bemalt wären, aber von ungeschickten Händen, so dass kein Exemplar correct und zuverlässig als treues Abbild der Urform ausgefallen wäre. Wir nennen einen Menschen ehrlich; warum hat er heute so ehrlich gehandelt? fragen wir. Unsere Antwort pflegt zu lauten: seiner Ehrlichkeit wegen. Die Ehrlichkeit! das heisst wieder: das Blatt ist die Ursache der Blätter. Wir wissen ja gar nichts von einer wesenhaften Qualität, die die Ehrlichkeit hiesse, wohl aber von zahlreichen individualisirten, somit ungleichen Handlungen, die wir durch Weglassen des Ungleichen gleichsetzen und jetzt als ehrliche Handlungen bezeichnen; zuletzt formuliren wir aus ihnen eine qualitas occulta mit dem Namen: die Ehrlichkeit.

Das Uebersehen des Individuellen und Wirklichen giebt uns den Begriff, wie es uns auch die Form giebt, wohingegen die Natur keine Formen und Begriffe, also auch keine Gattungen kennt, sondern nur ein für uns unzugängliches und undefinirbares X. Denn auch unser Gegensatz von Individuum und Gattung ist anthropomorphisch und entstammt nicht dem Wesen der Dinge, wenn wir auch nicht zu sagen wagen, dass er ihm nicht entspricht: das wäre nämlich eine dogmatische Behauptung und als solche ebenso unerweislich wie ihr Gegentheil.

Was ist also Wahrheit? Ein bewegliches Heer von Metaphern, Metonymien, Anthropomorphismen kurz eine Summe von menschlichen Relationen, die, poetisch und rhetorisch gesteigert, übertragen, geschmückt wurden, und die nach langem Gebrauche einem Volke fest, canonisch und verbindlich dünken: die Wahrheiten sind Illusionen, von denen man vergessen hat, dass sie welche sind, Metaphern, die abgenutzt und sinnlich kraftlos geworden sind, Münzen, die ihr Bild verloren haben und nun als Metall, nicht mehr als Münzen in Betracht kommen. Wir wissen immer noch nicht, woher der Trieb zur Wahrheit stammt: denn bis jetzt haben wir nur von der Verpflichtung gehört, die die Gesellschaft, um zu existiren, stellt, wahrhaft zu sein, d. h. die usuellen Metaphern zu brauchen, also moralisch ausgedrückt: von der Verpflichtung nach einer festen Convention zu lügen, schaarenweise in einem für alle verbindlichen Stile zu lügen. Nun vergisst freilich der Mensch, dass es so mit ihm steht; er lügt also in der bezeichneten Weise unbewusst und nach hundertjährigen Gewöhnungen – und kommt eben d u r c h d i e s e U n b e w u s s t h e i t, eben durch dies Vergessen zum Gefühl der Wahrheit. An dem Gefühl verpflichtet zu sein, ein Ding als roth, ein anderes als kalt, ein drittes als stumm zu bezeichnen, erwacht eine moralische auf Wahrheit sich beziehende Regung: aus dem Gegensatz des Lügners, dem Niemand traut, den alle ausschliessen, demonstrirt sich der Mensch das Ehrwürdige, Zutrauliche und Nützliche der Wahrheit. Er stellt jetzt sein Handeln als v e r n ü n f t i g e s Wesen unter die Herrschaft der Abstractionen: er leidet es nicht mehr, durch die plötzlichen Eindrücke, durch die Anschauungen fortgerissen zu werden, er verallgemeinert alle diese Eindrücke erst zu entfärbteren, kühleren Begriffen, um an sie das Fahrzeug seines Lebens und Handelns anzuknüpfen. Alles, was den Menschen gegen das Thier abhebt, hängt von dieser Fähigkeit ab, die anschaulichen Metaphern zu einem Schema zu verflüchtigen, also ein Bild in einen Begriff aufzulösen; im Bereich jener Schemata nämlich ist etwas möglich, was niemals unter den anschaulichen ersten Eindrücken gelingen möchte: eine pyramidale Ordnung nach Kasten und Graden aufzubauen, eine neue Welt von Gesetzen, Privilegien, Unterordnungen, Gränzbestimmungen zu schaffen, die nun der anderen anschaulichen Welt der ersten Eindrücke gegenübertritt, als das Festere, Allgemeinere, Bekanntere, Menschlichere und daher als das Regulirende und Imperativische. Während jede Anschauungsmetapher individuell und ohne ihres Gleichen ist und deshalb allem Rubriciren immer zu entfliehen weiss, zeigt der grosse Bau der Begriffe die starre Regelmässigkeit eines römischen Columbariums und athmet in der Logik jene Strenge und Kühle aus, die der Mathematik zu eigen ist. Wer von dieser Kühle angehaucht wird, wird es kaum glauben, dass auch der Begriff, knöchern und 8eckig wie ein Würfel und versetzbar wie jener, doch nur als das R e s i d u u m e i n e r M e -

tapher übrig bleibt, und dass die Illusion der künstlerischen Uebertragung eines Nervenreizes in Bilder, wenn nicht die Mutter so doch die Grossmutter eines jeden Begriffs ist. Innerhalb dieses Würfelspiels der Begriffe heisst aber »Wahrheit« – jeden Würfel so zu gebrauchen, wie er bezeichnet ist; genau seine Augen zu zählen, richtige Rubriken zu bilden und nie gegen die Kastenordnung und gegen die Reihenfolge der Rangklassen zu verstossen. Wie die Römer und Etrusker sich den Himmel durch starre mathematische Linien zerschnitten und in einen solchermaassen abgegrenzten Raum als in ein templum einen Gott bannten, so hat jedes Volk über sich einen solchen mathematisch zertheilten Begriffshimmel und versteht nun unter der Forderung der Wahrheit, dass jeder Begriffsgott nur in s e i n e r Sphäre gesucht werde. Man darf hier den Menschen wohl bewundern als ein gewaltiges Baugenie, dem auf beweglichen Fundamenten und gleichsam auf fliessendem Wasser das Aufthürmen eines unendlich complicirten Begriffsdomes gelingt; freilich, um auf solchen Fundamenten Halt zu finden, muss es ein Bau, wie aus Spinnefäden sein, so zart, um von der Welle mit fortgetragen, so fest, um nicht von dem Winde auseinander geblasen zu werden. Als Baugenie erhebt sich solcher Maassen der Mensch weit über die Biene: diese baut aus Wachs, das sie aus der Natur zusammenholt, er aus dem weit zarteren Stoffe der Begriffe, die er erst aus sich fabriciren muss. Er ist hier sehr zu bewundern – aber nur nicht wegen seines Triebes zur Wahrheit, zum reinen Erkennen der Dinge. Wenn Jemand ein Ding hinter einem Busche versteckt, es eben dort wieder sucht und auch findet, so ist an diesem Suchen und Finden nicht viel zu rühmen: so aber steht es mit dem Suchen und Finden der »Wahrheit« innerhalb des Vernunft-Bezirkes. Wenn ich die Definition des Säugethiers mache und dann erkläre, nach Besichtigung eines Kameels: Siehe, ein Säugethier, so wird damit eine Wahrheit zwar an das Licht gebracht, aber sie ist von begränztem Werthe, ich meine, sie ist durch und durch anthropomorphisch und enthält keinen einzigen Punct, der »wahr an sich«, wirklich und allgemeingültig, abgesehen von dem Menschen, wäre. Der Forscher nach solchen Wahrheiten sucht im Grunde nur die Metamorphose der Welt in den Menschen; er ringt nach einem Verstehen der Welt als eines menschenartigen Dinges und erkämpft sich besten Falls das Gefühl einer Assimilation. Aehnlich wie der Astrolog die Sterne im Dienste der Menschen und im Zusammenhange mit ihrem Glück und Leide betrachtet, so betrachtet ein solcher Forscher die ganze Welt als geknüpft an den Menschen, als den unendlich gebrochenen Wiederklang eines Urklanges, des Menschen, als das vervielfältigte Abbild des einen Urbildes, des Menschen. Sein Verfahren ist: den Menschen als Maass an alle Dinge zu halten, wobei er aber von dem Irrthume ausgeht, zu glauben, er habe diese Dinge unmittelbar als reine Objekte vor sich. Er vergisst also die originalen Anschauungsmetaphern als Metaphern und nimmt sie als die Dinge selbst.

Nur durch das Vergessen jener primitiven Metapherwelt, nur durch das Hart- und Starr-Werden einer ursprünglich in hitziger Flüssigkeit aus dem Urvermögen menschlicher Phantasie hervorströmenden Bildermasse, nur durch den unbesiegbaren Glauben, diese Sonne, dieses Fenster, dieser Tisch sei eine Wahrheit an sich, kurz nur dadurch, dass der Mensch sich als Subjekt und zwar als künstlerisch schaffendes Subjekt vergisst, lebt er mit einiger Ruhe, Sicherheit und Consequenz; wenn er einen Augenblick nur aus den Gefängnisswänden dieses Glaubens heraus könnte, so wäre es sofort mit seinem »Selbstbewusstsein« vorbei. Schon dies kostet ihm Mühe, sich einzugestehen, wie das Insekt oder der Vogel eine ganz andere Welt percipiren als der Mensch, und dass die Frage, welche von beiden Weltperceptionen richtiger ist, eine ganz sinnlose ist, da hierzu bereits mit dem Maassstabe der richtigen Perception d. h. mit einem nicht vorhandenen Maassstabe gemessen werden müsste. Ueberhaupt aber scheint mir die richtige Perception – das würde heissen der adäquate Ausdruck eines Objekts im Subjekt – ein widerspruchsvolles Unding: denn zwischen zwei absolut verschiedenen Sphären wie zwischen Subjekt und Objekt giebt es keine Causalität, keine Richtigkeit, keinen Ausdruck, sondern höchstens ein ästhetisches Verhalten, ich meine eine andeutende Uebertragung, eine nachstammelnde Uebersetzung in eine ganz fremde Sprache. Wozu es aber jedenfalls einer frei dichtenden und frei erfindenden Mittel-Sphäre und Mittelkraft bedarf. Das Wort Erscheinung enthält viele Verführungen, weshalb ich es möglichst vermeide: denn es ist nicht wahr, dass das Wesen der Dinge in der empirischen Welt erscheint. Ein Maler, dem die Hände fehlen und der durch Gesang das ihm vorschwebende Bild ausdrücken wollte, wird immer noch mehr bei dieser Vertauschung der Sphären verrathen, als die empirische Welt vom Wesen der Dinge verräth. Selbst das Verhältniss eines Nervenreizes zu dem hervorgebrachten Bilde ist an sich kein nothwendiges; wenn aber eben dasselbe Bild Millionen Mal hervorgebracht und durch viele Menschengeschlechter hindurch vererbt ist, ja zuletzt bei der gesammten Menschheit jedesmal in Folge desselben Anlasses erscheint, so bekommt es endlich für den Menschen dieselbe Bedeutung, als ob es das einzig nothwendige Bild sei und als ob jenes Verhältniss des ursprünglichen Nervenreizes zu dem hergebrachten Bilde ein strenges Causalitätsverhältniss sei; wie ein Traum, ewig wiederholt, durchaus als Wirklichkeit empfunden und beurtheilt werden würde. Aber das Hart- und Starr-Werden einer Metapher verbürgt durchaus nichts für die Nothwendigkeit und ausschliessliche Berechtigung dieser Metapher.

Es hat gewiss jeder Mensch, der in solchen Betrachtungen heimisch ist, gegen jeden derartigen Idealismus ein tiefes Misstrauen empfunden, so oft er sich einmal recht deutlich von der ewigen Consequenz, Allgegenwärtigkeit und Unfehlbarkeit der Naturgesetze überzeugte; er hat den Schluss gemacht: hier ist alles, soweit wir dringen, nach der Höhe der teleskopischen und nach der Tiefe der mikroskopischen Welt, so sicher, ausgebaut, endlos, gesetzmässig und ohne Lücken; die Wissenschaft wird ewig in diesen Schachten mit Erfolg zu graben haben und alles Gefundene wird zusammenstimmen und sich nicht widersprechen. Wie wenig gleicht dies einem Phantasieerzeugniss: denn wenn es dies wäre, müsste es doch irgendwo den Schein und die Unrealität errathen lassen. Dagegen ist einmal zu sagen: hätten wir noch, jeder für sich eine verschiedenartige Sinnesempfindung, könnten wir selbst nur bald als Vogel, bald als Wurm, bald als Pflanze percipiren, oder sähe der eine von uns denselben Reiz als roth, der andere als blau, hörte ein Dritter ihn sogar als Ton, so würde niemand von einer solchen Gesetzmässigkeit der Natur reden, sondern sie nur als ein höchst subjectives Gebilde begreifen. Sodann: was ist für uns überhaupt ein Naturgesetz; es ist uns nicht an sich bekannt, sondern nur in seinen Wirkungen d. h. in seinen Relationen zu anderen Naturgesetzen, die uns wieder nur als Relationen bekannt sind. Also verweisen alle diese Relationen immer nur wieder auf einander und sind uns ihrem Wesen nach unverständlich durch und durch; nur das, was wir hinzubringen, die Zeit, der Raum, also Successionsverhältnisse und Zahlen sind uns wirklich daran bekannt. Alles Wunderbare aber, das wir gerade an den Naturgesetzen anstaunen, das unsere Erklärung fordert und uns zum Misstrauen gegen den Idealismus verführen könnte, liegt gerade und ganz allein nur in der mathematischen Strenge und Unverbrüchlichkeit der Zeit- und Raum-Vorstellungen. Diese aber produciren wir in uns und aus uns mit jener Nothwendigkeit, mit der die Spinne spinnt; wenn wir gezwungen sind, alle Dinge nur unter diesen Formen zu begreifen, so ist es dann nicht mehr wunderbar, dass wir an allen Dingen eigentlich nur eben diese Formen begreifen: denn sie alle müssen die Gesetze der Zahl an sich tragen, und die Zahl gerade ist das Erstaunlichste in den Dingen. Alle Gesetzmässigkeit, die uns im Sternenlauf und im chemischen Process so imponirt, fällt im Grund mit jenen Eigenschaften zusammen, die wir selbst an die Dinge heranbringen, so dass wir damit uns selber imponiren. Dabei ergiebt sich allerdings, dass jene künstlerische Metaphernbildung, mit der in uns jede Empfindung beginnt, bereits jene Formen voraussetzt, also in ihnen vollzogen wird; nur aus dem festen Verharren dieser Urformen erklärt sich die Möglichkeit, wie nachher wieder aus den Metaphern selbst ein Bau der Begriffe constituirt werden sollte. Dieser ist nämlich eine Nachahmung der Zeit- Raum- und Zahlenverhältnisse auf dem Boden der Metaphern.

2.

An dem Bau der Begriffe arbeitet ursprünglich, wie wir sahen, die Sprache, in späteren Zeiten die Wissenschaft. Wie die Biene zugleich an den Zellen baut und die Zellen mit Honig füllt, so arbeitet die Wissenschaft unaufhaltsam an jenem grossen Columbarium der Begriffe, der Begräbnissstätte der Anschauung, baut immer neue und höhere Stockwerke, stützt, reinigt, erneut die alten Zellen, und ist vor allem bemüht, jenes in's Ungeheure aufgethürmte Fachwerk zu füllen und die ganze empirische Welt d. h. die anthropomorphische Welt hineinzuordnen. Wenn schon der handelnde Mensch sein Leben an die Vernunft und ihre Begriffe bindet, um nicht fortgeschwemmt zu werden und sich nicht selbst zu verlieren, so baut der Forscher seine Hütte dicht an den Thurmbau der Wissenschaft, um an ihm mithelfen zu können und selbst Schutz unter dem vorhandenen Bollwerk zu finden. Und Schutz braucht er: denn es giebt furchtbare Mächte, die fortwährend auf ihn eindringen, und die der wissenschaftlichen Wahrheit ganz anders geartete »Wahrheiten« mit den verschiedenartigsten Schildzeichen entgegenhalten.

Jener Trieb zur Metapherbildung, jener Fundamentaltrieb des Menschen, den man keinen Augenblick wegrechnen kann, weil man damit den Menschen selbst wegrechnen würde, ist dadurch, dass aus seinen verflüchtigten Erzeugnissen, den Begriffen, eine reguläre und starre neue Welt als eine Zwingburg für ihn gebaut wird, in Wahrheit nicht bezwungen und kaum gebändigt. Er sucht sich ein neues Bereich seines Wirkens und ein anderes Flussbette und findet es im Mythus und überhaupt in der Kunst. Fortwährend verwirrt er die Rubriken und Zellen der Begriffe dadurch dass er neue Uebertragungen, Metaphern, Metonymien hinstellt, fortwährend zeigt er die Begierde, die vorhandene Welt des wachen Menschen so bunt unregelmässig folgenlos unzusammenhängend, reizvoll und ewig neu zu gestalten, wie es die Welt des Traumes ist. An sich ist ja der wache Mensch nur durch das starre und regelmässige Begriffsgespinnst darüber im Klaren, dass er wache, und kommt eben deshalb mitunter in den Glauben, er träume, wenn jenes Begriffsgespinnst einmal durch die Kunst zerrissen wird. Pascal hat Recht, wenn er behauptet, dass wir, wenn uns jede Nacht derselbe Traum käme, davon eben so beschäftigt würden, als von den Dingen, die wir jeden Tag sehen: »Wenn ein Handwerker gewiss wäre jede Nacht zu träumen volle zwölf Stunden hindurch, dass er König sei, so glaube ich, sagt Pascal, dass er eben so glücklich wäre, als ein König welcher alle Nächte während zwölf Stunden träumte er sei Handwerker«. Der wache Tag eines mythisch erregten Volkes, etwa der älteren Griechen, ist durch das fortwährend wirkende Wunder, wie es der Mythus annimmt, in der That dem Traume ähnlicher als dem Tag des wissenschaftlich ernüchterten Denkers. Wenn jeder Baum einmal als Nymphe reden oder unter der Hülle eines Stieres ein Gott Jungfrauen wegschleppen kann, wenn die Göttin Athene selbst plötzlich gesehen wird, wie sie mit einem schönen Gespann in der Begleitung des Pisistratus durch die Märkte Athens fährt – und das glaubte der ehrliche Athener – so ist in jedem Augenblicke, wie im Traume, alles möglich, und die ganze Natur umschwärmt den Menschen, als ob sie nur die Maskerade der Götter wäre, die sich nur einen Scherz daraus machten, in allen Gestalten den Menschen zu täuschen.

Der Mensch selbst aber hat einen unbesiegbaren Hang, sich täuschen zu lassen und ist wie bezaubert vor Glück, wenn der Rhapsode ihm epische Märchen wie wahr erzählt oder der Schauspieler im Schauspiel den König noch königlicher agirt, als ihn die Wirklichkeit zeigt. Der Intellekt, jener Meister der Verstellung, ist so lange frei, und seinem sonstigen Sklavendienste enthoben, als er täuschen kann, ohne zu s c h a d e n und feiert dann seine Saturnalien; nie ist er üppiger, reicher, stolzer, gewandter und verwegener. Mit schöpferischem Behagen wirft er die Metaphern durcheinander und verrückt die Gränzsteine der Abstraktion, so dass er z. B. den Strom als den beweglichen Weg bezeichnet, der den Menschen trägt, dorthin, wohin er sonst geht. Jetzt hat er das Zeichen der Dienstbarkeit von sich geworfen: sonst mit trübsinniger Geschäftigkeit bemüht, einem armen Individuum, dem es nach Dasein gelüstet, den Weg und die Werkzeuge zu zeigen und wie ein Diener für seinen Herrn auf Raub und Beute ausziehend ist er jetzt zum Herrn geworden und darf den Ausdruck der Bedürftigkeit aus seinen Mienen wegwischen. Was er jetzt auch thut, Alles trägt im Vergleich mit seinem früheren Thun die Verstellung, wie das frühere die Verzerrung an sich. Er copirt das Menschenleben, nimmt es aber für eine gute Sache und scheint mit ihm sich recht zufrieden zu geben. Jenes ungeheure Gebälk und Bretterwerk der Begriffe, an das sich klammernd der bedürftige Mensch sich durch das Leben rettet, ist dem freigewordenen Intellekt nur ein Gerüst und ein Spielzeug für seine verwegensten Kunststücke: und wenn er es zerschlägt, durcheinanderwirft, ironisch wieder zusammensetzt, das Fremdeste paarend und das Nächste trennend, so offenbart er, dass er jene Nothbehelfe der Bedürftigkeit nicht braucht, und dass er jetzt nicht von Begriffen sondern von Intuitionen geleitet wird. Von diesen Intuitionen aus führt kein regelmässiger Weg in das Land der gespenstischen Schemata, der Abstraktionen: für sie ist das Wort nicht gemacht, der Mensch verstummt, wenn er sie sieht, oder redet in lauter verbotenen Metaphern und unerhörten Begriffsfügungen, um wenigstens durch das Zertrümmern und Verhöhnen der alten Begriffsschranken dem Eindrucke der mächtigen gegenwärtigen Intuition schöpferisch zu entsprechen.

Es giebt Zeitalter, in denen der vernünftige Mensch und der intuitive Mensch neben einander stehen, der eine in Angst vor der Intuition, der andere mit Hohn über die Abstraction; der letztere eben so unvernünftig, als der erstere unkünstlerisch ist.

Beide begehren über das Leben zu herrschen: dieser, indem er durch Vorsorge, Klugheit, Regelmässigkeit den hauptsächlichsten Nöthen zu begegnen weiss, jener indem er als ein »überfroher Held« jene Nöthe nicht sieht und nur das zum Schein und zur Schönheit verstellte Leben als real nimmt. Wo einmal der intuitive Mensch, etwa wie im älteren Griechenland seine Waffen gewaltiger und siegreicher führt, als sein Widerspiel, kann sich günstigen Falls eine Kultur gestalten, und die Herrschaft der Kunst über das Leben sich gründen; jene Verstellung, jenes Verläugnen der Bedürftigkeit, jener Glanz der metaphorischen Anschauungen und überhaupt jene Unmittelbarkeit der Täuschung begleitet alle Aeusserungen eines solchen Lebens. Weder das Haus, noch der Schritt, noch die Kleidung, noch der thönerne Krug verrathen, dass die Nothdurft sie erfand; es scheint so als ob in ihnen allen ein erhabenes Glück und eine olympische Wolkenlosigkeit und gleichsam ein Spielen mit dem Ernste ausgesprochen werden sollte. Während der von Begriffen und Abstractionen geleitete Mensch durch diese das Unglück nur abwehrt, ohne selbst aus den Abstraktionen sich Glück zu erzwingen, während er nach möglichster Freiheit von Schmerzen trachtet, erntet der intuitive Mensch, inmitten einer Kultur stehend, bereits von seinen Intuitionen, ausser der Abwehr des Uebels eine fortwährend einströmende Erhellung, Aufheiterung, Erlösung. Freilich leidet er heftiger, w e n n er leidet; ja er leidet auch öfter, weil er aus der Erfahrung nicht zu lernen versteht und immer wieder in dieselbe Grube fällt, in die er einmal gefallen. Im Leide ist er dann ebenso unvernünftig wie im Glück, er schreit laut und hat keinen Trost. Wie anders steht unter dem gleichen Missgeschick der stoische, an der Erfahrung belehrte, durch Begriffe sich beherrschende Mensch da! Er, der sonst nur Aufrichtigkeit, Wahrheit, Freiheit von Täuschungen und Schutz vor berückenden Ueberfällen sucht, legt jetzt, im Unglück, das Meisterstück der Verstellung ab, wie jener im Glück; er trägt kein zuckendes und bewegliches Menschengesicht, sondern gleichsam eine Maske mit würdigem Gleichmaasse der Züge, er schreit nicht und verändert nicht einmal seine Stimme. Wenn eine rechte Wetterwolke sich über ihn ausgiesst, so hüllt er sich in seinen Mantel und geht langsamen Schrittes unter ihr davon.

(KSA I, 875–890)

Die fröhliche Wissenschaft

344.

Inwiefern auch wir noch fromm sind. – In der Wissenschaft haben die Ueberzeugungen kein Bürgerrecht, so sagt man mit gutem Grunde: erst wenn sie sich entschliessen, zur Bescheidenheit einer Hypothese, eines vorläufigen Versuchs-Standpunktes, einer regulativen Fiktion herabzusteigen, darf ihnen der Zutritt und sogar ein gewisser Werth innerhalb des Reichs der Erkenntniss zugestanden werden, – immerhin mit der Beschränkung, unter polizeiliche Aufsicht gestellt zu bleiben, unter die Polizei des Misstrauens. – Heisst das aber nicht, genauer besehen: erst, wenn die Ueberzeugung aufhört, Ueberzeugung zu sein, darf sie Eintritt in die Wissenschaft erlangen? Fienge nicht die Zucht des wissenschaftlichen Geistes damit an, sich keine Ueberzeugungen mehr zu gestatten? ... So steht es wahrscheinlich: nur bleibt übrig zu fragen, ob nicht, damit diese Zucht anfangen könne, schon eine Ueberzeugung da sein müsse, und zwar eine so gebieterische und bedingungslose, dass sie alle andren Ueberzeugungen sich zum Opfer bringt. Man sieht, auch die Wissenschaft ruht auf einem Glauben, es giebt gar keine »voraussetzungslose« Wissenschaft. Die Frage, ob Wahrheit noth thue, muss nicht nur schon vorher bejaht, sondern in dem Grade bejaht sein, dass der Satz, der Glaube, die Ueberzeugung darin zum Ausdruck kommt »es thut nichts mehr noth als Wahrheit, und im Verhältniss zu ihr hat alles Uebrige nur einen Werth zweiten Rangs«. – Dieser unbedingte Wille zur Wahrheit: was ist er? Ist es der Wille, sich nicht täuschen zu lassen? Ist es der Wille, nicht zu täuschen? Nämlich auch auf diese letzte Weise könnte der Wille zur Wahrheit interpretirt werden: vorausgesetzt, dass man unter der Verallgemeinerung »ich will nicht täuschen« auch den einzelnen Fall »ich will mich nicht täuschen« einbegreift. Aber warum nicht täuschen? Aber warum nicht sich täuschen lassen? – Man bemerke, dass die Gründe für das Erstere auf einem ganz andern Bereiche liegen als die für das Zweite: man will sich nicht täuschen lassen, unter der Annahme, dass es schädlich, gefährlich, verhängnissvoll ist, getäuscht zu werden, – in diesem Sinne wäre Wissenschaft eine lange Klugheit, eine Vorsicht, eine Nützlichkeit, gegen die man aber billigerweise einwenden dürfte: wie? ist wirklich das Sich-nicht-täuschen-lassen-wollen weniger schädlich, weniger gefährlich, weniger verhängnissvoll? Was wisst ihr von vornherein vom Charakter des Daseins, um entscheiden zu können, ob der grössere Vortheil auf Seiten des Unbedingt-Misstrauischen oder des Unbedingt-Zutraulichen ist? Falls aber Beides nöthig sein sollte, viel Zutrauen u n d viel Misstrauen: woher dürfte dann die Wissenschaft ihren unbedingten Glauben, ihre Ueberzeugung nehmen, auf dem sie ruht, dass Wahrheit wichtiger sei als irgend ein andres Ding, auch als jede andre Ueberzeugung? Eben diese Ueberzeugung könnte nicht entstanden sein, wenn Wahrheit u n d Unwahrheit sich beide fortwährend als nützlich bezeigten: wie es der Fall ist. Also – kann der Glaube an die Wissenschaft, der nun einmal unbestreitbar da ist, nicht aus einem solchen Nützlichkeits-Calcul seinen Ursprung genommen haben, sondern vielmehr t r o t z - d e m, dass ihm die Unnützlichkeit und Gefährlichkeit des »Willens zur Wahrheit«, der »Wahrheit um jeden Preis« fortwährend bewiesen wird. »Um jeden Preis«: oh wir verstehen das gut genug, wenn wir erst einen Glauben nach dem andern auf diesem Altare dargebracht und abgeschlachtet haben! – Folglich bedeutet »Wille zur Wahrheit« n i c h t »ich will mich nicht täuschen lassen«, sondern – es bleibt keine Wahl – »ich will nicht täuschen, auch mich selbst nicht«: – u n d h i e r m i t s i n d w i r a u f d e m B o d e n d e r M o r a l. Denn man frage sich nur gründlich: »warum willst du nicht täuschen?« namentlich wenn es den Anschein haben sollte, – und es hat den Anschein! – als wenn das Leben auf Anschein, ich meine auf Irrthum, Betrug, Verstellung, Blendung, Selbstverblendung angelegt wäre, und wenn andrerseits thatsächlich die grosse Form des Lebens sich immer auf der Seite der unbedenklichsten πολύτροποι gezeigt hat. Es könnte ein solcher Vorsatz vielleicht, mild ausgelegt, eine Don-Quixoterie, ein kleiner schwärmerischer Aberwitz sein; er könnte aber auch noch etwas Schlimmeres sein, nämlich ein lebensfeindliches zerstörerisches Princip ... »Wille zur Wahrheit« – das könnte ein versteckter Wille zum Tode sein. – Dergestalt führt die Frage: warum Wissenschaft? zurück auf das moralische Problem: w o z u ü b e r h a u p t M o r a l, wenn Leben, Natur, Geschichte »unmoralisch« sind? Es ist kein Zweifel, der Wahrhaftige, in jenem verwegenen und letzten Sinne, wie ihn der Glaube an die Wissenschaft voraussetzt, b e j a h t d a m i t e i n e a n d r e W e l t als die des Lebens, der Natur und der Geschichte; und insofern er diese »andre Welt« bejaht, wie? muss er nicht ebendamit ihr Gegenstück, diese Welt, u n s r e Welt – verneinen? ... Doch man wird es begriffen haben, worauf ich hinaus will, nämlich dass es immer noch ein m e t a p h y s i s c h e r G l a u b e ist, auf dem unser Glaube an die Wissenschaft ruht, – dass auch wir Erkennenden von heute, wir Gottlosen und Antimetaphysiker, auch u n s e r Feuer noch von dem Brande nehmen, den ein Jahrtausende alter Glaube entzündet hat, jener Christen-Glaube, der auch der Glaube Plato's war, dass Gott die Wahrheit ist, dass die Wahrheit göttlich ist ... Aber wie, wenn dies gerade immer mehr unglaubwürdig wird, wenn Nichts sich mehr als göttlich erweist, es sei denn der Irrthum, die Blindheit, die Lüge, – wenn Gott selbst sich als unsre längste Lüge erweist? –

(III, 574–577)

Jenseits von Gut und Böse

Erstes Hauptstück:
von den Vorurtheilen der Philosophen.

1.

Der Wille zur Wahrheit, der uns noch zu manchem Wagnisse verführen wird, jene berühmte Wahrhaftigkeit, von der alle Philosophen bisher mit Ehrerbietung geredet haben: was für Fragen hat dieser Wille zur Wahrheit uns schon vorgelegt! Welche wunderlichen schlimmen fragwürdigen Fragen! Das ist bereits eine lange Geschichte, – und doch scheint es, dass sie kaum eben angefangen hat? Was Wunder, wenn wir endlich einmal misstrauisch werden, die Geduld verlieren, uns ungeduldig umdrehn? Dass w i r von dieser Sphinx auch unserseits das Fragen lernen? W e r ist das eigentlich, der uns hier Fragen stellt? W a s in uns will eigentlich »zur Wahrheit«? – In der That, wir machten lange Halt vor der Frage nach der Ursache dieses Willens, – bis wir, zuletzt, vor einer noch gründlicheren Frage ganz und gar stehen blieben. Wir fragten nach dem W e r t h e dieses Willens. Gesetzt, wir wollen Wahrheit: w a r u m   n i c h t   l i e b e r Unwahrheit? Und Ungewissheit? Selbst Unwissenheit? – Das Problem vom Werthe der Wahrheit trat vor uns hin, – oder waren wir's, die vor das Problem hin traten? Wer von uns ist hier Oedipus? Wer Sphinx? Es ist ein Stelldichein, wie es scheint, von Fragen und Fragezeichen. – Und sollte man's glauben, dass es uns schliesslich bedünken will, als sei das Problem noch nie bisher gestellt, – als sei es von uns zum ersten Male gesehn, in's Auge gefasst, g e - w a g t ? Denn es ist ein Wagnis dabei, und vielleicht giebt es kein grösseres.

»Wie k ö n n t e Etwas aus seinem Gegensatz entstehn? Zum Beispiel die Wahrheit aus dem Irrthume? Oder der Wille zur Wahrheit aus dem Willen zur Täuschung? Oder die selbstlose Handlung aus dem Eigennutze? Oder das reine sonnenhafte Schauen
des Weisen aus der Begehrlichkeit? Solcherlei Entstehung ist unmöglich; wer davon träumt, ein Narr, ja Schlimmeres; die Dinge
höchsten Werthes müssen einen anderen, e i g e n e n Ursprung
haben, – aus dieser vergänglichen verführerischen täuschenden
geringen Welt, aus diesem Wirrsal von Wahn und Begierde sind
sie unableitbar! Vielmehr im Schoosse des Sein's, im Unvergäng-
lichen, im verborgenen Gotte, im »Ding an sich« – da muss ihr
Grund liegen, und sonst nirgendswo!« – Diese Art zu urtheilen
macht das typische Vorurtheil aus, an dem sich die Metaphysiker aller Zeiten wieder erkennen lassen; diese Art von Werthschätzungen steht im Hintergrunde aller ihrer logischen Prozeduren; aus diesem ihrem »Glauben« heraus bemühn sie sich um
ihr »Wissen«, um Etwas, das feierlich am Ende als »die Wahrheit« getauft wird. Der Grundglaube der Metaphysiker ist d e r
G l a u b e   a n   d i e   G e g e n s ä t z e   d e r   W e r t h e. Es ist auch
den Vorsichtigsten unter ihnen nicht eingefallen, hier an der
Schwelle bereits zu zweifeln, wo es doch am nöthigsten war:
selbst wenn sie sich gelobt hatten »de omnibus dubitandum«.
Man darf nämlich zweifeln, erstens, ob es Gegensätze überhaupt
giebt, und zweitens, ob jene volksthümlichen Werthschätzungen und Werth-Gegensätze, auf welche die Metaphysiker ihr
Siegel gedrückt haben, nicht vielleicht nur Vordergrunds-Schätzungen sind, nur vorläufige Perspektiven, vielleicht noch dazu
aus einem Winkel heraus, vielleicht von Unten hinauf, Frosch-
Perspektiven gleichsam, um einen Ausdruck zu borgen, der den
Malern geläufig ist? Bei allem Werthe, der dem Wahren, dem
Wahrhaftigen, dem Selbstlosen zukommen mag: es wäre möglich, dass dem Scheine, dem Willen zur Täuschung, dem Eigen-
nutz und der Begierde ein für alles Leben höherer und grund-

sätzlicherer Werth zugeschrieben werden müsste. Es wäre sogar noch möglich, dass was den Werth jener guten und verehrten Dinge ausmacht, gerade darin bestünde, mit jenen schlimmen, scheinbar entgegengesetzten Dingen auf verfängliche Weise verwandt, verknüpft, verhäkelt, vielleicht gar wesensgleich zu sein. Vielleicht! – Aber wer ist Willens, sich um solche gefährliche Vielleichts zu kümmern! Man muss dazu schon die Ankunft einer neuen Gattung von Philosophen abwarten, solcher, die irgend welchen anderen umgekehrten Geschmack und Hang haben als die bisherigen, – Philosophen des gefährlichen Vielleicht in jedem Verstande. – Und allen Ernstes gesprochen: ich sehe solche neue Philosophen heraufkommen.

3.

Nachdem ich lange genug den Philosophen zwischen die Zeilen und auf die Finger gesehn habe, sage ich mir: man muss noch den grössten Theil des bewussten Denkens unter die Instinkt-Thätigkeiten rechnen, und sogar im Falle des philosophischen Denkens; man muss hier umlernen, wie man in Betreff der Vererbung und des »Angeborenen« umgelernt hat. So wenig der Akt der Geburt in dem ganzen Vor- und Fortgange der Vererbung in Betracht kommt: ebenso wenig ist »Bewusstsein« in irgend einem entscheidenden Sinne dem Instinktiven entgegengesetzt, – das meiste bewusste Denken eines Philosophen ist durch seine Instinkte heimlich geführt und in bestimmte Bahnen gezwungen. Auch hinter aller Logik und ihrer anscheinenden Selbstherrlichkeit der Bewegung stehen Werthschätzungen, deutlicher gesprochen, physiologische Forderungen zur Erhaltung einer bestimmten Art von Leben. Zum Beispiel, dass das Bestimmte mehr werth sei als das Unbestimmte, der Schein weniger werth als die »Wahrheit«: dergleichen Schätzungen könnten, bei aller ihrer regulativen Wichtigkeit für uns, doch nur Vordergrunds-Schätzungen sein, eine bestimmte Art von niaiserie, wie sie gerade zur Erhaltung von Wesen, wie wir sind, noth thun mag. Gesetzt nämlich, dass nicht gerade der Mensch das »Maass der Dinge« ist .....

4.

Die Falschheit eines Urtheils ist uns noch kein Einwand gegen ein Urtheil; darin klingt unsre neue Sprache vielleicht am fremdesten. Die Frage ist, wie weit es lebenfördernd, lebenerhaltend, Art-erhaltend, vielleicht gar Art-züchtend ist; und wir sind grundsätzlich geneigt zu behaupten, dass die falschesten Urtheile (zu denen die synthetischen Urtheile a priori gehören) uns die unentbehrlichsten sind, dass ohne ein Geltenlassen der logischen Fiktionen, ohne ein Messen der Wirklichkeit an der rein erfundenen Welt des Unbedingten, Sich-selbst-Gleichen, ohne eine beständige Fälschung der Welt durch die Zahl der Mensch nicht leben könnte, – dass Verzichtleisten auf falsche Urtheile ein Verzichtleisten auf Leben, eine Verneinung des Lebens wäre. Die Unwahrheit als Lebensbedingung zugestehn: das heisst freilich auf eine gefährliche Weise den gewohnten Werthgefühlen Widerstand leisten; und eine Philosophie, die das wagt, stellt sich damit allein schon jenseits von Gut und Böse.

(KSA V, 15–18)

24.

– Und nun sehe man sich dagegen jene seltneren Fälle an, von denen ich sprach, die letzten Idealisten, die es heute unter Philosophen und Gelehrten giebt: hat man in ihnen vielleicht die gesuchten G e g n e r des asketischen Ideals, dessen G e g e n - I d e a l i s t e n ? In der That, sie g l a u b e n sich als solche, diese »Ungläubigen« (denn das sind sie allesammt); es scheint gerade Das ihr letztes Stück Glaube, Gegner dieses Ideals zu sein, so ernsthaft sind sie an dieser Stelle, so leidenschaftlich wird da gerade ihr Wort, ihre Gebärde: – brauchte es deshalb schon w a h r zu sein, was sie glauben? … Wir »Erkennenden« sind nachgerade misstrauisch gegen alle Art Gläubige; unser Misstrauen hat uns allmählich darauf eingeübt, umgekehrt zu schliessen, als man ehedem schloss: nämlich überall, wo die Stärke eines Glaubens sehr in den Vordergrund tritt, auf eine gewisse Schwäche der Beweisbarkeit, auf U n w a h r s c h e i n l i c h k e i t selbst des Geglaubten zu schliessen. Auch wir leugnen nicht, dass der Glaube »selig macht«: e b e n d e s h a l b leugnen wir, dass der Glaube Etwas b e w e i s t , – ein starker Glaube, der selig macht, ist ein Verdacht gegen Das, woran er glaubt, er begründet nicht »Wahrheit«, er begründet eine gewisse Wahrscheinlichkeit – der T ä u s c h u n g . Wie steht es nun in diesem Falle? – Diese Verneinenden und Abseitigen von Heute, diese Unbedingten in Einem, im Anspruch auf intellektuelle Sauberkeit, diese harten, strengen, enthaltsamen, heroischen Geister, welche die Ehre unsrer Zeit ausmachen, alle diese blassen Atheisten, Antichristen, Immoralisten, Nihilisten, diese Skeptiker, Ephektiker, H e k t i k e r des Geistes (letzteres sind sie sammt und sonders, in irgend einem Sinne), diese letzten Idealisten der Erkenntniss, in denen allein heute das intellektuelle Gewissen wohnt und leibhaft ward, – sie glauben sich in der That so losgelöst als möglich vom asketischen Ideale, diese »freien, s e h r freien Geister«: und doch, dass ich ihnen verrathe, was sie selbst nicht sehen können – denn sie stehen sich zu nahe – dies Ideal ist gerade auch i h r Ideal, sie selbst stellen es heute dar, und Niemand sonst vielleicht, sie selbst sind seine vergeistigtste Ausgeburt, seine vorgeschobenste Krieger- und Kundschafter-Schaar, seine verfänglichste, zarteste, unfasslichste Verführungsform: – wenn ich irgend worin Räthselrather bin, so will ich es mit d i e s e m Satze sein! ... Das sind noch lange keine f r e i e n Geister: d e n n s i e g l a u b e n n o c h a n d i e W a h r h e i t ... Als die christlichen Kreuzfahrer im Orient auf jenen unbesiegbaren Assassinen-Orden stiessen, jenen Freigeister-Orden par excellence, dessen unterste Grade in einem Gehorsame lebten, wie einen gleichen kein Mönchsorden erreicht hat, da bekamen sie auf irgend welchem Wege auch einen Wink über jenes Symbol und Kerbholz-Wort, das nur den obersten Graden, als deren Secretum, vorbehalten war: »Nichts ist wahr, Alles ist erlaubt« ... Wohlan, d a s war F r e i h e i t des Geistes, d a m i t war der Wahrheit selbst der Glaube g e k ü n d i g t ... Hat wohl je schon ein europäischer, ein christlicher Freigeist sich in diesen Satz und seine labyrinthischen F o l g e r u n g e n verirrt? kennt er den Minotauros dieser Höhle a u s E r f a h r u n g? ... Ich zweifle daran, mehr noch, ich weiss es anders: – Nichts ist diesen Unbedingten in Einem, diesen s o g e n a n n t e n »freien Geistern« gerade fremder als Freiheit und Entfesselung in jenem Sinne, in keiner Hinsicht sind sie gerade fester gebunden, im Glauben gerade an die Wahrheit sind sie, wie Niemand anders sonst, fest und unbedingt. Ich kenne dies Alles vielleicht zu sehr aus der Nähe: jene verehrenswürdige Philosophen-Enthaltsamkeit, zu der ein solcher Glaube verpflichtet, jener Stoicismus des Intellekts, der sich das Nein zuletzt eben so streng verbietet wie das Ja, jenes Stehenbleiben-W o l l e n vor dem Thatsächlichen, dem factum b r u t u m, jener Fatalismus der »petits faits« (ce petit faitalisme, wie ich ihn nenne), worin die französische Wissenschaft jetzt eine Art moralischen Vorrangs vor der deutschen sucht, jenes Verzichtleisten auf Interpretation überhaupt (auf das Vergewaltigen, Zurechtschieben, Abkürzen, Weglassen, Ausstopfen, Ausdichten, Umfälschen und was sonst zum Wesen alles Interpretirens gehört) – das drückt, in's Grosse gerechnet, ebensogut Ascetismus der Tugend aus, wie irgend eine Verneinung der Sinnlichkeit (es ist im Grunde nur ein modus dieser Verneinung). Was aber zu ihm zwingt, jener unbedingte Wille zur Wahrheit, das ist der Glaube an das asketische Ideal selbst, wenn auch als sein unbewusster Imperativ, man täusche sich hierüber nicht, – das ist der Glaube an einen metaphysischen Werth, einen Werth an sich der Wahrheit, wie er allein in jenem Ideal verbürgt und verbrieft ist (er steht und fällt mit jenem Ideal). Es giebt, streng geurtheilt, gar keine »voraussetzungslose« Wissenschaft, der Gedanke einer solchen ist unausdenkbar, paralogisch: eine Philosophie, ein »Glaube« muss immer erst da sein, damit aus ihm die Wissenschaft eine Richtung, einen Sinn, eine Grenze, eine Methode, ein Recht auf Dasein gewinnt. (Wer es umgekehrt versteht, wer zum Beispiel sich anschickt, die Philosophie »auf streng wissenschaftliche Grundlage« zu stellen, der hat dazu erst nöthig, nicht nur die Philosophie, sondern auch die Wahrheit selber auf den Kopf zu stellen: die ärgste Anstands-Verletzung, die es in Hinsicht auf zwei so ehrwürdige Frauenzimmer geben kann!) Ja, es ist kein Zweifel – und hiermit lasse ich meine »fröhliche Wissenschaft« zu Worte kommen, vergl. deren fünftes Buch S. 263 – »der Wahrhaftige, in jenem verwegenen und letzten Sinne, wie ihn der Glaube an die Wissenschaft voraussetzt, bejaht damit eine andre Welt als die des Lebens, der Natur und der Geschichte; und insofern er diese »andre Welt« bejaht, wie? muss er nicht eben damit ihr Gegenstück, diese Welt, unsre Welt – verneinen? ... Es ist immer noch ein metaphysischer Glaube, auf dem unser Glaube an die Wissenschaft ruht, – auch wir Erkennenden von Heute, wir Gottlosen und Antimetaphysiker, auch wir nehmen unser Feuer noch von jenem Brande, den ein Jahrtausende alter Glaube entzündet hat, jener Christen-Glaube, der auch der

Glaube Plato's war, dass Gott die Wahrheit ist, dass die Wahrheit göttlich ist ... Aber wie, wenn gerade dies immer mehr unglaubwürdig wird, wenn Nichts sich mehr als göttlich erweist, es sei denn der Irrthum, die Blindheit, die Lüge, – wenn Gott selbst sich als unsre längste Lüge erweist?« – – An dieser Stelle thut es Noth, Halt zu machen und sich lange zu besinnen. Die Wissenschaft selber bedarf nunmehr einer Rechtfertigung (womit noch nicht einmal gesagt sein soll, dass es eine solche für sie giebt). Man sehe sich auf diese Frage die ältesten und die jüngsten Philosophien an: in ihnen allen fehlt ein Bewusstsein darüber, inwiefern der Wille zur Wahrheit selbst erst einer Rechtfertigung bedarf, hier ist eine Lücke in jeder Philosophie – woher kommt das? Weil das asketische Ideal über alle Philosophie bisher Herr war, weil Wahrheit als Sein, als Gott, als oberste Instanz selbst gesetzt wurde, weil Wahrheit gar nicht Problem sein durfte. Versteht man dies »durfte«? – Von dem Augenblick an, wo der Glaube an den Gott des asketischen Ideals verneint ist, giebt es auch ein neues Problem: das vom Werthe der Wahrheit. – Der Wille zur Wahrheit bedarf einer Kritik – bestimmen wir hiermit unsre eigene Aufgabe –, der Werth der Wahrheit ist versuchsweise einmal in Frage zu stellen ... (Wem dies zu kurz gesagt scheint, dem sei empfohlen, jenen Abschnitt der »fröhlichen Wissenschaft« nachzulesen, welcher den Titel trägt: »Inwiefern auch wir noch fromm sind« S. 260 ff, am besten das ganze fünfte Buch des genannten Werks, insgleichen die Vorrede zur »Morgenröthe«.)

(KSA V, 398–401)

6.

(...) Erster Satz. Die Gründe, darauf hin »diese« Welt als scheinbar bezeichnet worden ist, begründen vielmehr deren Realität, – eine andre Art Realität ist absolut unnachweisbar.

Zweiter Satz. Die Kennzeichen, welche man dem »wahren Sein« der Dinge gegeben hat, sind die Kennzeichen des Nicht-Seins, des Nichts, – man hat die »wahre Welt« aus dem Widerspruch zur wirklichen Welt aufgebaut: eine scheinbare Welt in der That, insofern sie bloss eine moralischoptische Täuschung ist.

Dritter Satz. Von einer »andren« Welt als dieser zu fabeln hat gar keinen Sinn, vorausgesetzt, dass nicht ein Instinkt der Verleumdung, Verkleinerung, Verdächtigung des Lebens in uns mächtig ist: im letzteren Falle rächen wir uns am Leben mit der Phantasmagorie eines »anderen«, eines »besseren« Lebens.

Vierter Satz. Die Welt scheiden in eine »wahre« und eine »scheinbare«, sei es in der Art des Christenthums, sei es in der Art Kant's (eines hinterlistigen Christen zu guterletzt) ist nur eine Suggestion der décadence, – ein Symptom niedergehenden Lebens ... Dass der Künstler den Schein höher schätzt als die Realität, ist kein Einwand gegen diesen Satz. Denn »der Schein« bedeutet hier die Realität noch einmal, nur in einer Auswahl, Verstärkung, Correctur ... Der tragische Künstler ist kein Pessimist, – er sagt gerade Ja zu allem Fragwürdigen und Furchtbaren selbst, er ist dionysisch ...

Wie die »wahre Welt« endlich zur Fabel wurde.

Geschichte eines Irrthums.

1. Die wahre Welt erreichbar für den Weisen, den Frommen, den Tugendhaften, – er lebt in ihr, e r i s t s i e.

(Älteste Form der Idee, relativ klug, simpel, überzeugend. Umschreibung des Satzes »ich, Plato, b i n d i e Wahrheit«.)

2. Die wahre Welt, unerreichbar für jetzt, aber versprochen für den Weisen, den Frommen, den Tugendhaften (»für den Sünder, der Busse thut«).

(Fortschritt der Idee: sie wird feiner, verfänglicher, unfasslicher, – s i e w i r d W e i b, sie wird christlich …)

3. Die wahre Welt, unerreichbar, unbeweisbar, unversprechbar, aber schon als gedacht ein Trost, eine Verpflichtung, ein Imperativ.

(Die alte Sonne im Grunde, aber durch Nebel und Skepsis hindurch; die Idee sublim geworden, bleich, nordisch, königsbergisch.)

4. Die wahre Welt – unerreichbar? Jedenfalls unerreicht. Und als unerreicht auch u n b e k a n n t. Folglich auch nicht tröstend, erlösend, verpflichtend: wozu könnte uns etwas Unbekanntes verpflichten? …

(Grauer Morgen. Erstes Gähnen der Vernunft. Hahnenschrei des Positivismus.)

5. Die »wahre Welt« – eine Idee, die zu Nichts mehr nütz ist, nicht einmal mehr verpflichtend, – eine unnütz, eine überflüssig gewordene Idee, f o l g l i c h eine widerlegte Idee: schaffen wir sie ab!

(Heller Tag; Frühstück; Rückkehr des bon sens und der Heiterkeit; Schamröthe Plato's; Teufelslärm aller freien Geister.)

6. Die wahre Welt haben wir abgeschafft: welche Welt blieb übrig? die scheinbare vielleicht? … Aber nein! m i t d e r w a h r e n W e l t h a b e n w i r a u c h d i e s c h e i n b a r e a b - g e s c h a f f t!

(Mittag; Augenblick des kürzesten Schattens; Ende des längsten Irrthums; Höhepunkt der Menschheit; INCIPIT ZARATHUSTRA.)

(KSA VI, 78–81)

VII. Das Unbewusste

Willensfreiheit und Fatum

Freiheit des Willens, in sich nichts anderes als Freiheit des Gedankens, ist auch in ähnlicher Weise wie Gedankenfreiheit beschränkt. Der Gedanke kann die Weite des Ideenkreises nicht überschreiten, der Ideenkreis aber beruht auf den gewonnenen Anschauungen und kann mit deren Erweiterung wachsen und sich steigern, ohne über die durch den Bau des Gehirns bestimmten Grenzen hinauszukommen. Ebenso ist auch bis zu demselben Endpunkte die Willensfreiheit einer Steigerung fähig, innerhalb dieser Grenzen aber unbeschränkt. Etwas anderes ist es, den Willen ins Werk zu setzen; das Vermögen hiezu ist uns fatalistisch zugemessen. –

Indem das Fatum dem Menschen im Spiegel seiner eignen Persönlichkeit erscheint, sind individuelle Willensfreiheit und individuelles Fatum zwei sich gewachsene Gegner. Wir finden, daß die an ein Fatum glaubenden Völker sich durch Kraft und Willensstärke auszeichnen, daß hingegen Frauen und Männer, die nach verkehrt aufgefaßten christl⟨ichen⟩ Sätzen die Dinge gehen lassen wie sie gehen, da »Gott alles gut gemacht hat,« sich von den Umständen auf eine entwürdigende Art leiten lassen. Ueberhaupt sind »Ergebung in Gottes Willen« und »Demut« oft nichts als Deckmäntel für feige Furchtsamkeit, dem Geschick mit Entschiedenheit entgegenzutreten.

Wenn aber das Fatum als Grenzbestimmendes doch noch mächtiger als der freie Wille erscheint, so dürfen wir zweierlei nicht vergessen, zuerst, daß Fatum nur ein abstrakter Begriff ist, eine Kraft ohne Stoff, daß es für das Individuum nur ein individuelles Fatum giebt, daß Fatum nichts ist als eine Kette von Ereignissen, daß der Mensch, sobald er handelt und damit seine eignen Ereignisse schafft, sein eignes Fatum bestimmt, daß überhaupt die Ereignisse, wie sie den Menschen treffen, von ihm selbst bewußt oder unbewußt veranlaßt sind und ihm passen müssen. Die Tätigkeit des Menschen aber beginnt nicht erst mit der Geburt, sondern schon im Embryon und vielleicht – wer kann hier entscheiden – schon in Eltern und Voreltern. Ihr alle, die ihr an Unsterblichkeit der Seele glaubt, müßt auch an die Vorexistenz der Seele glauben, wenn ihr nicht aus etwas Sterblichen etwas Unsterbliches sich entwickeln lassen wollt, ihr müßt auch an diese Art der Seelenexistenz glauben, wenn ihr nicht die Seele in der Luft herumflattern lassen wollt, bis sie endlich in den Körper hineingepfropft wird. Der Hindu sagt: Fatum ist nichts, als die Thaten, die wir in einem früheren Zustande unseres Seins begangen haben.

Woraus soll man widerlegen, daß man nicht seit Ewigkeit schon mit Bewußtsein gehandelt habe? Aus dem ganz unentwickelten Bewußtsein des Kindes? Können wir nicht vielmehr behaupten, daß unsre Handlungen immer im Verhältniß zu unserm Bewußtsein stehn? Auch Emmerson sagt:

> Immer ist der Gedanke vereint
> Mit dem Ding, das als sein Ausdruck erscheint.

Ueberhaupt kann ein Ton uns berühren, wenn nicht eine entsprechende Saite in uns ist? Oder anders ausgedrückt: Können wir einen Eindruck in unserm Gehirn aufnehmen, wenn nicht unser Gehirn schon eine Aufnahmefähigkeit dazu besitzt?

Freier Wille ist ebenso nur ein Abstraktum und bedeutet die Fähigkeit, bewußt zu handeln, während wir unter Fatum das Princip verstehn, das uns beim unbewußten Handeln leitet. Handeln an und für sich drückt immer zugleich auch eine Seelentätigkeit aus, eine Willensrichtung, die wir selbst noch nicht als Object in das Auge zu fassen brauchen. Bei bewußtem Handeln können wir uns ebenso sehr von Eindrücken leiten lassen, wie beim unbewußten, aber auch ebenso wenig. Man sagt öfters bei einer glücklichen That: Das habe ich zufällig so getroffen. Das braucht keineswegs immer wahr zu sein. Die Seelentätigkeit dauert fort und ebenso ungeschwächt, wenn wir sie auch nicht mit unsern geistigen Augen betrachten.

Ähnlich meinen wir oft, wenn wir im hellen Sonnenschein die Augen geschlossen haben, daß für uns die Sonne nicht schiene. Aber ihre Wirkungen auf uns, das Belebende ihres Lichtes, ihre milde Wärme hören nicht auf, ob wir sie auch mit den Sinnen nicht weiter wahrnehmen.

Wenn wir also den Begriff des unbewußt Handelns nicht blos als ein Sichleitenlassen von frühern Eindrücken nehmen, so entschwindet für uns der strenge Unterschied von Fatum und freien Willen und beide Begriffe verschwimmen zu der Idee der Individualität.

Je mehr sich die Dinge vom Unorganischen entfernen und je mehr sich die Bildung erweitert, um so hervortretender wird die Individualität, um so mannigfaltiger ihre Eigenschaften. Selbtätige, innere Kraft und äußere Eindrücke, ihre Entwicklungshebel, was sind sie anders als Willensfreiheit und Fatum?

In der Willensfreiheit liegt für das Individuum das Princip der Absonderung, der Lostrennung vom Ganzen, der absoluten Unbeschränktheit; das Fatum aber setzt den Menschen wieder in organische Verbindung mit der Gesammtentwicklung, und nöthigt ihn, indem es ihn zu beherrschen sucht, zur freien Gegenkraftentwicklung; die fatumlose, absolute Willensfreiheit würde den Menschen zum Gott machen, das fatalistische Princip zu einem Automaten.

(BAW II, 60–62)

115.

Das sogenannte »Ich«. – Die Sprache und die Vorurtheile, auf denen die Sprache aufgebaut ist, sind uns vielfach in der Ergründung innerer Vorgänge und Triebe hinderlich: zum Beispiel dadurch, dass eigentlich Worte allein für superlativische Grade dieser Vorgänge und Triebe da sind –; nun aber sind wir gewohnt, dort, wo uns Worte fehlen, nicht mehr genau zu beobachten, weil es peinlich ist, dort noch genau zu denken; ja, ehedem schloss man unwillkürlich, wo das Reich der Worte aufhöre, höre auch das Reich des Daseins auf. Zorn, Hass, Liebe, Mitleid, Begehren, Erkennen, Freude, Schmerz, – das sind Alles Namen für extreme Zustände: die milderen mittleren und gar die immerwährend spielenden niederen Grade entgehen uns, und doch weben sie gerade das Gespinnst unseres Charakters und Schicksals. Jene extremen Ausbrüche – und selbst das massigste uns bewusste Wohlgefallen oder Missfallen beim Essen einer Speise, beim Hören eines Tones ist vielleicht immer noch, richtig abgeschätzt, ein extremer Ausbruch – zerreissen sehr oft das Gespinnst und sind dann gewaltthätige Ausnahmen, zumeist wohl in Folge von Aufstauungen: – und wie vermögen sie als solche den Beobachter irre zu führen! Nicht weniger, als sie den handelnden Menschen in die Irre führen. Wir sind Alle nicht Das, als was wir nach den Zuständen erscheinen, für die wir allein Bewusstsein und Worte – und folglich Lob und Tadel – haben; wir verkennen uns nach diesen gröberen Ausbrüchen, die uns allein bekannt werden, wir machen einen Schluss aus einem Material, in welchem die Ausnahmen die Regel überwiegen, wir verlesen uns in dieser scheinbar deutlichsten Buchstabenschrift unseres Selbst. Unsere Meinung über uns aber, die wir auf diesem falschen Wege gefunden haben, das sogenannte »Ich«, arbeitet fürderhin mit an unserem Charakter und Schicksal. –

Die unbekannte Welt des »Subjects«. – Das, was den Menschen so schwer zu begreifen fällt, ist ihre Unwissenheit über sich selber, von den ältesten Zeiten bis jetzt! Nicht nur in Bezug auf gut und böse, sondern in Bezug auf viel Wesentlicheres! Noch immer lebt der uralte Wahn, dass man wisse, ganz genau wisse, wie das menschliche Handeln zu Stande komme, in jedem Falle. Nicht nur »Gott, der in's Herz sieht«, nicht nur der Thäter, der seine That überlegt, – nein, auch jeder Andere zweifelt nicht, das Wesentliche im Vorgange der Handlung jedes Andern zu verstehen. »Ich weiss, was ich will, was ich gethan habe, ich bin frei und verantwortlich dafür, ich mache den Andern verantwortlich, ich kann alle sittlichen Möglichkeiten und alle inneren Bewegungen, die es vor einer Handlung giebt, beim Namen nennen; ihr mögt handeln, wie ihr wollt, – ich verstehe darin mich und euch Alle!« – so dachte ehemals Jeder, so denkt fast noch Jeder. Sokrates und Plato, in diesem Stücke grosse Zweifler und bewunderungswürdige Neuerer, waren doch harmlos gläubig in Betreff jenes verhängnissvollsten Vorurtheils, jenes tiefsten Irrthums, dass »der richtigen Erkenntniss die richtige Handlung folgen müsse«, – sie waren in diesem Grundsatze immer noch die Erben des allgemeinen Wahnsinns und Dünkels: dass es ein Wissen um das Wesen einer Handlung gebe. »Es wäre ja schrecklich, wenn der Einsicht in das Wesen der rechten That nicht die rechte That folgte«, – diess ist die einzige Art, wie jene Grossen diesen Gedanken zu beweisen für nöthig hielten, das Gegentheil schien ihnen undenkbar und toll – und doch ist diess Gegentheil gerade die nackte, seit Ewigkeiten täglich und stündlich bewiesene Wirklichkeit! Ist es nicht gerade die »schreckliche« Wahrheit: dass, was man von einer That überhaupt wissen kann, niemals ausreicht, sie zu thun, dass die Brücke von der Erkenntniss zur That in keinem einzigen Falle bisher geschlagen worden ist? Die Handlungen sind niemals Das, als was sie uns erscheinen! Wir haben so viel Mühe gehabt, zu lernen, dass die äusseren Dinge nicht so sind, wie sie uns erscheinen, – nun wohlan! mit der inneren Welt steht es ebenso! Die moralischen Handlungen sind in Wahrheit »etwas Anderes«, – mehr können wir nicht sagen: und alle Handlungen sind wesentlich unbekannt. Das Gegentheil war und ist der allgemeine Glaube: wir haben den ältesten Realismus gegen uns; bis jetzt dachte die Menschheit: »eine Handlung ist Das, als was sie uns erscheint.« (…)

(KSA III, 107–109)

119.

Erleben und Erdichten. – Wie weit Einer seine Selbstkenntniss auch treiben mag, Nichts kann doch unvollständiger sein, als das Bild der gesammten Triebe, die sein Wesen constituiren. Kaum dass er die gröberen beim Namen nennen kann: ihre Zahl und Stärke, ihre Ebbe und Fluth, ihr Spiel und Widerspiel unter einander, und vor Allem die Gesetze ihrer Ernährung bleiben ihm ganz unbekannt. Diese Ernährung wird also ein Werk des Zufalls: unsere täglichen Erlebnisse werfen bald diesem, bald jenem Triebe eine Beute zu, die er gierig erfasst, aber das ganze Kommen und Gehen dieser Ereignisse steht ausser allem vernünftigen Zusammenhang mit den Nahrungsbedürfnissen der gesammten Triebe: sodass immer Zweierlei eintreten wird, das Verhungern und Verkümmern der einen und die Überfütterung der anderen. Jeder Moment unseres Lebens lässt einige Polypenarme unseres Wesens wachsen und einige andere verdorren, je nach der Nahrung, die der Moment in sich oder nicht in sich trägt. Unsere Erfahrungen, wie gesagt, sind alle in diesem Sinne Nahrungsmittel, aber ausgestreut mit blinder Hand, ohne Wissen um den, der hungert, und den, der schon Überfluss hat. Und in Folge dieser zufälligen Ernährung der Theile wird der ganze ausgewachsene Polyp etwas ebenso Zufälliges sein, wie es sein Werden ist. Deutlicher gesprochen: gesetzt, ein Trieb befindet sich in dem Puncte, wo er Befriedigung begehrt – oder Übung seiner Kraft, oder Entladung derselben oder Sättigung einer Leere – es ist Alles Bilderrede –: so sieht er jedes Vorkommniss des Tages darauf an, wie er es zu seinem Zwecke brauchen kann; ob der Mensch nun läuft oder ruht oder zürnt oder liest oder spricht oder kämpft oder jubelt, der Trieb in seinem Durste betastet gleichsam jeden Zustand, in den der Mensch geräth, und durchschnittlich findet er Nichts für sich daran, er muss warten und weiter dürsten: eine Weile noch und dann wird er matt, und noch ein paar Tage oder Monate der Nicht-Befriedigung, dann dorrt er ab, wie eine Pflanze ohne Regen. Vielleicht würde diese Grausamkeit des Zufalls noch greller in die Augen fallen, wenn alle Triebe es so gründlich nehmen wollten, wie der H u n g e r: der sich nicht mit g e t r ä u m t e r S p e i s e zufrieden giebt; aber die meisten Triebe, namentlich die sogenannten moralischen, t h u n g e r a d e d i e s s, – wenn meine Vermuthung erlaubt ist, dass unsere T r ä u m e eben den Werth und Sinn haben, bis zu einem gewissen Grade jenes zufällige Ausbleiben der »Nahrung« während des Tages zu c o m p e n - s i r e n. Warum war der Traum von gestern voller Zärtlichkeit und Thränen, der von vorgestern scherzhaft und übermüthig, ein früherer abenteuerlich und in einem beständigen düsteren Suchen? Wesshalb geniesse ich in diesem unbeschreibliche Schönheiten der Musik, wesshalb schwebe und fliege ich in einem anderen mit der Wonne eines Adlers hinauf nach fernen Bergspitzen? Diese Erdichtungen, welche unseren Trieben der Zärtlichkeit oder des Scherzes oder der Abenteuerlichkeit oder unserm Verlangen nach Musik und Gebirge Spielraum und Ent- ladung geben – und Jeder wird seine schlagenderen Beispiele zur Hand haben –, sind Interpretationen unserer Nervenreize wäh- rend des Schlafens, s e h r f r e i e, sehr willkürliche Interpreta- tionen von Bewegungen des Blutes und der Eingeweide, vom Druck des Armes und der Decken, von den Tönen der Thurm- glocken, der Wetterhähne, der Nachtschwärmer und anderer Dinge der Art. Dass dieser Text, der im Allgemeinen doch für eine Nacht wie für die andere sehr ähnlich bleibt, so verschieden commentirt wird, dass die dichtende Vernunft heute und gestern so verschiedene Ursachen für die selben Nervenreize sich vorstellt: das hat darin seinen Grund, dass der Souffleur dieser Vernunft heute ein anderer war, als er gestern war, – ein anderer Trieb wollte sich befriedigen, bethätigen, üben, erquicken, entladen, – gerade er war in seiner hohen Fluth, und gestern war ein anderer darin. – Das wache Leben hat nicht diese Freiheit der Interpretation wie das träumende, es ist weniger dichterisch und zügellos, – muss ich aber ausführen, dass unsere Triebe im Wachen ebenfalls nichts Anderes thun, als die Nervenreize interpretiren und nach ihrem Bedürfnisse deren »Ursachen« ansetzen? dass es zwischen Wachen und Träumen keinen wesentlichen Unterschied giebt? dass selbst bei einer Vergleichung sehr verschiedener Culturstufen die Freiheit der wachen Interpretation in der einen der Freiheit der anderen im Träumen Nichts nachgiebt? dass auch unsere moralischen Urtheile und Werthschätzungen nur Bilder und Phantasien über einen uns unbekannten physiologischen Vorgang sind, eine Art angewöhnter Sprache, gewisse Nervenreize zu bezeichnen? dass all unser sogenanntes Bewusstsein ein mehr oder weniger phantastischer Commentar über einen ungewussten, vielleicht unwissbaren, aber gefühlten Text ist? – Man nehme ein kleines Erlebniss. Gesetzt, wir bemerken eines Tages, dass Jemand auf dem Markte über uns lacht, da wir vorübergehen: jenachdem dieser oder jener Trieb in uns gerade auf seiner Höhe ist, wird diess Ereigniss für uns diess oder das bedeuten, – und je nach der Art Mensch, die wir sind, ist es ein ganz verschiedenes Ereigniss. Der Eine nimmt es hin wie einen Regentropfen, der Andere schüttelt es von sich wie ein Insect, Einer sucht daraus Händel zu machen, Einer prüft seine Kleidung, ob sie Anlass zum Lachen gebe, Einer denkt über das Lächerliche an sich in Folge davon nach. Einem thut es wohl, zur Heiterkeit und zum Sonnenschein der Welt, ohne zu wollen, einen Strahl gegeben zu haben – und in jedem Falle hat ein Trieb seine Befriedigung daran, sei es der des Ärgers oder der Kampflust oder des Nachdenkens oder des Wohlwollens. Dieser Trieb ergriff das Vorkommniss wie seine Beute: warum er gerade? Weil er durstig und hungernd auf der Lauer lag. – Neulich Vormittags um elf Uhr fiel unmittelbar und senkrecht vor mir ein Mann plötzlich zusammen, wie vom Blitz getroffen, alle Weiber der Umgebung schrieen laut auf; ich selber stellte ihn auf seine Füsse und wartete ihn ab, bis die Sprache sich wieder einstellte, – während dem regte sich bei mir kein Muskel des Gesichts und kein Gefühl, weder das des Schreckens, noch das des Mitleidens, sondern ich that das Nächste und Vernünftigste und gieng kalt fort. Gesetzt, man hätte mir Tags vorher angekündigt, dass morgen um elf Uhr Jemand neben mir in dieser Weise niederstürzen werde, – ich hätte Qualen aller Art vorher gelitten, die Nacht nicht geschlafen und wäre vielleicht im entscheidenden Augenblick dem Manne gleich geworden, anstatt ihm zu helfen. Inzwischen hätten nämlich alle möglichen Triebe Z e i t g e h a b t, das Erlebniss sich vorzustellen und zu commentiren. – Was sind denn unsere Erlebnisse? Viel mehr Das, was wir hineinlegen, als Das, was darin liegt! Oder muss es gar heissen: an sich liegt Nichts darin? Erleben ist ein Erdichten? –

120.

Zur Beruhigung des Skeptikers. – »Ich weiss durchaus nicht, was ich t h u e! Ich weiss durchaus nicht, was ich t h u n s o l l!« – Du hast Recht, aber zweifle nicht daran: du w i r s t g e t h a n! in jedem Augenblicke! Die Menschheit hat zu allen Zeiten das Activum und das Passivum verwechselt, es ist ihr ewiger grammatikalischer Schnitzer. (...)

(KSA III, 111–115)

Der Traum und die Verantwortlichkeit. – In Allem wollt ihr verantwortlich sein! Nur nicht für eure Träume! Welche elende Schwächlichkeit, welcher Mangel an folgerichtigem Muthe! Nichts ist mehr euer Eigen, als eure Träume! Nichts mehr e u e r Werk! Stoff, Form, Dauer, Schauspieler, Zuschauer, – in diesen Komödien seid ihr Alles ihr selber! Und hier gerade scheut und schämt ihr euch vor euch, und schon Oedipus, der weise Oedipus wusste sich Trost aus dem Gedanken zu schöpfen, dass wir Nichts für Das können, was wir träumen! Ich schliesse daraus: dass die grosse Mehrzahl der Menschen sich abscheulicher Träume bewusst sein muss. Wäre es anders: wie sehr würde man seine nächtliche Dichterei für den Hochmuth des Menschen ausgebeutet haben! – Muss ich hinzufügen, dass der weise Oedipus Recht hatte, dass wir wirklich nicht für unsere Träume, – aber ebenso wenig für unser Wachen verantwortlich sind, und dass die Lehre von der Freiheit des Willens im Stolz und Machtgefühl des Menschen ihren Vater und ihre Mutter hat? Ich sage diess vielleicht zu oft: aber wenigstens wird es dadurch noch nicht zum Irrthum.

Der angebliche Kampf der Motive. – Man redet vom »Kampf der Motive«, aber bezeichnet damit einen Kampf, der nicht der Kampf der Motive ist. Nämlich: in unserm überlegenden Bewusstsein treten vor einer That der Reihe nach die Folgen verschiedener Thaten hervor, welche alle wir meinen thun zu können, und wir vergleichen diese Folgen. Wir meinen, zu einer That entschieden zu sein, wenn wir festgestellt haben, dass ihre Folgen die überwiegend günstigeren sein werden; ehe es zu diesem Abschluss unserer Erwägung kommt, quälen wir uns oft redlich, wegen der grossen Schwierigkeit, die Folgen zu errathen, sie in ihrer ganzen Stärke zu sehen und zwar alle, ohne

Fehler der Auslassung zu machen: wobei die Rechnung überdiess noch mit dem Zufalle dividirt werden muss. Ja, um das Schwierigste zu nennen: alle die Folgen, die einzeln so schwer festzustellen sind, müssen nun mit einander auf Einer Wage gegen einander abgewogen werden; und so häufig fehlt uns für diese Casuistik des Vortheils die Wage nebst den Gewichten, wegen der Verschiedenheit in der Qualität aller dieser möglichen Folgen. Gesetzt aber, auch damit kämen wir in's Reine, und der Zufall hätte uns gegenseitig abwägbare Folgen auf die Wage gelegt: so haben wir jetzt in der That im Bilde der Folgen Einer bestimmten Handlung ein Motiv, gerade diese Handlung zu thun, – ja! Ein Motiv! Aber im Augenblicke, da wir schliesslich handeln, werden wir häufig genug von einer anderen Gattung Motiven bestimmt, als es die hier besprochene Gattung, die des »Bildes der Folgen«, ist. Da wirkt die Gewohnheit unseres Kräftespiels, oder ein kleiner Anstoss von einer Person, die wir fürchten oder ehren oder lieben, oder die Bequemlichkeit, welche vorzieht, was vor der Hand liegt zu thun, oder die Erregung der Phantasie, durch das nächste beste kleinste Ereigniss im entscheidenden Augenblick herbeigeführt, es wirkt Körperliches, das ganz unberechenbar auftritt, es wirkt die Laune, es wirkt der Sprung irgend eines Affectes, der gerade zufällig bereit ist, zu springen: kurz, es wirken Motive, die wir zum Theil gar nicht, zum Theil sehr schlecht kennen und die wir nie vorher gegen einander in Rechnung setzen können. Wahrscheinlich, dass auch unter ihnen ein Kampf Statt findet, ein Hin- und Wegtreiben, ein Aufwiegen und Niederdrücken von Gewichttheilen – und diess wäre der eigentliche »Kampf der Motive«: – etwas für uns völlig Unsichtbares und Unbewusstes. Ich habe die Folgen und Erfolge berechnet und damit Ein sehr wesentliches Motiv in die Schlachtreihe der Motive eingestellt, – aber diese Schlachtreihe selber stelle ich ebensowenig auf, als ich sie sehe: der Kampf selber ist mir verborgen, und der Sieg als Sieg ebenfalls; denn wohl erfahre ich, was ich schliesslich thue, – aber welches Motiv damit eigentlich gesiegt hat, erfahre ich

nicht. Wohl aber sind wir gewohnt, alle diese unbewussten Vorgänge nicht in Anschlag zu bringen und uns die Vorbereitung einer That nur so weit zu denken, als sie bewusst ist: und
so verwechseln wir den Kampf der Motive mit der Vergleichung
der möglichen Folgen verschiedener Handlungen, – eine der fol-
genreichsten und für die Entwickelung der Moral verhängnissvollsten Verwechselungen!

(KSA III, 117–120)

8.

Unbewusste Tugenden. – Alle Eigenschaften eines Menschen, deren er sich bewusst ist – und namentlich, wenn er deren Sichtbarkeit und Evidenz auch für seine Umgebung voraussetzt – stehen unter ganz anderen Gesetzen der Entwickelung, als jene Eigenschaften, welche ihm unbekannt oder schlecht bekannt sind und die sich auch vor dem Auge des feineren Beobachters durch ihre Feinheit verbergen und wie hinter das Nichts zu verstecken wissen. So steht es mit den feinen Sculpturen auf den Schuppen der Reptilien: es würde ein Irrthum sein, in ihnen einen Schmuck oder eine Waffe zu vermuthen – denn man sieht sie erst mit dem Mikroskop, also mit einem so künstlich verschärften Auge, wie es ähnliche Thiere, für welche es etwa Schmuck oder Waffe zu bedeuten hätte, nicht besitzen! Unsere sichtbaren moralischen Qualitäten, und namentlich unsere sichtbar geglaubten gehen ihren Gang, – und die unsichtbaren ganz gleichnamigen, welche uns in Hinsicht auf Andere weder Schmuck noch Waffe sind, gehen auch ihren Gang: einen ganz anderen wahrscheinlich, und mit Linien und Feinheiten und Sculpturen, welche vielleicht einem Gotte mit einem göttlichen Mikroskope Vergnügen machen könnten. Wir haben zum Beispiel unsern Fleiss, unsern Ehrgeiz, unsern Scharfsinn: alle Welt weiss darum –, und ausserdem haben wir wahrscheinlich noch einmal unseren Fleiss, unseren Ehrgeiz, unseren Scharfsinn; aber für diese unsere Reptilien-Schuppen ist das Mikroskop noch nicht erfunden! – Und hier werden die Freunde der instinctiven Moralität sagen: »Bravo! Er hält wenigstens unbewusste Tugenden für möglich, – das genügt uns!« – Oh ihr Genügsamen!

9

Unsere Eruptionen. – Unzähliges, was sich die Menschheit auf früheren Stufen aneignete, aber so schwach und embryonisch, dass es Niemand als angeeignet wahrzunehmen wusste, stösst plötzlich, lange darauf, vielleicht nach Jahrhunderten, an's Licht: es ist inzwischen stark und reif geworden. Manchen Zeitaltern scheint diess oder jenes Talent, diese oder jene Tugend ganz zu fehlen, wie manchen Menschen: aber man warte nur bis auf die Enkel und Enkelskinder, wenn man Zeit hat, zu warten, – sie bringen das Innere ihrer Grossväter an die Sonne, jenes Innere, von dem die Grossväter selbst noch Nichts wussten. Oft ist schon der Sohn der Verräther seines Vaters: dieser versteht sich selber besser, seit er seinen Sohn hat. Wir haben Alle verborgene Gärten und Pflanzungen in uns; und, mit einem andern Gleichnisse, wir sind Alle wachsende Vulcane, die ihre Stunde der Eruption haben werden: – wie nahe aber oder wie ferne diese ist, das freilich weiss Niemand, selbst der liebe Gott nicht.

(KSA III, 380f.)

11.

Das Bewusstsein. – Die Bewusstheit ist die letzte und späteste Entwickelung des Organischen und folglich auch das Unfertigste und Unkräftigste daran. Aus der Bewusstheit stammen unzählige Fehlgriffe, welche machen, dass ein Thier, ein Mensch zu Grunde geht, früher als es nöthig wäre, »über das Geschick«, wie Homer sagt. Wäre nicht der erhaltende Verband der Instincte so überaus viel mächtiger, diente er nicht im Ganzen als Regulator: an ihrem verkehrten Urtheilen und Phantasiren mit offenen Augen, an ihrer Ungründlichkeit und Leichtgläubigkeit, kurz eben an ihrer Bewusstheit müsste die Menschheit zu Grunde gehen: oder vielmehr, ohne jenes gäbe es diese längst nicht mehr! Bevor eine Function ausgebildet und reif ist, ist sie eine Gefahr des Organismus: gut, wenn sie so lange tüchtig tyrannisirt wird! So wird die Bewusstheit tüchtig tyrannisirt – und nicht am wenigsten von dem Stolze darauf! Man denkt, hier sei d e r K e r n des Menschen; sein Bleibendes, Ewiges, Letztes, Ursprünglichstes! Man hält die Bewusstheit für eine feste gegebene Grösse! Leugnet ihr Wachsthum, ihre Intermittenzen! Nimmt sie als »Einheit des Organismus«! – Diese lächerliche Ueberschätzung und Verkennung des Bewusstseins hat die grosse Nützlichkeit zur Folge, dass damit eine allzuschnelle Ausbildung desselben v e r h i n d e r t worden ist. Weil die Menschen die Bewusstheit schon zu haben glaubten, haben sie sich wenig Mühe darum gegeben, sie zu erwerben – und auch jetzt noch steht es nicht anders! Es ist immer noch eine ganz neue und eben erst dem menschlichen Auge aufdämmernde, kaum noch deutlich erkennbare A u f g a b e, d a s W i s s e n s i c h e i n z u v e r l e i b e n und instinctiv zu machen, – eine Aufgabe, welche nur von Denen gesehen wird, die begriffen haben, dass bisher nur unsere I r r t h ü m e r uns einverleibt waren und dass alle unsere Bewusstheit sich auf Irrthümer bezieht!

(KSA III, 382 f.)

354.

Vom » G e n i u s d e r G a t t u n g «. – Das Problem des Bewusstseins (richtiger: des Sich-Bewusst-Werdens) tritt erst dann vor uns hin, wenn wir zu begreifen anfangen, inwiefern wir seiner entrathen könnten: und an diesen Anfang des Begreifens stellt uns jetzt Physiologie und Thiergeschichte (welche also zwei Jahrhunderte nöthig gehabt haben, um den vorausfliegenden Argwohn L e i b n i t z e n s einzuholen). Wir könnten nämlich denken, fühlen, wollen, uns erinnern, wir könnten ebenfalls »handeln« in jedem Sinne des Wortes: und trotzdem brauchte das Alles nicht uns »in's Bewusstsein zu treten« (wie man im Bilde sagt). Das ganze Leben wäre möglich, ohne dass es sich gleichsam im Spiegel sähe: wie ja thatsächlich auch jetzt noch bei uns der bei weitem überwiegende Theil dieses Lebens sich ohne diese Spiegelung abspielt –, und zwar auch unsres denkenden, fühlenden, wollenden Lebens, so beleidigend dies einem älteren Philosophen klingen mag. Wozu überhaupt Bewusstsein, wenn es in der Hauptsache überflüssig ist? – Nun scheint mir, wenn man meiner Antwort auf diese Frage und ihrer vielleicht ausschweifenden Vermuthung Gehör geben will, die Feinheit und Stärke des Bewusstseins immer im Verhältniss zur Mittheilungs-Fähigkeit eines Menschen (oder Thiers) zu stehn, die Mittheilungs-Fähigkeit wiederum im Verhältniss zur Mittheilungs-Bedürftigkeit: letzteres nicht so verstanden, als ob gerade der einzelne Mensch selbst, welcher gerade Meister in der Mittheilung und Verständlichmachung seiner Bedürfnisse ist, zugleich auch mit seinen Bedürfnissen am meisten auf die Andern angewiesen sein müsste. Wohl aber scheint es mir so in Bezug auf ganze Rassen und Geschlechter-Ketten zu stehn: wo das Bedürfniss, die Noth die Menschen lange gezwungen hat, sich mitzutheilen, sich gegenseitig rasch und fein zu verstehen, da ist endlich ein Ueberschuss dieser Kraft und Kunst der Mittheilung da, gleichsam ein Vermögen, das sich allmählich aufgehäuft hat und nun eines Erben wartet, der es verschwenderisch ausgiebt (– die sogenannten Künstler sind diese Erben, insgleichen die Redner, Prediger, Schriftsteller, Alles Menschen, welche immer am Ende einer langen Kette kommen, »Spätgeborne« jedes Mal, im besten Verstande des Wortes, und, wie gesagt, ihrem Wesen nach Verschwender). Gesetzt, diese Beobachtung ist richtig, so darf ich zu der Vermuthung weitergehn, dass Bewusstsein überhaupt sich nur unter dem Druck des Mittheilungs-Bedürfnisses entwickelt hat, – dass es von vornherein nur zwischen Mensch und Mensch (zwischen Befehlenden und Gehorchenden in Sonderheit) nöthig war, nützlich war, und auch nur im Verhältniss zum Grade dieser Nützlichkeit sich entwickelt hat. Bewusstsein ist eigentlich nur ein Verbindungsnetz zwischen Mensch und Mensch, – nur als solches hat es sich entwickeln müssen: der einsiedlerische und raubthierhafte Mensch hätte seiner nicht bedurft. Dass uns unsre Handlungen, Gedanken, Gefühle, Bewegungen selbst in's Bewusstsein kommen – wenigstens ein Theil derselben –, das ist die Folge eines furchtbaren langen über dem Menschen waltenden »Muss«: er brauchte, als das gefährdetste Thier, Hülfe, Schutz, er brauchte Seines-Gleichen, er musste seine Noth auszudrücken, sich verständlich zu machen wissen – und zu dem Allen hatte er zuerst »Bewusstsein« nöthig, also selbst zu »wissen« was ihm fehlt, zu »wissen«, wie es ihm zu Muthe ist, zu »wissen«, was er denkt. Denn nochmals gesagt: der Mensch, wie jedes lebende Geschöpf, denkt immerfort, aber weiss es nicht; das bewusst werdende Denken ist nur der kleinste Theil davon, sagen wir: der oberflächlichste, der schlechteste Theil: – denn allein dieses bewusste Denken geschieht in Worten, das heisst in Mittheilungszeichen, womit sich die Herkunft des Bewusstseins selber aufdeckt. Kurz gesagt, die Entwicklung der Sprache und die Entwicklung des Bewusstseins (nicht der Vernunft, sondern allein des Sichbewusst-werdens der Vernunft) gehen Hand in Hand. Man nehme hinzu, dass nicht nur die Sprache zur Brücke zwischen Mensch und Mensch dient, sondern auch der Blick, der Druck, die Gebärde; das Bewusstwerden unserer Sinneseindrücke bei uns selbst, die Kraft, sie fixiren zu können und gleichsam ausser uns zu stellen, hat in dem Maasse zugenommen, als die Nöthigung wuchs, sie Andern durch Zeichen zu übermitteln. Der Zeichen-erfindende Mensch ist zugleich der immer schärfer seiner selbst bewusste Mensch; erst als sociales Thier lernte der Mensch seiner selbst bewusst werden, – er thut es noch, er thut es immer mehr. – Mein Gedanke ist, wie man sieht: dass das Bewusstsein nicht eigentlich zur Individual-Existenz des Menschen gehört, vielmehr zu dem, was an ihm Gemeinschafts- und Heerden-Natur ist; dass es, wie daraus folgt, auch nur in Bezug auf Gemeinschafts- und Heerden-Nützlichkeit fein entwickelt ist, und dass folglich Jeder von uns, beim besten Willen, sich selbst so individuell wie möglich zu verstehen, »sich selbst zu kennen«, doch immer nur gerade das Nicht-Individuelle an sich zum Bewusstsein bringen wird, sein »Durchschnittliches«, – dass unser Gedanke selbst fortwährend durch den Charakter des Bewusstseins – durch den in ihm gebietenden »Genius der Gattung« – gleichsam majorisirt und in die Heerden-Perspektive zurück-übersetzt wird. Unsre Handlungen sind im Grunde allesammt auf eine unvergleichliche Weise persönlich, einzig, unbegrenzt-individuell, es ist kein Zweifel; aber sobald wir sie in's Bewusstsein übersetzen, scheinen sie es nicht mehr ... Diess ist der eigentliche Phänomenalismus und Perspektivismus, wie ich ihn verstehe: die Natur des thierischen Bewusstseins bringt es mit sich, dass die Welt, deren wir bewusst werden können, nur eine Oberflächen- und Zeichenwelt ist, eine verallgemeinerte, eine vergemeinerte Welt, – dass Alles, was bewusst wird, ebendamit flach, dünn, relativ-dumm, generell, Zeichen, Heerden-Merkzeichen wird, dass mit allem Bewusstwerden eine grosse gründliche Verderbniss, Fälschung, Veroberflächlichung und Generalisation verbunden ist. Zuletzt ist das wachsende Bewusstsein eine Gefahr; und wer unter den bewusstesten Europäern lebt, weiss sogar, dass es eine Krankheit ist. Es ist, wie man erräth, nicht der Gegensatz von Subjekt und Objekt, der mich hier angeht: diese Unterscheidung überlasse ich den Erkenntnisstheoretikern, welche in den Schlingen der Grammatik (der Volks-Metaphysik) hängen geblieben sind. Es ist erst recht nicht der Gegensatz von »Ding an sich« und Erscheinung: denn wir »erkennen« bei weitem nicht genug, um auch nur so scheiden zu dürfen. Wir haben eben gar kein Organ für das Erkennen, für die »Wahrheit«: wir »wissen« (oder glauben oder bilden uns ein) gerade so viel als es im Interesse der Menschen-Heerde, der Gattung, nützlich sein mag: und selbst, was hier »Nützlichkeit« genannt wird, ist zuletzt auch nur ein Glaube, eine Einbildung und vielleicht gerade jene verhängnissvollste Dummheit, an der wir einst zu Grunde gehn.

Der Ursprung unsres Begriffs »Erkenntniss«. – Ich
nehme diese Erklärung von der Gasse; ich hörte Jemanden aus
dem Volke sagen »er hat mich erkannt« –: dabei fragte ich mich:
was versteht eigentlich das Volk unter Erkenntniss? was will es,
wenn es »Erkenntniss« will? Nichts weiter als dies: etwas Fremdes soll auf etwas Bekanntes zurückgeführt werden. Und wir
Philosophen – haben wir unter Erkenntniss eigentlich mehr
verstanden? Das Bekannte, das heisst: das woran wir gewöhnt
sind, so dass wir uns nicht mehr darüber wundern, unser Alltag,
irgend eine Regel, in der wir stecken, Alles und Jedes, in dem wir
uns zu Hause wissen: – wie? ist unser Bedürfniss nach Erkennen
nicht eben dies Bedürfniss nach Bekanntem, der Wille, unter allem Fremden, Ungewöhnlichen, Fragwürdigen Etwas aufzu-
decken, das uns nicht mehr beunruhigt? Sollte es nicht der Instinkt der Furcht sein, der uns erkennen heisst? Sollte das
Frohlocken des Erkennenden nicht eben das Frohlocken des
wieder erlangten Sicherheitsgefühls sein? ... Dieser Philosoph
wähnte die Welt »erkannt«, als er sie auf die »Idee« zurückgeführt hatte: ach, war es nicht deshalb, weil ihm die »Idee« so bekannt, so gewohnt war? weil er sich so wenig mehr vor der
»Idee« fürchtete? – Oh über diese Genügsamkeit der Erkennenden! man sehe sich doch ihre Principien und Welträthsel-Lösun-
gen darauf an! Wenn sie Etwas an den Dingen, unter den Dingen, hinter den Dingen wiederfinden, das uns leider sehr
bekannt ist, zum Beispiel unser Einmaleins oder unsre Logik
oder unser Wollen und Begehren, wie glücklich sind sie sofort!
Denn »was bekannt ist, ist erkannt«: darin stimmen sie überein.
Auch die Vorsichtigsten unter ihnen meinen, zum Mindesten sei
das Bekannte leichter erkennbar als das Fremde; es sei zum
Beispiel methodisch geboten, von der »inneren Welt«, von den
»Thatsachen des Bewusstseins« auszugehen, weil sie die uns
bekanntere Welt sei! Irrthum der Irrthümer! Das Bekannte
ist das Gewohnte; und das Gewohnte ist am schwersten zu »er-

kennen«, das heisst als Problem zu sehen, das heisst als fremd, als fern, als »ausser uns« zu sehn ... Die grosse Sicherheit der natürlichen Wissenschaften im Verhältniss zur Psychologie und Kritik der Bewusstseins-Elemente – unnatürlichen Wissenschaften, wie man beinahe sagen dürfte – ruht gerade darauf, dass sie das Fremde als Objekt nehmen: während es fast etwas Widerspruchsvolles und Widersinniges ist, das Nicht-Fremde überhaupt als Objekt nehmen zu wollen ...

(KSA III, 590–595)

357.

Zum alten Probleme: »was ist deutsch?« – Man rechne bei sich die eigentlichen Errungenschaften des philosophischen Gedankens nach, welche deutschen Köpfen verdankt werden: sind sie in irgend einem erlaubten Sinne auch noch der ganzen Rasse zu Gute zu rechnen? Dürfen wir sagen: sie sind zugleich das Werk der »deutschen Seele«, mindestens deren Symptom, in dem Sinne, in welchem wir etwa Plato's Ideomanie, seinen fast religiösen Formen-Wahnsinn zugleich als ein Ereigniss und Zeugniss der »griechischen Seele« zu nehmen gewohnt sind? Oder wäre das Umgekehrte wahr? wären sie gerade so individuell, so sehr Ausnahme vom Geiste der Rasse, wie es zum Beispiel Goethe's Heidenthum mit gutem Gewissen war? Oder wie es Bismarck's Macchiavellismus mit gutem Gewissen, seine sogenannte »Realpolitik«, unter Deutschen ist? Widersprächen unsre Philosophen vielleicht sogar dem Bedürfnisse der »deutschen Seele«? Kurz, waren die deutschen Philosophen wirklich – philosophische Deutsche? – Ich erinnere an drei Fälle. Zuerst an Leibnitzens unvergleichliche Einsicht, mit der er nicht nur gegen Descartes, sondern gegen Alles, was bis zu ihm philosophirt hatte, Recht bekam, – dass die Bewusstheit nur ein Accidens der Vorstellung ist, nicht deren nothwendiges und wesentliches Attribut, dass also das, was wir Bewusstsein nennen, nur einen Zustand unsrer geistigen und seelischen Welt ausmacht (vielleicht einen krankhaften Zustand) und bei weitem nicht sie selbst: – ist an diesem Gedanken, dessen Tiefe auch heute noch nicht ausgeschöpft ist, etwas Deutsches? Giebt es einen Grund zu muthmaassen, dass nicht leicht ein Lateiner auf diese Umdrehung des Augenscheins verfallen sein würde? – denn es ist eine Umdrehung. Erinnern wir uns zweitens an Kant's ungeheures Fragezeichen, welches er an den Begriff »Causalität« schrieb, – nicht dass er wie Hume dessen Recht überhaupt bezweifelt hätte: er begann vielmehr vorsichtig das Reich abzugrenzen, innerhalb dessen dieser Begriff überhaupt Sinn hat (man ist auch jetzt noch nicht mit dieser Grenzabsteckung fertig geworden). Nehmen wir drittens den erstaunlichen Griff Hegel's, der damit durch alle logischen Gewohnheiten und Verwöhnungen durchgriff, als er zu lehren wagte, dass die Artbegriffe sich aus einander entwickeln: mit welchem Satze die Geister in Europa zur letzten grossen wissenschaftlichen Bewegung präformirt wurden, zum Darwinismus – denn ohne Hegel kein Darwin. Ist an dieser Hegelschen Neuerung, die erst den entscheidenden Begriff »Entwicklung« in die Wissenschaft gebracht hat, etwas Deutsches? – Ja, ohne allen Zweifel: in allen drei Fällen fühlen wir Etwas von uns selbst »aufgedeckt« und errathen und sind dankbar dafür und überrascht zugleich, jeder dieser drei Sätze ist ein nachdenkliches Stück deutscher Selbsterkenntniss, Selbsterfahrung, Selbsterfassung. »Unsre innre Welt ist viel reicher, umfänglicher, verborgener«, so empfinden wir mit Leibnitz; als Deutsche zweifeln wir mit Kant an der Letztgültigkeit naturwissenschaftlicher Erkenntnisse und überhaupt an Allem, was sich causaliter erkennen lässt: das Erkennbare scheint uns als solches schon geringeren Werthes. (...)

(KSA III, 597–599)

16.

Es giebt immer noch harmlose Selbst-Beobachter, welche glauben, dass es »unmittelbare Gewissheiten« gebe, zum Beispiel »ich denke«, oder, wie es der Aberglaube Schopenhauer's war, »ich will«: gleichsam als ob hier das Erkennen rein und nackt seinen Gegenstand zu fassen bekäme, als »Ding an sich«, und weder von Seiten des Subjekts, noch von Seiten des Objekts eine Fälschung stattfände. Dass aber »unmittelbare Gewissheit«, ebenso wie »absolute Erkenntniss« und »Ding an sich«, eine contradictio in adjecto in sich schliesst, werde ich hundertmal wiederholen: man sollte sich doch endlich von der Verführung der Worte losmachen! Mag das Volk glauben, dass Erkennen ein zu Ende-Kennen sei, der Philosoph muss sich sagen: »wenn ich den Vorgang zerlege, der in dem Satz »ich denke« ausgedrückt ist, so bekomme ich eine Reihe von verwegenen Behauptungen, deren Begründung schwer, vielleicht unmöglich ist, – zum Beispiel, dass ich es bin, der denkt, dass überhaupt ein Etwas es sein muss, das denkt, dass Denken eine Thätigkeit und Wirkung seitens eines Wesens ist, welches als Ursache gedacht wird, dass es ein »Ich« giebt, endlich, dass es bereits fest steht, was mit Denken zu bezeichnen ist, – dass ich weiss, was Denken ist. Denn wenn ich nicht darüber mich schon bei mir entschieden hätte, wonach sollte ich abmessen, dass, was eben geschieht, nicht vielleicht »Wollen« oder »Fühlen« sei? Genug, jenes »ich denke« setzt voraus, dass ich meinen augenblicklichen Zustand mit anderen Zuständen, die ich an mir kenne, vergleiche, um so festzusetzen, was er ist: wegen dieser Rückbeziehung auf anderweitiges »Wissen« hat er für mich jedenfalls keine unmittelbare »Gewissheit«. – An Stelle jener »unmittelbaren Gewissheit«, an welche das Volk im gegebenen Falle glauben mag, bekommt dergestalt der Philosoph eine Reihe von Fragen der

Metaphysik in die Hand, recht eigentliche Gewissensfragen des Intellekts, welche heissen: »Woher nehme ich den Begriff Denken? Warum glaube ich an Ursache und Wirkung? Was giebt mir das Recht, von einem Ich, und gar von einem Ich als Ursache, und endlich noch von einem Ich als Gedanken-Ursache zu reden?« Wer sich mit der Berufung auf eine Art Intuition der Erkenntniss getraut, jene metaphysischen Fragen sofort zu beantworten, wie es Der thut, welcher sagt: »ich denke, und weiss, dass dies wenigstens wahr, wirklich, gewiss ist« – der wird bei einem Philosophen heute ein Lächeln und zwei Fragezeichen bereit finden. »Mein Herr, wird der Philosoph vielleicht ihm zu verstehen geben, es ist unwahrscheinlich, dass Sie sich nicht irren: aber warum auch durchaus Wahrheit?« –

17.

Was den Aberglauben der Logiker betrifft: so will ich nicht müde werden, eine kleine kurze Thatsache immer wieder zu unterstreichen, welche von diesen Abergläubischen ungern zugestanden wird, – nämlich, dass ein Gedanke kommt, wenn »er« will, und nicht wenn »ich« will; so dass es eine Fälschung des Thatbestandes ist, zu sagen: das Subjekt »ich« ist die Bedingung des Prädikats »denke«. Es denkt: aber dass dies »es« gerade jenes alte berühmte »Ich« sei, ist, milde geredet, nur eine Annahme, eine Behauptung, vor Allem keine »unmittelbare Gewissheit«. Zuletzt ist schon mit diesem »es denkt« zu viel gethan: schon dies »es« enthält eine Auslegung des Vorgangs und gehört nicht zum Vorgange selbst. Man schliesst hier nach der grammatischen Gewohnheit »Denken ist eine Thätigkeit, zu jeder Thätigkeit gehört Einer, der thätig ist, folglich –«. Ungefähr nach dem gleichen Schema suchte die ältere Atomistik zu der »Kraft«, die wirkt, noch jenes Klümpchen Materie, worin sie sitzt, aus der heraus sie wirkt, das Atom; strengere Köpfe lernten endlich ohne diesen »Erdenrest« auskommen, und vielleicht gewöhnt man sich eines Tages noch daran, auch seitens der Logiker ohne jenes kleine »es« (zu dem sich, das ehrliche alte Ich verflüchtigt hat) auszukommen.

(KSA V, 29–31)

68.

»Das habe ich gethan« sagt mein Gedächtniss. Das kann ich nicht gethan haben – sagt mein Stolz und bleibt unerbittlich. Endlich – giebt das Gedächtniss nach.

71.

Der Weise als Astronom. – So lange du noch die Sterne fühlst als ein »Über-dir«, fehlt dir noch der Blick des Erkennenden.

75.

Grad und Art der Geschlechtlichkeit eines Menschen reicht bis in den letzten Gipfel seines Geistes hinauf.

76.

Unter friedlichen Umständen fällt der kriegerische Mensch über sich selber her.

(KSA V, 86 f.)

Nachgelassene Fragmente

Weltvernichtung durch Erkenntniß! Neuschaffung durch Stärkung des Unbewußten! Der »dumme Siegfried« und die wissenden Götter! – (...)

(KSA VII, 75)

Alle Erweiterung unsrer Erkenntniß entsteht aus dem Bewußtmachen des Unbewußten. Nun fragt es sich, welche Zeichensprache wir dazu haben. Manche Erkenntnisse sind nur für Einige da und Anderes will in der günstigsten vorbereiteten Stimmung erkannt sein.

(KSA VII, 116)

Über die Herkunft unsrer Werthschätzungen.

Wir können uns unsern Leib räumlich auseinanderlegen, und dann erhalten wir ganz dieselbe Vorstellung davon wie vom Sternensysteme, und der Unterschied von organisch und unorganisch fällt nicht mehr in die Augen
   Hymnus auf die Werth-Schätzung.
   Ehemals erklärte man die Sternbewegungen als Wirkungen zweckbewußter Wesen: man braucht dies nicht mehr, und auch in Betreff des leiblichen Bewegens und sich-Veränderns glaubt man lange nicht mehr mit dem zwecksetzenden Bewußtsein auszukommen. Die allergrößte Menge der Bewegungen hat gar nichts mit Bewußtsein zu thun: auch nicht mit Empfindung. Die Empfindungen und Gedanken sind etwas äußerst Geringes und Seltenes im Verhältniß zu dem zahllosen Geschehn in jedem Augenblick. Umgekehrt nehmen wir wahr, daß

eine Zweckmäßigkeit im Kleinsten Geschehn herrscht, der unser bestes Wissen nicht gewachsen ist, eine Vorsorglichkeit, eine Auswahl, ein Zusammenbringen, Wieder-gut-Machen usw. Kurz, wir finden eine Thätigkeit vor, die einem ungeheuer viel höheren und überschauenden Intellekte zuzuschreiben wäre als der uns bewußte ist. Wir lernen von allem Bewußten geringer denken: wir verlernen uns für unser Selbst verantwortlich zu machen, da wir als bewußte, zwecksetzende Wesen nur der kleinste Theil davon sind. Von den zahlreichen Einwirkungen in jedem Augenblick z. B. Luft Elektrizität empfinden wir fast nichts: es könnte genug Kräfte geben, welche, obschon sie uns nie zur Empfindung kommen, uns fortwährend beeinflussen. Lust und Schmerz sind ganz seltene und spärliche Erscheinungen gegenüber den zahllosen Reizen, die eine Zelle, ein Organ auf eine andere Zelle, ein anderes Organ ausübt.

Es ist die Phase der Bescheidenheit des Bewußtseins. Zuletzt verstehen wir das Bewußte Ich selber nur als ein Werkzeug im Dienste jenes höheren überschauenden Intellekts: und da können wir fragen, ob nicht alles bewußte Wollen, alle bewußten Zwecke, alle Werthschätzungen vielleicht nur **Mittel** sind, mit denen etwas wesentlich Verschiedenes erreicht werden soll, als innerhalb des Bewußtseins es scheint. Wir meinen: es handle sich um unsre Lust und Unlust – – – aber Lust und Unlust könnten Mittel sein, vermöge deren wir etwas zu leisten hätten, was außerhalb unseres Bewußtseins liegt – – – Es ist zu zeigen, wie sehr alles Bewußte auf der Oberfläche bleibt: wie Handlung und Bild der Handlung verschieden ist, wie wenig man von dem weiß, was einer Handlung vorhergeht: wie phantastisch unsere Gefühle »Freiheit des Willens« »Ursache und Wirkung« sind: wie Gedanken nur Bilder, wie Worte nur Zeichen von Gedanken sind: die Unergründlichkeit jeder Handlung: die Oberflächlichkeit alles Lobens und Tadelns: wie wesentlich **Erfindung** und **Einbildung** ist, worin wir bewußt leben, wie wir in allen unseren Worten von Erfindungen reden (Affekte auch), und wie die

Verbindung der M⟨ensch⟩heit auf einem Überleiten und Fortdichten dieser Erfindungen beruht: während im Grunde die wirkliche Verbindung (durch Zeugung) ihren unbekannten Weg geht. Verändert wirklich dieser Glaube an die gemeinsamen Erfindungen die Menschen? Oder ist das ganze Ideen- und Werthschätzungswesen nur ein Ausdruck selber von unbekannten Veränderungen? Giebt es denn Willen, Zwecke, Gedanken, Werthe wirklich? Ist vielleicht das ganze bewußte Leben nur ein Spiegelbild? Und auch wenn die Werthschätzung einen Menschen zu bestimmen scheint, geschieht im Grunde etwas ganz Anderes? Kurz: gesetzt, es gelänge, das Zweckmäßige im Wirken der Natur zu erklären ohne die Annahme eines zweckesetzenden Ich's: könnte zuletzt vielleicht auch unser Zweckesetzen unser Wollen usw. nur eine Zeichensprache sein für etwas Wesentlich-Anderes – nämlich Nicht-Wollendes und Unbewußtes? Nur der feinste Anschein jener natürlichen Zweckmäßigkeit des Organischen, aber nichts Verschiedenes davon? (...)

Die Wissenschaft – das war bisher die Beseitigung der vollkommenen Verworrenheit der Dinge durch Hypothesen, welche alles »erklären« – also aus dem Widerwillen des Intellekts an dem Chaos. – Dieser selbe Widerwille ergreift mich bei Betrachtung meiner selber: die innere Welt möchte ich auch durch ein Schema mir bildlich vorstellen und über die intellektuelle Verworrenheit herauskommen. Die Moral war eine solche Vereinfachung: sie lehrte den Menschen als erkannt, als bekannt. – Nun haben wir die Moral vernichtet – wir selber sind uns wieder völlig dunkel geworden! Ich weiß, daß ich von mir nichts weiß. Die Physik ergiebt sich als eine Wohlthat für das Gemüth: die Wissenschaft (als der Weg zur Kenntniß) bekommt einen neuen Zauber nach der Beseitigung der Moral – und weil wir hier allein Consequenz finden, so müssen wir unser Leben darauf einrichten, sie uns zu erhalten. Dies ergiebt eine Art praktischen Nachdenkens über unsere Existenzbedingungen als Erkennende.

Moral der Wahrhaftigkeit in der Heerde. »Du sollst erkennbar sein, dein Inneres durch deutliche und constante Zeichen ausdrücken – sonst bist du gefährlich: und wenn du böse bist, ist die Fähigkeit dich zu verstellen, das Schlimmste für die Heerde. Wir verachten den Heimlichen Unerkennbaren. – Folglich mußt du dich selber für erkennbar halten, du darfst dir nicht verborgen sein, du darfst nicht an deinen Wechsel glauben.« Also: Die Forderung der Wahrhaftigkeit setzt die Erkennbarkeit und die Beharrlichkeit der Person voraus. Thatsächlich ist es Sache der Erziehung, das Heerden-Mitglied zu einem bestimmten Glauben über das Wesen des Menschen zu bringen: sie macht erst diesen Glauben und fordert dann darauf hin »Wahrhaftigkeit«.

(KSA X, 653–657)

– Alle unsere bewußten Motive sind Oberflächen-Phänomene: hinter ihnen steht der Kampf unserer Triebe und Zustände, der Kampf um die Gewalt.

(KSA XII, 15)

Alles, was in Bewußtsein tritt, ist das letzte Glied einer Kette, ein Abschluß. Daß ein Gedanke unmittelbar Ursache eines anderen Gedankens wäre, ist nur scheinbar. Das eigentlich verknüpfte Geschehen spielt ⟨sich⟩ ab unterhalb unseres Bewußtseins: die auftretenden Reihen und Nacheinander von Gefühlen Gedanken usw. sind Symptome des eigentlichen Geschehens! – Unter jedem Gedanken steckt ein Affekt. Jeder Gedanke, jedes Gefühl, jeder Wille ist nicht geboren aus Einem bestimmten Triebe, sondern er ist ein Gesamtzustand, eine ganze Oberfläche des ganzen Bewußtseins und resultirt aus der augenblicklichen Macht-Feststellung aller der uns constituirenden Triebe – also des eben herrschenden Triebes sowohl als der ihm gehorchenden oder widerstrebenden. Der nächste Gedanke ist ein Zeichen davon, wie sich die gesammte Macht-Lage inzwischen verschoben hat.

(KSA XII, 26)

Moral ist ein Theil der Lehre von den Affekten: wie weit reichen die Affekte ans Herz des Daseins?

Wenn es überhaupt ein »an sich« gäbe, was wäre dann das »An sich« eines G e d a n k e n s ?

Die Gedanken sind Z e i c h e n von einem Spiel und Kampf der Affekte: sie hängen immer mit ihren verborgenen Wurzeln zusammen

Wer den Werth einer Handlung nach der Absicht mißt, aus der sie geschehen ist, meint dabei d i e b e w u ß t e A b s i c h t : aber es giebt, bei allem Handeln, viel unbewußte Absichtlichkeit; und was als »Wille« und »Zweck« in den Vordergrund tritt, ist v i e l - f a c h ausdeutbar und an sich nur ein Symptom. »Eine ausgesprochene, aussprechbare Absicht« ist eine Ausdeutung, eine Interpretation, welche f a l s c h sein kann; außerdem eine willkürliche Simplifikation und Fälschung usw

Die größte Aufrichtigkeit und Überzeugung vom Werthe des eigenen W e r k e s vermag nichts: ebenso kann die zweiflerische Unterschätzung den Werth desselben nicht berühren. S o s t e h t e s m i t a l l e n H a n d l u n g e n : wie moralisch ich mir mit einer Absicht auch vorkommen mag, an sich ist damit ⟨nichts⟩ über den Werth der Absicht und noch weniger über den Werth der Handlung ausgemacht. D i e g a n z e H e r k u n f t e i n e r Handlung müßte bekannt sein, und nicht nur das Stückchen, das davon ins Bewußtsein fällt (die sogenannte Absicht) Aber damit wäre eben absolute Erkenntniß verlangt –

(KSA XII, 29 f.)

Hauptirrthum der Psychologen: sie nehmen die undeutliche Vorstellung als eine niedrigere Art der Vorstellung gegen die helle gerechnet: aber was aus unserem Bewußtsein sich entfernt und deshalb dunkel wird, kann deshalb an sich vollkommen klar sein. Das Dunkelwerden ist Sache der Bewußtseins-Perspektive.

Die »Dunkelheit« ist eine Folge der Bewußtseins-Optik, nicht nothwendig etwas dem »Dunkeln« Inhärentes.

Alles, was als »Einheit« ins Bewußtsein tritt, ist bereits ungeheuer complizirt: wir haben immer nur einen Anschein von Einheit. (...)

(KSA XII, 205)

Zur Psychologie und Erkenntnisslehre.

Ich halte die Phänomenalität auch der inneren Welt fest: alles, was uns bewußt wird, ist durch und durch erst zurechtgemacht, vereinfacht, schematisirt, ausgelegt – der wirkliche Vorgang der inneren »Wahrnehmung«, die Causalvereinigung zwischen Gedanken, Gefühlen, Begehrungen, wie die zwischen Subjekt und Objekt, uns absolut verborgen – und vielleicht eine reine Einbildung. Diese »scheinbare innere Welt« ist mit ganz denselben Formen und Prozeduren behandelt, wie die »äußere« Welt. Wir stoßen nie auf »Thatsachen«: Lust und Unlust sind späte und abgeleitete Intellekt-Phänomene ...

Die »Ursächlichkeit« entschlüpft uns; zwischen Gedanken ein unmittelbares ursächliches Band anzunehmen, wie es die Logik thut – das ist Folge der allergröbsten und plumpsten Beobachtung. Zwischen zwei Gedanken spielen noch alle möglichen Affekte ihr Spiel: aber die Bewegungen sind zu rasch, deshalb verkennen wir sie, leugnen wir sie ...

»Denken«, wie es die Erkenntnißtheoretiker ansetzen, kommt gar nicht vor: das ist eine ganz willkürliche Fiktion, erreicht durch Heraushebung Eines Elementes aus dem Prozeß und Subtraktion aller übrigen, eine künstliche Zurechtmachung zum Zweck der Verständlichung ...

Der »Geist«, e t w a s, d a s d e n k t: womöglich gar »der Geist absolut, rein, pur« – diese Conception ist eine abgeleitete zweite Folge der falschen Selbstbeobachtung, welche an »Denken« glaubt: hier ist e r s t ein Akt imaginirt, der gar nicht vorkommt, »das Denken« und z w e i t e n s ein Subjekt-Substrat imaginirt in dem jeder Akt dieses Denkens und sonst nichts Anderes seinen Ursprung hat: d. h. s o w o h l d a s T h u n, a l s d e r T h ä t e r sind fingirt

(KSA XII, 53 f.)

Rolle des »Bewußtseins«

Es ist wesentlich, daß man sich über die Rolle des »Bewußtseins« nicht vergreift: es ist unsere R e l a t i o n m i t d e r » A u ß e n w e l t «, w e l c h e e s e n t w i c k e l t h a t. Dagegen die D i r e k t i o n, resp. die Obhut und Vorsorglichkeit in Hinsicht auf das Zusammenspiel der leiblichen Funktionen tritt uns n i c h t ins Bewußtsein; ebenso wenig als die geistige E i n m a g a z i n i r u n g: daß es dafür eine oberste Instanz giebt, darf man nicht bezweifeln: eine Art leitendes Comité, wo die verschiedenen H a u p t b e g i e r d e n ihre Stimme und Macht geltend machen. »Lust«, »Unlust« sind Winke aus dieser Sphäre her: ... der W i l l e n s a k t insgleichen. Die I d e e n insgleichen

In s u m m a: das, was bewußt wird, steht unter causalen Beziehungen, die uns ganz und gar vorenthalten sind, – die Aufeinanderfolge von Gedanken, Gefühlen, Ideen im Bewußtsein drückt nichts darüber aus, daß diese Folge eine causale Folge ist: es ist aber s c h e i n b a r so, im höchsten Grade. Auf diese S c h e i n b a r k e i t h i n h a b e n w i r u n s e r e g a n z e V o r s t e l l u n g v o n G e i s t, Vernunft, L o g i k usw. g e g r ü n d e t (das giebt es Alles nicht: es sind fingirte Synthesen und Einheiten) ... Und diese wieder in die Dinge, h i n t e r d i e Dinge projicirt!

Gewöhnlich nimmt man das Bewußtsein selbst als Gesammt-Sensorium und oberste Instanz: indessen es ist nur ein Mittel der Mittheilbarkeit: es ist im Verkehr entwickelt, und in Hinsicht auf Verkehrs-Interessen ... »Verkehr« hier verstanden auch von den Einwirkungen der Außenwelt und den unsererseits dabei nöthigen Reaktionen; ebensowie von unseren Wirkungen nach außen. Es ist nicht die Leitung, sondern ein Organ der Leitung –

(KSA XIII, 67f.)

Wissenschaft gegen Philosophie

Die ungeheuren Fehlgriffe:
1) die unsinnige Überschätzung des Bewußtseins, aus ihm eine Einheit gemacht, ein Wesen gemacht, »der Geist«, »die Seele«, etwas, das fühlt, denkt, will –
2) der Geist als Ursache, namentlich überall wo Zweckmäßigkeit, System, Coordination erscheinen
3) das Bewußtsein als höchste erreichbare Form, als oberste Art Sein, als »Gott«
4) der Wille überall eingetragen, wo es Wirkung giebt
5) die »wahre Welt« als geistige Welt, als zugänglich durch Bewußtseins-Thatsachen
6) die Erkenntniß absolut als Fähigkeit des Bewußtseins, wo überhaupt es Erkenntniß giebt

Folgerungen:
jeder Fortschritt liegt in dem Fortschritt zum Bewußtwerden; jeder Rückschritt im Unbewußtwerden.

Man nähert sich der Realität, dem »wahren Sein« durch Dialektik; man entfernt sich von ihm durch Instinkte, Sinne, Mechanismus ...

Den Menschen in Geist auflösen hieße ihn zu Gott machen: Geist, Wille, Güte – Eins

Alles Gute muß aus der Geistigkeit stammen, muß Bewußtseins-Thatsache sein

Der Fortschritt zum Besseren kann nur ein Fortschritt im Bewußt werden sein

Das Unbewußtwerden galt als Verfallensein an die Begierden und Sinne – als Verthierung ...

(KSA XIII, 330)

Man muß den Phänomenalismus nicht an der falschen Stelle suchen: nichts ist phänomenaler (oder deutlicher) nichts ist so sehr Täuschung, als diese innere Welt die wir mit dem berühmten »inneren Sinn« beobachten.

Wir haben den Willen als Ursache geglaubt, bis zu dem Maße, daß wir nach unserer Personal-Erfahrung überhaupt eine Ursache in das Geschehen hineingelegt haben (d. h. Absicht als Ursache von Geschehen –)

Wir glauben, daß Gedanke und Gedanke, wie sie in uns nacheinander folgen, in irgend einer causalen Verkettung stehen: der Logiker in Sonderheit, der thatsächlich von lauter Fällen redet, die niemals in der Wirklichkeit vorkommen, hat sich an das Vorurtheil gewöhnt, daß Gedanken Gedanken verursachen, – er nennt das – Denken ...

Wir glauben – und selbst unsere Physiologen glauben es noch – daß Lust und Schmerz Ursache sind von Reaktionen, daß es der Sinn von Lust und Schmerz ist, Anlaß zu Reaktionen zu geben. Man hat Lust und das Vermeiden der Unlust geradezu Jahrtausende lang als Motive für jedes Handeln aufgestellt. Mit einiger Besinnung dürften wir zugeben, daß Alles so verlaufen würde, nach genau derselben Verkettung der Ursachen und Wirkungen, wenn diese Zustände »Lust und Schmerz« fehlten: und man täuscht sich einfach, zu behaupten, daß sie irgend etwas verursachen: – es sind Begleiterscheinungen mit einer ganz anderen Finalität, als der, Reaktionen hervorzurufen; es sind bereits Wirkungen innerhalb des eingeleiteten Prozesses der Reaktion ....

In summa: alles, was bewußt wird, ist eine Enderscheinung, ein Schluß – und verursacht nichts – alles Nacheinander im Bewußtsein ist vollkommen atomistisch. Und wir haben die Welt versucht zu verstehen mit der u m g e k e h r t e n Auffassung, – als ob nichts wirke und real sei als Denken, Fühlen, Wollen ...

(KSA XIII, 334 f.)

Der Phänomenalismus der »inneren Welt«

die chronologische Umdrehung, so daß die Ursache später ins Bewußtsein tritt, als die Wirkung.

wir haben gelernt, daß der Schmerz an eine Stelle des Leibes projicirt wird, ohne dort seinen Sitz zu haben

wir haben gelernt, daß die Sinnesempfindung, welche man naiv als bedingt durch die Außenwelt ansetzt, vielmehr durch die Innenwelt bedingt ist: daß jede eigentliche Aktion der Außenwelt immer unbewußt verläuft ... Das Stück Außenwelt, das uns bewußt wird, ist nachgeboren nach der Wirkung die von außen auf uns geübt ist, ist nachträglich projicirt als deren »Ursache« ...

In dem Phänomenalismus der »inneren Welt« kehren wir die Chronologie von Ursache und Wirkung um.

Die Grundthatsache der »inneren Erfahrung« ist, daß die Ursache imaginirt wird, nachdem die Wirkung erfolgt ist ...

Dasselbe gilt auch von der Abfolge der Gedanken ... wir suchen den Grund zu einem Gedanken, bevor er uns noch bewußt ist: und dann tritt zuerst der Grund und dann dessen Folge ins Bewußtsein ...

Unser ganzes Träumen ist die Auslegung von Gesammt-Gefühlen auf mögliche Ursachen: und zwar so, daß ein Zustand erst bewußt wird, wenn die dazu erfundene Causalitäts-Kette ins Bewußtsein getreten ist ...

die ganze »innere Erfahrung« beruht darauf, daß zu einer Erregung der Nerven-Centren eine Ursache gesucht und vorgestellt wird – und daß erst die gefundene Ursache i n s B e w u ß t -

sein tritt: diese Ursache ist schlechterdings nicht adäquat der wirklichen Ursache, – es ist ein Tasten auf Grund der ehemaligen »inneren Erfahrungen« – d. h. des Gedächtnisses. Das Gedächtniß erhält aber auch die Gewohnheiten der alten Interpretat⟨ion⟩, d. h. deren irrthümliche Ursächlichkeiten ... so daß die »innere Erfahrung« in sich noch die Folgen aller ehemaligen falschen Causal-Fiktionen zu tragen hat

unsere »Außenwelt«, wie wir sie jeden Augenblick projiciren, ist versetzt und unauflöslich gebunden an den alten Irrthum vom Grunde: wir legen sie aus mit dem Schematismus des »Dings«

so wenig der Schmerz in einem einzelnen Falle bloß den einzelnen Fall darstellt, vielmehr eine lange Erfahrung über die Folgen gewisser Verletzungen, eingerechnet die Irrthümer in der Abschätzung dieser Folgen

Die »innere Erfahrung« tritt uns ins Bewußtsein, erst nachdem sie eine Sprache gefunden hat, die das Individuum v e r s t e h t ... d. h. eine Übersetzung eines Zustandes in ihm b e k a n n t e r e Zustände –

(KSA XIII, 458–460)

VIII. Der freie Geist

Nachgelassene Fragmente

Vorrede.

Wenn es schon dem Autor begegnet, dass er, vor sein eigenes Buch hingestellt, demselben mit Befremdung in's Gesicht sieht und ihm die Frage über die Lippen läuft: bin ich's? bin ich's nicht? – um wie viel mehr müssen die Leser seiner früheren Schriften eine solche Empfindung haben, zumal wenn sie den Autor derselben nicht persönlich kennen und er ihnen nur als Geist und Charakter jener Schriften vor der Seele steht. Diesen Lesern, den mir allezeit gegenwärtigen, treuen, unerschrockenen Anspornern und Vertheidigern meines höhern Selbst – bin ich demnach eine Erklärung schuldig, nicht darüber was das Buch ist, sondern was es für sie, für mich bedeutet: die selbe Erklärung, welche ich mir gebe, wenn ich, wie gesagt, mitunter dem eigenen Kinde mit Verwunderung in die Augen sehe und es bald ein wenig unheimlich, bald allzu harmlos finde.

Jeder von uns, den ausgeprägteren Menschen dieses Zeitalters, trägt jene innere freigeisterische Erregtheit mit sich herum, welche in einem, allen früheren Zeiten unzugänglichen Grade uns gegen den leisesten Druck irgend einer Autorität empfindlich und widerspänstig macht. Es ist ein Zufall, dass Keiner von uns bis jetzt ganz und gar zum Typus des Freigeistes der Gegenwart geworden ist, während wir den Ansatz zu ihm und den gleichsam vorgezeichneten Abriss seines Wesens wie mit Augen an uns Allen wahrnehmen. Während nun der Verfasser dieses Buches seit geraumer Zeit jenen grossen typischen Menschen nachspürte, welche aus diesem Zeitalter heraus und über dasselbe hinauswachsen, um einmal die Stützen einer zukünftigen Cultur zu sein, entgieng ihm jener Mangel eines wesentlichen Typus nicht; er suchte sich dadurch zu helfen, dass er das Bild des Freigeistes der Gegenwart nach jenen inneren Fingerzeigen zu sehen und allmählich zu malen versuchte. Indem er auf die Stunden sorgsam Acht gab, in welchen jener Geist aus ihm redete, indem er das Gesetz der Stunden, den inneren Zusammenhang jener Geisterreden fand, wurde ihm aus einem Geiste eine Person, aus einer Person beinahe eine Gestalt. Zuletzt gewann er es nicht mehr über sich, dieselbe, als den Typus des Freigeistes der Gegenwart, öffentlich nur zu malen; das Verwegenere gefiel ihm, den Geist reden zu lassen, ja ihm ein Buch unterzuschieben. Möge der Hörer dieser Reden mit Vertrauen seine Nähe fühlen, möge er empfinden, wie jene fast nervöse freigeisterische Erregbarkeit, jener Widerwille gegen die letzten Reste von Zwang und anbefohlener Mässigung an eine gefestete, milde und fast frohsinnige Seele angeknüpft ist, bei der Niemand nöthig hat, gegen Tücken und plötzliche Ausbrüche auf der Hut zu sein! Namentlich fehlt diesem freien Gesellen der knurrende Ton und die Verbissenheit, die Eigenschaften alter Hunde und Menschen, welche lange an der Kette gelegen haben; der moderne Freigeist ist nicht wie seine Vorfahren aus dem Kampfe geboren, vielmehr aus dem F r i e d e n   d e r   A u f l ö s u n g, in welche er alle geistigen Mächte der alten gebundenen Welt eingegangen sieht. Nachdem dieser grösste Umschwung in der Geschichte eingetreten ist, kann seine Seele ohne Neid und fast bedürfnisslos sein, er erstrebt für sich nicht Vieles; nicht viel mehr; ihm genügt als der wünschenswertheste Zustand jenes freie furchtlose Schweben über Menschen, Sitten, Gesetzen und den herkömmlichen Schätzungen der Dinge. Die Freude an diesem Zustande theilt er gerne mit; wer mehr von ihm will, den weist er, ein wenig Spott auf der Lippe, mit wohlwollendem Kopfschütteln, hin zu seinem Bruder, dem freien Menschen der That: mit dessen »Freiheit« es freilich eine eigene Bewandtniss hat, über welche manche Geschichte zu erzählen wäre. –

(KSA VIII, 483–485)

225.

Freigeist ein relativer Begriff. – Man nennt Den einen Freigeist, welcher anders denkt, als man von ihm auf Grund seiner Herkunft, Umgebung, seines Standes und Amtes oder auf Grund der herrschenden Zeitansichten erwartet. Er ist die Ausnahme, die gebundenen Geister sind die Regel; diese werfen ihm vor, dass seine freien Grundsätze ihren Ursprung entweder in der Sucht, aufzufallen, haben oder gar auf freie Handlungen, das heisst auf solche, welche mit der gebundenen Moral unvereinbar sind, schliessen lassen. Bisweilen sagt man auch, diese oder jene freien Grundsätze seien aus Verschrobenheit und Ueberspanntheit des Kopfes herzuleiten; doch spricht so nur die Bosheit, welche selber an Das nicht glaubt, was sie sagt, aber damit schaden will: denn das Zeugniss für die grössere Güte und Schärfe seines Intellectes ist dem Freigeist gewöhnlich in's Gesicht geschrieben, so lesbar, dass es die gebundenen Geister gut genug verstehen. Aber die beiden andern Ableitungen der Freigeisterei sind redlich gemeint; in der That entstehen auch viele Freigeister auf die eine oder die andere Art. Desshalb könnten aber die Sätze, zu denen sie auf jenen Wegen gelangten, doch wahrer und zuverlässiger sein, als die der gebundenen Geister. Bei der Erkenntniss der Wahrheit kommt es darauf an, dass man sie hat, nicht darauf, aus welchem Antrieb man sie gesucht, auf welchem Wege man sie gefunden hat. Haben die Freigeister Recht, so haben die gebundenen Geister Unrecht, gleichgültig, ob die ersteren aus Unmoralität zur Wahrheit gekommen sind, die anderen aus Moralität bisher an der Unwahrheit festgehalten haben. – Uebrigens gehört es nicht zum Wesen des Freigeistes, dass er richtigere Ansichten hat, sondern vielmehr, dass er sich von dem Herkömmlichen gelöst hat, sei es mit Glück oder mit einem

Misserfolg. Für gewöhnlich wird er aber doch die Wahrheit oder mindestens den Geist der Wahrheitsforschung auf seiner Seite haben: er fordert Gründe, die Anderen Glauben.

(KSA II, 189f.)

Nachgelassene Fragmente

Der Freigeist.

Abschied

»Die Krähen schrei'n
Und ziehen schwirren Flugs zur Stadt:
Bald wird es schnei'n –
Wohl dem, der jetzt noch – Heimat hat!

Nun stehst du starr,
Schaust rückwärts ach! wie lange schon!
Was bist du Narr
Vor Winters in die Welt – entflohn? .

Die Welt – ein Thor
Zu tausend Wüsten stumm und kalt!
Wer Das verlor,
Was du verlorst, macht nirgends Halt.

Nun stehst du bleich,
Zur Winter-Wanderschaft verflucht,
Dem Rauche gleich,
Der stets nach kältern Himmeln sucht.

Flieg', Vogel, schnarr'
Dein Lied im Wüsten-Vogel-Ton! –
Versteck', du Narr,
Dein blutend Herz in Eis und Hohn!

Die Krähen schrei'n
Und ziehen schwirren Flugs zur Stadt:
Bald wird es schnei'n,
Weh dem, der keine Heimat hat!«

Antwort.

Daß Gott erbarm'!
Der meint, ich sehnte mich zurück
In's deutsche Warm,
In's dumpfe deutsche Stuben-Glück!

Mein Freund, was hier
Mich hemmt und hält ist dein Verstand,
Mitleid mit dir!
Mitleid mit deutschem Quer-Verstand!

(KSA XI, 329 f.)

Schluss von »der Mensch im Verkehr«
Vorrede und Vorfrage:
»was sind freie Geister?«

⟨1.⟩

»Eine Seele, in welcher die Weltweisheit wohnt, muß durch ihre
Gesundheit auch den Körper gesund machen«: so sagt es Montaigne, und ich gebe heute gern mein Jawort dazu, als Einer, der
auf diesem Bereiche Erfahrung hat. »Es kann nichts Muntreres,
Aufgeweckteres, fast hätte ich gesagt, Kurzweiligeres geben als
die Welt und ihre Weisheit«: so sage ich ebenfalls mit Montaigne – aber unter welchen bleichen und schauerlichen Larven
gieng damals die Weisheit an mir vorbei! Genug, ich fürchtete
mich oft genug vor ihr und war ungern dergestalt mit ihr allein –
– – und begab mich, allein und schweigsam, aber mit einem zähen »Willen zur Weisheit« und zum Süden, – auf die Wanderschaft. Damals nannte ich mich bei mir selber einen »freien
Geist«, oder »den Prinzen Vogelfrei« und wer mich gefragt
hätte: wo bist du eigentlich noch zu Hause, dem würde ich ge-

antwortet haben »vielleicht jenseits von Gut und Böse, sonst nirgends«. Aber ich trug dergestalt hart daran, daß ich keine Wandergenossen hatte: so warf ich denn eines Tags einen Angelhaken nach anderen »freien Geistern« aus – mit eben diesem Buche, das ich bereits mit Namen nannte als »ein Buch für freie Geister«.

Heute freilich – was lernt man nicht alles in zehn Jahren! – weiß ich kaum noch, ob ich mit diesem Buch nach Gefährten und »Wandergenossen« suche. Inzwischen nämlich lernte ich, was jetzt Wenige verstehen, Einsamkeit ertragen, Einsamkeit – »verstehen«: und ich würde es heute geradezu mit unter die wesentlichen Anzeichen eines »freien Geistes« setzen, daß er lieber allein läuft, lieber allein fliegt, ja selber noch, wenn er einmal kranke Beine hat, lieber allein k r i e c h t. Die Einsamkeit tödtet, wenn sie nicht heilt: das ist wahr; die Einsamkeit gehört zu einer schlimmen und gefährlichen Heilkunst. Aber gewiß ist, daß sie, w e n n sie heilt, auch den Menschen gesünder und selbstherrlicher hinstellt, als je ein Mensch in Gesellschaft, ein Baum in seinem Walde stehen könnte. Einsamkeit erprobt am gründlichsten, mehr als irgend eine Krankheit selber, ob Einer zum L e b e n geboren und vorbestimmt ist – oder zum Tode, wie die Allermeisten. Genug, ich lernte erst aus der Einsamkeit heraus die zusammengehörigen Begriffe »freier Geist« und »Gesundheit« ganz zu Ende denken.

2.

Wir »freien Geister« leben einzeln und hier und dort auf Erden – daran ist nichts zu ändern; wir sind Wenige – und so ist es billig. Es gehört zu unserem Stolze zu denken, daß unsere Art eine s e l t n e und s e l t s a m e Art ist; und wir drängen uns nicht zu einander, wir »sehnen« uns vielleicht nicht einmal nach einander. Freilich: treffen wir einmal zusammen, wie heute, so giebt es ein Fest! Wenn wir das Wort »Glück« im Sinne u n s e r e r Philosophie gebrauchen, so denken wir dabei nicht wie die Müden, Geängstigten und Leidenden unter den Philosophen vorallererst an äußeren und inneren Frieden, an Schmerzlosigkeit, Unbewegtheit, Ungestörtheit, an einen »Sabbat der Sabbate«, an etwas, das dem tiefen Schlafe im Werthe nahe kommen mag. Das Ungewisse vielmehr, das Wechselnde Verwandlungsfähige Vieldeutige ist u n s e r e Welt, eine gefährliche Welt –: mehr noch sicherlich als das Einfache, Sich-selbst-Gleich-Bleibende, Berechenbare, Feste, dem bisher die Philosophen, als Erben der Heerden-Instinkte und Heerden-Werthschätzungen, die höchste Ehre gegeben haben. In vielen Ländern des Geistes bekannt und umhergetrieben usw.

3.

Habe ich euch damit beschrieben? Oder nur auf eine neue Weise v e r s c h w i e g e n ? Ich weiß es nicht: aber ihr sagt mir, ihr befürchtet in jedem Falle, daß ich mich mit diesem Namen v e r g r i f f e n habe? Daß der Name »freier Geist« vorweggenommen sei? Daß er irre führe? Daß man uns, auf diesen Namen hin, verwechseln werde? – Aber warum, unter uns gesagt, warum doch, meine Freunde, sollten wir n i c h t irreführen? Was liegt daran, daß m a n uns verwechselt? Werden w i r uns deshalb verwechseln? Und zuletzt: wäre es vielleicht nicht schlimmer, wenn – –?

Wohlan, ich verstehe euch: ihr wollt durchaus einen anderen, einen neuen Namen! »Aus Stolz«, sagt ihr mir: das beste Argument, auf das hin man jede Dummheit thun darf. So fange ich denn von Neuem an: macht nur eure Ohren für meine Neuigkeiten auf!

– Aber hier unterbrecht ihr mich, ihr freien Geister. Genug! Genug! höre ich euch schreien und lachen – wir halten es nicht mehr aus! Oh über diesen schauerlichen Hanswurst! Diesen tugendhaften Verräther und Verleumder! Willst du uns bei der ganzen Welt den Ruf verderben? Unseren guten Namen anschwärzen? Uns Zunamen anhängen, die sich nicht nur in die Haut einfressen? Stille, du Gewissens-Störenfried! Und wozu am hellen blauen Tage diese düsteren Fratzen, diese Gurgeltöne, diese ganze rabenschwarze Musik? Sprichst du Wahrheiten: nach solchen Wahrheiten können keine Füße t a n z e n, also sind es keine Wahrheiten für u n s. Ecce nostrum veritatis sigillum! Und hier ist Rasen und weicher Grund: was gäbe es Besseres als geschwind deine Grillen wegjagen und uns, nach deiner Nacht, einen guten Tag machen! Aber Jemand muß uns dazu auch spielen! Und fort erst mit allen Wetterwolken! Es wäre Zeit, daß sich endlich wieder ein Regenbogen über dies Land ausspannte; irgend eine bunte schöne Lügen-Brücke, auf der nur Geister, sehr freie, sehr luftige lustige Geister wandeln können! (...)

(KSA XI, 657–660)

Jenseits von Gut und Böse

Vorrede.

Vorausgesetzt, dass die Wahrheit ein Weib ist –, wie? ist der Verdacht nicht gegründet, dass alle Philosophen, sofern sie Dogmatiker waren, sich schlecht auf Weiber verstanden? dass der schauerliche Ernst, die linkische Zudringlichkeit, mit der sie bisher auf die Wahrheit zuzugehen pflegten, ungeschickte und unschickliche Mittel waren, um gerade ein Frauenzimmer für sich einzunehmen? Gewiss ist, dass sie sich nicht hat einnehmen lassen: – und jede Art Dogmatik steht heute mit betrübter und muthloser Haltung da. Wenn sie überhaupt noch steht! Denn es giebt Spötter, welche behaupten, sie sei gefallen, alle Dogmatik liege zu Boden, mehr noch, alle Dogmatik liege in den letzten Zügen. Ernstlich geredet, es giebt gute Gründe zu der Hoffnung, dass alles Dogmatisiren in der Philosophie, so feierlich, so end- und letztgültig es sich auch gebärdet hat, doch nur eine edle Kinderei und Anfängerei gewesen sein möge; und die Zeit ist vielleicht sehr nahe, wo man wieder und wieder begreifen wird, was eigentlich schon ausgereicht hat, um den Grundstein zu solchen erhabenen und unbedingten Philosophen-Bauwerken abzugeben, welche die Dogmatiker bisher aufbauten, – irgend ein Volks-Aberglaube aus unvordenklicher Zeit (wie der Seelen-Aberglaube, der als Subjekt- und Ich-Aberglaube auch heute noch nicht aufgehört hat, Unfug zu stiften), irgend ein Wortspiel vielleicht, eine Verführung von Seiten der Grammatik her oder eine verwegene Verallgemeinerung von sehr engen, sehr persönlichen, sehr menschlichallzumenschlichen Thatsachen. Die Philosophie der Dogmatiker war hoffentlich nur ein Versprechen über Jahrtausende hinweg: wie es in noch früherer Zeit die Astrologie war, für deren Dienst vielleicht mehr Arbeit, Geld, Scharfsinn, Geduld aufgewendet worden ist, als bisher für irgend eine wirkliche Wissenschaft: – man verdankt ihr und ihren

»überirdischen« Ansprüchen in Asien und Ägypten den grossen Stil der Baukunst. Es scheint, dass alle grossen Dinge, um der Menschheit sich mit ewigen Forderungen in das Herz einzuschreiben, erst als ungeheure und furchteinflössende Fratzen über die Erde hinwandeln müssen: eine solche Fratze war die dogmatische Philosophie, zum Beispiel die Vedanta-Lehre in Asien, der Platonismus in Europa. Seien wir nicht undankbar gegen sie, so gewiss es auch zugestanden werden muss, dass der schlimmste, langwierigste und gefährlichste aller Irrthümer bisher ein Dogmatiker-Irrthum gewesen ist, nämlich Plato's Erfindung vom reinen Geiste und vom Guten an sich. Aber nunmehr, wo er überwunden ist, wo Europa von diesem Alpdrucke aufathmet und zum Mindesten eines gesunderen – Schlafs geniessen darf, sind wir, d e r e n A u f g a b e d a s W a c h s e i n s e l b s t i s t, die Erben von all der Kraft, welche der Kampf gegen diesen Irrthum grossgezüchtet hat. Es hiess allerdings die Wahrheit auf den Kopf stellen und das P e r s p e k t i v i s c h e, die Grundbedingung alles Lebens, selber verleugnen, so vom Geiste und vom Guten zu reden, wie Plato gethan hat; ja man darf, als Arzt, fragen: »woher eine solche Krankheit am schönsten Gewächse des Alterthums, an Plato? hat ihn doch der böse Sokrates verdorben? wäre Sokrates doch der Verderber der Jugend gewesen? und hätte seinen Schierling verdient?« – Aber der Kampf gegen Plato, oder, um es verständlicher und für's »Volk« zu sagen, der Kampf gegen den christlich-kirchlichen Druck von Jahrtausenden – denn Christenthum ist Platonismus für's »Volk« – hat in Europa eine prachtvolle Spannung des Geistes geschaffen, wie sie auf Erden noch nicht da war: mit einem so gespannten Bogen kann man nunmehr nach den fernsten Zielen schiessen. Freilich, der europäische Mensch empfindet diese Spannung als Nothstand; und es ist schon zwei Mal im grossen Stile versucht worden, den Bogen abzuspannen, einmal durch den Jesuitismus, zum zweiten Mal durch die demokratische Aufklärung: – als welche mit Hülfe der Pressfreiheit und des Zeitunglesens es in der That erreichen dürfte, dass der Geist sich selbst nicht mehr

so leicht als »Noth« empfindet! (Die Deutschen haben das Pul-
ver erfunden – alle Achtung! aber sie haben es wieder quitt gemacht – sie erfanden die Presse.) Aber wir, die wir weder Jesui-
ten, noch Demokraten, noch selbst Deutsche genug sind, wir
g u t e n E u r o p ä e r und freien, s e h r freien Geister – wir haben
sie noch, die ganze Noth des Geistes und die ganze Spannung
seines Bogens! Und vielleicht auch den Pfeil, die Aufgabe, wer
weiss? das Z i e l ....

Sils - M a r i a, Oberengadin
    im Juni 1885.

(KSA V, 11–13)

(...) Nicht an einer Per-
son hängen bleiben: und sei sie die geliebteste, – jede Person ist
ein Gefängniss, auch ein Winkel. Nicht an einem Vaterlande
hängen bleiben: und sei es das leidendste und hülfbedürftigste, –
es ist schon weniger schwer, sein Herz von einem siegreichen
Vaterlande los zu binden. Nicht an einem Mitleiden hängen bleiben: und gälte es höheren Menschen, in deren seltne Marter und
Hülflosigkeit uns ein Zufall hat blicken lassen. Nicht an einer
Wissenschaft hängen bleiben: und locke sie Einen mit den kost-
barsten, anscheinend gerade u n s aufgesparten Funden. Nicht
an seiner eignen Loslösung hängen bleiben, an jener wollüstigen
Ferne und Fremde des Vogels, der immer weiter in die Höhe
flieht, um immer mehr unter sich zu sehn: – die Gefahr des Fliegenden. Nicht an unsern eignen Tugenden hängen bleiben und
als Ganzes das Opfer irgend einer Einzelheit an uns werden,
zum Beispiel unsrer »Gastfreundschaft«: wie es die Gefahr der
Gefahren bei hochgearteten und reichen Seelen ist, welche verschwenderisch, fast gleichgültig mit sich selbst umgehn und die
Tugend der Liberalität bis zum Laster treiben. Man muss wissen, s i c h z u b e w a h r e n: stärkste Probe der Unabhängigkeit.

42.

Eine neue Gattung von Philosophen kommt herauf: ich wage es, sie auf einen nicht ungefährlichen Namen zu taufen. So wie ich sie errathe, so wie sie sich errathen lassen – denn es gehört zu ihrer Art, irgend worin Räthsel bleiben zu wollen –, möchten diese Philosophen der Zukunft ein Recht, vielleicht auch ein Unrecht darauf haben, als Versucher bezeichnet zu werden. Dieser Name selbst ist zuletzt nur ein Versuch, und, wenn man will, eine Versuchung.

43.

Sind es neue Freunde der »Wahrheit«, diese kommenden Philosophen? Wahrscheinlich genug: denn alle Philosophen liebten bisher ihre Wahrheiten. Sicherlich aber werden es keine Dogmatiker sein. Es muss ihnen wider den Stolz gehn, auch wider den Geschmack, wenn ihre Wahrheit gar noch eine Wahrheit für Jedermann sein soll: was bisher der geheime Wunsch und Hintersinn aller dogmatischen Bestrebungen war. »Mein Urtheil ist mein Urtheil: dazu hat nicht leicht auch ein Anderer das Recht« – sagt vielleicht solch ein Philosoph der Zukunft. Man muss den schlechten Geschmack von sich abthun, mit Vielen übereinstimmen zu wollen. »Gut« ist nicht mehr gut, wenn der Nachbar es in den Mund nimmt. Und wie könnte es gar ein »Gemeingut« geben! Das Wort widerspricht sich selbst: was gemein sein kann, hat immer nur wenig Werth. Zuletzt muss es so stehn, wie es steht und immer stand: die grossen Dinge bleiben für die Grossen übrig, die Abgründe für die Tiefen, die Zartheiten und Schauder für die Feinen, und, im Ganzen und Kurzen, alles Seltene für die Seltenen. –

44

Brauche ich nach alledem noch eigens zu sagen, dass auch sie freie, s e h r freie Geister sein werden, diese Philosophen der Zukunft, – so gewiss sie auch nicht bloss freie Geister sein werden, sondern etwas Mehreres, Höheres, Grösseres und Gründlich-Anderes, das nicht verkannt und verwechselt werden will? Aber, indem ich dies sage, fühle ich fast ebenso sehr gegen sie selbst, als gegen uns, die wir ihre Herolde und Vorläufer sind, wir freien Geister! – die S c h u l d i g k e i t, ein altes dummes Vorurtheil und Missverständniss von uns gemeinsam fortzublasen, welches allzulange wie ein Nebel den Begriff »freier Geist« undurchsichtig gemacht hat. In allen Ländern Europa's und ebenso in Amerika giebt es jetzt Etwas, das Missbrauch mit diesem Namen treibt, eine sehr enge, eingefangne, an Ketten gelegte Art von Geistern, welche ungefähr das Gegentheil von dem wollen, was in unsern Absichten und Instinkten liegt, – nicht zu reden davon, dass sie in Hinsicht auf jene heraufkommenden n e u e n Philosophen erst recht zugemachte Fenster und verriegelte Thüren sein müssen. Sie gehören, kurz und schlimm, unter die N i v e l l i r e r, diese fälschlich genannten »freien Geister« – als beredte und schreibfingrige Sklaven des demokratischen Geschmacks und seiner »modernen Ideen«: allesammt Menschen ohne Einsamkeit, ohne eigne Einsamkeit, plumpe brave Burschen, welchen weder Muth noch achtbare Sitte abgesprochen werden soll, nur dass sie eben unfrei und zum Lachen oberflächlich sind, vor Allem mit ihrem Grundhange, in den Formen der bisherigen alten Gesellschaft ungefähr die Ursache für a l l e s menschliche Elend und Missrathen zu sehn: wobei die Wahrheit glücklich auf den Kopf zu stehn kommt! Was sie mit allen Kräften erstreben möchten, ist das allgemeine grüne Weide-Glück der Heerde, mit Sicherheit, Ungefährlichkeit, Behagen, Erleichterung des Lebens für Jedermann; ihre beiden am reichlichsten abgesungnen Lieder und Lehren heissen »Gleichheit der Rechte« und »Mitgefühl für alles Leidende«, – und das Leiden selbst wird von ihnen

als Etwas genommen, das man abschaffen muss. Wir Umgekehrten, die wir uns ein Auge und ein Gewissen für die Frage
aufgemacht haben, wo und wie bisher die Pflanze »Mensch« am
kräftigsten in die Höhe gewachsen ist, vermeinen, dass dies jedes
Mal unter den umgekehrten Bedingungen geschehn ist, dass
dazu die Gefährlichkeit seiner Lage erst in's Ungeheure wachsen, seine Erfindungs- und Verstellungskraft (sein »Geist« –)
unter langem Druck und Zwang sich in's Feine und Verwegene
entwickeln, sein Lebens-Wille bis zum unbedingten Macht-Wil-
len gesteigert werden musste: – wir vermeinen, dass Härte, Ge-
waltsamkeit, Sklaverei, Gefahr auf der Gasse und im Herzen,
Verborgenheit, Stoicismus, Versucherkunst und Teufelei jeder
Art, dass alles Böse, Furchtbare, Tyrannische, Raubthier- und
Schlangenhafte am Menschen so gut zur Erhöhung der Species
»Mensch« dient, als sein Gegensatz: – wir sagen sogar nicht einmal genug, wenn wir nur so viel sagen, und befinden uns jedenfalls, mit unserm Reden und Schweigen an dieser Stelle, am
andern Ende aller modernen Ideologie und Heerden-Wünsch-
barkeit: als deren Antipoden vielleicht? Was Wunder, dass wir
»freien Geister« nicht gerade die mittheilsamsten Geister sind?
dass wir nicht in jedem Betrachte zu verrathen wünschen, wovon ein Geist sich frei machen kann und wohin er dann vielleicht getrieben wird? Und was es mit der gefährlichen Formel
»jenseits von Gut und Böse« auf sich hat, mit der wir uns zum
Mindesten vor Verwechslung behüten: wir sind etwas Anderes
als »libres-penseurs«, »liberi pensatori«, »Freidenker« und wie
alle diese braven Fürsprecher der »modernen Ideen« sich zu be-
nennen lieben. In vielen Ländern des Geistes zu Hause, mindestens zu Gaste gewesen; den dumpfen angenehmen Winkeln
immer wieder entschlüpft, in die uns Vorliebe und Vorhass, Jugend, Abkunft, der Zufall von Menschen und Büchern, oder
selbst die Ermüdungen der Wanderschaft zu bannen schienen;
voller Bosheit gegen die Lockmittel der Abhängigkeit, welche in
Ehren, oder Geld, oder Ämtern, oder Begeisterungen der Sinne
versteckt liegen; dankbar sogar gegen Noth und wechselreiche

Krankheit, weil sie uns immer von irgend einer Regel und ihrem »Vorurtheil« losmachte, dankbar gegen Gott, Teufel, Schaf und Wurm in uns, neugierig bis zum Laster, Forscher bis zur Grausamkeit, mit unbedenklichen Fingern für Unfassbares, mit Zähnen und Mägen für das Unverdaulichste, bereit zu jedem Handwerk, das Scharfsinn und scharfe Sinne verlangt, bereit zu jedem Wagniss, Dank einem Überschusse von »freiem Willen«, mit Vorder- und Hinterseelen, denen Keiner leicht in die letzten Absichten sieht, mit Vorder- und Hintergründen, welche kein Fuss zu Ende laufen dürfte, Verborgene unter den Mänteln des Lichts, Erobernde, ob wir gleich Erben und Verschwendern gleich sehn, Ordner und Sammler von früh bis Abend, Geizhälse unsres Reichthums und unsrer vollgestopften Schubfächer, haushälterisch im Lernen und Vergessen, erfinderisch in Schematen, mitunter stolz auf Kategorien-Tafeln, mitunter Pedanten, mitunter Nachteulen der Arbeit auch am hellen Tage; ja, wenn es noth thut, selbst Vogelscheuchen – und heute thut es noth: nämlich insofern wir die geborenen geschworenen eifersüchtigen Freunde der Einsamkeit sind, unsrer eignen tiefsten mitternächtlichsten mittäglichsten Einsamkeit: – eine solche Art Menschen sind wir, wir freien Geister! und vielleicht seid auch ihr etwas davon, ihr Kommenden? ihr neuen Philosophen? –

(KSA V, 59–63)

Menschliches, Allzumenschliches

Vorrede.

I.

Es ist mir oft genug und immer mit grossem Befremden ausgedrückt worden, dass es etwas Gemeinsames und Auszeichnendes an allen meinen Schriften gäbe, von der »Geburt der Tragödie« an bis zum letzthin veröffentlichten »Vorspiel einer Philosophie der Zukunft«: sie enthielten allesammt, hat man mir gesagt, Schlingen und Netze für unvorsichtige Vögel und beinahe eine beständige unvermerkte Aufforderung zur Umkehrung gewohnter Werthschätzungen und geschätzter Gewohnheiten. Wie? Alles nur – menschlich-allzumenschlich? Mit diesem Seufzer komme man aus meinen Schriften heraus, nicht ohne eine Art Scheu und Misstrauen selbst gegen die Moral, ja nicht übel versucht und ermuthigt, einmal den Fürsprecher der schlimmsten Dinge zu machen: wie als ob sie vielleicht nur die bestverleumdeten seien? Man hat meine Schriften eine Schule des Verdachts genannt, noch mehr der Verachtung, glücklicherweise auch des Muthes, ja der Verwegenheit. In der That, ich selbst glaube nicht, dass jemals Jemand mit einem gleich tiefen Verdachte in die Welt gesehn hat, und nicht nur als gelegentlicher Anwalt des Teufels, sondern ebenso sehr, theologisch zu reden, als Feind und Vorforderer Gottes; und wer etwas von den Folgen erräth, die in jedem tiefen Verdachte liegen, etwas von den Frösten und Aengsten der Vereinsamung, zu denen jede unbedingte Verschiedenheit des Blicks den mit ihr Behafteten verurtheilt, wird auch verstehn, wie oft ich zur Erholung von mir, gleichsam zum zeitweiligen Selbstvergessen, irgendwo unterzutreten suchte – in irgend einer Verehrung oder Feindschaft oder Wissenschaftlichkeit oder Leichtfertigkeit oder Dummheit; auch warum ich, wo ich nicht fand, was ich brauchte, es mir künstlich erzwingen, zurecht fälschen, zurecht dichten musste (– und was haben Dichter je Anderes gethan? und wozu wäre alle Kunst in der Welt da?). Was ich aber immer wieder am nöthigsten brauchte, zu meiner Kur und Selbst-Wiederherstellung, das war der Glaube, nicht dergestalt einzeln zu sein, einzeln zu sehn, – ein zauberhafter Argwohn von Verwandtschaft und Gleichheit in Auge und Begierde, ein Ausruhen im Vertrauen der Freundschaft, eine Blindheit zu Zweien ohne Verdacht und Fragezeichen, ein Genuss an Vordergründen, Oberflächen, Nahem, Nächstem, an Allem, was Farbe, Haut und Scheinbarkeit hat. Vielleicht, dass man mir in diesem Betrachte mancherlei »Kunst«, mancherlei feinere Falschmünzerei vorrücken könnte: zum Beispiel, dass ich wissentlichwillentlich die Augen vor Schopenhauer's blindem Willen zur Moral zugemacht hätte, zu einer Zeit, wo ich über Moral schon hellsichtig genug war; insgleichen dass ich mich über Richard Wagner's unheilbare Romantik betrogen hätte, wie als ob sie ein Anfang und nicht ein Ende sei; insgleichen über die Griechen, insgleichen über die Deutschen und ihre Zukunft – und es gäbe vielleicht noch eine ganze lange Liste solcher Insgleichen? – gesetzt aber, dies Alles wäre wahr und mit gutem Grunde mir vorgerückt, was wisst ihr davon, was könntet ihr davon wissen, wie viel List der Selbst-Erhaltung, wie viel Vernunft und höhere Obhut in solchem Selbst-Betruge enthalten ist, – und wie viel Falschheit mir noch noth thut, damit ich mir immer wieder den Luxus meiner Wahrhaftigkeit gestatten darf? ... Genug, ich lebe noch; und das Leben ist nun einmal nicht von der Moral ausgedacht: es will Täuschung, es lebt von der Täuschung ... aber nicht wahr? da beginne ich bereits wieder und thue, was ich immer gethan habe, ich alter Immoralist und Vogelsteller – und rede unmoralisch, aussermoralisch, »jenseits von Gut und Böse«? –

2.

– So habe ich denn einstmals, als ich es nöthig hatte, mir auch die »freien Geister« erfunden, denen dieses schwermüthig-muthige Buch mit dem Titel »Menschliches, Allzumenschliches« gewidmet ist: dergleichen »freie Geister« giebt es nicht, gab es nicht, – aber ich hatte sie damals, wie gesagt, zur Gesellschaft nöthig, um guter Dinge zu bleiben inmitten schlimmer Dinge (Krankheit, Vereinsamung, Fremde, Acedia, Unthätigkeit): als tapfere Gesellen und Gespenster, mit denen man schwätzt und lacht, wenn man Lust hat zu schwätzen und zu lachen, und die man zum Teufel schickt, wenn sie langweilig werden, – als ein Schadenersatz für mangelnde Freunde. Dass es dergleichen freie Geister einmal geben k ö n n t e, dass unser Europa unter seinen Söhnen von Morgen und Uebermorgen solche muntere und verwegene Gesellen haben wird, leibhaft und handgreiflich und nicht nur, wie in meinem Falle, als Schemen und Einsiedler-Schattenspiel: daran möchte i c h am wenigsten zweifeln. Ich sehe sie bereits k o m m e n, langsam, langsam; und vielleicht thue ich etwas, um ihr Kommen zu beschleunigen, wenn ich zum Voraus beschreibe, unter welchen Schicksalen ich sie entstehn, auf welchen Wegen ich sie kommen s e h e? – –

3.

Man darf vermuthen, dass ein Geist, in dem der Typus »freier Geist« einmal bis zur Vollkommenheit reif und süss werden soll, sein entscheidendes Ereigniss in einer g r o s s e n L o s l ö s u n g gehabt hat, und dass er vorher um so mehr ein gebundener Geist war und für immer an seine Ecke und Säule gefesselt schien. Was bindet am festesten? welche Striche sind beinahe unzerreissbar? Bei Menschen einer hohen und ausgesuchten Art werden es die Pflichten sein: jene Ehrfurcht, wie sie der Jugend eignet, jene Scheu und Zartheit vor allem Altverehrten und Würdigen, jene Dankbarkeit für den Boden, aus dem sie wuchsen, für die Hand, die sie führte, für das Heiligthum, wo sie anbeten lernten, – ihre höchsten Augenblicke selbst werden sie am festesten binden, am dauerndsten verpflichten. Die grosse Loslösung kommt für solchermaassen Gebundene plötzlich, wie ein Erdstoss: die junge

Seele wird mit Einem Male erschüttert, losgerissen, herausgerissen, – sie selbst versteht nicht, was sich begiebt. Ein Antrieb und Andrang waltet und wird über sie Herr wie ein Befehl; ein Wille und Wunsch erwacht, fortzugehn, irgend wohin, um jeden Preis; eine heftige gefährliche Neugierde nach einer unentdeckten Welt flammt und flackert in allen ihren Sinnen. »Lieber sterben als h i e r leben« – so klingt die gebieterische Stimme und Verführung: und dies »hier«, dies »zu Hause« ist Alles, was sie bis dahin geliebt hatte! Ein plötzlicher Schrecken und Argwohn gegen Das, was sie liebte, ein Blitz von Verachtung gegen Das, was ihr »Pflicht« hiess, ein aufrührerisches, willkürliches, vulkanisch stossendes Verlangen nach Wanderschaft, Fremde, Entfremdung, Erkältung, Ernüchterung, Vereisung, ein Hass auf die Liebe, vielleicht ein tempelschänderischer Griff und Blick r ü c k w ä r t s, dorthin, wo sie bis dahin anbetete und liebte, vielleicht eine Gluth der Scham über Das, was sie eben that, und ein Frohlocken zugleich, d a s s sie es that, ein trunkenes inneres frohlockendes Schaudern, in dem sich ein Sieg verräth – ein Sieg? über was? über wen? ein räthselhafter fragenreicher fragwürdiger Sieg, aber der e r s t e Sieg immerhin: – dergleichen Schlimmes und Schmerzliches gehört zur Geschichte der grossen Loslösung. Sie ist eine Krankheit zugleich, die den Menschen zerstören kann, dieser erste Ausbruch von Kraft und Willen zur Selbstbestimmung, Selbst-Werthsetzung, dieser Wille zum f r e i e n Willen: und wie viel Krankheit drückt sich an den wilden Versuchen und Seltsamkeiten aus, mit denen der Befreite, Losgelöste sich nunmehr seine Herrschaft über die Dinge zu beweisen sucht! Er schweift grausam umher, mit einer unbefriedigten Lüsternheit; was er erbeutet, muss die gefährliche Spannung seines Stolzes abbüssen; er zerreisst, was ihn reizt. Mit einem bösen Lachen dreht er um, was er verhüllt, durch irgend eine Scham geschont findet: er versucht, wie diese Dinge aussehn, w e n n man sie umkehrt. Es ist Willkür und Lust an der Willkür darin, wenn er vielleicht nun seine Gunst dem zuwendet, was bisher in schlechtem Rufe stand, – wenn er neugierig und versucherisch um das Verbotenste schleicht. Im Hintergrunde seines Treibens und Schweifens – denn er ist unruhig und ziellos unterwegs wie in einer Wüste – steht das Fragezeichen einer immer gefährlicheren Neugierde. »Kann man nicht alle Werthe umdrehn? und ist Gut vielleicht Böse? und Gott nur eine Erfindung und Feinheit des Teufels? Ist Alles vielleicht im letzten Grunde falsch? Und wenn wir Betrogene sind, sind wir nicht ebendadurch auch Betrüger? müssen wir nicht auch Betrüger sein?« – solche Gedanken führen und verführen ihn, immer weiter fort, immer weiter ab. Die Einsamkeit umringt und umringelt ihn, immer drohender, würgender, herzzuschnürender, jene furchtbare Göttin und mater saeva cupidinum – aber wer weiß es heute, was Einsamkeit ist? …

4.

Von dieser krankhaften Vereinsamung, von der Wüste solcher Versuchs-Jahre ist der Weg noch weit bis zu jener ungeheuren überströmenden Sicherheit und Gesundheit, welche der Krankheit selbst nicht entrathen mag, als eines Mittels und Angelhakens der Erkenntniss, bis zu jener reifen Freiheit des Geistes, welche ebensosehr Selbstbeherrschung und Zucht des Herzens ist und die Wege zu vielen und entgegengesetzten Denkweisen erlaubt –, bis zu jener inneren Umfänglichkeit und Verwöhnung des Ueberreichthums, welche die Gefahr ausschliesst, dass der Geist sich etwa selbst in die eignen Wege verlöre und verliebte und in irgend einem Winkel berauscht sitzen bliebe, bis zu jenem Ueberschuss an plastischen, ausheilenden, nachbildenden und wiederherstellenden Kräften, welcher eben das Zeichen der grossen Gesundheit ist, jener Ueberschuss, der dem freien Geiste das gefährliche Vorrecht giebt, auf den Versuch hin leben und sich dem Abenteuer anbieten zu dürfen: das Meisterschafts-Vorrecht des freien Geistes! Dazwischen mögen lange Jahre der Genesung liegen, Jahre voll vielfarbiger schmerzlichzauberhafter Wandlungen, beherrscht und am Zügel geführt durch einen zähen Willen zur Gesundheit, der sich oft schon als Gesundheit zu kleiden und zu verkleiden wagt. Es giebt einen mittleren Zustand darin, dessen ein Mensch solchen Schicksals später nicht ohne Rührung eingedenk ist: ein blasses feines Licht und Sonnenglück ist ihm zu eigen, ein Gefühl von Vogel-Freiheit, Vogel-Umblick, Vogel-Uebermuth, etwas Drittes, in dem sich Neugierde und zarte Verachtung gebunden haben. Ein »freier Geist« – dies kühle Wort thut in jenem Zustande wohl, es wärmt beinahe. Man lebt, nicht mehr in den Fesseln von Liebe und Hass, ohne Ja, ohne Nein, freiwillig nahe, freiwillig ferne, am liebsten entschlüpfend, ausweichend, fortflatternd, wieder weg, wieder empor fliegend; man ist verwöhnt, wie Jeder, der einmal ein ungeheures Vielerlei u n t e r sich gesehn hat, – und man ward zum Gegenstück Derer, welche sich um Dinge bekümmern, die sie nichts angehn. In der That, den freien Geist gehen nunmehr lauter Dinge an – und wie viele Dinge! – welche ihn nicht mehr b e k ü m m e r n ...

Ein Schritt weiter in der Genesung: und der freie Geist nähert sich wieder dem Leben, langsam freilich, fast widerspänstig, fast misstrauisch. Es wird wieder wärmer um ihn, gelber gleichsam; Gefühl und Mitgefühl bekommen Tiefe, Thauwinde aller Art gehen über ihn weg. Fast ist ihm zu Muthe, als ob ihm jetzt erst die Augen für das N a h e aufgiengen. Er ist verwundert und sitzt stille: wo w a r er doch? Diese nahen und nächsten Dinge: wie scheinen sie ihm verwandelt! welchen Flaum und Zauber haben sie inzwischen bekommen! Er blickt dankbar zurück, – dankbar seiner Wanderschaft, seiner Härte und Selbstentfremdung, seinen Fernblicken und Vogelflügen in kalte Höhen. Wie gut, dass er nicht wie ein zärtlicher dumpfer Eckensteher immer »zu Hause«, immer »bei sich« geblieben ist! er war a u s s e r sich: es ist kein Zweifel. Jetzt erst sieht er sich selbst –, und welche Ueberraschungen findet er dabei! Welche unerprobten Schauder! Welches Glück noch in der Müdigkeit, der alten Krankheit, den Rückfällen des Genesenden! Wie es ihm gefällt, leidend stillzusitzen, Geduld zu spinnen, in der Sonne zu liegen! Wer versteht sich gleich ihm auf das Glück im Winter, auf die Sonnen-flecke an der Mauer! Es sind die dankbarsten Thiere von der Welt, auch die bescheidensten, diese dem Leben wieder halb zu-gewendeten Genesenden und Eidechsen: – es giebt solche unter ihnen, die keinen Tag von sich lassen, ohne ihm ein kleines Lob-lied an den nachschleppenden Saum zu hängen. Und ernstlich geredet: es ist eine gründliche K u r gegen allen Pessimismus (den Krebsschaden alter Idealisten und Lügenbolde, wie be-kannt –) auf die Art dieser freien Geister krank zu werden, eine gute Weile krank zu bleiben und dann, noch länger, noch länger, gesund, ich meine »gesünder« zu werden. Es ist Weisheit darin, Lebens-Weisheit, sich die Gesundheit selbst lange Zeit nur in kleinen Dosen zu verordnen.

6.

Um jene Zeit mag es endlich geschehn, unter den plötzlichen Lichtern einer noch ungestümen, noch wechselnden Gesund-heit, dass dem freien, immer freieren Geiste sich das Räthsel je-ner grossen Loslösung zu entschleiern beginnt, welches bis da-hin dunkel, fragwürdig, fast unberührbar in seinem Gedächtniss gewartet hatte. Wenn er sich lange kaum zu fragen wagte »warum so abseits? so allein? Allem entsagend, was ich ver-ehrte? der Verehrung selbst entsagend? warum diese Härte, die-ser Argwohn, dieser Hass auf die eigenen Tugenden?« – jetzt wagt und fragt er es laut und hört auch schon etwas wie Antwort darauf. »Du solltest Herr über dich werden, Herr auch über die eigenen Tugenden. Früher waren sie deine Herren; aber sie dür-fen nur deine Werkzeuge neben andren Werkzeugen sein. Du solltest Gewalt über dein Für und Wider bekommen und es ver-stehn lernen, sie aus- und wieder einzuhängen, je nach deinem höheren Zwecke. Du solltest das Perspektivische in jeder Werthschätzung begreifen lernen – die Verschiebung, Verzer-rung und scheinbare Teleologie der Horizonte und was Alles zum Perspektivischen gehört; auch das Stück Dummheit in Bezug auf entgegengesetzte Werthe und die ganze intellektuelle Einbusse, mit der sich jedes Für, jedes Wider bezahlt macht. Du solltest die n o t h w e n d i g e Ungerechtigkeit in jedem Für und Wider begreifen lernen, die Ungerechtigkeit als unablösbar vom Leben, das Leben selbst als b e d i n g t durch das Perspektivische und seine Ungerechtigkeit. Du solltest vor Allem mit Augen sehn, wo die Ungerechtigkeit immer am grössten ist: dort nämlich, wo das Leben am kleinsten, engsten, dürftigsten, anfänglichsten entwickelt ist und dennoch nicht umhin kann, s i c h als Zweck und Maass der Dinge zu nehmen und seiner Erhaltung zu Liebe das Höhere, Grössere, Reichere heimlich und kleinlich und unablässig anzubröckeln und in Frage zu stellen, – du solltest das Problem der R a n g o r d n u n g mit Augen sehn und wie Macht und Recht und Umfänglichkeit der Perspektive mit einander in die Höhe wachsen. Du solltest« – genug, der freie Geist w e i s s nunmehr, welchem »du sollst« er gehorcht hat, und auch, was er jetzt k a n n, was er jetzt erst – d a r f …

7.

Dergestalt giebt der freie Geist sich in Bezug auf jenes Räthsel von Loslösung Antwort und endet damit, indem er seinen Fall verallgemeinert, sich über sein Erlebniss also zu entscheiden. »Wie es mir ergieng, sagt er sich, muss es Jedem ergehn, in dem eine A u f g a b e leibhaft werden und »zur Welt kommen« will. Die heimliche Gewalt und Nothwendigkeit dieser Aufgabe wird unter und in seinen einzelnen Schicksalen walten gleich einer unbewussten Schwangerschaft, – lange, bevor er diese Aufgabe selbst in's Auge gefasst hat und ihren Namen weiss. Unsre Bestimmung verfügt über uns, auch wenn wir sie noch nicht kennen; es ist die Zukunft, die unserm Heute die Regel giebt. Gesetzt, dass es d a s P r o b l e m d e r R a n g o r d n u n g ist, von dem wir sagen dürfen, dass es u n s e r Problem ist, wir freien Geister: jetzt, in dem Mittage unsres Lebens, verstehn wir es erst, was für Vorbereitungen, Umwege, Proben, Versuchungen, Verkleidungen das Problem nöthig hatte, ehe es vor uns aufsteigen durfte, und wie wir erst die vielfachsten und widersprechendsten Noth- und Glücksstände an Seele und Leib erfahren mussten, als Abenteurer und Weltumsegler jener inneren Welt, die »Mensch« heisst, als Ausmesser jedes »Höher« und »Uebereinander«, das gleichfalls »Mensch« heisst – überallhin dringend, fast ohne Furcht, nichts verschmähend, nichts verlierend, alles auskostend, alles vom Zufälligen reinigend und gleichsam aussiebend – bis wir endlich sagen durften, wir freien Geister: »Hier – ein neues Problem! Hier eine lange Leiter, auf deren Sprossen wir selbst gesessen und gestiegen sind, – die wir selbst irgend wann gewesen sind! Hier ein Höher, ein Tiefer, ein Unter-uns, eine ungeheure lange Ordnung, eine Rangordnung, die wir sehen: hier – unser Problem!« – –

8.

– Es wird keinem Psychologen und Zeichendeuter einen Augenblick verborgen bleiben, an welche Stelle der eben geschilderten Entwicklung das vorliegende Buch gehört (oder gestellt ist –). Aber wo giebt es heute Psychologen? In Frankreich, gewiss; vielleicht in Russland; sicherlich nicht in Deutschland. Es fehlt nicht an Gründen, weshalb sich dies die heutigen Deutschen sogar noch zur Ehre anrechnen könnten: schlimm genug für Einen, der in diesem Stücke undeutsch geartet und gerathen ist! Dies deutsche Buch, welches in einem weiten Umkreis von Ländern und Völkern seine Leser zu finden gewusst hat – es ist ungefähr zehn Jahr unterwegs und sich auf irgend welche Musik und Flötenkunst verstehn muss, durch die auch spröde Ausländer-Ohren zum Horchen verführt werden, – gerade in Deutschland ist dies Buch am nachlässigsten gelesen, am schlechtesten gehört worden: woran liegt das? – »Es verlangt zu viel, hat man mir geantwortet, es wendet sich an Menschen ohne die Drangsal grober Pflichten, es will feine und verwöhnte Sinne, es hat Ueberfluss nöthig, Ueberfluss an Zeit, an Helligkeit des

Himmels und Herzens, an otium im verwegensten Sinne: – lauter gute Dinge, die wir Deutschen von Heute nicht haben und also auch nicht geben können.« – Nach einer so artigen Antwort räth mir meine Philosophie, zu schweigen und nicht mehr weiter zu fragen; zumal man in gewissen Fällen, wie das Sprüchwort andeutet, nur dadurch Philosoph b l e i b t, dass man – schweigt.

Nizza, im Frühling 1886.

(KSA II, 13–22)

IX. Gott ist tot

22.

Historia in nuce. – Die ernsthafteste Parodie, die ich je hörte, ist diese: »im Anfang war der Unsinn, und der Unsinn war, bei Gott! und Gott (göttlich) war der Unsinn.«

(KSA II, 388)

84.

Die Gefangenen. – Eines Morgens traten die Gefangenen in den Arbeitshof; der Wärter fehlte. Die Einen von ihnen giengen, wie es ihre Art war, sofort an die Arbeit, Andere standen müssig und blickten trotzig umher. Da trat Einer vor und sagte laut: »Arbeitet, so viel ihr wollt oder thut Nichts: es ist Alles gleich. Eure geheimen Anschläge sind an's Licht gekommen, der Gefängnisswärter hat euch neulich belauscht und will in den nächsten Tagen ein fürchterliches Gericht über euch ergehen lassen. Ihr kennt ihn, er ist hart und nachträgerischen Sinnes. Nun aber merkt auf: ihr habt mich bisher verkannt; ich bin nicht, was ich scheine, sondern viel mehr: ich bin der Sohn des Gefängnisswärters und gelte Alles bei ihm. Ich kann euch retten, ich will euch retten; aber, wohlgemerkt, nur Diejenigen von euch, welche mir glauben, dass ich der Sohn des Gefängnisswärters bin; die Uebrigen mögen die Früchte ihres Unglaubens ernten.« »Nun, sagte nach einigem Schweigen ein älterer Gefangener, was kann dir daran gelegen sein, ob wir es dir glauben oder nicht glauben? Bist du wirklich der Sohn und vermagst du Das, was du sagst, so lege ein gutes Wort für uns Alle ein: es wäre wirklich recht gutmüthig von dir. Das Gerede von Glauben und Unglauben aber lass' bei Seite!« »Und, rief ein jüngerer Mann dazwischen, ich glaub' es ihm auch nicht: er hat sich nur Etwas in den Kopf gesetzt. Ich wette, in acht Tagen befinden wir uns gerade noch so hier wie heute, und der Gefängnisswärter weiss N i c h t s.« »Und wenn er Etwas gewusst hat, so weiss er's nicht mehr«, sagte der Letzte der Gefangenen, der jetzt erst in den Hof hinabkam; »der Gefängnisswärter ist eben plötzlich gestorben«. – Holla, schrien Mehrere durcheinander, holla! Herr Sohn, Herr Sohn, wie steht es mit der Erbschaft? Sind wir vielleicht jetzt d e i n e Gefangenen? – »Ich habe es euch gesagt, entgegnete der Angeredete mild, ich werden Jeden freilassen, der an mich glaubt, so gewiss als mein Vater noch lebt«. – Die Gefangenen lachten nicht, zuckten aber mit den Achseln und liessen ihn stehen.

(KSA II, 590 f.)

Die fröhliche Wissenschaft

Der tolle Mensch. – Habt ihr nicht von jenem tollen Menschen gehört, der am hellen Vormittage eine Laterne anzündete, auf den Markt lief und unaufhörlich schrie: »Ich suche Gott! Ich suche Gott!« – Da dort gerade Viele von Denen zusammen standen, welche nicht an Gott glaubten, so erregte er ein grosses Gelächter. Ist er denn verloren gegangen? sagte der Eine. Hat er sich verlaufen wie ein Kind? sagte der Andere. Oder hält er sich versteckt? Fürchtet er sich vor uns? Ist er zu Schiff gegangen? ausgewandert? – so schrieen und lachten sie durcheinander. Der tolle Mensch sprang mitten unter sie und durchbohrte sie mit seinen Blicken. »Wohin ist Gott? rief er, ich will es euch sagen! Wir haben ihn getödtet, – ihr und ich! Wir Alle sind seine Mörder! Aber wie haben wir diess gemacht? Wie vermochten wir das Meer auszutrinken? Wer gab uns den Schwamm, um den ganzen Horizont wegzuwischen? Was thaten wir, als wir diese Erde von ihrer Sonne losketteten? Wohin bewegt sie sich nun? Wohin bewegen wir uns? Fort von allen Sonnen? Stürzen wir nicht fortwährend? Und rückwärts, seitwärts, vorwärts, nach allen Seiten? Giebt es noch ein Oben und ein Unten? Irren wir nicht wie durch ein unendliches Nichts? Haucht uns nicht der leere Raum an? Ist es nicht kälter geworden? Kommt nicht immerfort die Nacht und mehr Nacht? Müssen nicht Laternen am Vormittage angezündet werden? Hören wir noch Nichts von dem Lärm der Todtengräber, welche Gott begraben? Riechen wir noch Nichts von der göttlichen Verwesung? – auch Götter verwesen! Gott ist todt! Gott bleibt todt! Und wir haben ihn getödtet! Wie trösten wir uns, die Mörder aller Mörder? Das Heiligste und Mächtigste, was die Welt bisher besass, es ist unter unseren Messern verblutet, – wer wischt diess Blut von uns ab? Mit welchem Wasser könnten wir uns reinigen? Welche Sühnfeiern, welche heiligen Spiele werden wir erfinden müssen? Ist nicht die

Grösse dieser That zu gross für uns? Müssen wir nicht selber zu Göttern werden, um nur ihrer würdig zu erscheinen? Es gab nie eine grössere That, – und wer nur immer nach uns geboren wird, gehört um dieser That willen in eine höhere Geschichte, als alle Geschichte bisher war!« – Hier schwieg der tolle Mensch und sah wieder seine Zuhörer an: auch sie schwiegen und blickten befremdet auf ihn. Endlich warf er seine Laterne auf den Boden, dass sie in Stücke sprang und erlosch. »Ich komme zu früh, sagte er dann, ich bin noch nicht an der Zeit. Diess ungeheure Ereigniss ist noch unterwegs und wandert, – es ist noch nicht bis zu den Ohren der Menschen gedrungen. Blitz und Donner brauchen Zeit, das Licht der Gestirne braucht Zeit, Thaten brauchen Zeit, auch nachdem sie gethan sind, um gesehen und gehört zu werden. Diese That ist ihnen immer noch ferner, als die fernsten Gestirne, – und doch haben sie dieselbe gethan!« – Man erzählt noch, dass der tolle Mensch des selbigen Tages in verschiedene Kirchen eingedrungen sei und darin sein Requiem aeternam deo angestimmt habe. Hinausgeführt und zur Rede gesetzt, habe er immer nur diess entgegnet: »Was sind denn diese Kirchen noch, wenn sie nicht die Grüfte und Grabmäler Gottes sind?« –

(KSA III, 480–482)

108.

Neue Kämpfe. – Nachdem Buddha todt war, zeigte man noch Jahrhunderte lang seinen Schatten in einer Höhle, – einen ungeheuren schauerlichen Schatten. Gott ist todt: aber so wie die Art der Menschen ist, wird es vielleicht noch Jahrtausende lang Höhlen geben, in denen man seinen Schatten zeigt. – Und wir – wir müssen auch noch seinen Schatten besiegen!

109

Hüten wir uns! – Hüten wir uns, zu denken, dass die Welt ein lebendiges Wesen sei. Wohin sollte sie sich ausdehnen? Wovon sollte sie sich nähren? Wie könnte sie wachsen und sich vermehren? Wir wissen ja ungefähr, was das Organische ist: und wir sollten das unsäglich Abgeleitete, Späte, Seltene, Zufällige, das wir nur auf der Kruste der Erde wahrnehmen, zum Wesentlichen, Allgemeinen, Ewigen umdeuten, wie es Jene thun, die das All einen Organismus nennen? Davor ekelt mir. Hüten wir uns schon davor, zu glauben, dass das All eine Maschine sei; es ist gewiss nicht auf Ein Ziel construirt, wir thun ihm mit dem Wort »Maschine« eine viel zu hohe Ehre an. Hüten wir uns, etwas so Formvolles, wie die kyklischen Bewegungen unserer Nachbar-Sterne überhaupt und überall vorauszusetzen; schon ein Blick in die Milchstrasse lässt Zweifel auftauchen, ob es dort nicht viel rohere und widersprechendere Bewegungen giebt, ebenfalls Sterne mit ewigen geradlinigen Fallbahnen und dergleichen. Die astrale Ordnung, in der wir leben, ist eine Ausnahme; diese Ordnung und die ziemliche Dauer, welche durch sie bedingt ist, hat wieder die Ausnahme der Ausnahmen ermöglicht: die Bildung des Organischen. Der Gesammt-Charakter der Welt ist dagegen in alle Ewigkeit Chaos, nicht im Sinne der fehlenden Nothwendigkeit, sondern der fehlenden Ordnung, Gliederung, Form, Schönheit, Weisheit, und wie alle unsere ästhetischen Menschlichkeiten heissen. Von unserer Vernunft aus geurtheilt, sind die verunglückten Würfe weitaus die Regel, die Ausnahmen sind nicht das geheime Ziel, und das ganze Spielwerk wiederholt ewig seine Weise, die nie eine Melodie heissen darf, – und zuletzt ist selbst das Wort »verunglückter Wurf« schon eine Vermenschlichung, die einen Tadel in sich schliesst. Aber wie dürften wir das All tadeln oder loben! Hüten wir uns, ihm Herzlosigkeit und Unvernunft oder deren Gegensätze nachzusagen: es ist weder vollkommen, noch schön, noch edel, und will Nichts von alledem werden, es strebt durchaus nicht darnach, den Menschen nachzuahmen! Es wird durchaus durch keines unserer ästhetischen und moralischen Urtheile getroffen! Es hat auch keinen Selbsterhaltungstrieb und überhaupt keine Triebe; es kennt auch keine Gesetze. Hüten wir uns, zu sagen, dass es Gesetze in der Natur gebe. Es giebt nur Nothwendigkeiten: da ist Keiner, der befiehlt, Keiner, der gehorcht, Keiner, der übertritt. Wenn ihr wisst, dass es keine Zwecke giebt, so wisst ihr auch, dass es keinen Zufall giebt: denn nur neben einer Welt von Zwecken hat das Wort »Zufall« einen Sinn. Hüten wir uns, zu sagen, dass Tod dem Leben entgegengesetzt sei. Das Lebende ist nur eine Art des Todten, und eine sehr seltene Art. – Hüten wir uns, zu denken, die Welt schaffe ewig Neues. Es giebt keine ewig dauerhaften Substanzen; die Materie ist ein eben solcher Irrthum, wie der Gott der Eleaten. Aber wann werden wir am Ende mit unserer Vorsicht und Obhut sein! Wann werden uns alle diese Schatten Gottes nicht mehr verdunkeln? Wann werden wir die Natur ganz entgöttlicht haben! Wann werden wir anfangen dürfen, uns Menschen mit der reinen, neu gefundenen, neu erlösten Natur zu v e r n a t ü r l i c h e n!

(KSA III, 467–469)

285.

E x c e l s i o r! – »Du wirst niemals mehr beten, niemals mehr anbeten, niemals mehr im endlosen Vertrauen ausruhen – du versagst es dir, vor einer letzten Weisheit, letzten Güte, letzten Macht stehen zu bleiben und deine Gedanken abzuschirren – du hast keinen fortwährenden Wächter und Freund für deine sieben Einsamkeiten – du lebst ohne den Ausblick auf ein Gebirge, das Schnee auf dem Haupte und Gluthen in seinem Herzen trägt – es giebt für dich keinen Vergelter, keinen Verbesserer letzter Hand mehr – es giebt keine Vernunft in dem mehr, was geschieht, keine Liebe in dem, was dir geschehen wird – deinem Herzen steht keine Ruhestatt mehr offen, wo es nur zu finden und nicht mehr zu suchen hat, du wehrst dich gegen irgend einen letzten Frieden, du willst die ewige Wiederkunft von Krieg und Frieden: – Mensch der Entsagung, in Alledem willst du entsagen? Wer wird dir die Kraft dazu geben? Noch hatte Niemand diese Kraft!« – Es giebt einen See, der es sich eines Tages versagte, abzufliessen, und einen Damm dort aufwarf, wo er bisher abfloss: seitdem steigt dieser See immer höher. Vielleicht wird gerade jene Entsagung uns auch die Kraft verleihen, mit der die Entsagung selber ertragen werden kann; vielleicht wird der Mensch von da an immer höher steigen, wo er nicht mehr in einen Gott ausfliesst.

(KSA III, 527 f.)

343.

Was es mit unserer Heiterkeit auf sich hat. – Das grösste neuere Ereigniss, – dass »Gott todt ist«, dass der Glaube an den christlichen Gott unglaubwürdig geworden ist – beginnt bereits seine ersten Schatten über Europa zu werfen. Für die Wenigen wenigstens, deren Augen, deren A r g w o h n in den Augen stark und fein genug für dies Schauspiel ist, scheint eben irgend eine Sonne untergegangen, irgend ein altes tiefes Vertrauen in Zweifel umgedreht: ihnen muss unsre alte Welt täglich abendlicher, misstrauischer, fremder, »älter« scheinen. In der Hauptsache aber darf man sagen: das Ereigniss selbst ist viel zu gross, zu fern, zu abseits vom Fassungsvermögen Vieler, als dass auch nur seine Kunde schon angelangt heissen dürfte; geschweige denn, dass Viele bereits wüssten, w a s eigentlich sich damit begeben hat – und was Alles, nachdem dieser Glaube untergraben ist, nunmehr einfallen muss, weil es auf ihm gebaut, an ihn gelehnt, in ihn hineingewachsen war: zum Beispiel unsre ganze europäische Moral. Diese lange Fülle und Folge von Abbruch, Zerstörung, Untergang, Umsturz, die nun bevorsteht: wer erriethe heute schon genug davon, um den Lehrer und Vorausverkünder dieser ungeheuren Logik von Schrecken abgeben zu

müssen, den Propheten einer Verdüsterung und Sonnenfinster-
niss, deren Gleichen es wahrscheinlich noch nicht auf Erden
gegeben hat? ... Selbst wir geborenen Räthselrather, die wir
gleichsam auf den Bergen warten, zwischen Heute und Morgen
hingestellt und in den Widerspruch zwischen Heute und Morgen hineingespannt, wir Erstlinge und Frühgeburten des kommenden Jahrhunderts, denen eigentlich die Schatten, welche
Europa alsbald einwickeln müssen, jetzt schon zu Gesicht gekommen sein s o l l t e n : woran liegt es doch, dass selbst wir ohne
rechte Theilnahme für diese Verdüsterung, vor Allem ohne
Sorge und Furcht für u n s ihrem Heraufkommen entgegensehn?
Stehen wir vielleicht zu sehr noch unter den n ä c h s t e n F o l -
g e n dieses Ereignisses – und diese nächsten Folgen, seine Folgen für u n s sind, umgekehrt als man vielleicht erwarten könnte,
durchaus nicht traurig und verdüsternd, vielmehr wie eine neue
schwer zu beschreibende Art von Licht, Glück, Erleichterung,
Erheiterung, Ermuthigung, Morgenröthe ... In der That, wir
Philosophen und »freien Geister« fühlen uns bei der Nachricht,
dass der »alte Gott todt« ist, wie von einer neuen Morgenröthe
angestrahlt; unser Herz strömt dabei über von Dankbarkeit, Erstaunen, Ahnung, Erwartung, – endlich erscheint uns der Horizont wieder frei, gesetzt selbst, dass er nicht hell ist, endlich dürfen unsre Schiffe wieder auslaufen, auf jede Gefahr hin
auslaufen, jedes Wagniss des Erkennenden ist wieder erlaubt,
das Meer, u n s e r Meer liegt wieder offen da, vielleicht gab es
noch niemals ein so »offnes Meer«. –

(KSA III, 573 f.)

151.

Vom Ursprunge der Religion. – Das metaphysische Bedürfniss ist nicht der Ursprung der Religionen, wie Schopenhauer will, sondern nur ein N a c h s c h ö s s l i n g derselben. Man
hat sich unter der Herrschaft religiöser Gedanken an die Vor-

stellung einer »anderen (hinteren, unteren, oberen) Welt« gewöhnt und fühlt bei der Vernichtung des religiösen Wahns eine
unbehagliche Leere und Entbehrung, – und nun wächst aus diesem Gefühle wieder eine »andere Welt« heraus, aber jetzt nur
eine metaphysische und nicht mehr religiöse. Das aber, was in
Urzeiten zur Annahme einer »anderen Welt« überhaupt führte,
war nicht ein Trieb und Bedürfniss, sondern ein Irrthum in
der Auslegung bestimmter Naturvorgänge, eine Verlegenheit
des Intellects.

(KSA III, 494 f.)

347.

Die Gläubigen und ihr Bedürfniss nach Glauben. –
Wie viel einer Glauben nöthig hat, um zu gedeihen, wie viel
»Festes«, an dem er nicht gerüttelt haben will, weil er sich daran
hält, – ist ein Gradmesser seiner Kraft (oder, deutlicher geredet,
seiner Schwäche). Christenthum haben, wie mir scheint, im alten Europa auch heute noch die Meisten nöthig: desshalb findet
es auch immer noch Glauben. Denn so ist der Mensch: ein Glau-
benssatz könnte ihm tausendfach widerlegt sein, – gesetzt, er
hätte ihn nöthig, so würde er ihn auch immer wieder für »wahr«
halten, – gemäss jenem berühmten »Beweise der Kraft«, von
dem die Bibel redet. Metaphysik haben Einige noch nöthig; aber
auch jenes ungestüme Verlangen nach Gewissheit, welches sich heute in breiten Massen wissenschaftlich-positivistisch
entladet, das Verlangen, durchaus etwas fest haben zu wollen
(während man es wegen der Hitze dieses Verlangens mit der Begründung der Sicherheit leichter und lässlicher nimmt): auch das
ist noch das Verlangen nach Halt, Stütze, kurz, jener Instinkt
der Schwäche, welcher Religionen, Metaphysiken, Ueberzeugungen aller Art zwar nicht schafft, aber – conservirt. In der
That dampft um alle diese positivistischen Systeme der Qualm
einer gewissen pessimistischen Verdüsterung, Etwas von Mü-

digkeit, Fatalismus, Enttäuschung, Furcht vor neuer Enttäuschung – oder aber zur Schau getragener Ingrimm, schlechte Laune, Entrüstungs-Anarchismus und was es alles für Symptome oder Maskeraden des Schwächegefühls giebt. Selbst die Heftigkeit, mit der sich unsre gescheidtesten Zeitgenossen in ärmliche Ecken und Engen verlieren, zum Beispiel in die Vaterländerei (so heisse ich das, was man in Frankreich chauvinisme, in Deutschland »deutsch« nennt) oder in ästhetische Winkel-Bekenntnisse nach Art des Pariser naturalisme (der von der Natur nur den Theil hervorzieht und entblösst, welcher Ekel zugleich und Erstaunen macht – man heisst diesen Theil heute gern la verité vraie –) oder in Nihilismus nach Petersburger Muster (das heisst in den Glauben an den Unglauben, bis zum Martyrium dafür) zeigt immer vorerst das Bedürfniss nach Glauben, Halt, Rückgrat, Rückhalt ... Der Glaube ist immer dort am meisten begehrt, am dringlichsten nöthig, wo es an Willen fehlt: denn der Wille ist, als Affekt des Befehls, das entscheidende Abzeichen der Selbstherrlichkeit und Kraft. Das heisst, je weniger Einer zu befehlen weiss, um so dringlicher begehrt er nach Einem, der befiehlt, streng befiehlt, nach einem Gott, Fürsten, Stand, Arzt, Beichtvater, Dogma, Partei-Gewissen. Woraus vielleicht abzunehmen wäre, dass die beiden Weltreligionen, der Buddhismus und das Christenthum ihren Entstehungsgrund, ihr plötzliches Um-sich-greifen zumal, in einer ungeheuren Erkrankung des Willens gehabt haben möchten. Und so ist es in Wahrheit gewesen: beide Religionen fanden ein durch Willens-Erkrankung in's Unsinnige aufgethürmtes, bis zur Verzweiflung gehendes Verlangen nach einem »du sollst« vor, beide Religionen waren Lehrerinnen des Fanatismus in Zeiten der Willens-Erschlaffung und boten damit Unzähligen einen Halt, eine neue Möglichkeit zu wollen, einen Genuss am Wollen. Der Fanatismus ist nämlich die einzige »Willensstärke«, zu der auch die Schwachen und Unsicheren gebracht werden können, als eine Art Hypnotisirung des ganzen sinnlich-intellektuellen Systems zu Gunsten der überreichlichen Ernährung (Hypertrophie) eines einzelnen Gesichts- und Gefühlspunktes, der nunmehr dominirt – der Christ heisst ihn seinen Glauben. Wo ein Mensch zu der Grundüberzeugung kommt, dass ihm befohlen werden muss, wird er »gläubig«; umgekehrt wäre eine Lust und Kraft der Selbstbestimmung, eine Freiheit des Willens denkbar, bei der ein Geist jedem Glauben, jedem Wunsch nach Gewissheit den Abschied giebt, geübt, wie er ist, auf leichten Seilen und Möglichkeiten sich halten zu können und selbst an Abgründen noch zu tanzen. Ein solcher Geist wäre der freie Geist par excellence.

(KSA III, 581–583)

Also sprach Zarathustra

Von den Hinterweltlern.

———

Einst warf auch Zarathustra seinen Wahn jenseits des Menschen, gleich allen Hinterweltlern. Eines leidenden und zerquälten Gottes Werk schien mir da die Welt.

Traum schien mir da die Welt und Dichtung eines Gottes; farbiger Rauch vor den Augen eines göttlich Unzufriednen.

Gut und böse und Lust und Leid und Ich und Du – farbiger Rauch dünkte mich's vor schöpferischen Augen. Wegsehn wollte der Schöpfer von sich, – da schuf er die Welt.

Trunkne Lust ist's dem Leidenden, wegzusehn von seinem Leiden und sich zu verlieren. Trunkne Lust und Selbst-sich-Verlieren dünkte mich einst die Welt.

Diese Welt, die ewig unvollkommene, eines ewigen Widerspruches Abbild und unvollkommnes Abbild – eine trunkne Lust ihrem unvollkommnen Schöpfer: – also dünkte mich einst die Welt.

Also warf auch ich einst meinen Wahn jenseits des Menschen, gleich allen Hinterweltlern. Jenseits des Menschen in Wahrheit?

Ach, ihr Brüder, dieser Gott, den ich schuf, war Menschen-Werk und -Wahnsinn, gleich allen Göttern!

Mensch war er, und nur ein armes Stück Mensch und Ich: aus der eigenen Asche und Gluth kam es mir, dieses Gespenst, und wahrlich! Nicht kam es mir von Jenseits!

Was geschah, meine Brüder? Ich überwand mich, den Leidenden, ich trug meine eigne Asche zu Berge, eine hellere Flamme erfand ich mir. Und siehe! Da w i c h das Gespenst von mir!

Leiden wäre es mir jetzt und Qual dem Genesenen, solche Gespenster zu glauben: Leiden wäre es mir jetzt und Erniedrigung. Also rede ich zu den Hinterweltlern.

Leiden war's und Unvermögen – das schuf alle Hinterwelten;

und jener kurze Wahnsinn des Glücks, den nur der Leidendste erfährt.

Müdigkeit, die mit Einem Sprunge zum Letzten will, mit einem Todessprunge, eine arme unwissende Müdigkeit, die nicht einmal mehr wollen will: die schuf alle Götter und Hinterwelten.

Glaubt es mir, meine Brüder! Der Leib war's, der am Leibe verzweifelte, – der tastete mit den Fingern des bethörten Geistes an die letzten Wände.

Glaubt es mir, meine Brüder! Der Leib war's, der an der Erde verzweifelte, – der hörte den Bauch des Seins zu sich reden.

Und da wollte er mit dem Kopfe durch die letzten Wände, und nicht nur mit dem Kopfe, – hinüber zu »jener Welt«.

Aber »jene Welt« ist gut verborgen vor dem Menschen, jene entmenschte unmenschliche Welt, die ein himmlisches Nichts ist; und der Bauch des Seins redet gar nicht zum Menschen, es sei denn als Mensch.

Wahrlich, schwer zu beweisen ist alles Sein und schwer zum Reden zu bringen. Sagt mir, ihr Brüder, ist nicht das Wunderlichste aller Dinge noch am besten bewiesen?

Ja, diess Ich und des Ich's Widerspruch und Wirrsal redet noch am redlichsten von seinem Sein, dieses schaffende, wollende, werthende Ich, welches das Maass und der Werth der Dinge ist.

Und diess redlichste Sein, das Ich – das redet vom Leibe, und es will noch den Leib, selbst wenn es dichtet und schwärmt und mit zerbrochnen Flügeln flattert.

Immer redlicher lernt es reden, das Ich: und je mehr es lernt, um so mehr findet es Worte und Ehren für Leib und Erde.

Einen neuen Stolz lehrte mich mein Ich, den lehre ich die Menschen: nicht mehr den Kopf in den Sand der himmlischen Dinge zu stecken, sondern frei ihn zu tragen, einen Erden-Kopf, der der Erde Sinn schafft!

Einen neuen Willen lehre ich die Menschen: diesen Weg wollen, den blindlings der Mensch gegangen, und gut ihn heissen und nicht mehr von ihm bei Seite schleichen, gleich den Kranken und Absterbenden!

Kranke und Absterbende waren es, die verachteten Leib und Erde und erfanden das Himmlische und die erlösenden Blutstropfen: aber auch noch diese süssen und düstern Gifte nahmen sie von Leib und Erde!

Ihrem Elende wollten sie entlaufen, und die Sterne waren ihnen zu weit. Da seufzten sie: »Oh dass es doch himmlische Wege gäbe, sich in ein andres Sein und Glück zu schleichen!« – da erfanden sie sich ihre Schliche und blutigen Tränklein!

Ihrem Leibe und dieser Erde nun entrückt wähnten sie sich, diese Undankbaren. Doch wem dankten sie ihrer Entrückung Krampf und Wonne? Ihrem Leibe und dieser Erde.

Milde ist Zarathustra den Kranken. Wahrlich, er zürnt nicht ihren Arten des Trostes und Undanks. Mögen sie Genesende werden und Überwindende und einen höheren Leib sich schaffen!

Nicht auch zürnt Zarathustra dem Genesenden, wenn er zärtlich nach seinem Wahne blickt und Mitternachts um das Grab seines Gottes schleicht: aber Krankheit und kranker Leib bleiben mir auch seine Thränen noch.

Vieles krankhafte Volk gab es immer unter Denen, welche dichten und gottsüchtig sind; wüthend hassen sie den Erkennenden und jene jüngste der Tugenden, welche heisst: Redlichkeit.

Rückwärts blicken sie immer nach dunklen Zeiten: da freilich war Wahn und Glaube ein ander Ding; Raserei der Vernunft war Gottähnlichkeit, und Zweifel Sünde.

Allzugut kenne ich diese Gottähnlichen: sie wollen, dass an sie geglaubt werde, und Zweifel Sünde sei. Allzugut weiss ich auch, woran sie selber am besten glauben.

Wahrlich nicht an Hinterwelten und erlösende Blutstropfen: sondern an den Leib glauben auch sie am besten, und ihr eigener Leib ist ihnen ihr Ding an sich.

Aber ein krankhaftes Ding ist er ihnen: und gerne möchten sie aus der Haut fahren. Darum horchen sie nach den Predigern des Todes und predigen selber Hinterwelten.

Hört mir lieber, meine Brüder, auf die Stimme des gesunden Leibes: eine redlichere und reinere Simme ist diess.

Redlicher redet und reiner der gesunde Leib, der vollkommne und rechtwinklige: und er redet vom Sinn der Erde.

Also sprach Zarathustra.

(KSA IV, 35–38)

Ausser Dienst.

―――

Nicht lange aber, nachdem Zarathustra sich von dem Zauberer losgemacht hatte, sahe er wiederum Jemanden am Wege sitzen, den er gieng, nämlich einen schwarzen langen Mann mit einem hageren Bleichgesicht: d e r verdross ihn gewaltig. »Wehe, sprach er zu seinem Herzen, da sitzt vermummte Trübsal, das dünkt mich von der Art der Priester: was wollen d i e in meinem Reiche?

Wie! Kaum bin ich jenem Zauberer entronnen: muss mir da wieder ein anderer Schwarzkünstler über den Weg laufen, –

– irgend ein Hexenmeister mit Handauflegen, ein dunkler Wunderthäter von Gottes Gnaden, ein gesalbter Welt-Verleumder, den der Teufel holen möge!

Aber der Teufel ist nie am Platze, wo er am Platze wäre: immer kommt er zu spät, dieser vermaledeite Zwerg und Klumpfuss!« –

Also fluchte Zarathustra ungeduldig in seinem Herzen und gedachte, wie er abgewandten Blicks an dem schwarzen Manne vorüberschlüpfe: aber siehe, es kam anders. Im gleichen Augenblicke nämlich hatte ihn schon der Sitzende erblickt; und nicht unähnlich einem Solchen, dem ein unvermuthetes Glück zustösst, sprang er auf und gieng auf Zarathustra los.

»Wer du auch bist, du Wandersmann, sprach er, hilf einem Verirrten, einem Suchenden, einem alten Manne, der hier leicht zu Schaden kommt!

Diese Welt hier ist mir fremd und fern, auch hörte ich wilde Thiere heulen; und Der, welcher mir hätte Schutz bieten können, der ist selber nicht mehr.

Ich suchte den letzten frommen Menschen, einen Heiligen und Einsiedler, der allein in seinem Walde noch Nichts davon gehört hatte, was alle Welt heute weiss.«

»Was weiss heute alle Welt? fragte Zarathustra. Etwa diess, dass der alte Gott nicht mehr lebt, an den alle Welt einst geglaubt hat?«

»Du sagst es, antwortete der alte Mann betrübt. Und ich diente diesem alten Gotte bis zu seiner letzten Stunde.

Nun aber bin ich ausser Dienst, ohne Herrn, und doch nicht frei, auch keine Stunde mehr lustig, es sei denn in Erinnerungen.

Dazu stieg ich in diese Berge, dass ich endlich wieder ein Fest mir machte, wie es einem alten Papste und Kirchen-Vater zukommt: denn wisse, ich bin der letzte Papst! – ein Fest frommer Erinnerungen und Gottesdienste.

Nun aber ist er selber todt, der frömmste Mensch, jener Heilige im Walde, der seinen Gott beständig mit Singen und Brummen lobte.

Ihn selber fand ich nicht mehr, als ich seine Hütte fand, – wohl aber zwei Wölfe darin, welche um seinen Tod heulten – denn alle Thiere liebten ihn. Da lief ich davon.

Kam ich also umsonst in diese Wälder und Berge? Da entschloss sich mein Herz, dass ich einen Anderen suchte, den Frömmsten aller Derer, die nicht an Gott glauben –, dass ich Zarathustra suchte!«

Also sprach der Greis und blickte scharfen Auges Den an, welcher vor ihm stand; Zarathustra aber ergriff die Hand des alten Papstes und betrachtete sie lange mit Bewunderung.

»Siehe da, du Ehrwürdiger, sagte er dann, welche schöne und lange Hand! Das ist die Hand eines Solchen, der immer Segen ausgetheilt hat. Nun aber hält sie Den fest, welchen du suchst, mich, Zarathustra.

Ich bin's, der gottlose Zarathustra, der da spricht: wer ist gottloser als ich, dass ich mich seiner Unterweisung freue?« –

Also sprach Zarathustra und durchbohrte mit seinen Blicken die Gedanken und Hintergedanken des alten Papstes. Endlich begann dieser:

»Wer ihn am meisten liebte und besass, der hat ihn nun am meisten auch verloren –:

– siehe, ich selber bin wohl von uns Beiden jetzt der Gottlosere? Aber wer könnte daran sich freuen!« –

– »Du dientest ihm bis zuletzt, fragte Zarathustra nachdenklich, nach einem tiefen Schweigen, du weisst, w i e er starb? Ist es wahr, was man spricht, dass ihn das Mitleiden erwürgte,

– dass er es sah, wie d e r M e n s c h am Kreuze hieng, und es nicht ertrug, dass die Liebe zum Menschen seine Hölle und zuletzt sein Tod wurde?« – –

Der alte Papst aber antwortete nicht, sondern blickte scheu und mit einem schmerzlichen und düsteren Ausdrucke zur Seite.

»Lass ihn fahren, sagte Zarathustra nach einem langen Nachdenken, indem er immer noch dem alten Manne gerade in's Auge blickte.

Lass ihn fahren, er ist dahin. Und ob es dich auch ehrt, dass du diesem Todten nur Gutes nachredest, so weisst du so gut als ich, w e r er war; und dass er wunderliche Wege gieng.«

»Unter drei Augen gesprochen, sagte erheitert der alte Papst (denn er war auf Einem Auge blind), in Dingen Gottes bin ich aufgeklärter als Zarathustra selber – und darf es sein.

Meine Liebe diente ihm lange Jahre, mein Wille gieng allem seinen Willen nach. Ein guter Diener aber weiss Alles, und Mancherlei auch, was sein Herr sich selbst verbirgt.

Es war ein verborgener Gott, voller Heimlichkeit. Wahrlich zu einem Sohne sogar kam er nicht anders als auf Schleichwegen. An der Thür seines Glaubens steht der Ehebruch.

Wer ihn als einen Gott der Liebe preist, denkt nicht hoch genug von der Liebe selber. Wollte dieser Gott nicht auch Richter sein? Aber der Liebende liebt jenseits von Lohn und Vergeltung.

Als er jung war, dieser Gott aus dem Morgenlande, da war er hart und rachsüchtig und erbaute sich eine Hölle zum Ergötzen seiner Lieblinge.

Endlich aber wurde er alt und weich und mürbe und mitleidig, einem Grossvater ähnlicher als einem Vater, am ähnlichsten aber einer wackeligen alten Grossmutter.

Da sass er, welk, in seinem Ofenwinkel, härmte sich ob seiner schwachen Beine, weltmüde, willensmüde, und erstickte eines Tags an seinem allzugrossen Mitleiden.« – –

»Du alter Papst, sagte hier Zarathustra dazwischen, hast du Das mit Augen angesehn? Es könnte wohl so abgegangen sein: so, und auch anders. Wenn Götter sterben, sterben sie immer viele Arten Todes.

Aber wohlan! So oder so, so und so – er ist dahin! Er gieng meinen Ohren und Augen wider den Geschmack, Schlimmeres möchte ich ihm nicht nachsagen.

Ich liebe Alles, was hell blickt und redlich redet. Aber er – du weisst es ja, du alter Priester, es war Etwas von deiner Art an ihm, von Priester-Art – er war vieldeutig.

Er war auch undeutlich. Was hat er uns darob gezürnt, dieser Zornschnauber, dass wir ihn schlecht verstünden! Aber warum sprach er nicht reinlicher?

Und lag es an unsern Ohren, warum gab er uns Ohren, die ihn schlecht hörten? War Schlamm in unsern Ohren, wohlan! wer legte ihn hinein?

Zu Vieles missrieth ihm, diesem Töpfer, der nicht ausgelernt hatte! Dass er aber Rache an seinen Töpfen und Geschöpfen nahm, dafür dass sie ihm schlecht geriethen, – das war eine Sünde wider den guten Geschmack.

Es giebt auch in der Frömmigkeit guten Geschmack: der sprach endlich »Fort mit einem solchen Gotte! Lieber keinen Gott, lieber auf eigne Faust Schicksal machen, lieber Narr sein, lieber selber Gott sein!«

– »Was höre ich! sprach hier der alte Papst mit gespitzten Ohren; oh Zarathustra, du bist frömmer als du glaubst, mit einem solchen Unglauben! Irgend ein Gott in dir bekehrte dich zu deiner Gottlosigkeit.

Ist es nicht deine Frömmigkeit selber, die dich nicht mehr an einen Gott glauben lässt? Und deine übergrosse Redlichkeit wird dich auch noch jenseits von Gut und Böse wegführen!

Siehe doch, was blieb dir aufgespart? Du hast Augen und Hand und Mund, die sind zum Segnen vorher bestimmt seit Ewigkeit. Man segnet nicht mit der Hand allein.

In deiner Nähe, ob du schon der Gottloseste sein willst, wittere ich einen heimlichen Weih- und Wohlgeruch von langen Segnungen: mir wird wohl und wehe dabei.

Lass mich deinen Gast sein, oh Zarathustra, für eine einzige Nacht! Nirgends auf Erden wird es mir jetzt wohler als bei dir!« –

»Amen! So soll es sein! sprach Zarathustra mit grosser Verwunderung, dort hinauf führt der Weg, da liegt die Höhle Zarathustra's.

Gerne, fürwahr, würde ich dich selber dahin geleiten, du Ehrwürdiger, denn ich liebe alle frommen Menschen. Aber jetzt ruft mich eilig ein Nothschrei weg von dir.

In meinem Bereiche soll mir Niemand zu Schaden kommen; meine Höhle ist ein guter Hafen. Und am liebsten möchte ich jedweden Traurigen wieder auf festes Land und feste Beine stellen.

Wer aber nähme dir d e i n e Schwermuth von der Schulter? Dazu bin ich zu schwach. Lange, wahrlich, möchten wir warten, bis dir Einer deinen Gott wieder aufweckt.

Dieser alte Gott nämlich lebt nicht mehr: der ist gründlich todt.« –

Also sprach Zarathustra.

(KSA IV, 321–326)

22.

Man wird bereits errathen haben, w a s eigentlich mit dem Allen und u n t e r dem Allen geschehen ist: jener Wille zur Selbstpeinigung, jene zurückgetretene Grausamkeit des innerlich gemachten, in sich selbst zurückgescheuchten Thiermenschen, des zum Zweck der Zähmung in den »Staat« Eingesperrten, der das schlechte Gewissen erfunden hat, um sich wehe zu thun, nachdem der natürlichere Ausweg dieses Wehe-thun-wollens verstopft war, – dieser Mensch des schlechten Gewissens hat sich der religiösen Voraussetzung bemächtigt, um seine Selbstmarterung bis zu ihrer schauerlichsten Härte und Schärfe zu treiben. Eine Schuld gegen G o t t : dieser Gedanke wird ihm zum Folterwerkzeug. Er ergreift in »Gott« die letzten Gegensätze, die er zu seinen eigentlichen und unablöslichen Thier-Instinkten zu finden vermag, er deutet diese Thier-Instinkte selbst um als Schuld gegen Gott (als Feindschaft, Auflehnung, Aufruhr gegen den »Herrn«, den »Vater«, den Urahn und Anfang der Welt), er spannt sich in den Widerspruch »Gott« und »Teufel«, er wirft alles Nein, das er zu sich selbst, zur Natur, Natürlichkeit, Thatsächlichkeit seines Wesens sagt, aus sich heraus als ein Ja, als seiend, leibhaft, wirklich, als Gott, als Heiligkeit Gottes, als Richterthum Gottes, als Henkerthum Gottes, als Jenseits, als Ewigkeit, als Marter ohne Ende, als Hölle, als Unausmessbarkeit von Strafe und von Schuld. Dies ist eine Art Willens-Wahnsinn in der seelischen Grausamkeit, der schlechterdings nicht seines Gleichen hat: der W i l l e des Menschen, sich schuldig und verwerflich zu finden bis zur Unsühnbarkeit, sein W i l l e , sich bestraft zu denken, ohne dass die Strafe je der Schuld äquivalent werden könne, sein W i l l e , den untersten Grund der Dinge mit dem Problem von Strafe und Schuld zu inficiren und giftig zu machen, um sich aus diesem Labyrinth von »fixen Ideen« ein für alle Mal den Ausweg abzuschneiden, sein Wille, ein Ideal aufzurichten – das des »heiligen Gottes« –, um Angesichts desselben seiner absoluten Unwürdigkeit handgreiflich gewiss zu sein. Oh über diese wahnsinnige traurige Bestie Mensch! Welche Einfälle kommen ihr, welche Widernatur, welche Paroxysmen des Unsinns, welche Bestialität der Idee bricht sofort heraus, wenn sie nur ein wenig verhindert wird, Bestie der That zu sein! ... Dies Alles ist interessant bis zum Übermaass, aber auch von einer schwarzen düsteren entnervenden Traurigkeit, dass man es sich gewaltsam verbieten muss, zu lange in diese Abgründe zu blicken. Hier ist Krankheit, es ist kein Zweifel, die furchtbarste Krankheit, die bis jetzt im Menschen gewüthet hat: – und wer es noch zu hören vermag (aber man hat heute nicht mehr die Ohren dafür! –) wie in dieser Nacht von Marter und Widersinn der Schrei Liebe, der Schrei des sehnsüchtigsten Entzückens, der Erlösung in der Liebe geklungen hat, der wendet sich ab, von einem unbesieglichen Grausen erfasst ... Im Menschen ist so viel Entsetzliches! ... Die Erde war zu lange schon ein Irrenhaus! ...

23.

Dies genüge ein für alle Mal über die Herkunft des »heiligen Gottes«. – (...)

(KSA V, 331–333)

X. Der Nihilismus

Die fröhliche Wissenschaft

346.

Unser Fragezeichen. – (...) Wer sind wir doch? Wollten wir
uns einfach mit einem älteren Ausdruck Gottlose oder Ungläubige oder auch Immoralisten nennen, wir würden uns damit
noch lange nicht bezeichnet glauben: wir sind alles Dreies in einem zu späten Stadium, als dass man begriffe, als dass ihr begreifen könntet, meine Herren Neugierigen, wie es Einem dabei
zu Muthe ist. Nein! nicht mehr mit der Bitterkeit und Leidenschaft des Losgerissenen, der sich aus seinem Unglauben noch
einen Glauben, einen Zweck, ein Martyrium selbst zurecht machen muss! Wir sind abgesotten in der Einsicht und in ihr kalt
und hart geworden, dass es in der Welt durchaus nicht göttlich zugeht, ja noch nicht einmal nach menschlichem Maasse
vernünftig, barmherzig oder gerecht: wir wissen es, die Welt, in
der wir leben, ist ungöttlich, unmoralisch, »unmenschlich«, –
wir haben sie uns allzulange falsch und lügnerisch, aber nach
Wunsch und Willen unsrer Verehrung, das heisst nach einem
Bedürfnisse ausgelegt. Denn der Mensch ist ein verehrendes
Thier! Aber er ist auch ein misstrauisches: und dass die Welt
nicht das werth ist, was wir geglaubt haben, das ist ungefähr
das Sicherste, dessen unser Misstrauen endlich habhaft geworden ist. So viel Misstrauen, so viel Philosophie. Wir hüten uns
wohl zu sagen, dass sie weniger werth ist: es erscheint uns
heute selbst zum Lachen, wenn der Mensch in Anspruch nehmen wollte, Werthe zu erfinden, welche den Werth der wirklichen Welt überragen sollten, – gerade davon sind wir zu-
rückgekommen als von einer ausschweifenden Verirrung der
menschlichen Eitelkeit und Unvernunft, die lange nicht als solche erkannt worden ist. Sie hat ihren letzten Ausdruck im modernen Pessimismus gehabt, einen älteren, stärkeren in der
Lehre des Buddha; aber auch das Christenthum enthält sie,

zweifelhafter freilich und zweideutiger, aber darum nicht weniger verführerisch. Die ganze Attitüde »Mensch gegen Welt«, der Mensch als »Welt-verneinendes« Princip, der Mensch als Werthmaass der Dinge, als Welten-Richter, der zuletzt das Dasein selbst auf seine Wagschalen legt und zu leicht befindet – die ungeheuerliche Abgeschmacktheit dieser Attitüde ist uns als solche zum Bewusstsein gekommen und verleidet, – wir lachen schon, wenn wir »Mensch und Welt« nebeneinander gestellt finden, getrennt durch die sublime Anmaassung des Wörtchens »und«! Wie aber? Haben wir nicht eben damit, als Lachende, nur einen Schritt weiter in der Verachtung des Menschen gemacht? Und also auch im Pessimismus, in der Verachtung des uns erkennbaren Daseins? Sind wir nicht eben damit dem Argwohne eines Gegensatzes verfallen, eines Gegensatzes der Welt, in der wir bisher mit unsren Verehrungen zu Hause waren – um deren willen wir vielleicht zu leben aushielten –, und einer andren Welt, die wir selber sind: einem unerbittlichen, gründlichen, untersten Argwohn über uns selbst, der uns Europäer immer mehr, immer schlimmer in Gewalt bekommt und leicht die kommenden Geschlechter vor das furchtbare Entweder-Oder stellen könnte: »entweder schafft eure Verehrungen ab oder – euch selbst!« Das Letztere wäre der Nihilismus; aber wäre nicht auch das Erstere – der Nihilismus? – Dies ist unser Fragezeichen.

(KSA III, 579–581)

(...) Eine vierte Frage wäre, ob auch Schopenhauer mit seinem Pessimismus, das heisst dem Problem vom Werth des Daseins, gerade ein Deutscher gewesen sein müsste. Ich glaube nicht. Das Ereigniss, nach welchem dies Problem mit Sicherheit zu erwarten stand, so dass ein Astronom der Seele Tag und Stunde dafür hätte ausrechnen können, der Niedergang des Glaubens an den christlichen Gott, der Sieg des wissenschaftlichen Atheismus, ist ein gesammt-europäisches Ereigniss, an dem alle Rassen ihren Antheil von Verdienst und Ehre haben sollen. Umgekehrt wäre gerade den Deutschen zuzurechnen – jenen Deutschen, mit welchen Schopenhauer gleichzeitig lebte –, diesen Sieg des Atheismus am längsten und gefährlichsten v e r - z ö g e r t zu haben; Hegel namentlich war sein Verzögerer par excellence, gemäss dem grandiosen Versuche, den er machte, uns zur Göttlichkeit des Daseins zu allerletzt noch mit Hülfe unsres sechsten Sinnes, des »historischen Sinnes« zu überreden. Schopenhauer war als Philosoph der e r s t e eingeständliche und unbeugsame Atheist, den wir Deutschen gehabt haben: seine Feindschaft gegen Hegel hatte hier ihren Hintergrund. Die Ungöttlichkeit des Daseins galt ihm als etwas Gegebenes, Greifliches, Undiskutirbares; er verlor jedes Mal seine Philosophen-Besonnenheit und gerieth in Entrüstung, wenn er Jemanden hier zögern und Umschweife machen sah. An dieser Stelle liegt seine ganze Rechtschaffenheit: der unbedingte redliche Atheismus ist eben die V o r a u s s e t z u n g seiner Problemstellung, als ein endlich und schwer errungener Sieg des europäischen Gewissens, als der folgenreichste Akt einer zweitausendjährigen Zucht zur Wahrheit, welche am Schlusse sich die L ü g e im Glauben an Gott verbietet ... Man sieht, w a s eigentlich über den christlichen Gott gesiegt hat: die christliche Moralität selbst, der immer strenger genommene Begriff der Wahrhaftigkeit, die Beichtväter-Feinheit des christlichen Gewissens, übersetzt und sublimirt zum wissenschaftlichen Gewissen, zur intellektuellen Sauberkeit um jeden Preis. Die Natur ansehn, als ob sie ein Beweis für die Güte und Obhut eines Gottes sei; die Geschichte interpretiren zu Ehren einer göttlichen Vernunft, als beständiges Zeugniss einer sittlichen Weltordnung und sittlicher Schlussabsichten; die eigenen Erlebnisse auslegen, wie sie fromme Menschen lange genug ausgelegt haben, wie als ob Alles Fügung, Alles Wink, Alles dem Heil der Seele zu Liebe ausgedacht und geschickt sei: das ist nunmehr v o r b e i, das hat das Gewissen g e g e n sich, das gilt allen feineren Gewissen als unanständig, unehrlich, als Lügnerei, Femininismus, Schwachheit, Feigheit, –

mit dieser Strenge, wenn irgend womit, sind wir eben gute Europäer und Erben von Europa's längster und tapferster Selbstüberwindung. Indem wir die christliche Interpretation dergestalt von uns stossen und ihren »Sinn« wie eine Falschmünzerei verurtheilen, kommt nun sofort auf eine furchtbare Weise die Schopenhauerische Frage zu uns: hat denn das Dasein überhaupt einen Sinn? – jene Frage, die ein paar Jahrhunderte brauchen wird, um auch nur vollständig und in alle ihre Tiefe hinein gehört zu werden. Was Schopenhauer selbst auf diese Frage geantwortet hat, war – man vergebe es mir – etwas Voreiliges, Jugendliches, nur eine Abfindung, ein Stehen- und Steckenbleiben in eben den christlich-asketischen Moral-Perspektiven, welchen, mit dem Glauben an Gott, der Glaube gekündigt war ... Aber er hat die Frage gestellt – als ein guter Europäer, wie gesagt, und nicht als Deutscher. – Oder hätten etwa die Deutschen, wenigstens mit der Art, in welcher sie sich der Schopenhauerischen Frage bemächtigten, ihre innere Zugehörigkeit und Verwandtschaft, ihre Vorbereitung, ihr Bedürfniss nach seinem Problem bewiesen? Dass nach Schopenhauer auch in Deutschland – übrigens spät genug! – über das von ihm aufgestellte Problem gedacht und gedruckt worden ist, reicht gewiss nicht aus, zu Gunsten dieser engeren Zugehörigkeit zu entscheiden; man könnte selbst die eigenthümliche Ungeschicktheit dieses Nach-Schopenhauerischen Pessimismus dagegen geltend machen, – die Deutschen benahmen sich ersichtlich nicht dabei wie in ihrem Elemente. (...) Weder Bahnsen, noch Mainländer, noch gar Eduard von Hartmann geben eine sichere Handhabe für die Frage ab, ob der Pessimismus Schopenhauer's, sein entsetzter Blick in eine entgöttlichte, dumm, blind, verrückt und fragwürdig gewordene Welt, sein ehrliches Entsetzen ... nicht nur ein Ausnahme-Fall unter Deutschen, sondern ein deutsches Ereigniss gewesen ist: während Alles, was sonst im Vordergrunde steht, unsre tapfre Politik, unsre fröhliche Vaterländerei, welche entschlossen genug alle Dinge auf ein wenig philosophisches Princip hin (»Deutschland, Deutschland über Alles«) betrachtet, also sub specie speciei, nämlich der deutschen species, mit grosser Deutlichkeit das Gegentheil bezeugt. Nein! die Deutschen von heute sind keine Pessimisten! Und Schopenhauer war Pessimist, nochmals gesagt, als guter Europäer und nicht als Deutscher. –

(KSA III, 599–602)

28.

Sieht man vom asketischen Ideale ab: so hatte der Mensch, das Thier Mensch bisher keinen Sinn. Sein Dasein auf Erden enthielt kein Ziel; »wozu Mensch überhaupt?« – war eine Frage ohne Antwort; der Wille für Mensch und Erde fehlte; hinter jedem grossen Menschen-Schicksale klang als Refrain ein noch grösseres »Umsonst!« Das eben bedeutet das asketische Ideal: dass Etwas fehlte, dass eine ungeheure Lücke den Menschen umstand, – er wusste sich selbst nicht zu rechtfertigen, zu erklären, zu bejahen, er litt am Probleme seines Sinns. Er litt auch sonst, er war in der Hauptsache ein krankhaftes Thier: aber nicht das Leiden selbst war sein Problem, sondern dass die Antwort fehlte für den Schrei der Frage »wozu leiden?« Der Mensch, das tapferste und leidgewohnteste Thier, verneint an sich nicht das Leiden: er will es, er sucht es selbst auf, vorausgesetzt, dass man ihm einen Sinn dafür aufzeigt, ein Dazu des Leidens. Die Sinnlosigkeit des Leidens, nicht das Leiden, war der Fluch, der bisher über der Menschheit ausgebreitet lag, – und das asketische Ideal bot ihr einen Sinn! Es war bisher der einzige Sinn; irgend ein Sinn ist besser als gar kein Sinn; das asketische Ideal war in jedem Betracht das »faute de mieux« par excellence, das es bisher gab. In ihm war das Leiden ausgelegt; die ungeheure Leere schien ausgefüllt; die Thür schloss sich vor allem selbstmörderischen Nihilismus zu. Die Auslegung – es ist kein Zweifel – brachte neues Leiden mit sich, tieferes, innerlicheres, giftigeres, am Leben nagenderes: sie brachte alles Leiden unter die Perspektive der Schuld ... Aber trotzalledem – der Mensch war damit gerettet, er hatte einen Sinn, er war fürderhin nicht mehr wie ein Blatt im Winde, ein Spielball des Unsinns, des »Ohne-Sinns«, er konnte nunmehr Etwas wollen, – gleichgültig zunächst, wohin, wozu, womit er wollte: der Wille selbst war gerettet. Man kann sich schlechterdings nicht verbergen, was eigentlich jenes ganze Wollen ausdrückt, das vom asketischen Ideale her seine Richtung bekommen hat: dieser Hass gegen das Menschliche, mehr noch gegen das Thierische, mehr noch gegen das Stoffliche, dieser Abscheu vor den Sinnen, vor der Vernunft selbst, diese Furcht vor dem Glück und der Schönheit, dieses Verlangen hinweg aus allem Schein, Wechsel, Werden, Tod, Wunsch, Verlangen selbst – das Alles bedeutet, wagen wir es, dies zu begreifen, einen Willen zum Nichts, einen Widerwillen gegen das Leben, eine Auflehnung gegen die grundsätzlichsten Voraussetzungen des Lebens, aber es ist und bleibt ein Wille! … Und, um es noch zum Schluss zu sagen, was ich Anfangs sagte: lieber will noch der Mensch das Nichts wollen, als nicht wollen …

(KSA V, 411 f.)

Meine Freunde, womit bin ich doch seit vielen Jahren beschäftigt? Ich habe mich bemüht, den Pessimismus in die Tiefe zu denken, um es aus der halb christlichen, halb deutschen Enge und Einfalt zu erlösen, in der er mir, in ⟨der⟩ Metaphysik Schopenhauers, zuerst entgegentrat: so daß der Mensch dieser Denkweise durch den höchsten Ausdruck des Pessimismus gewachsen ist. Ich habe insgleichen ein umgekehrtes Ideal gesucht – eine Denkweise, welche die übermüthigste lebendigste und weltbejahendste aller möglichen Denkweisen ist: ich fand sie im Zuendedenken der mechanistischen Weltbetrachtung: es gehört wahrlich der allerbeste humor von der Welt dazu, um eine solche Welt der ewigen Wiederkunft, wie ich sie durch meinen Sohn Z⟨arathustra⟩ gelehrt habe – also uns selber im ewigen da capo mit begriffen – auszuhalten. Schließlich ergab sich für mich, daß die weltverneinendste aller möglichen Denkensarten die ist, welche das Werden, Entstehen und Vergehen an sich schon schlecht heißt und welche nur das Unbedingte, Eine, Gewisse, Seiende bejaht: ich fand, daß G o t t der vernichtendste und lebensfeindlichste aller Gedanken ist, und daß nur durch die ungeheuerliche Unklarheit der lieben Frommen und Metaphysiker aller Zeiten die Erkenntniß dieser »Wahrheit« so lange hat auf sich warten lassen.

Man vergebe mir, daß ich selber ganz und gar nicht Willens bin, auf eine dieser beiden Denkweisen zu verzichten – ich müßte denn auf meine Aufgabe verzichten, welche entgegengesetzte Mittel braucht. Es ist, zum Zugrunderichten oder zum Verzögern und Vertiefen von Menschen und Völkern, zeitweilig (unter Umständen für ein paar Jahrtausende), eine pessimistische Denkweise vom höchsten Werthe; und wer im großen Sinne die Ansprüche des Schaffenden erhebt, wird auch die Ansprüche des Vernichters erheben und vernichtende Denkweisen unter Umständen lehren müssen. In diesem Sinne heiße ich das bestehende Christenthum und den Buddhismus, die beiden umfänglichsten Formen jetziger Welt-Verneinung, willkommen; und, um entartenden und absterbenden Rassen z.B. den Indern und den Europäern von heute den Todesstreich zu geben, würde ich selber die Erfindung einer noch strengeren, ächt nihilistischen Religion oder Metaphysik in Schutz nehmen.

Nach dem, was ich vorher sagte, lasse ich wohl Niemanden darüber in Zweifel, welche Bedeutung ich in einer solchen Religion dem Gedanken »Gott« beigeben würde. Die besten Nihilisten unter den Philosophen waren bisher die Eleaten. Ihr Gott ist die beste und gründlichste Darlegung vom buddhistischen Nirvana; Sein und Nichts ist da identisch.

(KSA XI, 489f.)

Der Nihilismus steht vor der Thür: woher kommt uns dieser unheimlichste aller Gäste? –

I. 1. Ausgangspunkt: es ist ein Irrthum, auf »sociale Nothstände« oder »physiologische Entartungen« oder gar auf Corruption hinzuweisen als Ursache des Nihilismus. Diese erlauben immer noch ganz verschiedene Ausdeutungen. Sondern in einer ganz bestimmten Ausdeutung, in der christlich-moral⟨ischen⟩ steckt der Nihilismus. Es ist die honnetteste, mitfühlendste Zeit. Noth, seelische, leibliche, intellektuelle Noth ist an sich durchaus nicht vermögend, Nihilismus d.h. die radikale Ablehnung von Werth, Sinn, Wünschbarkeit hervorzubringen

2. Der Untergang des Christenthums – an seiner Moral (die unablösbar ist –) welche sich gegen den christlichen Gott wendet (der Sinn der Wahrhaftigkeit, durch das Christenthum hoch entwickelt, bekommt Ekel vor der Falschheit und Verlogenheit aller christlichen Welt- und Geschichtsdeutung. Rückschlag von »Gott ist die Wahrheit« in den fa-

natischen Glauben »Alles ist falsch«. Buddhismus der
That ....

3. Skepsis an der Moral ist das Entscheidende. Der Untergang
der moral⟨ischen⟩ Weltauslegung die keine Sanktion
mehr hat, nachdem sie versucht hat, sich in eine Jenseitig-
keit zu flüchten: endet in Nihilismus »Alles hat keinen
Sinn« (die Undurchführbarkeit Einer Weltauslegung, der
ungeheure Kraft gewidmet worden ist – erweckt das Mißtrauen ob nicht alle Weltauslegungen falsch sind –)
Buddhistischer Zug, Sehnsucht in's Nichts. (Der indische
Buddhism hat nicht eine grundmoralische Entwicklung
hinter sich, deshalb ist bei ihm im Nihilismus nur unüber-
wundene Moral: Dasein als Strafe, Dasein als Irrthum
combinirt, der Irrthum also als Strafe – eine moralische
Werthschätzung) Die philosophischen Versuche, den »moralischen Gott« zu überwinden (Hegel, Pantheismus).
Überwindung der volksthümlichen Ideale: der Weise. Der
Heilige. Der Dichter. Antagonismus von »wahr« und
»schön« und »gut« – –

4. Gegen die »Sinnlosigkeit« einerseits, gegen die moralischen
Werthurtheile andererseits: in wiefern alle Wissenschaft
und Philosophie bisher unter moralischen Urtheilen stand?
und ob man nicht die Feindschaft der Wissenschaft mit in
den Kauf bekommt? Oder die Anti-wissenschaftlichkeit?
Kritik des Spinozismus. Die christlichen Werthurtheile
überall in den socialistischen und positivistischen Systemen
rückständig. Es fehlt eine Kritik der christlichen
Moral.

5. die nihilistischen Consequenzen der jetzigen Naturwissenschaft (nebst ihren Versuchen ins Jenseitige zu entschlüpfen).
Aus ihrem Betriebe folgt endlich eine Selbstzersetzung,
eine Wendung gegen sich, eine Anti-Wissenschaftlichkeit. – Seit Copernikus rollt der Mensch aus dem Centrum
ins x

6. Die nihilistischen Consequenzen der politischen und volks-

wirtschaftlichen Denkweise wo alle »Principien« nachgerade zur Schauspielerei gehören: der Hauch von Mit-
telmäßigkeit, Erbärmlichkeit, Unaufrichtigkeit usw. Der
Nationalismus, der Anarchismus usw. Strafe. Es fehlt der
erlösende Stand und Mensch, die Rechtfertiger –

7. die nihilistischen Consequenzen der Historie und der
»praktischen Historiker« d. h. der Romantiker. Die Stellung der Kunst: absolute Unoriginalität ihrer Stellung in
der modernen Welt. Ihre Verdüsterung. Goethes angeb-
liches Olympier-thum.

8. Die Kunst und die Vorbereitung des Nihilismus. Romantik
(Wagners Nibelungen-Schluß)

(KSA XII, 125–127)

Plan des ersten Buches.

Es dämmert der Gegensatz der Welt, die wir verehren, und der
Welt, die wir leben, die wir – sind. Es bleibt übrig, entweder un-
sere Verehrungen abzuschaffen oder uns selbst. Letzteres ist der
Nihilismus.

1. Der heraufkommende Nihilismus, theoretisch und praktisch. Fehlerhafte Ableitung desselben.
(Pessimismus, seine Arten: Vorspiele des Nihilismus, obschon nicht nothwendig.)
Übergewicht des Nordens über den Süden.

2. Das Christenthum an seiner Moral zu Grunde gehend.
»Gott ist die Wahrheit« »Gott ist die Liebe« »der gerechte
Gott« – Das größte Ereigniß – »Gott ist todt« –, dumpf gefühlt. Der deutsche Versuch, Chr⟨istenthum⟩ in eine Gno-
sis umzuwandeln, ist zum tiefsten Mißtrauen ausgeschla-
gen: das »Unwahrhaftige« dabei am stärksten empfunden
(gegen Schelling z. B.)

3. Moral, ohne Sanktion nunmehr, weiß sich selbst nicht mehr
zu halten. Man läßt die moralische Ausdeutung endlich

fallen – (Das Gefühl überall noch voller Nachschläge des christlichen Werthurtheils –)

4. Aber auf moralischen Urtheilen beruhte der Werth bisher, vor Allem der Werth der Philosophie! (»des Willens zur Wahrheit« –)
die volksthümlichen Ideale »der Weise« »der Prophet« »der Heilige« hingefallen

5. Nihilistischer Zug in den Naturwissenschaften. (»Sinnlosigkeit« –) Causalismus, Mechanismus. Die »Gesetzmäßigkeit« ein Zwischenakt, ein Überbleibsel.

6. Insgleichen in der Politik: es fehlt der Glaube an sein Recht, die Unschuld, es herrscht die Lügnerei, die Augenblicks-Dienerei

7. Insgleichen in der Volkswirthschaft: die Aufhebung der Sklaverei: Mangel eines erlösenden Standes, eines Rechtfertigers, – Heraufkommen des Anarchismus. »Erziehung?«

8. Insgleichen in der Geschichte: der Fatalismus, der Darwinismus, die letzten Versuche, Vernunft und Göttlichkeit hineinzudeuten, mißrathen. Sentimentalität vor der Vergangenheit; man ertrüge keine Biographie! – (der Phänomenalismus auch hier: Charakter als Maske, es giebt keine Thatsachen)

9. Insgleichen in der Kunst: Romantik und ihr Gegenschlag (Widerwille gegen die romantischen Ideale und Lügen) die reinen Artisten (gleichgültig gegen den Inhalt) Letzteres, moralisch, als Sinn größerer Wahrhaftigkeit, aber pessimistisch
(Beichtvater-Psychologie und Puritaner-Psychologie, zwei Formen der psychologischen Romantik: aber auch noch ihr Gegenschlag, der Versuch, sich rein artistisch zum »Menschen« zu stellen, – auch da wird noch nicht die umgekehrte Werthschätzung gewagt!)
Das ganze europäische System der menschlichen Bestrebungen fühlt sich theils sinnlos, theils bereits »unmora-

lisch«. Wahrscheinlichkeit eines neuen Buddhismus. Die
höchste Gefahr. »Wie verhalten sich Wahrhaftigkeit, Liebe,
Gerechtigkeit zur wirklichen Welt?« Gar nicht! –
Die Anzeichen
Der europäische Nihilismus.
Seine Ursache: die Entwerthung der bisherigen Werthe.

(KSA XII, 129–131)

Der europäische Nihilismus.

Lenzer Heide   den 10. Juni 1887

1.

Welche Vortheile bot die christliche Moral-Hypothese?

1) sie verlieh dem Menschen einen absoluten Werth, im Gegensatz zu seiner Kleinheit und Zufälligkeit im Strom des
Werdens und Vergehens

2) sie diente den Advokaten Gottes, insofern sie der Welt trotz
Leid und Übel den Charakter der Vollkommenheit ließ, –
eingerechnet jene »Freiheit« – das Übel erschien voller Sinn.

3) sie setzt ein Wissen um absolute Werthe beim Menschen
an und gab ihm somit gerade für das Wichtigste adäquate
Erkenntniß

sie verhütete, daß der Mensch sich als Menschen verachtete, daß
er gegen das Leben Partei nahm, daß er am Erkennen verzweifelte: sie war ein Erhaltungsmittel; – in Summa: Moral war
das große Gegenmittel gegen den praktischen und theoretischen Nihilismus.

2.

Aber unter den Kräften, die die Moral großzog, war die Wahrhaftigkeit: diese wendet sich endlich gegen die Moral, entdeckt ihre Teleologie, ihre interessirte Betrachtung – und

jetzt wirkt die Einsicht in diese lange eingefleischte Verlogenheit, die man verzweifelt, von sich abzuthun, gerade als Stimulans. Zum Nihilismus. Wir constatiren jetzt Bedürfnisse an uns, gepflanzt durch die lange Moral-Interpretation, welche uns jetzt als Bedürfnisse zum Unwahren erscheinen: andererseits sind es die, an denen der Werth zu hängen scheint, derentwegen wir zu leben aushalten. Dieser Antagonismus, das was wir erkennen, nicht zu schätzen und das, was wir uns vorlügen möchten, nicht mehr schätzen zu dürfen: – ergiebt einen Auflösungsprozeß.

3.

Thatsächlich haben wir ein Gegenmittel gegen den ersten Nihilismus nicht mehr so nöthig: das Leben ist nicht mehr dermaaßen ungewiß, zufällig, unsinnig, in unserem Europa. Eine solch ungeheure Potenzirung vom Werth des Menschen, vom Werth des Übels usw. ist jetzt nicht so nöthig, wir ertragen eine bedeutende Ermäßigung dieses Werthes, wir dürfen viel Unsinn und Zufall einräumen: die erreichte Macht des Menschen erlaubt jetzt eine Herabsetzung der Zuchtmittel, von denen die moralische Interpretation das stärkste war. »Gott« ist eine viel zu extreme Hypothese.

4.

Aber extreme Positionen werden nicht durch ermäßigte abgelöst, sondern wiederum durch extreme, aber umgekehrte. Und so ist der Glaube an die absolute Immoralität der Natur, an die Zweck- und Sinnlosigkeit der psychologisch nothwendige Affekt, wenn der Glaube an Gott und eine essentiell moralische Ordnung nicht mehr zu halten ist. Der Nihilismus erscheint jetzt, nicht weil die Unlust am Dasein größer wäre als früher, sondern weil man überhaupt gegen einen »Sinn« im Übel, ja im Dasein mißtrauisch geworden ist. Eine Interpretation gieng zu Grunde; weil sie aber als d i e Interpretation galt, erscheint es, als ob es gar keinen Sinn im Dasein gebe, als ob alles u m s o n s t sei.

5.

Daß dies »Umsonst!« der Charakter unseres gegenwärtigen Nihilismus ist, bleibt nachzuweisen. Das Mißtrauen gegen unsere früheren Werthschätzungen steigert sich bis zur Frage »sind nicht alle »Werthe« Lockmittel, mit denen die Komödie sich in die Länge zieht, aber durchaus nicht einer Lösung näher kommt?« Die D a u e r, mit einem »Umsonst«, ohne Ziel und Zweck, ist der l ä h m e n d s t e Gedanke, namentlich noch wenn man begreift, daß man gefoppt wird und doch ohne Macht ⟨ist⟩, sich nicht foppen zu lassen.

6.

Denken wir diesen Gedanken in seiner furchtbarsten Form: das Dasein, so wie es ist, ohne Sinn und Ziel, aber unvermeidlich wiederkehrend, ohne ein Finale ins Nichts: »die ewige Wiederkehr«.

Das ist die extremste Form des Nihilismus: das Nichts (das »Sinnlose«) ewig!

Europäische Form des Buddhismus: Energie des Wissens und der Kraft z w i n g t zu einem solchen Glauben. Es ist die w i s s e n s c h a f t l i c h s t e aller möglichen Hypothesen. Wir leugnen Schluß-Ziele: hätte das Dasein eins, so müßte es erreicht sein.

7.

Da begreift man, daß hier ein Gegensatz zum Pantheismus angestrebt wird: denn »Alles vollkommen, göttlich, ewig« zwingt ebenfalls zu einem Glauben an die »e w i g e Wiederkunft«. Frage: ist mit der Moral auch diese pantheistische Jastellung zu allen Dingen unmöglich gemacht? Im Grunde ist ja nur der moralische Gott überwunden. Hat es einen Sinn, sich einen Gott »jenseits von Gut und Böse« zu denken? Wäre ein Pantheismus in diesem Sinne möglich? Bringen wir die Zweckvorstellung aus dem Prozesse weg und bejahen wir trotzdem den Prozeß? – Das wäre der Fall, wenn Etwas innerhalb jenes Prozesses in jedem Momente desselben erreicht würde – und immer das Gleiche

Spinoza gewann eine solche bejahende Stellung, insofern jeder Moment eine logische Nothwendigkeit hat: und er triumphirte mit seinem logischen Grundinstinkte über eine solche Weltbeschaffenheit.

8.

Aber sein Fall ist nur ein Einzel-Fall. Jeder Grundcharakterzug, der jedem Geschehen zu Grunde liegt, der sich an jedem Geschehen ausdrückt, müßte, wenn er von einem Individuum als sein Grundcharakterzug empfunden würde, dieses Individuum dazu treiben, triumphirend jeden Augenblick des allgemeinen Daseins gutzuheißen. Es käme eben darauf an, daß man diesen Grundcharakterzug bei sich als gut, werthvoll, mit Lust empfindet.

9.

Nun hat die Moral das Leben vor der Verzweiflung und dem Sprung ins Nichts bei solchen Menschen und Ständen geschützt, welche von Menschen ver⟨ge⟩waltthätigt und niedergedrückt wurden: denn die Ohnmacht gegen Menschen, nicht die Ohnmacht gegen die Natur, erzeugt die desperateste Verbitterung gegen das Dasein. Die Moral hat die Gewalthaber, die Gewaltthätigen, die »Herren« überhaupt als die Feinde behandelt, gegen welche der gemeine M⟨ann⟩ geschützt, d. h. zunächst ermuthigt, gestärkt werden muß. Die Moral hat folglich

am tiefsten hassen und verachten gelehrt, was der Grundcharakterzug der Herrschenden ist: ihren Willen zur
Macht. Diese Moral abschaffen, leugnen, zersetzen: das wäre
den bestgehaßten Trieb mit einer umgekehrten Empfindung
und Werthung versehen. Wenn der Leidende, Unterdrückte
den Glauben verlöre, ein Recht zu seiner Verachtung des
Willens zur Macht zu haben, so träte er in das Stadium der hoffnungslosen Desperation. Dies wäre der Fall, wenn dieser Zug
dem Leben essentiell wäre, wenn sich ergäbe, daß selbst in jenem
»Willen zur Moral« nur dieser »Wille zur Macht« verkappt sei,
daß auch jenes Hassen und Verachten noch ein Machtwille ist.
Der Unterdrückte sähe ein, daß er mit dem Unterdrücker auf
gleichem Boden steht und daß er kein Vorrecht, keinen
höheren Rang vor jenem habe.

10.

Vielmehr umgekehrt! Es giebt nichts am Leben, was Werth
hat, außer dem Grade der Macht – gesetzt eben, daß Leben
selbst der Wille zur Macht ist. Die Moral behütete die
Schlechtweggekommenen vor Nihilismus, indem sie Jedem einen unendlichen Werth, einen metaphysischen Werth
beimaß und in eine Ordnung einreihte, die mit der der weltlichen Macht und Rangordnung nicht stimmt: sie lehrte Ergebung, Demuth usw. Gesetzt, daß der Glaube an diese
Moral zu Grunde geht, so würden die Schlechtweggekommenen ihren Trost nicht mehr haben – und zu Grunde gehen.

11.

Das zu-Grunde-Gehen präsentirt sich als ein – Sich-zu-
Grunde-richten, als ein instinktives Auslesen dessen, was
zerstören muß. Symptome dieser Selbstzerstörung der
Schlechtweggekommenen: die Selbstvivisektion, die Vergiftung,

Berauschung, Romantik, vor allem die instinktive Nöthigung zu Handlungen, mit denen man die Mächtigen zu Todfeinden macht (– gleichsam sich seine Henker selbst züchtend) der Wille zur Zerstörung als Wille eines noch tieferen Instinkts, des Instinkts der Selbstzerstörung, des Willens ins Nichts.

12.

Nihilismus, als Symptom davon, daß die Schlechtweggekommenen keinen Trost mehr haben: daß sie zerstören, um zerstört zu werden, daß sie, von der Moral abgelöst, keinen Grund mehr haben, »sich zu ergeben« – daß sie sich auf den Boden des entgegengesetzten Princips stellen und auch ihrerseits Macht wollen, indem sie die Mächtigen zwingen, ihre Henker zu sein. Dies ist die europäische Form des Buddhismus, das Neinthun, nachdem alles Dasein seinen »Sinn« verloren hat.

13.

Die »Noth« ist nicht etwa größer geworden: im Gegentheil! »Gott, Moral, Ergebung« waren Heilmittel, auf furchtbaren tiefen Stufen des Elends: der aktive Nihilismus tritt bei relativ viel günstiger gestalteten Verhältnissen auf. Schon, daß die Moral als überwunden empfunden wird, setzt einen ziemlichen Grad geistiger Cultur voraus; diese wieder ein relatives Wohlleben. Eine gewisse geistige Ermüdung, durch den langen Kampf philosophischer Meinungen bis zur hoffnungslosen Scepsis gegen Philosophie gebracht, kennzeichnet ebenfalls den keineswegs niederen Stand jener Nihilisten. Man denke an die Lage, in der Buddha auftrat. Die Lehre der ewigen Wiederkunft würde gelehrte Voraussetzungen haben (wie die Lehre Buddha⟨s⟩ solche hatte z. B. Begriff der Causalität usw.).

14.

Was heißt jetzt »schlechtweggekommen«? Vor Allem p h y -
s i o l o g i s c h : nicht mehr politisch. Die u n g e s u n d e s t e Art
Mensch in Europa (in allen Ständen) ist der Boden dieses Nihilismus: sie wird den Glauben an die ewige Wiederkunft als einen
F l u c h empfinden, von dem getroffen man vor keiner Handlung mehr zurückscheut: nicht passiv auslöschen, sondern Alles
auslöschen m a c h e n , was in diesem Grade sinn- und ziellos ist:
obwohl es nur ein Krampf, ein blindes Wüthen ist bei der Einsicht, daß Alles seit Ewigkeiten da war – auch dieser Moment
von Nihilismus und Zerstörungslust. – Der **Werth** e i n e r s o l -
c h e n C r i s i s ist, daß sie r e i n i g t , daß sie die verwandten Elemente zusammendrängt und sich an einander verderben macht,
daß sie den Menschen entgegengesetzter Denkweisen gemeinsame Aufgaben zuweist – auch unter ihnen die schwächeren, un-
sichereren ans Licht bringend und so z u e i n e r R a n g o r d -
n u n g d e r K r ä f t e , vom Gesichtspunkte der Gesundheit, den
Anstoß giebt: Befehlende als Befehlende erkennend, Gehorchende als Gehorchende. Natürlich abseits von allen bestehenden Gesellschaftsordnungen.

15.

Welche werden sich als die S t ä r k s t e n dabei erweisen? Die Mä-
ßigsten, die, welche keine extremen Glaubenssätze n ö t h i g haben, die, welche einen guten Theil Zufall, Unsinn nicht nur zugestehen, sondern lieben, die welche vom Menschen mit einer
bedeutenden Ermäßigung seines Werthes denken können, ohne
dadurch klein und schwach zu werden: die Reichsten an Gesundheit, die den meisten Malheurs gewachsen sind und deshalb
sich vor den Malheurs nicht so fürchten – Menschen die i h r e r
M a c h t s i c h e r s i n d , und die die e r r e i c h t e Kraft des Menschen mit bewußtem Stolze repräsentiren.

Wie dächte ein solcher Mensch an die ewige Wiederkunft? –

(KSA XII, 211–217)

1. Der Nihilism ein **normaler** Zustand.

Nihilism: es fehlt das Ziel; es fehlt die Antwort auf das »Warum?« was bedeutet Nihilism? – daß die obersten Werthe sich entwerthen. Er ist **zweideutig**:

A)) Nihilism als Zeichen der gesteigerten Macht des Geistes: als **activer Nihilism.**

Er kann ein Zeichen von Stärke sein: die Kraft des Geistes kann so angewachsen sein, daß ihr die bisherigen Ziele (»Überzeugungen«, Glaubensartikel) unangemessen sind

– ein Glaube nämlich drückt im Allgemeinen den Zwang von Existenzbedingungen aus, eine Unterwerfung unter die Autorität von Verhältnissen, unter denen ein Wesen gedeiht, wächst, Macht gewinnt ...

Andrerseits ein Zeichen von nicht genügender Stärke, um produktiv sich nun auch wieder ein Ziel, ein Warum? einen Glauben zu setzen.

Sein **Maximum** von relativer Kraft erreicht er als gewaltthätige Kraft der **Zerstörung**: als aktiver Nihilism. Sein Gegensatz wäre der müde Nihilism, der nicht mehr angreift: seine berühmteste Form der Buddhismus: als passivischer Nihilism

Der Nihilism stellt einen pathologischen Zwischenzustand dar (pathologisch ist die ungeheure Verallgemeinerung, der Schluß auf gar keinen Sinn): sei es, daß die produktiven Kräfte noch nicht stark genug sind: sei es, daß die décadence noch zögert und ihre Hülfsmittel noch nicht erfunden hat.

B)) Nihilism als Niedergang und Rückgang der Macht
des Geistes: der **passive Nihilism**:
als ein Zeichen von Schwäche: die Kraft des Geistes kann ermüdet, erschöpft sein, so daß die bisherigen Ziele und Werthe
unangemessen sind und keinen Glauben mehr finden –
daß die Synthesis der Werthe und Ziele (auf der jede starke
Cultur beruht) sich löst, so daß die einzelnen Werthe sich Krieg
machen: Zersetzung
daß Alles, was erquickt, heilt, beruhigt, betäubt, in den Vordergrund tritt, unter verschiedenen Verkleidungen, religiös,
oder moralisch oder politisch oder ästhetisch usw.

2. Voraussetzung dieser Hypothese

Daß es keine Wahrheit giebt; daß es keine absolute Beschaffenheit der Dinge, kein »Ding an sich« giebt
– dies ist selbst ein Nihilism, und zwar der extremste. Er legt den Werth der Dinge gerade dahinein, daß
diesem Werthe keine Realität entspricht und entsprach, sondern nur ein Symptom von Kraft auf Seiten der Werth-An-
setzer, eine Simplification zum Zweck des Lebens

der Wille zur Wahrheit als Wille zur Macht

Wesen des Urtheils (Ja-setzend).

die Werthschätzung »ich glaube, daß das und das so ist« als
Wesen der »Wahrheit«
in den Werthschätzungen drücken sich Erhaltungs-
und Wachsthums-Bedingungen aus
alle unsere Erkenntnißorgane und -Sinne sind nur entwickelt in Hinsicht auf Erhaltungs- und Wachsthums-Bedingungen
das Vertrauen zur Vernunft und ihren Kategorien, zur Dialektik, also die Werthschätzung der Logik beweist nur die

durch Erfahrung bewiesene Nützlichkeit derselben für das Leben: nicht deren »Wahrheit«.

Daß eine Menge Glauben da sein muß, daß geurtheilt werden darf, daß der Zweifel in Hinsicht auf alle wesentlichen Werthe fehlt: –
das ist Voraussetzung alles Lebendigen und seines Lebens. Also daß etwas für wahr gehalten werden muß, ist nothwendig; nicht, daß etwas wahr ist.
»die wahre und die scheinbare Welt« – dieser Gegensatz wird von mir zurückgeführt auf Werthverhältnisse
wir haben unsere Erhaltungs-Bedingungen projicirt als Prädikate des Seins überhaupt
daß wir in unserem Glauben stabil sein müssen, um zu gedeihen, daraus haben wir gemacht, daß die »wahre« Welt keine wandelbare und werdende, sondern eine seiende ist.

die Werthe und deren Veränderung steht im Verhältniß zu dem Macht-Wachsthum des Werthsetzenden
das Maaß von Unglauben von zugelassener »Freiheit des Geistes« als Ausdruck des Machtwachsthums
»Nihilism« als Ideal der höchsten Mächtigkeit des Geistes, des überreichsten Lebens: theils zerstörerisch theils ironisch

Daß die Dinge eine Beschaffenheit an sich haben, ganz abgesehen von der Interpretation und Subjektivität, ist eine ganz müssige Hypothese: es würde voraussetzen, daß das Interpretiren und Subjektiv-sein nicht wesentlich sei, daß ein Ding aus allen Relationen gelöst noch Ding sei. Umgekehrt: der anscheinende objektive Charakter der Dinge: könnte er nicht bloß auf eine Graddifferenz innerhalb des Subjektiven hinauslaufen? – daß etwa das Langsam-Wechselnde uns als »objektiv« dauernd, seiend, »an sich« sich herausstellte
– daß das Objektive nur ein falscher Artbegriff und Gegensatz wäre innerhalb des Subjektiven?

Was ist ein Glaube? Wie entsteht er? Jeder Glaube ist ein Für-wahr-halten.

Die extremste Form des Nihilism wäre: daß jeder Glaube, jedes Für-wahr-halten nothwendig falsch ist: weil es eine **wahre Welt** gar nicht giebt. Also: ein perspektivischer Schein, dessen Herkunft in uns liegt (insofern wir eine engere, verkürzte, vereinfachte Welt fortwährend nöthig haben)

– daß es das **Maaß der Kraft** ist, wie sehr wir uns die Scheinbarkeit, die Nothwendigkeit der Lüge eingestehn können, ohne zu Grunde zu gehn.

Insofern könnte Nihilism, als **Leugnung** einer wahrhaften Welt, eines Seins, eine göttliche Denkweise sein: – – –

(KSA XII, 350–354)

Fiktion einer Welt, welche unseren Wünschen entspricht, psychologische Kunstgriffe und Interpretationen, um alles, was wir ehren und als angenehm empfinden, mit dieser wahren Welt zu verknüpfen.

»Wille zur Wahrheit« auf dieser Stufe ist wesentlich Kunst der Interpretation; wozu immer noch Kraft der Interpretation gehört.

Dieselbe Species Mensch, noch eine Stufe ärmer geworden, nicht mehr im Besitz der Kraft zu interpretiren, des Schaffens von Fiktionen, macht den Nihilisten. Ein Nihilist ist der Mensch, welcher von der Welt, wie sie ist, urtheilt, sie sollte nicht sein und von der Welt, wie sie sein sollte, urtheilt, sie existirt nicht. Demnach hat dasein (handeln, leiden, wollen, fühlen) keinen Sinn: das Pathos des »Umsonst« ist das Nihilisten-Pathos – zugleich noch als Pathos eine Inconsequenz des Nihilisten

Wer seinen Willen nicht in die Dinge zu legen vermag, der Willens- und Kraftlose, der legt wenigstens noch einen Sinn hinein: d. h. den Glauben, daß schon ein Wille da sei, der in den Dingen will oder wollen soll.

Es ist ein Gradmesser von Willenskraft, wie weit man des Sinnes in den Dingen entbehren kann, wie weit man in einer sinnlosen Welt zu leben aushält: weil man ein kleines Stück von ihr selbst organisirt.

Das philosophische Objektiv-Blicken kann somit ein Zeichen von Willens- und Kraft-Armuth sein. Denn die Kraft organisirt das Nähere und Nächste; die »Erkennenden«, welche nur fest-stellen wollen, was ist, sind solche, die nichts festsetzen können, wie es sein soll.

Die Künstler eine Zwischenart: sie setzen wenigstens ein Gleichniß von dem fest, was sein soll – sie sind produktiv, insofern sie wirklich verändern und umformen; nicht, wie die Erkennenden, welche Alles lassen, wie es ist.

Zusammenhang der Philosophen mit den pessimistischen Religionen: dieselbe Species Mensch (– sie legen den höchsten Grad von Realität den höchstgewertheten Dingen bei.

Zusammenhang der Philosophen mit den moralischen Menschen und deren Werthmaaßen. (Die moralische Weltauslegung als **Sinn**: nach Niedergang des religiösen Sinnes –

Überwindung der Philosophen, durch Vernichtung der Welt des Seienden: Zwischenperiode des Nihilismus: bevor die Kraft da ist, die Werthe umzuwenden und das Werdende die scheinbare Welt als die Einzige zu vergöttlichen, gutzuheißen.

B. Der Nihilism als normales Phänomen kann ein Symptom wachsender Stärke sein oder wachsender Schwäche

theils daß die Kraft zu schaffen, zu wollen so gewachsen ist, daß sie diese Gesamt-Ausdeutungen und Sinn-Einlegungen nicht mehr braucht (»nähere Aufgaben«, Staat usw.)

theils, daß selbst die schöpferische Kraft, Sinn zu schaffen, nachläßt, und die Enttäuschung der herrschende Zustand (wird). Die Unfähigkeit zum Glauben an einen »Sinn«, der »Unglaube«

(KSA XII, 366 f.)

(...) Alle Werthschätzungen sind nur Folgen und engere Perspektiven im Dienste dieses Einen Willens: das Werthschätzen selbst ist nur dieser Wille zur Macht; eine Kritik des Seins aus irgend einem dieser Werthe heraus ist etwas Widersinniges und Mißverständliches; gesetzt selbst, daß sich darin ein Untergangsprozeß einleitet, so steht dieser Prozeß noch im Dienste dieses Willens ...

Das Sein selbst abschätzen: aber das Abschätzen selbst ist dieses Sein noch –: und indem wir Nein sagen, so thun wir immer noch, was wir sind ... Man muß die Absurdität dieser daseinsrichtenden Gebärde einsehen; und sodann noch zu errathen suchen, was sich eigentlich damit begiebt. Es ist symptomatisch.

Der philosophische Nihilist ist der Überzeugung, daß alles Geschehen sinnlos und umsonstig ist; und es sollte kein sinnloses und umsonstiges Sein geben. Aber woher dieses: Es sollte nicht? Aber woher nimmt man diesen »Sinn«? dieses Maaß? – Der Nihilist meint im Grunde, der Hinblick auf ein solches ödes nutzloses Sein wirke auf einen Philosophen unbefriedigend, öde, verzweifelt; eine solche Einsicht widerspricht unserer feineren Sensibilität als Philosophen. Es läuft auf die absurde Werthung hinaus: der Charakter des Daseins müßte dem Philosophen Vergnügen machen, wenn anders es zu Recht bestehen soll ...

(KSA XIII, 45)

Kritik des Nihilism. –

I.

Der Nihilism als psychologischer Zustand wird eintreten müssen erstens wenn wir einen »Sinn« in allem Geschehen gesucht haben, der nicht darin ist: so daß der Sucher endlich den Muth verliert. Nihilismus ist da das Bewußtwerden der langen Vergeudung von Kraft, die Qual des »Umsonst«, die Unsicherheit, der Mangel an Gelegenheit, sich irgendwie zu erholen, irgendworüber noch zu beruhigen – die Scham vor sich selbst, als habe man sich allzulange betrogen ... Jener Sinn könnte gewesen sein: die »Erfüllung« eines sittlichen höchsten Kanons in allem Geschehen, die sittliche Weltordnung; oder die Zunahme der Liebe und Harmonie im Verkehr der Wesen; oder die Annäherung an einen allgemeinen Glücks-Zustand; oder selbst das Losgehn auf einen allgemeinen Nichts-Zustand – ein Ziel ist immer noch ein Sinn. Das Gemeinsame aller dieser Vorstellungsarten ist, daß ein Etwas durch den Prozeß selbst erreicht werden soll: – und nun begreift man, daß mit dem Werden nichts erzielt, nichts erreicht wird ... Also die Enttäuschung über einen angeblichen Zweck des Werdens als Ursache des Nihilismus: sei es in Hinsicht auf einen ganz bestimmten Zweck, sei es, verallgemeinert, die Einsicht in das Unzureichende aller bisherigen Zweck-Hypothesen, die die ganze »Entwicklung« betreffen (– der Mensch nicht mehr Mitarbeiter, geschweige der Mittelpunkt des Werdens)

Der Nihilismus als psychologischer Zustand tritt zweitens ein, wenn man eine Ganzheit, eine Systematisirung, selbst eine Organisirung in allem Geschehn und unter allem Geschehn angesetzt hat: so daß in der Gesammtvorstellung einer höchsten Herrschafts- und Verwaltungsform die nach Bewunderung und Verehrung durstige Seele schwelgt (– ist es die Seele eines Logikers, so genügt schon die absolute Folgerichtigkeit und Realdialektik, um mit Allem zu versöhnen ...) Eine Art Einheit, irgend eine Form des »Monismus«: und in Folge dieses

Glaubens der Mensch in tiefem Zusammenhangs- und Abhängigkeits-Gefühl von einem ihm unendlich überlegenen Ganzen, ein modus der Gottheit ... »Das Wohl des Allgemeinen fordert die Hingabe des Einzelnen« ... aber siehe da, es giebt kein solches Allgemeines! Im Grunde hat der Mensch den Glauben an seinen Werth verloren, wenn durch ihn nicht ein unendlich werthvolles Ganzes wirkt: d. h. er hat ein solches Ganzes concipirt, um an seinen Werth glauben zu können.

Der Nihilismus als psychologischer Zustand hat noch eine dritte und letzte Form. Diese zwei Einsichten gegeben, daß mit dem Werden nichts erzielt werden soll und daß unter allem Werden keine große Einheit waltet, in der der Einzelne völlig untertauchen darf, wie in einem Element höchsten Werthes: so bleibt als Ausflucht übrig, diese ganze Welt des Werdens als Täuschung zu verurtheilen und eine Welt zu erfinden, welche jenseits derselben liegt, als wahre Welt. Sobald aber der Mensch dahinterkommt, wie nur aus psychologischen Bedürfnissen diese Welt gezimmert ist und wie er dazu ganz und gar kein Recht hat, so entsteht die letzte Form des Nihilismus, welche den Unglauben an eine metaphysische Welt in sich schließt, – welche sich den Glauben an eine wahre Welt verbietet. Auf diesem Standpunkt giebt man die Realität des Werdens als einzige Realität zu, verbietet sich jede Art Schleichwege zu Hinterwelten und falschen Göttlichkeiten – aber erträgt diese Welt nicht, die man schon nicht leugnen will ...

– Was ist im Grunde geschehen? Das Gefühl der Werthlosigkeit wurde erzielt, als man begriff, daß weder mit dem Begriff »Zweck«, noch mit dem Begriff »Einheit«, noch mit dem Begriff »Wahrheit« der Gesammtcharakter des Daseins interpretirt werden darf. Es wird nichts damit erzielt und erreicht; es fehlt die übergreifende Einheit in der Vielheit des Geschehens: der Charakter des Daseins ist nicht »wahr«, ist falsch ..., man hat schlechterdings keinen Grund mehr, eine wahre Welt sich einzureden ...

Kurz: die Kategorien »Zweck«, »Einheit«, »Sein«, mit denen wir der Welt einen Werth eingelegt haben, werden wieder von uns herausgezogen – und nun sieht die Welt werthlos aus ...

(KSA XIII, 46–48)

2.

Was ich erzähle, ist die Geschichte der nächsten zwei Jahrhunderte. Ich beschreibe, was kommt, was nicht mehr anders kommen kann: die Heraufkunft des Nihilismus. Diese Geschichte kann jetzt schon erzählt werden: denn die Nothwendigkeit selbst ist hier am Werke. Diese Zukunft redet schon in hundert Zeichen, dieses Schicksal kündigt überall sich an; für diese Musik der Zukunft sind alle Ohren bereits gespitzt. Unsere ganze europäische Cultur bewegt sich seit langem schon mit einer Tortur der Spannung, die von Jahrzehnt zu Jahrzehnt wächst, wie auf eine Katastrophe los: unruhig, gewaltsam, überstürzt: wie ein Strom, der ans Ende will, der sich nicht mehr besinnt, der Furcht davor hat, sich zu besinnen.

3.

– Der hier das Wort nimmt, hat umgekehrt Nichts bisher gethan als sich zu besinnen: als ein Philosoph und Einsiedler aus Instinkt, der seinen Vortheil im Abseits, im Außerhalb, in der Geduld, in der Verzögerung, in der Zurückgebliebenheit fand; als ein Wage- und – Versucher-Geist, der sich schon in jedes Labyrinth der Zukunft einmal verirrt hat; als ein Wahrsagevogel-Geist, der zurückblickt, wenn er erzählt, was kommen wird; als der erste vollkommene Nihilist Europas, der aber den Nihilismus selbst schon in sich zu Ende gelebt hat, – der ihn hinter sich, unter sich, außer sich hat ...

4.

Denn man vergreife sich nicht über den Sinn des Titels, mit dem dies Zukunfts-Evangelium benannt sein will. »Der Wille zur Macht. Versuch einer Umwerthung aller Werthe« – mit dieser Formel ist eine Gegenbewegung zum Ausdruck gebracht, in Absicht auf Princip und Aufgabe: eine Bewegung, welche in irgend einer Zukunft jenen vollkommenen Nihilismus ablösen wird; welche ihn aber voraussetzt, logisch und psychologisch, welche schlechterdings nur auf ihn und aus ihm kommen kann. Denn warum ist die Heraufkunft des Nihilismus nunmehr nothwendig? Weil unsere bisherigen Werthe selbst es sind, die in ihm ihre letzte Folgerung ziehn; weil der Nihilism die zu Ende gedachte Logik unserer großen Werthe und Ideale ist, – weil wir den Nihilismus erst erleben müssen, um dahinter zu kommen, was eigentlich der Werth dieser »Werthe« war ... Wir haben, irgendwann, neue Werthe nöthig ...

(KSA XIII, 189 f.)

Es handelt sich ganz und gar nicht um die beste oder die schlechteste Welt: Nein oder Ja, das ist hier die Frage. Der nihilistische Instinkt sagt Nein; seine mildeste Behauptung ist, daß Nichtsein besser ist als Sein, daß der Wille zum Nichts mehr Werth hat als der Wille zum Leben; seine strengste daß, wenn das Nichts die oberste Wünschbarkeit ist, dieses Leben, als Gegensatz dazu, absolut werthlos ist – verwerflich wird ...

Von solchen Werthschätzungen inspirirt, wird ein Denker unwillkürlich suchen, all die Dinge, denen er instinktiv noch Werth beimißt, zur Rechtfertigung einer nihilistischen Tendenz einzulegen. Das ist die große Falschmünzerei Schopenhauer's, der zu vielen Dingen mit tiefem Interesse gestellt war: aber der Geist des Nihilismus verbot ihm, dies zum Willen zum Leben zu rechnen: und so sehen wir denn eine Reihe feiner und beherzter Versuche, die Kunst, die Weisheit, die Schönheit in der Natur, die

Religion, die Moral, das Genie wegen ihrer scheinbaren Lebens-
feindlichkeit, als Verlangen ins Nichts zu Ehren zu bringen

Man hat neuerdings mit einem zufälligen und in jedem Betracht
unzutreffenden Wort viel Mißbrauch getrieben: man redet über-
all von Pessimismus, man kämpft sonderlich, unter vernünftigen
Leuten zuweilen, über eine Frage, auf die es Antworten geben
müsse, wer Recht habe, der Pessimismus oder der Optimismus.
Man hat nicht begriffen, was doch mit Händen zu greifen: daß
Pessimismus kein Problem, sondern ein Symptom ist, – daß der
Name ersetzt werden ⟨müsse⟩ durch N i h i l i s m u s, – daß die
Frage, ob Nicht-sein besser ist als Sein, selbst schon eine Krank-
heit, ein Niedergang, eine Idiosynkrasie ist …

(KSA XIII, 528f.)

XI. Umwertung aller Werte

Zur Genealogie der Moral

5.

Im Grunde lag mir gerade damals etwas viel Wichtigeres am Herzen als eignes oder fremdes Hypothesenwesen über den Ursprung der Moral (oder, genauer: letzteres allein um eines Zwekkes willen, zu dem es eins unter vielen Mitteln ist). Es handelte sich für mich um den Werth der Moral, – und darüber hatte ich mich fast allein mit meinem grossen Lehrer Schopenhauer auseinanderzusetzen, an den wie an einen Gegenwärtigen jenes Buch, die Leidenschaft und der geheime Widerspruch jenes Buchs sich wendet (– denn auch jenes Buch war eine »Streitschrift«). Es handelte sich in Sonderheit um den Werth des »Unegoistischen«, der Mitleids-, Selbstverleugnungs-, Selbstopferungs-Instinkte, welche gerade Schopenhauer so lange vergoldet, vergöttlicht und verjenseitigt hatte, bis sie ihm schliesslich als die »Werthe an sich« übrig blieben, auf Grund deren er zum Leben, auch zu sich selbst, Nein sagte. Aber gerade gegen diese Instinkte redete aus mir ein immer grundsätzlicherer Argwohn, eine immer tiefer grabende Skepsis! Gerade hier sah ich die grosse Gefahr der Menschheit, ihre sublimste Lockung und Verführung – wohin doch? in's Nichts? – gerade hier sah ich den Anfang vom Ende, das Stehenbleiben, die zurückblickende Müdigkeit, den Willen gegen das Leben sich wendend, die letzte Krankheit sich zärtlich und schwermüthig ankündigend: ich verstand die immer mehr um sich greifende Mitleids-Moral, welche selbst die Philosophen ergriff und krank machte, als das unheimlichste Symptom unsrer unheimlich gewordnen europäischen Cultur, als ihren Umweg zu einem neuen Buddhismus? zu einem Europäer-Buddhismus? zum – Nihilismus? ... Diese moderne Philosophen-Bevorzugung und Überschätzung des Mitleidens ist nämlich etwas Neues: gerade über den Unwerth des Mitleidens waren bisher die Philosophen übereingekommen. Ich nenne nur Plato, Spinoza, La Rochefoucauld und Kant, vier Geister so verschieden von einander als möglich, aber in Einem Eins: in der Geringschätzung des Mitleidens. –

6.

Dies Problem vom Werthe des Mitleids und der Mitleids-Moral (– ich bin ein Gegner der schändlichen modernen Gefühls-verweichlichung –) scheint zunächst nur etwas Vereinzeltes, ein Fragezeichen für sich; wer aber einmal hier hängen bleibt, hier fragen lernt, dem wird es gehn, wie es mir ergangen ist: – eine ungeheure neue Aussicht thut sich ihm auf, eine Möglichkeit fasst ihn wie ein Schwindel, jede Art Misstrauen, Argwohn, Furcht springt hervor, der Glaube an die Moral, an alle Moral wankt, – endlich wird eine neue Forderung laut. Sprechen wir sie aus, diese neue Forderung: wir haben eine Kritik der moralischen Werthe nöthig, der Werth dieser Werthe ist selbst erst einmal in Frage zu stellen – und dazu thut eine Kenntniss der Bedingungen und Umstände noth, aus denen sie gewachsen, unter denen sie sich entwickelt und verschoben haben (Moral als Folge, als Symptom, als Maske, als Tartüfferie, als Krankheit, als Missverständniss; aber auch Moral als Ursache, als Heilmittel, als Stimulans, als Hemmung, als Gift), wie eine solche Kenntniss weder bis jetzt da war, noch auch nur begehrt worden ist. Man nahm den Werth dieser »Werthe« als gegeben, als tatsächlich, als jenseits aller In-Frage-Stellung; man hat bisher auch nicht im Entferntesten daran gezweifelt und geschwankt, »den Guten« für höherwerthig als »den Bösen« anzusetzen, höherwerthig im Sinne der Förderung, Nützlichkeit, Gedeihlichkeit in Hinsicht auf den Menschen überhaupt (die Zukunft des Menschen eingerechnet). Wie? wenn das Umgekehrte die Wahrheit wäre? Wie? wenn im »Guten« auch ein Rückgangssymptom läge, insgleichen eine Gefahr, eine Verführung, ein Gift, ein Narcoticum, durch das etwa die Gegenwart auf Kosten der Zukunft lebte? Vielleicht behaglicher, ungefährlicher, aber auch in kleinerem Stile, niedriger? ... So dass gerade die Moral daran Schuld wäre, wenn eine an sich mögliche höchste Mächtigkeit und Pracht des Typus Mensch niemals erreicht würde? So dass gerade die Moral die Gefahr der Gefahren wäre? ...

(KSA V, 251–253)

7.

– Mit diesen Gedanken, nebenbei gesagt, bin ich durchaus nicht Willens, unsren Pessimisten zu neuem Wasser auf ihre misstönigen und knarrenden Mühlen des Lebensüberdrusses zu verhelfen; im Gegentheil soll ausdrücklich bezeugt sein, dass damals, als die Menschheit sich ihrer Grausamkeit noch nicht schämte, das Leben heiterer auf Erden war als jetzt, wo es Pessimisten giebt. Die Verdüsterung des Himmels über dem Menschen hat immer im Verhältniss dazu überhand genommen, als die Scham des Menschen vor dem Menschen gewachsen ist. Der müde pessimistische Blick, das Misstrauen zum Rätsel des Lebens, das eisige Nein des Ekels am Leben – das sind nicht die Abzeichen der bösesten Zeitalter des Menschengeschlechts: sie treten vielmehr erst an das Tageslicht, als die Sumpfpflanzen, die sie sind, wenn der Sumpf da ist, zu dem sie gehören, – ich meine die krankhafte Verzärtlichung und Vermoralisirung, vermöge deren das Getier »Mensch« sich schliesslich aller seiner Instinkte schämen lernt. Auf dem Wege zum »Engel« (um hier nicht ein härteres Wort zu gebrauchen) hat sich der Mensch jenen verdorbenen Magen und jene belegte Zunge angezüchtet, durch die ihm nicht nur die Freude und Unschuld des Thiers widerlich, sondern das Leben selbst unschmackhaft geworden ist: – so dass er mitunter vor sich selbst mit zugehaltener Nase dasteht und mit Papst Innocenz dem Dritten missbilligend den Katalog seiner Widerwärtigkeiten macht (»unreine Erzeugung, ekelhafte Ernährung im Mutterleibe, Schlechtigkeit des Stoffs, aus dem der

Mensch sich entwickelt, scheusslicher Gestank, Absonderung von Speichel, Urin und Koth«). Jetzt, wo das Leiden immer als erstes unter den Argumenten g e g e n das Dasein aufmarschieren muss, als dessen schlimmstes Fragezeichen, thut man gut, sich der Zeiten zu erinnern, wo man umgekehrt urtheilte, weil man das Leiden-m a c h e n nicht entbehren mochte und in ihm einen Zauber ersten Rangs, einen eigentlichen Verführungs-Köder zum Leben sah. (...)

Vielleicht ist es sogar erlaubt, die Möglichkeit zuzulassen, dass auch jene Lust an der Grausamkeit eigentlich nicht ausgestorben zu sein brauchte: nur bedürfte sie, im Verhältniss dazu, wie heute der Schmerz mehr weh thut, einer gewissen Sublimirung und Subtilisirung, sie müsste namentlich in's Imaginative und Seelische übersetzt auftreten und geschmückt mit lauter so unbedenklichen Namen, dass von ihnen her auch dem zartesten hypokritischen Gewissen kein Verdacht kommt (das »tragische Mitleiden« ist ein solcher Name; ein andrer ist »les nostalgies de la croix«). Was eigentlich gegen das Leiden empört, ist nicht das Leiden an sich, sondern das Sinnlose des Leidens: aber weder für den Christen, der in das Leiden eine ganze geheime Heils-Maschinerie hineininterpretirt hat, noch für den naiven Menschen älterer Zeiten, der alles Leiden sich in Hinsicht auf Zuschauer oder auf Leiden-Macher auszulegen verstand, gab es überhaupt ein solches s i n n l o s e s Leiden. Damit das verborgne, unentdeckte, zeugenlose Leiden aus der Welt geschafft und ehrlich negirt werden konnte, war man damals beinahe dazu genöthigt, Götter zu erfinden und Zwischenwesen aller Höhe und Tiefe, kurz Etwas, das auch im Verborgnen schweift, das auch im Dunklen sieht und das sich nicht leicht ein interessantes schmerzhaftes Schauspiel entgehen lässt. Mit Hülfe solcher Erfindungen nämlich verstand sich damals das Leben auf das Kunststück, auf das es sich immer verstanden hat, sich selbst zu rechtfertigen, sein »Übel« zu rechtfertigen; jetzt bedürfte es vielleicht dazu andrer Hülfs-Erfindungen (zum Beispiel Leben als Räthsel, Leben als Erkenntnissproblem).

»Jedes Übel ist gerechtfertigt, an dessen Anblick ein Gott sich erbaut«: so klang die vorzeitliche Logik des Gefühls – und wirklich, war es nur die vorzeitliche? Die Götter als Freunde g r a u s a m e r Schauspiele gedacht – oh wie weit ragt diese uralte Vorstellung selbst noch in unsre europäische Vermenschlichung hinein! man mag hierüber etwa mit Calvin und Luther zu Rathe gehn. Gewiss ist jedenfalls, dass noch die G r i e c h e n ihren Göttern keine angenehmere Zukost zu ihrem Glücke zu bieten wussten, als die Freuden der Grausamkeit. Mit welchen Augen glaubt ihr denn, dass Homer seine Götter auf die Schicksale der Menschen niederblicken liess? (...)

(KSA V, 302–304)

16.

An dieser Stelle ist es nun nicht mehr zu umgehn, meiner eignen Hypothese über den Ursprung des »schlechten Gewissens« zu einem ersten vorläufigen Ausdrucke zu verhelfen: sie ist nicht leicht zu Gehör zu bringen und will lange bedacht, bewacht und beschlafen sein. Ich nehme das schlechte Gewissen als die tiefe Erkrankung, welcher der Mensch unter dem Druck jener gründlichsten aller Veränderungen verfallen musste, die er überhaupt erlebt hat, – jener Veränderung, als er sich endgültig in den Bann der Gesellschaft und des Friedens eingeschlossen fand. Nicht anders als es den Wasserthieren ergangen sein muss, als sie gezwungen wurden, entweder Landthiere zu werden oder zu Grunde zu gehn, so gieng es diesen der Wildniss, dem Kriege, dem Herumschweifen, dem Abenteuer glücklich angepassten Halbthieren, – mit Einem Male waren alle ihre Instinkte entwerthet und »ausgehängt«. Sie sollten nunmehr auf den Füssen gehn und »sich selber tragen«, wo sie bisher vom Wasser getragen wurden: eine entsetzliche Schwere lag auf ihnen. Zu den einfachsten Verrichtungen fühlten sie sich ungelenk, sie hatten für diese neue unbekannte Welt ihre alten Führer nicht mehr, die regulirenden unbewusst-sicherführenden Triebe, – sie waren auf

Denken, Schliessen, Berechnen, Combiniren von Ursachen und Wirkungen reduzirt, diese Unglücklichen, auf ihr »Bewusstsein«, auf ihr ärmlichstes und fehlgreifendstes Organ! Ich glaube, dass niemals auf Erden ein solches Elends-Gefühl, ein solches bleiernes Missbehagen dagewesen ist, – und dabei hatten jene alten Instinkte nicht mit Einem Male aufgehört, ihre Forderungen zu stellen! Nur war es schwer und selten möglich, ihnen zu Willen zu sein: in der Hauptsache mussten sie sich neue und gleichsam unterirdische Befriedigungen suchen. Alle Instinkte, welche sich nicht nach Aussen entladen, wenden sich nach Innen – dies ist das, was ich die Verinnerlichung des Menschen nenne: damit wächst erst das an den Menschen heran, was man später seine »Seele« nennt. Die ganze innere Welt, ursprünglich dünn wie zwischen zwei Häute eingespannt, ist in dem Maasse aus einander- und aufgegangen, hat Tiefe, Breite, Höhe bekommen, als die Entladung des Menschen nach Aussen gehemmt worden ist. Jene furchtbaren Bollwerke, mit denen sich die staatliche Organisation gegen die alten Instinkte der Freiheit schützte – die Strafen gehören vor Allem zu diesen Bollwerken – brachten zu Wege, dass alle jene Instinkte des wilden freien schweifenden Menschen sich rückwärts, sich gegen den Menschen selbst wandten. Die Feindschaft, die Grausamkeit, die Lust an der Verfolgung, am Überfall, am Wechsel, an der Zerstörung – Alles das gegen die Inhaber solcher Instinkte sich wendend: das ist der Ursprung des »schlechten Gewissens«. Der Mensch, der sich, aus Mangel an äusseren Feinden und Widerständen, eingezwängt in eine drückende Enge und Regelmässigkeit der Sitte, ungeduldig selbst zerriss, verfolgte, annagte, aufstörte, misshandelte, dies an den Gitterstangen seines Käfigs sich wund stossende Thier, das man »zähmen« will, dieser Entbehrende und vom Heimweh der Wüste Verzehrte, der aus sich selbst ein Abenteuer, eine Folterstätte, eine unsichere und gefährliche Wildniss schaffen musste – dieser Narr, dieser sehnsüchtige und verzweifelte Gefangne wurde der Erfinder des »schlechten Gewissens«. Mit ihm aber war die grösste und unheimlichste Erkrankung eingeleitet, von welcher die Menschheit bis heute nicht genesen ist, das Leiden des Menschen am Menschen, an sich: als die Folge einer gewaltsamen Abtrennung von der thierischen Vergangenheit, eines Sprunges und Sturzes gleichsam in neue Lagen und Daseins-Bedingungen, einer Kriegserklärung gegen die alten Instinkte, auf denen bis dahin seine Kraft, Lust und Furchtbarkeit beruhte. Fügen wir sofort hinzu, dass andrerseits mit der Thatsache einer gegen sich selbst gekehrten, gegen sich selbst Partei nehmenden Thierseele auf Erden etwas so Neues, Tiefes, Unerhörtes, Räthselhaftes, Widerspruchsvolles und Zukunftsvolles gegeben war, dass der Aspekt der Erde sich damit wesentlich veränderte. In der That, es brauchte göttlicher Zuschauer, um das Schauspiel zu würdigen, das damit anfieng und dessen Ende durchaus noch nicht abzusehen ist, – ein Schauspiel zu fein, zu wundervoll, zu paradox, als dass es sich sinnlos-unvermerkt auf irgend einem lächerlichen Gestirn abspielen dürfte! Der Mensch zählt seitdem mit unter den unerwartetsten und aufregendsten Glückswürfen, die das »grosse Kind« des Heraklit, heisse es Zeus oder Zufall, spielt, – er erweckt für sich ein Interesse, eine Spannung, eine Hoffnung, beinahe eine Gewissheit, als ob mit ihm sich Etwas ankündige, Etwas vorbereite, als ob der Mensch kein Ziel, sondern nur ein Weg, ein Zwischenfall, eine Brücke, ein grosses Versprechen sei …

17.

Zur Voraussetzung dieser Hypothese über den Ursprung des schlechten Gewissens gehört erstens, dass jene Veränderung keine allmähliche, keine freiwillige war und sich nicht als ein organisches Hineinwachsen in neue Bedingungen darstellte, sondern als ein Bruch, ein Sprung, ein Zwang, ein unabweisbares Verhängniss, gegen das es keinen Kampf und nicht einmal ein Ressentiment gab. Zweitens aber, dass die Einfügung einer bisher ungehemmten und ungestalteten Bevölkerung in eine feste

Form, wie sie mit einem Gewaltakt ihren Anfang nahm, nur mit lauter Gewaltakten zu Ende geführt wurde, – dass der älteste »Staat« demgemäss als eine furchtbare Tyrannei, als eine zerdrückende und rücksichtslose Maschinerie auftrat und fortarbeitete, bis ein solcher Rohstoff von Volk und Halbthier endlich nicht nur durchgeknetet und gefügig, sondern auch g e f o r m t war. Ich gebrauchte das Wort »Staat«: es versteht sich von selbst, wer damit gemeint ist – irgend ein Rudel blonder Raubthiere, eine Eroberer- und Herren-Rasse, welche, kriegerisch organisirt und mit der Kraft, zu organisiren, unbedenklich ihre furchtbaren Tatzen auf eine der Zahl nach vielleicht ungeheuer überlegene, aber noch gestaltlose, noch schweifende Bevölkerung legt. Dergestalt beginnt ja der »Staat« auf Erden: ich denke, jene Schwärmerei ist abgethan, welche ihn mit einem »Vertrage« beginnen liess. Wer befehlen kann, wer von Natur »Herr« ist, wer gewaltthätig in Werk und Gebärde auftritt – was hat der mit Verträgen zu schaffen! Mit solchen Wesen rechnet man nicht, sie kommen wie das Schicksal, ohne Grund, Vernunft, Rücksicht, Vorwand, sie sind da wie der Blitz da ist, zu furchtbar, zu plötzlich, zu überzeugend, zu »anders«, um selbst auch nur gehasst zu werden. Ihr Werk ist ein instinktives Formen-schaffen, Formen-aufdrücken, es sind die unfreiwilligsten, unbewusstesten Künstler, die es giebt: – in Kürze steht etwas Neues da, wo sie erscheinen, ein Herrschafts-Gebilde, das l e b t, in dem Theile und Funktionen abgegrenzt und bezüglich gemacht sind, in dem Nichts überhaupt Platz findet, dem nicht erst ein »Sinn« in Hinsicht auf das Ganze eingelegt ist. Sie wissen nicht, was Schuld, was Verantwortlichkeit, was Rücksicht ist, diese geborenen Organisatoren; in ihnen waltet jener furchtbare Künstler-Egoismus, der wie Erz blickt und sich im »Werke«, wie die Mutter in ihrem Kinde, in alle Ewigkeit voraus gerechtfertigt weiss. S i e sind es nicht, bei denen das »schlechte Gewissen« gewachsen ist, das versteht sich von vornherein, – aber es würde nicht o h n e s i e gewachsen sein, dieses hässliche Gewächs, es würde fehlen, wenn nicht unter dem Druck ihrer Hammerschläge, ihrer

Künstler-Gewaltsamkeit ein ungeheures Quantum Freiheit aus der Welt, mindestens aus der Sichtbarkeit geschafft und gleichsam l a t e n t gemacht worden wäre. Dieser gewaltsam latent gemachte I n s t i n k t d e r F r e i h e i t – wir begriffen es schon – dieser zurückgedrängte, zurückgetretene, in's Innere eingekerkerte und zuletzt nur an sich selbst noch sich entladende und auslassende Instinkt der Freiheit: das, nur das ist in seinem Anbeginn das s c h l e c h t e G e w i s s e n.

18.

Man hüte sich, von diesem ganzen Phänomen deshalb schon gering zu denken, weil es von vornherein hässlich und schmerzhaft ist. Im Grunde ist es ja dieselbe aktive Kraft, die in jenen Gewalt-Künstlern und Organisatoren grossartiger am Werke ist und Staaten baut, welche hier, innerlich, kleiner, kleinlicher, in der Richtung nach rückwärts, im »Labyrinth der Brust«, um mit Goethe zu reden, sich das schlechte Gewissen schafft und negative Ideale baut, eben jener I n s t i n k t d e r F r e i h e i t (in meiner Sprache geredet: der Wille zur Macht): nur dass der Stoff, an dem sich die formbildende und vergewaltigende Natur dieser Kraft auslässt, hier eben der Mensch selbst, sein ganzes thierisches altes Selbst ist – und n i c h t, wie in jenem grösseren und augenfälligeren Phänomen, der a n d r e Mensch, die a n d r e n Menschen. Diese heimliche Selbst-Vergewaltigung, diese Künstler-Grausamkeit, diese Lust, sich selbst als einem schweren widerstrebenden leidenden Stoffe eine Form zu geben, einen Willen, eine Kritik, einen Widerspruch, eine Verachtung, ein Nein einzubrennen, diese unheimliche und entsetzlich-lustvolle Arbeit einer mit sich selbst willig-zwiespältigen Seele, welche sich leiden macht, aus Lust am Leidenmachen, dieses ganze a k t i v i s c h e »schlechte Gewissen« hat zuletzt – man erräth es schon – als der eigentliche Mutterschooss idealer und imaginativer Ereignisse auch eine Fülle von neuer befremdlicher Schönheit und Bejahung an's Licht gebracht und vielleicht überhaupt erst d i e

Schönheit ... Was wäre denn »schön«, wenn nicht erst der Widerspruch sich selbst zum Bewusstsein gekommen wäre, wenn nicht erst das Hässliche zu sich selbst gesagt hätte: »ich bin hässlich«? ... Zum Mindesten wird nach diesem Winke das Räthsel weniger räthselhaft sein, in wiefern in widersprüchlichen Begriffen, wie S e l b s t l o s i g k e i t, S e l b s t v e r l e u g n u n g, S e l b s t - o p f e r u n g ein Ideal, eine Schönheit angedeutet sein kann; und Eins weiss man hinfort, ich zweiflle nicht daran –, welcher Art nämlich von Anfang an die L u s t ist, die der Selbstlose, der Sich-selbst-Verleugnende, Sich-selber-Opfernde empfindet: diese Lust gehört zur Grausamkeit. – Soviel vorläufig zur Herkunft des Unegoistischen« als eines m o r a l i s c h e n Werthes und zur Absteckung des Bodens, aus dem dieser Werth gewachsen ist: erst das schlechte Gewissen, erst der Wille zur Selbstmisshandlung giebt die Voraussetzung ab für den W e r t h des Unegoistischen. –

19.

Es ist eine Krankheit, das schlechte Gewissen, das unterliegt keinem Zweifel, aber eine Krankheit, wie die Schwangerschaft eine Krankheit ist. Suchen wir die Bedingungen auf, unter denen diese Krankheit auf ihren furchtbarsten und sublimsten Gipfel gekommen ist: – wir werden sehn, was damit eigentlich erst seinen Eintritt in die Welt gemacht hat. Dazu aber bedarf es eines langen Athems, – und zunächst müssen wir noch einmal zu einem früheren Gesichtspunkte zurück. Das privatrechtliche Verhältniss des Schuldners zu seinem Gläubiger, von dem des längeren schon die Rede war, ist noch einmal, und zwar in einer historisch überaus merkwürdigen und bedenklichen Weise in ein Verhältniss hineininterpretirt worden, worin es uns modernen Menschen vielleicht am unverständlichsten ist: nämlich in das Verhältniss der G e g e n w ä r t i g e n zu ihren V o r f a h r e n. Innerhalb der ursprünglichen Geschlechtsgenossenschaft – wir reden von Urzeiten – erkennt jedes Mal die lebende Generation gegen die frühere und in Sonderheit gegen die früheste, geschlecht-begründende eine juristische Verpflichtung an (und keineswegs eine blosse Gefühls-Verbindlichkeit: man dürfte diese letztere sogar nicht ohne Grund für die längste Dauer des menschlichen Geschlechts überhaupt in Abrede stellen). Hier herrscht die Überzeugung, dass das Geschlecht durchaus nur durch die Opfer und Leistungen der Vorfahren b e s t e h t, – und dass man ihnen diese durch Opfer und Leistungen z u r ü c k z uz a h l e n hat: man erkennt somit eine S c h u l d an, die dadurch noch beständig anwächst, dass diese Ahnen in ihrer Fortexistenz als mächtige Geister nicht aufhören, dem Geschlechte neue Vortheile und Vorschüsse seitens ihrer Kraft zu gewähren. Umsonst etwa? Aber es giebt kein »Umsonst« für jene rohen und »seelenarmen« Zeitalter. Was kann man ihnen zurückgeben? Opfer (anfänglich zur Nahrung, im gröblichsten Verstande), Feste, Kapellen, Ehrenbezeigungen, vor Allem Gehorsam – denn alle Bräuche sind, als Werke der Vorfahren, auch deren Satzungen und Befehle –: giebt man ihnen je genug? Dieser Verdacht bleibt übrig und wächst: von Zeit zu Zeit erzwingt er eine grosse Ablösung in Bausch und Bogen, irgend etwas Ungeheures von Gegenzahlung an den »Gläubiger« (das berüchtigte Erstlingsopfer zum Beispiel, Blut, Menschenblut in jedem Falle). Die F u r c h t vor dem Ahnherrn und seiner Macht, das Bewusstsein von Schulden gegen ihn nimmt nach dieser Art von Logik nothwendig genau in dem Maasse zu, in dem die Macht des Geschlechts selbst zunimmt, in dem das Geschlecht selbst immer siegreicher, unabhängiger, geehrter, gefürchteter dasteht. Nicht etwa umgekehrt! Jeder Schritt zur Verkümmerung des Geschlechts, alle elenden Zufälle, alle Anzeichen von Entartung, von heraufkommender Auflösung v e r m i n d e r n vielmehr immer auch die Furcht vor dem Geiste seines Begründers und geben eine immer geringere Vorstellung von seiner Klugheit, Vorsorglichkeit und Macht-Gegenwart. Denkt man sich diese rohe Art Logik bis an ihr Ende gelangt: so müssen schliesslich die Ahnherrn der m ä c h t i g s t e n Geschlechter durch die Phantasie der wachsenden Furcht selbst in's Ungeheure gewachsen und in das Dunkel einer göttlichen Unheimlichkeit und Unvorstellbarkeit zurückgeschoben worden sein: – der Ahnherr wird zuletzt nothwendig in einen G o t t transfigurirt. Vielleicht ist hier selbst der Ursprung der Götter, ein Ursprung also aus der F u r c h t! ... Und wem es nöthig scheinen sollte hinzuzufügen: »aber auch aus der Pietät!« dürfte schwerlich damit für jene längste Zeit des Menschengeschlechts Recht behalten, für seine Urzeit. Um so mehr freilich für die m i t t l e r e Zeit, in der die vornehmen Geschlechter sich herausbilden: – als welche in der That ihren Urhebern, den Ahnherren (Heroen, Göttern) alle die Eigenschaften mit Zins zurückgegeben haben, die inzwischen in ihnen selbst offenbar geworden sind, die v o r n e h m e n Eigenschaften. Wir werden auf die Veradligung und Veredelung der Götter (die freilich durchaus nicht deren »Heiligung« ist) später noch einen Blick werfen: führen wir jetzt nur den Gang dieser ganzen Schuldbewusstseins-Entwicklung vorläufig zu Ende.

20.

Das Bewusstsein, Schulden gegen die Gottheit zu haben, ist, wie die Geschichte lehrt, auch nach dem Niedergang der blutverwandtschaftlichen Organisationsform der »Gemeinschaft« keineswegs zum Abschluss gekommen; die Menschheit hat, in gleicher Weise, wie sie die Begriffe »gut und schlecht« von dem Geschlechts-Adel (sammt dessen psychologischem Grundhange, Rangordnungen anzusetzen) geerbt hat, mit der Erbschaft der Geschlechts- und Stammgottheiten auch die des Drucks von noch unbezahlten Schulden und des Verlangens nach Ablösung derselben hinzubekommen. (Den Übergang machen jene breiten Sklaven- und Hörigen-Bevölkerungen, welche sich an den Götter-Cultus ihrer Herren, sei es durch Zwang, sei es durch Unterwürfigkeit und mimicry, angepasst haben: von ihnen aus fliesst dann diese Erbschaft nach allen Seiten über.) Das Schuldgefühl gegen die Gottheit hat mehrere Jahrtausende nicht aufgehört zu wachsen, und zwar immer fort im gleichen Verhältnisse, wie der Gottesbegriff und das Gottesgefühl auf Erden gewachsen und in die Höhe getragen worden ist. (Die ganze Geschichte des ethnischen Kämpfens, Siegens, Sich-versöhnens, Sich-verschmelzens, Alles was der endgültigen Rangordnung aller Volks-Elemente in jeder grossen Rassen-Synthesis vorangeht, spiegelt sich in dem Genealogien-Wirrwarr ihrer Götter, in den Sagen von deren Kämpfen, Siegen und Versöhnungen ab; der Fortgang zu Universal-Reichen ist immer auch der Fortgang zu Universal-Gottheiten, der Despotismus mit seiner Überwältigung des unabhängigen Adels bahnt immer auch irgend welchem Monotheismus den Weg.) Die Heraufkunft des christlichen Gottes, als des Maximal-Gottes, der bisher erreicht worden ist, hat deshalb auch das Maximum des Schuldgefühls auf Erden zur Erscheinung gebracht. Angenommen, dass wir nachgerade in die u m - g e k e h r t e Bewegung eingetreten sind, so dürfte man mit keiner kleinen Wahrscheinlichkeit aus dem unaufhaltsamen Niedergang des Glaubens an den christlichen Gott ableiten, dass es jetzt bereits auch schon einen erheblichen Niedergang des menschlichen Schuldbewusstseins gäbe; ja die Aussicht ist nicht abzuweisen, dass der vollkommne und endgültige Sieg des Atheismus die Menschheit von diesem ganzen Gefühl, Schulden gegen ihren Anfang, ihre causa prima zu haben, lösen dürfte. Atheismus und eine Art z w e i t e r U n s c h u l d gehören zu einander. –

21.

Dies vorläufig im Kurzen und Groben über den Zusammenhang der Begriffe »Schuld«, »Pflicht« mit religiösen Voraussetzungen: ich habe absichtlich die eigentliche Moralisirung dieser Begriffe (die Zurückschiebung derselben in's Gewissen, noch bestimmter, die Verwicklung des s c h l e c h t e n Gewissens mit dem Gottesbegriffe) bisher bei Seite gelassen und am Schluss des vorigen Abschnittes sogar geredet, wie als ob es diese Moralisirung gar nicht gäbe, folglich, wie als ob es mit jenen Begriffen nunmehr nothwendig zu Ende gienge, nachdem deren Voraussetzung gefallen ist, der Glaube an unsern »Gläubiger«, an Gott. Der Thatbestand weicht davon in einer furchtbaren Weise ab. Mit der Moralisirung der Begriffe Schuld und Pflicht, mit ihrer Zurückschiebung in's s c h l e c h t e Gewissen ist ganz eigentlich der Versuch gegeben, die Richtung der eben beschriebenen Entwicklung u m z u k e h r e n, mindestens ihre Bewegung stillzustellen: jetzt s o l l gerade die Aussicht auf eine endgültige Ablösung ein-für-alle-Mal sich pessimistisch zuschliessen, jetzt s o l l der Blick trostlos vor einer ehernen Unmöglichkeit abprallen, zurückprallen, jetzt s o l l e n jene Begriffe »Schuld« und »Pflicht« sich rückwärts wenden – gegen w e n denn? Man kann nicht zweifeln: zunächst gegen den »Schuldner«, in dem nunmehr das schlechte Gewissen sich dermaassen festsetzt, einfrisst, ausbreitet und polypenhaft in jede Breite und Tiefe wächst, bis endlich mit der Unlösbarkeit der Schuld auch die Unlösbarkeit der Busse, der Gedanke ihrer Unabzahlbarkeit (der »e w i g e n Strafe«) concipirt ist –; endlich aber sogar gegen den »Gläubiger«, denke man dabei nun an die causa prima des Menschen, an den Anfang des menschlichen Geschlechts, an seinen Ahnherrn, der nunmehr mit einem Fluche behaftet wird (»Adam«, »Erbsünde«, »Unfreiheit des Willens«) oder an die Natur, aus deren Schooss der Mensch entsteht und in die nunmehr das böse Princip hineingelegt wird (»Verteufelung der Natur«) oder an das Dasein überhaupt, das als u n w e r t h a n s i c h übrig bleibt (nihilistische Abkehr von ihm, Verlangen in's Nichts oder Verlangen in seinen »Gegensatz«, in ein Anderssein, Buddhismus und Verwandtes) – bis wir mit Einem Male vor dem paradoxen und entsetzlichen Auskunftsmittel stehn, an dem die gemarterte Menschheit eine zeitweilige Erleichterung gefunden hat, jenem Geniestreich des C h r i s t e n t h u m s: Gott selbst sich für die Schuld des Menschen opfernd, Gott selbst sich an sich selbst bezahlt machend, Gott als der Einzige, der vom Menschen ablösen

kann, was für den Menschen selbst unablösbar geworden ist –
der Gläubiger sich für seinen Schuldner opfernd, aus L i e b e
(sollte man's glauben? –), aus Liebe zu seinem Schuldner! ...

(KSA V, 321–333)

Götzen-Dämmerung

Vorwort.

Inmitten einer düstern und über die Maassen verantwortlichen Sache seine Heiterkeit aufrecht erhalten ist nichts Kleines von Kunststück: und doch, was wäre nöthiger als Heiterkeit? Kein Ding geräth, an dem nicht der Übermuth seinen Theil hat. Das Zuviel von Kraft erst ist der Beweis der Kraft. – Eine U m w e r t h u n g a l l e r W e r t h e, dies Fragezeichen so schwarz, so ungeheuer, dass es Schatten auf Den wirft, der es setzt – ein solches Schicksal von Aufgabe zwingt jeden Augenblick, in die Sonne zu laufen, einen schweren, allzuschwer gewordnen Ernst von sich zu schütteln. Jedes Mittel ist dazu recht, jeder »Fall« ein Glücksfall. Vor Allem der K r i e g. Der Krieg war immer die grosse Klugheit aller zu innerlich, zu tief gewordnen Geister; selbst in der Verwundung liegt noch Heilkraft. Ein Spruch, dessen Herkunft ich der gelehrten Neugierde vorenthalte, war seit langem mein Wahlspruch:

> increscunt animi, virescit volnere virtus.

Eine andere Genesung, unter Umständen mir noch erwünschter, ist G ö t z e n a u s h o r c h e n … Es giebt mehr Götzen als Realitäten in der Welt: das ist m e i n »böser Blick« für diese Welt, das ist auch mein »böses O h r« … Hier einmal mit dem H a m m e r Fragen stellen und, vielleicht, als Antwort jenen berühmten hohlen Ton hören, der von geblähten Eingeweiden redet – welches Entzücken für Einen, der Ohren noch hinter den Ohren hat, – für mich alten Psychologen und Rattenfänger, vor dem gerade Das, was still bleiben möchte, l a u t w e r d e n m u s s …

Auch diese Schrift – der Titel verräth es – ist vor Allem eine Erholung, ein Sonnenfleck, ein Seitensprung in den Müssiggang eines Psychologen. Vielleicht auch ein neuer Krieg? Und werden neue Götzen ausgehorcht? ... Diese kleine Schrift ist eine grosse Kriegserklärung; und was das Aushorchen von Götzen anbetrifft, so sind es dies Mal keine Zeitgötzen, sondern ewige Götzen, an die hier mit dem Hammer wie mit einer Stimmgabel gerührt wird, – es giebt überhaupt keine älteren, keine überzeugteren, keine aufgeblaseneren Götzen ... Auch keine hohleren ... Das hindert nicht, dass sie die geglaubtesten sind; auch sagt man, zumal im vornehmsten Falle, durchaus nicht Götze ...

Turin, am 30. September 1888,
am Tage, da das erste Buch der Umwerthung
aller Werthe zu Ende kam.

FRIEDRICH NIETZSCHE.
(KSA VI, 57 f.)

6.

Es ist ein schmerzliches, ein schauerliches Schauspiel, das mir aufgegangen ist: ich zog den Vorhang weg von der Verdorbenheit des Menschen. Dies Wort, in meinem Munde, ist wenigstens gegen Einen Verdacht geschützt: dass es eine moralische Anklage des Menschen enthält. Es ist – ich möchte es nochmals unterstreichen – moralinfrei gemeint: und dies bis zu dem Grade, dass jene Verdorbenheit gerade dort von mir am stärksten empfunden wird, wo man bisher am bewusstesten zur »Tugend«, zur »Göttlichkeit« aspirirte. Ich verstehe Verdorbenheit, man erräth es bereits, im Sinne von décadence: meine Behauptung ist, dass alle Werthe, in denen jetzt die Menschheit ihre oberste Wünschbarkeit zusammenfasst, décadence-Werthe sind.

Ich nenne ein Thier, eine Gattung, ein Individuum verdorben, wenn es seine Instinkte verliert, wenn es wählt, wenn es vorzieht, was ihm nachtheilig ist. Eine Geschichte der »höheren Gefühle«, der »Ideale der Menschheit« – und es ist möglich, dass ich sie erzählen muss – wäre beinahe auch die Erklärung dafür, weshalb der Mensch so verdorben ist.

Das Leben selbst gilt mir als Instinkt für Wachsthum, für Dauer, für Häufung von Kräften, für Macht: wo der Wille zur Macht fehlt, giebt es Niedergang. Meine Behauptung ist, dass allen obersten Werthen der Menschheit dieser Wille fehlt, – dass Niedergangs-Werthe, nihilistische Werthe unter den heiligsten Namen die Herrschaft führen.

7.

Man nennt das Christenthum die Religion des Mitleidens. – Das Mitleiden steht im Gegensatz zu den tonischen Affekten, welche die Energie des Lebensgefühls erhöhn: es wirkt depressiv. Man verliert Kraft, wenn man mitleide⟨t⟩. Durch das Mitleiden vermehrt und vervielfältigt sich die Einbusse an Kraft noch, die an sich schon das Leiden dem Leben br⟨ingt.⟩ Das Leiden selbst wird durch das Mitleiden ansteckend; unter Umständen kann mit ihm eine Gesammt-Einbusse an Leben und Lebens-Energie erreicht werden, die in einem absurden Verhältniss zum Quantum der Ursache steht (– der Fall vom Tode des Nazareners) Das ist der erste Gesichtspunkt; es giebt aber noch einen wichtigeren. Gesetzt, man misst das Mitleiden nach dem Werthe der Reaktionen, die es hervorzubringen pflegt, so erscheint sein lebensgefährlicher Charakter in einem noch viel helleren Lichte. Das Mitleiden kreuzt im Ganzen Grossen das Gesetz der Entwicklung, welches das Gesetz der S e l e c t i o n ist. Es erhält, was zum Untergange reif ist, es wehrt sich zu Gunsten der Enterbten und Verurtheilten des Lebens, es giebt durch die Fülle des Missrathnen aller Art, das es im Leben f e s t h ä l t, dem Leben selbst einen düsteren und fragwürdigen Aspekt. Man hat gewagt, das Mitleiden eine Tugend zu nennen (– in jeder v o r n e h m e n Moral gilt es als Schwäche –); man ist weiter gegangen, man hat aus ihm d i e Tugend, den Boden und Ursprung aller Tugenden gemacht, – nur freilich, was man stets im Auge behalten muss⟨,⟩ vom Gesichtspunkte einer Philosophie aus, welche nihilistisch war, welche die V e r n e i n u n g d e s L e b e n s auf ihr Schil⟨d schr⟩rieb. Schopenhauer war in seinem Rechte damit: durch das Mit(leid) wird das Leben verneint, v e r n e i n u n g s w ü ⟨r d i g e r⟩ gemacht, – Mitleiden ist die P r a x i s des Nihilismus. Nochmals gesagt: dieser depressive und contagiöse Instinkt kreuzt jene Instinkte, welche auf Erhaltung und Werth-Erhöhung des Lebens aus sind: er ist ebenso als M u l t i p l i k a t o r des Elends wie als C o n s e r v a t o r alles Elenden ein Hauptwerkzeug zur Steigerung der décadence – Mitleiden überredet zum N i c h t s ! … Man sagt nicht »Nichts«: man sagt dafür »Jenseits«; oder »Gott«; oder »das w a h r e Leben«; oder Nirvana, Erlösung, Seligkeit … Diese unschuldige Rhetorik aus dem Reich der religiös-morali-

schen Idiosynkrasie erscheint sofort v i e l w e n i g e r u n s c h u l -
d i g, wenn man begreift, welche Tendenz hier den Mantel subli-
mer Worte um sich schlägt: die l e b e n s f e i n d l i c h e Tendenz.
Schopenhauer war lebensfeindlich: d e s h a l b wurde ihm das
Mitleid zur Tugend ... Aristoteles sah, wie man weiss, im Mitleiden einen krankhaften und gefährlichen Zustand, dem man gut
thäte, hier und da durch ein Purgativ beizukommen: er verstand
die Tragödie als Purgativ. Vom Instinkte des Lebens aus müsste
man in der That nach einem Mittel suchen, einer solchen krankhaften und gefährlichen Häufung des Mitleides, wie sie der Fall
Schopenhauers (und leider auch unsrer gesammten litterarischen
und artistischen décadence von St. Petersburg bis Paris, von Tol-
stoi bis Wagner) darstellt, einen Stich zu versetzen: damit sie
p l a t z t ... Nichts ist ungesunder, inmitten unsrer ungesunden
Modernität, als das christliche Mitleid. H i e r Arzt sein, h i e r
unerbittlich sein, h i e r das Messer führen – das gehört zu u n s,
das ist u n s r e Art Menschenliebe, damit sind w i r Philosophen,
wir Hyperboreer! – – –

(KSA VI, 172–174)

62.

– Hiermit bin ich am Schluss und spreche mein Urtheil. Ich
v e r u r t h e i l e das Christenthum, ich erhebe gegen die christliche Kirche die furchtbarste aller Anklagen, die je ein Ankläger in
den Mund genommen hat. Sie ist mir die höchste aller denkba-
ren Corruptionen, sie hat den Willen zur letzten auch nur möglichen Corruption gehabt. Die christliche Kirche liess Nichts
mit ihrer Verderbniss unberührt, sie hat aus jedem Werth einen
Unwerth, aus jeder Wahrheit eine Lüge, aus jeder Rechtschaffenheit eine Seelen-Niedertracht gemacht. Man wage es noch,
mir von ihren »humanitären« Segnungen zu reden! Irgend einen
Nothstand a b s c h a f f e n gieng wider ihre tiefste Nützlichkeit, –
sie lebte von Nothständen, sie s c h u f Nothstände, um s i c h zu

verewigen ... Der Wurm der Sünde zum Beispiel: mit diesem Nothstande hat erst die Kirche die Menschheit bereichert! – Die »Gleichheit der Seelen vor Gott«, diese Falschheit, dieser Vor - wand für die rancunes aller Niedriggesinnten, dieser Spreng- stoff von Begriff, der endlich Revolution, moderne Idee und Niedergangs-Princip der ganzen Gesellschafts-Ordnung ge- worden ist – ist christlicher Dynamit ... »Humanitäre« Seg- nungen des Christenthums! Aus der humanitas einen Selbst-Wi- derspruch, eine Kunst der Selbstschändung, einen Willen zur Lüge um jeden Preis, einen Widerwillen, eine Verachtung aller guten und rechtschaffnen Instinkte herauszuzüchten! – Das wä- ren mir Segnungen des Christenthums! – Der Parasitismus als einzige Praxis der Kirche; mit ihrem Bleichsuchts-, ihrem »Heiligkeits«-Ideale jedes Blut, jede Liebe, jede Hoffnung zum Leben austrinkend; das Jenseits als Wille zur Verneinung jeder Realität; das Kreuz als Erkennungszeichen für die unterirdisch- ste Verschwörung, die es je gegeben hat, – gegen Gesundheit, Schönheit, Wohlgerathenheit, Tapferkeit, Geist, Güte der Seele, gegen das Leben selbst ...

Diese ewige Anklage des Christenthums will ich an alle Wände schreiben, wo es nur Wände giebt, – ich habe Buchsta- ben, um auch Blinde sehend zu machen ... Ich heisse das Chri- stenthum den Einen grossen Fluch, die Eine grosse innerlichste Verdorbenheit, den Einen grossen Instinkt der Rache, dem kein Mittel giftig, heimlich, unterirdisch, klein genug ist, – ich heisse es den Einen unsterblichen Schandfleck der Menschheit ...

Und man rechnet die Zeit nach dem dies nefastus, mit dem dies Verhängniss anhob, – nach dem ersten Tag des Christen- thums! – Warum nicht lieber nach seinem letzten? – Nach Heute? – Umwerthung aller Werthe! ...

(KSA VI, 252 f.)

XII. Der Wille zur Macht

Die fröhliche Wissenschaft

13.

Zur Lehre vom Machtgefühl. – Mit Wohlthun und Wehethun übt man seine Macht an Andern aus – mehr will man dabei nicht! Mit Wehethun an Solchen, denen wir unsere Macht
erst fühlbar machen müssen; denn der Schmerz ist ein viel emp-
findlicheres Mittel dazu als die Lust: – der Schmerz fragt immer
nach der Ursache, während die Lust geneigt ist, bei sich selber
stehen zu bleiben und nicht rückwärts zu schauen. Mit Wohlthun und Wohlwollen an Solchen, die irgendwie schon von uns
abhängen (das heisst gewohnt sind, an uns als ihre Ursachen zu
denken); wir wollen ihre Macht mehren, weil wir so die unsere
mehren, oder wir wollen ihnen den Vortheil zeigen, den es hat,
in unserer Macht zu stehen, – so werden sie mit ihrer Lage zu-
friedener und gegen die Feinde unserer Macht feindseliger und
kampfbereiter sein. Ob wir beim Wohl- oder Wehethun Opfer
bringen, verändert den letzten Werth unserer Handlungen nicht;
selbst wenn wir unser Leben daran setzen, wie der Märtyrer zu
Gunsten seiner Kirche, es ist ein Opfer, gebracht unserem Verlangen nach Macht, oder zum Zweck der Erhaltung unseres
Machtgefühls. Wer da empfindet »ich bin im Besitz der Wahrheit«, wie viel Besitzthümer lässt der nicht fahren, um diese
Empfindung zu retten! Was wirft er nicht Alles über Bord, um
sich »oben« zu erhalten, – das heisst über den Andern, welche
der »Wahrheit« ermangeln! Gewiss ist der Zustand, wo wir
wehe thun, selten so angenehm, so ungemischt-angenehm, wie
der, in welchem wir wohl thun, – es ist ein Zeichen, dass uns
noch Macht fehlt, oder verräth den Verdruss über diese Armuth,
es bringt neue Gefahren und Unsicherheiten für unseren vorhandenen Besitz von Macht mit sich und umwölkt unsern Horizont durch die Aussicht auf Rache, Hohn, Strafe, Misserfolg.
Nur für die reizbarsten und begehrlichsten Menschen des

Machtgefühles mag es lustvoller sein, dem Widerstrebenden das Siegel der Macht aufzudrücken; für solche, denen der Anblick des bereits Unterworfenen (als welcher der Gegenstand des Wohlwollens ist) Last und Langeweile macht. Es kommt darauf an, wie man gewöhnt ist, sein Leben zu w ü r z e n ; es ist eine Sache des Geschmackes, ob man lieber den langsamen oder den plötzlichen, den sicheren oder den gefährlichen und verwegenen Machtzuwachs haben will, – man sucht diese oder jene Würze immer nach seinem Temperamente. Eine leichte Beute ist stolzen Naturen etwas Verächtliches, sie empfinden ein Wohlgefühl erst beim Anblick ungebrochener Menschen, welche ihnen Feind werden könnten, und ebenso beim Anblick aller schwer zugänglichen Besitzthümer; gegen den Leidenden sind sie oft hart, denn er ist ihres Strebens und Stolzes nicht werth, – aber um so verbindlicher zeigen sie sich gegen die G l e i c h e n , mit denen ein Kampf und Ringen jedenfalls ehrenvoll wäre, w e n n sich einmal eine Gelegenheit dazu finden sollte. Unter dem Wohlgefühle d i e s e r Perspective haben sich die Menschen der ritterlichen Kaste gegen einander an eine ausgesuchte Höflichkeit gewöhnt. – Mitleid ist das angenehmste Gefühl bei Solchen, welche wenig stolz sind und keine Aussicht auf grosse Eroberungen haben: für sie ist die leichte Beute – und das ist jeder Leidende – etwas Entzückendes. Man rühmt das Mitleid als die Tugend der Freudenmädchen.

(KSA III, 384–386)

Also sprach Zarathustra

Von der Selbst-Ueberwindung.

————

»Wille zur Wahrheit« heisst ihr's, ihr Weisesten, was euch treibt und brünstig macht?

Wille zur Denkbarkeit alles Seienden: also heisse i c h euren Willen!

Alles Seiende wollt ihr erst denkbar m a c h e n: denn ihr zweifelt mit gutem Misstrauen, ob es schon denkbar ist.

Aber es soll sich euch fügen und biegen! So will's euer Wille. Glatt soll es werden und dem Geiste unterthan, als sein Spiegel und Widerbild.

Das ist euer ganzer Wille, ihr Weisesten, als ein Wille zur Macht; und auch wenn ihr vom Guten und Bösen redet und von den Werthschätzungen.

Schaffen wollt ihr noch die Welt, vor der ihr knien könnt: so ist es eure letzte Hoffnung und Trunkenheit.

Die Unweisen freilich, das Volk, – die sind gleich dem Flusse, auf dem ein Nachen weiter schwimmt: und im Nachen sitzen feierlich und vermummt die Werthschätzungen.

Euren Willen und eure Werthe setztet ihr auf den Fluss des Werdens; einen alten Willen zur Macht verräth mir, was vom Volke als gut und böse geglaubt wird.

Ihr wart es, ihr Weisesten, die solche Gäste in diesen Nachen setzten und ihnen Prunk und stolze Namen gaben, – ihr und euer herrschender Wille!

Weiter trägt nun der Fluss euren Nachen: er m u s s ihn tragen. Wenig thut's, ob die gebrochene Welle schäumt und zornig dem Kiele widerspricht!

Nicht der Fluss ist eure Gefahr und das Ende eures Guten und Bösen, ihr Weisesten: sondern jener Wille selber, der Wille zur Macht, – der unerschöpfte zeugende Lebens-Wille.

Aber damit ihr mein Wort versteht vom Guten und Bösen: dazu will ich euch noch mein Wort vom Leben sagen und von der Art alles Lebendigen.

Dem Lebendigen gieng ich nach, ich gieng die grössten und die kleinsten Wege, dass ich seine Art erkenne.

Mit hundertfachem Spiegel fieng ich noch seinen Blick auf, wenn ihm der Mund geschlossen war: dass sein Auge mir rede. Und sein Auge redete mir.

Aber, wo ich nur Lebendiges fand, da hörte ich auch die Rede vom Gehorsame. Alles Lebendige ist ein Gehorchendes.

Und diess ist das Zweite: Dem wird befohlen, der sich nicht selber gehorchen kann. So ist es des Lebendigen Art.

Diess aber ist das Dritte, was ich hörte: dass Befehlen schwerer ist, als Gehorchen. Und nicht nur, dass der Befehlende die Last aller Gehorchenden trägt, und dass leicht ihn diese Last zerdrückt: –

Ein Versuch und Wagniss erschien mir in allem Befehlen; und stets, wenn es befiehlt, wagt das Lebendige sich selber dran.

Ja noch, wenn es sich selber befiehlt: auch da noch muss es sein Befehlen büssen. Seinem eignen Gesetze muss es Richter und Rächer und Opfer werden.

Wie geschieht diess doch! so fragte ich mich. Was überredet das Lebendige, dass es gehorcht und befiehlt und befehlend noch Gehorsam übt?

Hört mir nun mein Wort, ihr Weisesten! Prüft es ernstlich, ob ich dem Leben selber in's Herz kroch und bis in die Wurzeln seines Herzens!

Wo ich Lebendiges fand, da fand ich Willen zur Macht; und noch im Willen des Dienenden fand ich den Willen, Herr zu sein.

Dass dem Stärkeren diene das Schwächere, dazu überredet es sein Wille, der über noch Schwächeres Herr sein will: dieser Lust allein mag es nicht entrathen.

Und wie das Kleinere sich dem Grösseren hingiebt, dass es

Lust und Macht am Kleinsten habe: also giebt sich auch das Grösste noch hin und setzt um der Macht willen – das Leben dran.

Das ist die Hingebung des Grössten, dass es Wagniss ist und Gefahr und um den Tod ein Würfelspielen.

Und wo Opferung und Dienste und Liebesblicke sind: auch da ist Wille, Herr zu sein. Auf Schleichwegen schleicht sich da der Schwächere in die Burg und bis in's Herz dem Mächtigeren – und stiehlt da Macht.

Und diess Geheimniss redete das Leben selber zu mir. »Siehe, sprach es, ich bin das, w a s s i c h i m m e r s e l b e r ü b e r w i n - d e n m u s s.

»Freilich, ihr heisst es Wille zur Zeugung oder Trieb zum Zwecke, zum Höheren, Ferneren, Vielfacheren: aber all diess ist Eins und Ein Geheimniss.

»Lieber noch gehe ich unter, als dass ich diesem Einen absagte; und wahrlich, wo es Untergang giebt und Blätterfallen, siehe, da opfert sich Leben – um Macht!

»Dass ich Kampf sein muss und Werden und Zweck und der Zwecke Widerspruch: ach, wer meinen Willen erräth, erräth wohl auch, auf welchen k r u m m e n Wegen er gehen muss!

»Was ich auch schaffe und wie ich's auch liebe, – bald muss ich Gegner ihm sein und meiner Liebe: so will es mein Wille.

»Und auch du, Erkennender, bist nur ein Pfad und Fusstapfen meines Willens: wahrlich, mein Wille zur Macht wandelt auch auf den Füssen deines Willens zur Wahrheit!

»Der traf freilich die Wahrheit nicht, der das Wort nach ihr schoss vom »Willen zum Dasein«: diesen Willen – giebt es nicht!

»Denn: was nicht ist, das kann nicht wollen; was aber im Da- sein ist, wie könnte das noch zum Dasein wollen!

»Nur, wo Leben ist, da ist auch Wille: aber nicht Wille zum Leben, sondern – so lehre ich's dich – Wille zur Macht!

»Vieles ist dem Lebenden höher geschätzt, als Leben selber; doch aus dem Schätzen selber heraus redet – der Wille zur Macht!« –

Also lehrte mich einst das Leben: und daraus löse ich euch, ihr Weisesten, noch das Räthsel eures Herzens.

Wahrlich, ich sage euch: Gutes und Böses, das unvergänglich wäre – das giebt es nicht! Aus sich selber muss es sich immer wieder überwinden.

Mit euren Werthen und Worten von Gut und Böse übt ihr Gewalt, ihr Werthschätzenden: und diess ist eure verborgene Liebe und eurer Seele Glänzen, Zittern und Überwallen.

Aber eine stärkere Gewalt wächst aus euren Werthen und eine neue Überwindung: an der zerbricht Ei und Eierschale.

Und wer ein Schöpfer sein muss im Guten und Bösen: wahrlich, der muss ein Vernichter erst sein und Werthe zerbrechen.

Also gehört das höchste Böse zur höchsten Güte: diese aber ist die schöpferische. –

Reden wir nur davon, ihr Weisesten, ob es gleich schlimm ist. Schweigen ist schlimmer; alle verschwiegenen Wahrheiten werden giftig.

Und mag doch Alles zerbrechen, was an unseren Wahrheiten zerbrechen – kann! Manches Haus giebt es noch zu bauen!

Also sprach Zarathustra.

(KSA IV, 146–149)

19.

Die Philosophen pflegen vom Willen zu reden, wie als ob er die bekannteste Sache von der Welt sei; ja Schopenhauer gab zu verstehen, der Wille allein sei uns eigentlich bekannt, ganz und gar bekannt, ohne Abzug und Zuthat bekannt. Aber es dünkt mich immer wieder, dass Schopenhauer auch in diesem Falle nur gethan hat, was Philosophen eben zu thun pflegen: dass er ein Volks-Vorurtheil übernommen und übertrieben hat. Wollen scheint mir vor Allem etwas Complicirtes, Etwas, das nur als Wort eine Einheit ist, – und eben im Einen Worte steckt das Volks-Vorurtheil, das über die allzeit nur geringe Vorsicht der Philosophen Herr geworden ist. Seien wir also einmal vorsichtiger, seien wir »unphilosophisch« –, sagen wir: in jedem Wollen ist erstens eine Mehrheit von Gefühlen, nämlich das Gefühl des Zustandes, von dem weg, das Gefühl des Zustandes, zu dem hin, das Gefühl von diesem »weg« und »hin« selbst, dann noch ein begleitendes Muskelgefühl, welches, auch ohne dass wir »Arme und Beine« in Bewegung setzen, durch eine Art Gewohnheit, sobald wir »wollen«, sein Spiel beginnt. Wie also Fühlen und zwar vielerlei Fühlen als Ingredienz des Willens anzuerkennen ist, so zweitens auch noch Denken: in jedem Willensakte giebt es einen commandirenden Gedanken; – und man soll ja nicht glauben, diesen Gedanken von dem »Wollen« abscheiden zu können, wie als ob dann noch Wille übrig bliebe! Drittens ist der Wille nicht nur ein Complex von Fühlen und Denken, sondern vor Allem noch ein Affekt: und zwar jener Affekt des Commando's. Das, was »Freiheit des Willens« genannt wird, ist wesentlich der Überlegenheits-Affekt in Hinsicht auf Den, der gehorchen muss: »ich bin frei, »er« muss gehorchen« – dies Bewusstsein steckt in jedem Willen, und ebenso jene Spannung der Aufmerksamkeit, jener gerade Blick, der ausschliesslich Eins fixirt, jene unbedingte Werthschätzung »jetzt thut dies und nichts Anderes Noth«, jene innere Gewissheit darüber, dass gehorcht werden wird, und was Alles noch zum Zustande des Befehlenden gehört. Ein Mensch, der will –, befiehlt einem Etwas in sich, das gehorcht oder von dem er glaubt, dass es gehorcht. Nun aber beachte man, was das Wunderlichste am Willen ist, – an diesem so vielfachen Dinge, für welches das Volk nur Ein Wort hat: insofern wir im gegebenen Falle zugleich die Befehlenden u n d Gehorchenden sind, und als Gehorchende die Gefühle des Zwingens, Drängens, Drückens, Widerstehens, Bewegens kennen, welche sofort nach dem Akte des Willens zu beginnen pflegen; insofern wir andererseits die Gewohnheit haben, uns über diese Zweiheit vermöge des synthetischen Begriffs »ich« hinwegzusetzen, hinwegzutäuschen, hat sich an das Wollen noch eine ganze Kette von irrthümlichen Schlüssen und folglich von falschen Werthschätzungen des Willens selbst angehängt, – dergestalt, dass der Wollende mit gutem Glauben glaubt, Wollen g e n ü g e zur Aktion. Weil in den allermeisten Fällen nur gewollt worden ist, wo auch die Wirkung des Befehls, also der Gehorsam, also die Aktion e r w a r t e t werden durfte, so hat sich der A n s c h e i n in das Gefühl übersetzt, als ob es da eine N o t h w e n d i g k e i t v o n W i r k u n g gäbe; genug, der Wollende glaubt, mit einem ziemlichen Grad von Sicherheit, dass Wille und Aktion irgendwie Eins seien –, er rechnet das Gelingen, die Ausführung des Wollens noch dem Willen selbst zu und geniesst dabei einen Zuwachs jenes Machtgefühls, welches alles Gelingen mit sich bringt. »Freiheit des Willens« – das ist das Wort für jenen vielfachen Lust-Zustand des Wollenden, der befiehlt und sich zugleich mit dem Ausführenden als Eins setzt, – der als solcher den Triumph über Widerstände mit geniesst, aber bei sich urtheilt, sein Wille selbst sei es, der eigentlich die Widerstände überwinde. Der Wollende nimmt dergestalt die Lustgefühle der ausführenden, erfolgreichen Werkzeuge, der dienstbaren »Unterwillen« oder Unter-Seelen – unser Leib ist ja nur ein Gesellschaftsbau vieler Seelen – zu seinem Lustgefühle als Befehlender hinzu. L'effet c'est moi: es begiebt sich hier, was sich in jedem gut gebauten und glücklichen Gemeinwesen begiebt, dass die regierende Klasse sich mit den Erfolgen des Gemeinwesens identificirt. Bei allem Wollen handelt es sich schlechterdings um Befehlen und Gehorchen, auf der Grundlage, wie gesagt, eines Gesellschaftsbaus vieler »Seelen« (...)

(KSA V, 31–33)

Gesetzt endlich, dass es gelänge, unser gesammtes Triebleben als die Ausgestaltung und Verzweigung Einer Grundform des Willens zu erklären – nämlich des Willens zur Macht, wie es m e i n Satz ist –; gesetzt, dass man alle organischen Funktionen auf diesen Willen zur Macht zurückführen könnte und in ihm auch die Lösung des Problems der Zeugung und Ernährung – es ist Ein Problem – fände, so hätte man damit sich das Recht verschafft, a l l e wirkende Kraft eindeutig zu bestimmen als: W i l l e z u r M a c h t. Die Welt von innen gesehen, die Welt auf ihren »intelligiblen Charakter« hin bestimmt und bezeichnet – sie wäre eben »Wille zur Macht« und nichts ausserdem. –

(KSA V, 55)

259.

Sich gegenseitig der Verletzung, der Gewalt, der Ausbeutung enthalten, seinen Willen dem des Andern gleich setzen: dies kann in einem gewissen groben Sinne zwischen Individuen zur guten Sitte werden, wenn die Bedingungen dazu gegeben sind (nämlich deren thatsächliche Ähnlichkeit in Kraftmengen und Werthmaassen und ihre Zusammengehörigkeit innerhalb Eines Körpers). Sobald man aber dies Princip weiter nehmen wollte und womöglich gar als G r u n d p r i n c i p d e r G e s e l l s c h a f t, so würde es sich sofort erweisen als Das, was es ist: als Wille zur

Verneinung des Lebens, als Auflösungs- und Verfalls-Princip. Hier muss man gründlich auf den Grund denken und sich aller empfindsamen Schwächlichkeit erwehren: Leben selbst ist wesentlich Aneignung, Verletzung, Überwältigung des Fremden und Schwächeren, Unterdrückung, Härte, Aufzwängung eigner Formen, Einverleibung und mindestens, mildestens, Ausbeutung, – aber wozu sollte man immer gerade solche Worte gebrauchen, denen von Alters her eine verleumderische Absicht eingeprägt ist? Auch jener Körper, innerhalb dessen, wie vorher angenommen wurde, die Einzelnen sich als gleich behandeln – es geschieht in jeder gesunden Aristokratie –, muss selber, falls er ein lebendiger und nicht ein absterbender Körper ist, alles Das gegen andre Körper thun, wessen sich die Einzelnen in ihm gegen einander enthalten: er wird der leibhafte Wille zur Macht sein müssen, er wird wachsen, um sich greifen, an sich ziehn, Übergewicht gewinnen wollen, – nicht aus irgend einer Moralität oder Immoralität heraus, sondern weil er lebt, und weil Leben eben Wille zur Macht ist. In keinem Punkte ist aber das gemeine Bewusstsein der Europäer widerwilliger gegen Belehrung, als hier; man schwärmt jetzt überall, unter wissenschaftlichen Verkleidungen sogar, von kommenden Zuständen der Gesellschaft, denen »der ausbeuterische Charakter« abgehn soll: – das klingt in meinen Ohren, als ob man ein Leben zu erfinden verspräche, welches sich aller organischen Funktionen enthielte. Die »Ausbeutung« gehört nicht einer verderbten oder unvollkommnen und primitiven Gesellschaft an: sie gehört in's Wesen des Lebendigen, als organische Grundfunktion, sie ist eine Folge des eigentlichen Willens zur Macht, der eben der Wille des Lebens ist. – Gesetzt, dies ist als Theorie eine Neuerung, – als Realität ist es das Ur-Faktum aller Geschichte: man sei doch so weit gegen sich ehrlich! –

(KSA V, 207 f.)

Der Antichrist

Was ist gut? – Alles, was das Gefühl der Macht, den Willen zur Macht, die Macht selbst im Menschen erhöht.

Was ist schlecht? – Alles, was aus der Schwäche stammt.

Was ist Glück? – Das Gefühl davon, dass die Macht w ä c h s t, dass ein Widerstand überwunden wird.

N i c h t Zufriedenheit, sondern mehr Macht; n i c h t Friede überhaupt, sondern Krieg; n i c h t Tugend, sondern Tüchtigkeit (Tugend im Renaissance-Stile, virtù, moralinfreie Tugend)

(KSA VI, 170)

Und wißt ihr auch, was mir »die Welt« ist? Soll ich sie euch in meinem Spiegel zeigen? Diese Welt: ein Ungeheuer von Kraft, ohne Anfang, ohne Ende, eine feste, eherne Größe von Kraft, welche nicht größer, nicht kleiner wird, die sich nicht verbraucht sondern nur verwandelt, als Ganzes unveränderlich groß, ein Haushalt ohne Ausgaben und Einbußen, aber ebenso ohne Zuwachs, ohne Einnahmen, vom »Nichts« umschlossen als von seiner Gränze, nichts Verschwimmendes, Verschwendetes, nichts Unendlich-Ausgedehntes, sondern als bestimmte Kraft einem bestimmten Raum eingelegt, und nicht einem Raume, der irgendwo »leer« wäre, vielmehr als Kraft überall, als Spiel von Kräften und Kraftwellen zugleich Eins und »Vieles«, hier sich häufend und zugleich dort sich mindernd, ein Meer in sich selber stürmender und fluthender Kräfte, ewig sich wandelnd, ewig zurücklaufend, mit ungeheuren Jahren der Wiederkehr, mit einer Ebbe und Fluth seiner Gestalten, aus den einfachsten in die vielfältigsten hinaustreibend, aus dem Stillsten, Starrsten, Kältesten hinaus in das Glühendste, Wildeste, Sich-selber-widersprechendste, und dann wieder aus der Fülle heimkehrend zum Einfachen, aus dem Spiel der Widersprüche zurück bis zur Lust des Einklangs, sich selber bejahend noch in dieser Gleichheit seiner Bahnen und Jahre, sich selber segnend als das, was ewig wiederkommen muß, als ein Werden, das kein Sattwerden, keinen Überdruß, keine Müdigkeit kennt –: diese meine d i o - n y s i s c h e Welt des Ewig-sich-selber-Schaffens, des Ewig-sich-selber-Zerstörens, diese Geheimniß-Welt der doppelten Wollüste, dieß mein Jenseits von Gut und Böse, ohne Ziel, wenn nicht im Glück des Kreises ein Ziel liegt, ohne Willen, wenn nicht ein Ring zu sich selber guten Willen hat, – wollt ihr einen N a m e n für diese Welt? Eine L ö s u n g für alle ihre Räthsel? ein L i c h t auch für euch, ihr Verborgensten, Stärksten, Unerschrockensten, Mitternächtlichsten? – Diese Welt ist der Wille zur Macht – und nichts außerdem! Und auch ihr selber seid dieser Wille zur Macht – und nichts außerdem!

(KSA XI, 610f.)

Der Wille zur Macht.

Versuch einer Umwerthung aller Werthe.

Erstes Buch:

der Nihilismus

als Schlußfolgerung der höchsten bisherigen Werthe.

Zweites Buch:

Kritik der höchsten bisherigen Werthe,

Einsicht in das, was durch sie Ja und Nein sagte.

Drittes Buch:

Die Selbstüberwindung des Nihilismus,

Versuch, Ja zu sagen zu Allem, was bisher verneint wurde.

Viertes Buch:

Die Überwinder und die Überwundenen.

Eine Wahrsagung.

(KSA XII, 432)

Der Wille zur Macht als Leben

Psychologie des Willens zur Macht.

Lust Unlust

Der Schmerz ist etwas Anderes als die Lust, – ich will sagen, er ist nicht deren Gegentheil. Wenn das Wesen der Lust zutreffend bezeichnet worden ist als ein Plus-Gefühl von Macht (somit als ein Differenz-Gefühl, das die Vergleichung voraussetzt), so ist damit das Wesen der Unlust noch nicht definirt. Die falschen Gegensätze, an die das Volk und folglich die Sprache glaubt, sind immer gefährliche Fußfesseln für den Gang der Wahrheit gewesen. Es giebt sogar Fälle, wo eine Art Lust be-

dingt ist durch eine gewisse r h y t h m i s c h e A b f o l g e kleiner
Unlust-Reize: damit wird ein sehr schnelles Anwachsen des
Machtgefühls, des Lustgefühls erreicht. Dies ist der Fall z. B.
beim Kitzel, auch beim geschlechtlichen Kitzel im Akt des co-
itus: wir sehen dergestalt die Unlust als Ingredienz der Lust thätig. Es scheint, eine kleine Hemmung, die überwunden wird und
der sofort wieder eine kleine Hemmung folgt, die wieder überwunden wird – dieses Spiel von Widerstand und Sieg regt jenes
Gesammtgefühl von überschüssiger überflüssiger Macht am
stärksten an, das das Wesen der Lust ausmacht. – Die Umkehrung, eine Vermehrung der Schmerzempfindung durch kleine
eingeschobene Lustreize, fehlt: Lust und Schmerz sind eben
nichts Umgekehrtes. – Der Schmerz ist ein intellektueller Vorgang, in dem entschieden ein Urtheil laut wurde, – das Urtheil
»schädlich«, in dem sich lange Erfahrung aufsummirt hat. An
sich giebt es keinen Schmerz. Es ist n i c h t die Verwundung, die
weh thut; es ist die Erfahrung, von welchen schlimmen Folgen
eine Verwundung für den Gesammt-Organismus sein kann,
welche in Gestalt jener tiefen Erschütterung redet, die Unlust
heißt (bei schädigenden Einflüssen, welche der älteren Menschheit unbekannt geblieben sind, z. B. von Seiten neu combinirter
giftiger Chemikalien, fehlt auch die Aussage des Schmerzes, –
und wir sind verloren …) Im Schmerz ist das eigentlich Spezifische immer die lange Erschütterung, das Nachzittern eines
schreckenerregenden choc's in dem cerebralen Heerde des Ner-
vensystems: – man leidet eigentlich n i c h t an der Ursache des
Schmerzes (irgend einer Verletzung zum Beispiel), sondern an
der langen Gleichgewichtsstörung, welche in Folge jenes choc's
eintritt. Der Schmerz ist eine Krankheit der cerebralen Nerven-
heerde – die Lust ist durchaus keine Krankheit … – Daß der
Schmerz die Ursache ist zu Gegenbewegungen, hat zwar den
Augenschein und sogar das Philosophen-Vorurtheil für sich;
aber in plötzlichen Fällen kommt, wenn man genau beobachtet,
die Gegenbewegung ersichtlich früher als die Schmerzempfindung. Es stünde schlimm um mich, wenn ich bei einem Fehltritt

zu warten hätte, bis das Faktum an die Glocke des Bewußtseins schlüge und ein Wink, was zu thun ist, zurücktelegraphirt würde … Vielmehr unterscheide ich so deutlich als möglich, daß erst die Gegenbewegung des Fußes, um den Fall zu verhüten, folgt und dann, in einer meßbaren Zeitdistanz, eine Art schmerzhafter Welle plötzlich im vorderen Kopfe fühlbar wird. Man reagirt also n i c h t auf den Schmerz. Der Schmerz wird nachher projicirt in die verwundete Stelle: – aber das Wesen dieses Lokal-Schmerzes bleibt trotzdem nicht der Ausdruck der Art der Lokal-Verwundung, es ist ein bloßes Ortszeichen, dessen Stärke und Tonart der Verwundung gemäß ist, welches die Nerven-Centren davon empfangen haben. Daß in Folge jenes choc's die Muskelkraft des Organismus meßbar heruntergeht, giebt durchaus noch keinen Anhalt dafür, das W e s e n des Schmerzes in einer Verminderung des Machtgefühls zu suchen … Man reagirt, nochmals gesagt, n i c h t auf den Schmerz: die Unlust ist keine »Ursache« von Handlungen, der Schmerz selbst ist eine Reaktion, die Gegenbewegung ist eine andere und f r ü h e r e Reaktion, – beide nehmen von verschiedenen Stellen ihren Ausgangspunkt. –

Der Wille zur Macht als L e b e n

   Der Mensch sucht n i c h t die Lust und vermeidet n i c h t die Unlust: man versteht, welchem berühmten Vorurtheile ich hiermit widerspreche. Lust und Unlust sind bloße Folge, bloße Begleiterscheinung, – was der Mensch will, was jeder kleinste Theil eines lebenden Organismus will, das ist ein plus von Macht. Im Streben danach folgt sowohl Lust als Unlust; aus jenem Willen heraus sucht er nach Widerstand, braucht er etwas, das sich entgegenstellt. Die Unlust, als Hemmung seines Willens zur Macht, ist also ein normales Faktum, das normale Ingredienz jedes organischen Geschehens, der Mensch weicht ihr nicht aus, er hat sie vielmehr fortwährend nöthig: jeder Sieg, jedes Lustgefühl, jedes Geschehen setzt einen überwundenen Widerstand voraus.
   Nehmen wir den einfachsten Fall, den der primitiven Ernäh-

rung: das Protoplasma streckt seine Pseudopodien aus, um nach etwas zu suchen, was ihm widersteht – nicht aus Hunger, sondern aus Willen zur Macht. Darauf macht es den Versuch, dasselbe zu überwinden, sich anzueignen, sich einzuverleiben: – das, was man »Ernährung« nennt, ist bloß eine Folge-Erscheinung, eine Nutzanwendung jenes ursprünglichen Willens, s t ä r k e r zu werden

Es ist nicht möglich, den H u n g e r als primum mobile zu nehmen: ebenso wenig als die Selbsterhaltung: der Hunger als Folge der Unterernährung aufgefaßt, heißt: der Hunger als Folge eines n i c h t m e h r H e r r w e r d e n d e n Willens zur Macht

die Zweiheit als Folge einer zu schwachen Einheit

es handelt sich durchaus nicht um eine Wiederherstellung eines Verlustes, – erst spät, in Folge Arbeitstheilung, nachdem der Wille zur Macht ganz andere Wege zu seiner Befriedigung einschlagen lernt, wird das Aneignungsbedürfniß des Organismus r e d u z i r t auf den Hunger, auf das Wiederersatzbedürfniß des Verlorenen.

Die Unlust hat also so wenig nothwendig eine V e r m i n d e r u n g u n s e r e s M a c h t g e f ü h l s zur Folge, daß, in durchschnittlichen Fällen, sie gerade als Reiz auf dieses Machtgefühl wirkt, – das Hemmniß ist der S t i m u l u s dieses Willens zur Macht.

Man hat die Unlust verwechselt mit einer Art der Unlust, mit der der Erschöpfung: letztere stellt in der That eine tiefe Verminderung und Herabstimmung des Willens zur Macht, eine meßbare Einbuße an Kraft dar. Das will sagen: Unlust als Reizmittel zur Verstärkung der Macht und Unlust nach einer Vergeudung von Macht; im ersteren Fall ein stimulus, im letzteren die Folge einer übermäßigen Reizung ... Die Unfähigkeit zum Widerstand ist der letzteren Unlust zu eigen: die Herausforderung des Widerstehenden gehört zur ersteren ... Die Lust welche im Zustande der Erschöpfung allein noch empfunden wird, ist das Einschlafen; die Lust im anderen Fall ist der Sieg ...

Die große Verwechslung der Psychologen bestand darin, daß sie diese beiden L u s t a r t e n die des E i n s c h l a f e n s und die des S i e g e s nicht auseinanderhielten

die Erschöpften wollen Ruhe, Gliederausstrecken, Frieden, Stille –

es ist das G l ü c k der nihilistischen Religionen und Philosophien

die Reichen und Lebendigen wollen Sieg, überwundene Gegner, Überströmen des Machtgefühls über weitere Bereiche als bisher:

alle gesunden Funktionen des Organismus haben dies Bedürfniß, – und der ganze Organismus, bis zum Alter der Pubertät, ist ein solcher nach Wachsthum von Machtgefühlen ringender Complex von Systemen – – –

(KSA XIII, 358–362)

XIII. Der Übermensch

Also sprach Zarathustra

3.

Als Zarathustra in die nächste Stadt kam, die an den Wäldern liegt, fand er daselbst viel Volk versammelt auf dem Markte: denn es war verheissen worden, dass man einen Seiltänzer sehen solle. Und Zarathustra sprach also zum Volke:

Ich lehre euch den Übermenschen. Der Mensch ist Etwas, das überwunden werden soll. Was habt ihr gethan, ihn zu überwinden?

Alle Wesen bisher schufen Etwas über sich hinaus: und ihr wollt die Ebbe dieser grossen Fluth sein und lieber noch zum Thiere zurückgehn, als den Menschen überwinden?

Was ist der Affe für den Menschen? Ein Gelächter oder eine schmerzliche Scham. Und ebendas soll der Mensch für den Übermenschen sein: ein Gelächter oder eine schmerzliche Scham.

Ihr habt den Weg vom Wurme zum Menschen gemacht, und Vieles ist in euch noch Wurm. Einst wart ihr Affen, und auch jetzt noch ist der Mensch mehr Affe, als irgend ein Affe.

Wer aber der Weiseste von euch ist, der ist auch nur ein Zwiespalt und Zwitter von Pflanze und von Gespenst. Aber heisse ich euch zu Gespenstern oder Pflanzen werden?

Seht, ich lehre euch den Übermenschen!

Der Übermensch ist der Sinn der Erde. Euer Wille sage: der Übermensch sei der Sinn der Erde!

Ich beschwöre euch, meine Brüder, bleibt der Erde treu und glaubt Denen nicht, welche euch von überirdischen Hoffnungen reden! Giftmischer sind es, ob sie es wissen oder nicht.

Verächter des Lebens sind es, Absterbende und selber Vergiftete, deren die Erde müde ist: so mögen sie dahinfahren!

Einst war der Frevel an Gott der grösste Frevel, aber Gott starb, und damit starben auch diese Frevelhaften. An der Erde zu freveln ist jetzt das Furchtbarste und die Eingeweide des Unerforschlichen höher zu achten, als den Sinn der Erde!

Einst blickte die Seele verächtlich auf den Leib: und damals war diese Verachtung das Höchste: – sie wollte ihn mager, grässlich, verhungert. So dachte sie ihm und der Erde zu entschlüpfen.

Oh diese Seele war selber noch mager, grässlich und verhungert: und Grausamkeit war die Wollust dieser Seele!

Aber auch ihr noch, meine Brüder, sprecht mir: was kündet euer Leib von eurer Seele? Ist eure Seele nicht Armuth und Schmutz und ein erbärmliches Behagen?

Wahrlich, ein schmutziger Strom ist der Mensch. Man muss schon ein Meer sein, um einen schmutzigen Strom aufnehmen zu können, ohne unrein zu werden.

Seht, ich lehre euch den Übermenschen: der ist diess Meer, in ihm kann eure grosse Verachtung untergehn.

Was ist das Grösste, das ihr erleben könnt? Das ist die Stunde der grossen Verachtung. Die Stunde, in der euch auch euer Glück zum Ekel wird und ebenso eure Vernunft und eure Tugend.

Die Stunde, wo ihr sagt: »Was liegt an meinem Glücke! Es ist Armuth und Schmutz, und ein erbärmliches Behagen. Aber mein Glück sollte das Dasein selber rechtfertigen!«

Die Stunde, wo ihr sagt: »Was liegt an meiner Vernunft! Begehrt sie nach Wissen wie der Löwe nach seiner Nahrung? Sie ist Armuth und Schmutz und ein erbärmliches Behagen!«

Die Stunde, wo ihr sagt: »Was liegt an meiner Tugend! Noch hat sie mich nicht rasen gemacht. Wie müde bin ich meines Guten und meines Bösen! Alles das ist Armuth und Schmutz und ein erbärmliches Behagen!«

Die Stunde, wo ihr sagt: »Was liegt an meiner Gerechtigkeit! Ich sehe nicht, dass ich Gluth und Kohle wäre. Aber der Gerechte ist Gluth und Kohle!«

Die Stunde, wo ihr sagt: »Was liegt an meinem Mitleiden! Ist nicht Mitleid das Kreuz, an das Der genagelt wird, der die Menschen liebt? Aber mein Mitleiden ist keine Kreuzigung.«

Spracht ihr schon so? Schriet ihr schon so? Ach, dass ich euch schon so schreien gehört hätte!

Nicht eure Sünde – eure Genügsamkeit schreit gen Himmel, euer Geiz selbst in eurer Sünde schreit gen Himmel!

Wo ist doch der Blitz, der euch mit seiner Zunge lecke? Wo ist der Wahnsinn, mit dem ihr geimpft werden müsstet?

Seht, ich lehre euch den Übermenschen: der ist dieser Blitz, der ist dieser Wahnsinn! –

Als Zarathustra so gesprochen hatte, schrie Einer aus dem Volke: »Wir hörten nun genug von dem Seiltänzer; nun lasst uns ihn auch sehen!« Und alles Volk lachte über Zarathustra. Der Seiltänzer aber, welcher glaubte, dass das Wort ihm gälte, machte sich an sein Werk.

4.

Zarathustra aber sahe das Volk an und wunderte sich. Dann sprach er also:

Der Mensch ist ein Seil, geknüpft zwischen Thier und Übermensch, – ein Seil über einem Abgrunde.

Ein gefährliches Hinüber, ein gefährliches Auf-dem-Wege, ein gefährliches Zurückblicken, ein gefährliches Schaudern und Stehenbleiben.

Was gross ist am Menschen, das ist, dass er eine Brücke und kein Zweck ist: was geliebt werden kann am Menschen, das ist, dass er ein Übergang und ein Untergang ist.

Ich liebe Die, welche nicht zu leben wissen, es sei denn als Untergehende, denn es sind die Hinübergehenden.

Ich liebe die grossen Verachtenden, weil sie die grossen Verehrenden sind und Pfeile der Sehnsucht nach dem andern Ufer.

Ich liebe Die, welche nicht erst hinter den Sternen einen Grund suchen, unterzugehen und Opfer zu sein: sondern die sich der Erde opfern, dass die Erde einst des Übermenschen werde.

Ich liebe Den, welcher lebt, damit er erkenne, und welcher erkennen will, damit einst der Übermensch lebe. Und so will er seinen Untergang.

Ich liebe Den, welcher arbeitet und erfindet, dass er dem Übermenschen das Haus baue und zu ihm Erde, Thier und Pflanze vorbereite: denn so will er seinen Untergang.

Ich liebe Den, welcher seine Tugend liebt: denn Tugend ist Wille zum Untergang und ein Pfeil der Sehnsucht.

Ich liebe Den, welcher nicht einen Tropfen Geist für sich zurückbehält, sondern ganz der Geist seiner Tugend sein will: so schreitet er als Geist über die Brücke.

Ich liebe Den, welcher aus seiner Tugend seinen Hang und sein Verhängniss macht: so will er um seiner Tugend willen noch leben und nicht mehr leben.

Ich liebe Den, welcher nicht zu viele Tugenden haben will. Eine Tugend ist mehr Tugend, als zwei, weil sie mehr Knoten ist, an den sich das Verhängniss hängt.

Ich liebe Den, dessen Seele sich verschwendet, der nicht Dank haben will und nicht zurückgiebt: denn er schenkt immer und will sich nicht bewahren.

Ich liebe Den, welcher sich schämt, wenn der Würfel zu seinem Glücke fällt und der dann fragt: bin ich denn ein falscher Spieler? – denn er will zu Grunde gehen.

Ich liebe Den, welcher goldne Worte seinen Thaten voraus wirft und immer noch mehr hält, als er verspricht: denn er will seinen Untergang.

Ich liebe Den, welcher die Zukünftigen rechtfertigt und die Vergangenen erlöst: denn er will an den Gegenwärtigen zu Grunde gehen.

Ich liebe Den, welcher seinen Gott züchtigt, weil er seinen Gott liebt: denn er muss am Zorne seines Gottes zu Grunde gehen.

Ich liebe Den, dessen Seele tief ist auch in der Verwundung, und der an einem kleinen Erlebnisse zu Grunde gehen kann: so geht er gerne über die Brücke.

Ich liebe Den, dessen Seele übervoll ist, so dass er sich selber vergisst, und alle Dinge in ihm sind: so werden alle Dinge sein Untergang.

Ich liebe Den, der freien Geistes und freien Herzens ist: so ist sein Kopf nur das Eingeweide seines Herzens, sein Herz aber treibt ihn zum Untergang.

Ich liebe alle Die, welche wie schwere Tropfen sind, einzeln fallend aus der dunklen Wolke, die über den Menschen hängt: sie verkündigen, dass der Blitz kommt, und gehn als Verkündiger zu Grunde.

Seht, ich bin ein Verkündiger des Blitzes und ein schwerer Tropfen aus der Wolke: dieser Blitz aber heisst Übermensch. –

5.

Als Zarathustra diese Worte gesprochen hatte, sahe er wieder das Volk an und schwieg. »Da stehen sie«, sprach er zu seinem Herzen, »da lachen sie: sie verstehen mich nicht, ich bin nicht der Mund für diese Ohren.

Muss man ihnen erst die Ohren zerschlagen, dass sie lernen, mit den Augen hören? Muss man rasseln gleich Pauken und Busspredigern? Oder glauben sie nur dem Stammelnden?

Sie haben Etwas, worauf sie stolz sind. Wie nennen sie es doch, was sie stolz macht? Bildung nennen sie's, es zeichnet sie aus vor den Ziegenhirten.

Drum hören sie ungern von sich das Wort »Verachtung«. So will ich denn zu ihrem Stolze reden.

So will ich ihnen vom Verächtlichsten sprechen: das aber ist der letzte Mensch.«

Und also sprach Zarathustra zum Volke:

Es ist an der Zeit, dass der Mensch sich sein Ziel stecke. Es ist an der Zeit, dass der Mensch den Keim seiner höchsten Hoffnung pflanze.

Noch ist sein Boden dazu reich genug. Aber dieser Boden wird einst arm und zahm sein, und kein hoher Baum wird mehr aus ihm wachsen können.

Wehe! Es kommt die Zeit, wo der Mensch nicht mehr den Pfeil seiner Sehnsucht über den Menschen hinaus wirft, und die Sehne seines Bogens verlernt hat, zu schwirren!

Ich sage euch: man muss noch Chaos in sich haben, um einen tanzenden Stern gebären zu können. Ich sage euch: ihr habt noch Chaos in euch.

Wehe! Es kommt die Zeit, wo der Mensch keinen Stern mehr gebären wird. Wehe! Es kommt die Zeit des verächtlichsten Menschen, der sich selber nicht mehr verachten kann.

Seht! Ich zeige euch den letzten Menschen.

»Was ist Liebe? Was ist Schöpfung? Was ist Sehnsucht? Was ist Stern?« – so fragt der letzte Mensch und blinzelt.

Die Erde ist dann klein geworden, und auf ihr hüpft der letzte Mensch, der Alles klein macht. Sein Geschlecht ist unaustilgbar, wie der Erdfloh; der letzte Mensch lebt am längsten.

»Wir haben das Glück erfunden« – sagen die letzten Menschen und blinzeln.

Sie haben die Gegenden verlassen, wo es hart war zu leben: denn man braucht Wärme. Man liebt noch den Nachbar und reibt sich an ihm: denn man braucht Wärme.

Krank werden und Misstrauen-haben gilt ihnen sündhaft: man geht achtsam einher. Ein Thor, der noch über Steine oder Menschen stolpert!

Ein wenig Gift ab und zu: das macht angenehme Träume. Und viel Gift zuletzt, zu einem angenehmen Sterben.

Man arbeitet noch, denn Arbeit ist eine Unterhaltung. Aber man sorgt, dass die Unterhaltung nicht angreife.

Man wird nicht mehr arm und reich: Beides ist zu beschwerlich. Wer will noch regieren? Wer noch gehorchen? Beides ist zu beschwerlich.

Kein Hirt und Eine Heerde! Jeder will das Gleiche, Jeder ist gleich: wer anders fühlt, geht freiwillig in's Irrenhaus.

»Ehemals war alle Welt irre« – sagen die Feinsten und blinzeln.

Man ist klug und weiss Alles, was geschehn ist: so hat man

kein Ende zu spotten. Man zankt sich noch, aber man versöhnt sich bald – sonst verdirbt es den Magen.

Man hat sein Lüstchen für den Tag und sein Lüstchen für die Nacht: aber man ehrt die Gesundheit.

»Wir haben das Glück erfunden« – sagen die letzten Menschen und blinzeln. –

Und hier endete die erste Rede Zarathustra's, welche man auch »die Vorrede« heisst: denn an dieser Stelle unterbrach ihn das Geschrei und die Lust der Menge. »Gieb uns diesen letzten Menschen, oh Zarathustra, – so riefen sie – mache uns zu diesen letzten Menschen! So schenken wir dir den Übermenschen!« Und alles Volk jubelte und schnalzte mit der Zunge. Zarathustra aber wurde traurig und sagte zu seinem Herzen:

Sie verstehen mich nicht: ich bin nicht der Mund für diese Ohren.

Zu lange wohl lebte ich im Gebirge, zu viel horchte ich auf Bäche und Bäume: nun rede ich ihnen gleich den Ziegenhirten.

Unbewegt ist meine Seele und hell wie das Gebirge am Vormittag. Aber sie meinen, ich sei kalt und ein Spötter in furchtbaren Spässen.

Und nun blicken sie mich an und lachen: und indem sie lachen, hassen sie mich noch. Es ist Eis in ihrem Lachen.

6.

Da aber geschah Etwas, das jeden Mund stumm und jedes Auge starr machte. Inzwischen nämlich hatte der Seiltänzer sein Werk begonnen: er war aus einer kleinen Thür hinausgetreten und gieng über das Seil, welches zwischen zwei Thürmen gespannt war, also, dass es über dem Markte und dem Volke hieng. Als er eben in der Mitte seines Weges war, öffnete sich die kleine Thür noch einmal, und ein bunter Gesell, einem Possenreisser gleich, sprang heraus und gieng mit schnellen Schritten dem Ersten nach. »Vorwärts, Lahmfuss, rief seine fürchterliche Stimme,

399

vorwärts Faulthier, Schleichhändler, Bleichgesicht! Dass ich dich nicht mit meiner Ferse kitzle! Was treibst du hier zwischen Thürmen? In den Thurm gehörst du, einsperren sollte man dich, einem Bessern, als du bist, sperrst du die freie Bahn!« – Und mit jedem Worte kam er ihm näher und näher: als er aber nur noch einen Schritt hinter ihm war, da geschah das Erschreckliche, das jeden Mund stumm und jedes Auge starr machte: – er stiess ein Geschrei aus wie ein Teufel und sprang über Den hinweg, der ihm im Wege war. Dieser aber, als er so seinen Nebenbuhler siegen sah, verlor dabei den Kopf und das Seil; er warf seine Stange weg und schoss schneller als diese, wie ein Wirbel von Armen und Beinen, in die Tiefe. Der Markt und das Volk glich dem Meere, wenn der Sturm hineinfährt: Alles floh aus einander und übereinander, und am meisten dort, wo der Körper niederschlagen musste.

Zarathustra aber blieb stehen, und gerade neben ihn fiel der Körper hin, übel zugerichtet und zerbrochen, aber noch nicht todt. Nach einer Weile kam dem Zerschmetterten das Bewusstsein zurück, und er sah Zarathustra neben sich knien. »Was machst du da? sagte er endlich, ich wusste es lange, dass mir der Teufel ein Bein stellen werde. Nun schleppt er mich zur Hölle: willst du's ihm wehren?«

»Bei meiner Ehre, Freund, antwortete Zarathustra, das giebt es Alles nicht, wovon du sprichst: es giebt keinen Teufel und keine Hölle. Deine Seele wird noch schneller todt sein als dein Leib: fürchte nun Nichts mehr!«

Der Mann blickte misstrauisch auf. »Wenn du die Wahrheit sprichst, sagte er dann, so verliere ich Nichts, wenn ich das Leben verliere. Ich bin nicht viel mehr als ein Thier, das man tanzen gelehrt hat, durch Schläge und schmale Bissen.«

»Nicht doch, sprach Zarathustra; du hast aus der Gefahr deinen Beruf gemacht, daran ist Nichts zu verachten. Nun gehst du an deinem Beruf zu Grunde: dafür will ich dich mit meinen Händen begraben.«

Als Zarathustra diess gesagt hatte, antwortete der Sterbende nicht mehr; aber er bewegte die Hand, wie als ob er die Hand Zarathustra's zum Danke suche. –

7.

Inzwischen kam der Abend, und der Markt barg sich in Dunkelheit: da verlief sich das Volk, denn selbst Neugierde und Schrekken werden müde. Zarathustra aber sass neben dem Todten auf der Erde und war in Gedanken versunken: so vergass er die Zeit. Endlich aber wurde es Nacht, und ein kalter Wind blies über den Einsamen. Da erhob sich Zarathustra und sagte zu seinem Herzen:

Wahrlich, einen schönen Fischfang that heute Zarathustra! Keinen Menschen fieng er, wohl aber einen Leichnam.

Unheimlich ist das menschliche Dasein und immer noch ohne Sinn: ein Possenreisser kann ihm zum Verhängniss werden.

Ich will die Menschen den Sinn ihres Seins lehren: welcher ist der Übermensch, der Blitz aus der dunklen Wolke Mensch.

Aber noch bin ich ihnen ferne, und mein Sinn redet nicht zu ihren Sinnen. Eine Mitte bin ich noch den Menschen zwischen einem Narren und einem Leichnam.

Dunkel ist die Nacht, dunkel sind die Wege Zarathustra's. Komm, du kalter und steifer Gefährte! Ich trage dich dorthin, wo ich dich mit meinen Händen begrabe.

(KSA IV, 14–23)

Vom höheren Menschen.

———

1.

Als ich zum ersten Male zu den Menschen kam, da that ich die Einsiedler-Thorheit, die grosse Thorheit: ich stellte mich auf den Markt.

Und als ich zu Allen redete, redete ich zu Keinem. Des Abends aber waren Seiltänzer meine Genossen, und Leichname; und ich selber fast ein Leichnam.

Mit dem neuen Morgen aber kam mir eine neue Wahrheit: da lernte ich sprechen »Was geht mich Markt und Pöbel und Pöbel-Lärm und lange Pöbel-Ohren an!«

Ihr höheren Menschen, Diess lernt von mir: auf dem Markt glaubt Niemand an höhere Menschen. Und wollt ihr dort reden, wohlan! Der Pöbel aber blinzelt »wir sind Alle gleich.«

»Ihr höheren Menschen, – so blinzelt der Pöbel – es giebt keine höheren Menschen, wir sind Alle gleich, Mensch ist Mensch, vor Gott – sind wir Alle gleich!«

Vor Gott! – Nun aber starb dieser Gott. Vor dem Pöbel aber wollen wir nicht gleich sein. Ihr höheren Menschen, geht weg vom Markt!

2.

Vor Gott! – Nun aber starb dieser Gott! Ihr höheren Menschen, dieser Gott war eure grösste Gefahr.

Seit er im Grabe liegt, seid ihr erst wieder auferstanden. Nun erst kommt der grosse Mittag, nun erst wird der höhere Mensch – Herr!

Verstandet ihr diess Wort, oh meine Brüder? Ihr seid erschreckt: wird euren Herzen schwindlig? Klafft euch hier der Abgrund? Kläfft euch hier der Höllenhund?

Wohlan! Wohlauf! Ihr höheren Menschen! Nun erst kreisst der Berg der Menschen-Zukunft. Gott starb: nun wollen w i r, – dass der Übermensch lebe.

3.

Die Sorglichsten fragen heute: »wie bleibt der Mensch erhalten?« Zarathustra aber fragt als der Einzige und Erste: »wie wird der Mensch ü b e r w u n d e n ?«

Der Übermensch liegt mir am Herzen, d e r ist mein Erstes und Einziges, – und n i c h t der Mensch: nicht der Nächste, nicht der Ärmste, nicht der Leidendste, nicht der Beste –

Oh meine Brüder, was ich lieben kann am Menschen, das ist, dass er ein Übergang ist und ein Untergang. Und auch an euch ist Vieles, das mich lieben und hoffen macht.

Dass ihr verachtetet, ihr höheren Menschen, das macht mich hoffen. Die grossen Verachtenden nämlich sind die grossen Verehrenden.

(...)

(KSA IV, 356 f.)

225.

Ob Hedonismus, ob Pessimismus, ob Utilitarismus, ob Eudä-
monismus: alle diese Denkweisen, welche nach L u s t und
L e i d, das heisst nach Begleitzuständen und Nebensachen den
Werth der Dinge messen, sind Vordergrunds-Denkweisen und
Naivetäten, auf welche ein Jeder, der sich g e s t a l t e n d e r Kräfte
und eines Künstler-Gewissens bewusst ist, nicht ohne Spott,
auch nicht ohne Mitleid herabblicken wird. Mitleiden mit
e u c h! das ist freilich nicht das Mitleiden, wie ihr es meint: das
ist nicht Mitleiden mit der socialen »Noth«, mit der »Gesellschaft« und ihren Kranken und Verunglückten, mit Lasterhaften
und Zerbrochnen von Anbeginn, wie sie rings um uns zu Boden
liegen; das ist noch weniger Mitleiden mit murrenden gedrück-
ten aufrührerischen Sklaven-Schichten, welche nach Herrschaft – sie nennen's »Freiheit« – trachten. U n s e r Mitleiden ist
ein höheres fernsichtigeres Mitleiden: – wir sehen, wie d e r
M e n s c h sich verkleinert, wie i h r ihn verkleinert! – und es
giebt Augenblicke, wo wir gerade e u r e m Mitleiden mit einer
unbeschreiblichen Beängstigung zusehn, wo wir uns gegen dies
Mitleiden wehren –, wo wir euren Ernst gefährlicher als irgend
welche Leichtfertigkeit finden. Ihr wollt womöglich – und es
giebt kein tolleres »womöglich« – d a s L e i d e n a b s c h a f f e n;
und wir? – es scheint gerade, wir wollen es lieber noch höher
und schlimmer haben, als je es war! Wohlbefinden, wie ihr es
versteht – das ist ja kein Ziel, das scheint uns ein E n d e! Ein Zustand, welcher den Menschen alsbald lächerlich und verächtlich
macht, – der seinen Untergang w ü n s c h e n macht! Die Zucht
des Leidens, des g r o s s e n Leidens – wisst ihr nicht, dass nur
d i e s e Zucht alle Erhöhungen des Menschen bisher geschaffen
hat? Jene Spannung der Seele im Unglück, welche ihr die Stärke
anzüchtet, ihre Schauer im Anblick des grossen Zugrundege-

hens, ihre Erfindsamkeit und Tapferkeit im Tragen, Ausharren, Ausdeuten, Ausnützen des Unglücks, und was ihr nur je von Tiefe, Geheimniss, Maske, Geist, List, Grösse geschenkt worden ist: – ist es nicht ihr unter Leiden, unter der Zucht des grossen Leidens geschenkt worden? Im Menschen ist Geschöpf und Schöpfer vereint; im Menschen ist Stoff, Bruchstück, Überfluss, Lehm, Koth, Unsinn, Chaos; aber im Menschen ist auch Schöpfer, Bildner, Hammer-Härte, Zuschauer-Göttlichkeit und siebenter Tag: – versteht ihr diesen Gegensatz? Und dass euer Mitleid dem »Geschöpf im Menschen« gilt, dem, was geformt, gebrochen, geschmiedet, gerissen, gebrannt, geglüht, geläutert werden muss, – dem, was nothwendig leiden muss und leiden soll? Und unser Mitleid – begreift ihr's nicht, wem unser umgekehrtes Mitleid gilt, wenn es sich gegen euer Mitleid wehrt, als gegen die schlimmste aller Verzärtelungen und Schwächen? – Mitleid also gegen Mitleid! – Aber, nochmals gesagt, es giebt höhere Probleme als alle Lust- und Leid- und Mitleid-Probleme; und jede Philosophie, die nur auf diese hinausläuft, ist eine Naivetät. –

(KSA V, 160 f.)

Ecce homo

Also sprach Zarathustra

6.

Dieses Werk steht durchaus für sich. Lassen wir die Dichter bei
Seite: es ist vielleicht überhaupt nie Etwas aus einem gleichen
Überfluss von Kraft heraus gethan worden. Mein Begriff »dionysisch« wurde hier h ö c h s t e T h a t ; an ihr gemessen erscheint
der ganze Rest von menschlichem Thun als arm und bedingt.
Dass ein Goethe, ein Shakespeare nicht einen Augenblick in dieser ungeheuren Leidenschaft und Höhe zu athmen wissen
würde, dass Dante, gegen Zarathustra gehalten, bloss ein Gläubiger ist und nicht Einer, der die Wahrheit erst s c h a f f t , ein
w e l t r e g i e r e n d e r Geist, ein Schicksal –, dass die Dichter des
Veda Priester sind und nicht einmal würdig, die Schuhsohlen
eines Zarathustra zu lösen, das ist Alles das Wenigste und giebt
keinen Begriff von der Distanz, von der a z u r n e n Einsamkeit,
in der dies Werk lebt. Zarathustra hat ein ewiges Recht zu sagen:
»ich schliesse Kreise um mich und heilige Grenzen; immer We-
nigere steigen mit mir auf immer höhere Berge, – ich baue ein
Gebirge aus immer heiligeren Bergen.« Man rechne den Geist
und die Güte aller grossen Seelen in Eins: alle zusammen wären
nicht im Stande, Eine Rede Zarathustras hervorzubringen. Die
Leiter ist ungeheuer, auf der er auf und nieder steigt; er hat weiter gesehn, weiter gewollt, weiter g e k o n n t , als irgend ein
Mensch. Er widerspricht mit jedem Wort, dieser jasagendste
aller Geister; in ihm sind alle Gegensätze zu einer neuen Einheit
gebunden. Die höchsten und die untersten Kräfte der menschlichen Natur, das Süsseste, Leichtfertigste und Furchtbarste
strömt aus Einem Born mit unsterblicher Sicherheit hervor. Man
weiss bis dahin nicht, was Höhe, was Tiefe ist; man weiss noch
weniger, was Wahrheit ist. Es ist kein Augenblick in dieser
Offenbarung der Wahrheit, der schon vorweggenommen, von

Einem der Grössten errathen worden wäre. Es giebt keine Weisheit, keine Seelen-Erforschung, keine Kunst zu reden vor Zarathustra; das Nächste, das Alltäglichste redet hier von unerhörten Dingen. Die Sentenz von Leidenschaft zitternd; die Beredsamkeit Musik geworden; Blitze vorausgeschleudert nach bisher unerrathenen Zukünften. Die mächtigste Kraft zum Gleichniss, die bisher da war, ist arm und Spielerei gegen diese Rückkehr der Sprache zur Natur der Bildlichkeit. – Und wie Zarathustra herabsteigt und zu Jedem das Gütigste sagt! Wie er selbst seine Widersacher, die Priester, mit zarten Händen anfasst und mit ihnen an ihnen leidet! – Hier ist in jedem Augenblick der Mensch überwunden, der Begriff »Übermensch« ward hier höchste Realität, – in einer unendlichen Ferne liegt alles das, was bisher gross am Menschen hiess, u n t e r ihm. Das Halkyonische, die leichten Füsse, die Allgegenwart von Bosheit und Übermuth und was sonst Alles typisch ist für den Typus Zarathustra ist nie geträumt worden als wesentlich zur Grösse. Zarathustra fühlt sich gerade in diesem Umfang an Raum, in dieser Zugänglichkeit zum Entgegengesetzten als die h ö c h s t e A r t a l l e s S e i e n d e n; und wenn man hört, wie er diese definirt, so wird man darauf verzichten, nach seinem Gleichniss zu suchen.

– die Seele, welche die längste Leiter hat und am tiefsten hinunter kann,

die umfänglichste Seele, welche am weitesten in sich laufen und irren und schweifen kann,

die nothwendigste, welche sich mit Lust in den Zufall stürzt,

die seiende Seele, welche ins Werden, die habende, welche ins Wollen und Verlangen w i l l –

die sich selber fliehende, welche sich selber in weitesten Kreisen einholt,

die weiseste Seele, welcher die Narrheit am süssesten zuredet,

die sich selber liebendste, in der alle Dinge ihr Strömen und
Wiederströmen und Ebbe und Fluth haben – –

Aber das ist der Begriff des Dionysos selbst. (...)

(KSA VI, 343 f.)

Nachgelassene Fragmente

Der Übermensch

: es ist n i c h t meine Frage, was den Menschen ablöst: sondern welche Art Mensch als höherwerthige gewählt, gewollt, g e - z ü c h t e t werden soll …

Die Menschheit stellt n i c h t eine Entwicklung zum Besseren; oder Stärkeren; oder Höheren dar; in dem Sinne, in dem es heute geglaubt wird: der Europäer des 19. Jahrhunderts ist, in seinem Werthe, bei weitem unter dem Europäer der Renaissance; Fort-entwicklung ist schlechterdings nicht mit irgend welcher Noth-wendigkeit Erhöhung, Steigerung, Verstärkung …

in einem andrem Sinne giebt es ein fortwährendes G e l i n g e n einzelner Fälle an den verschiedensten Stellen der Erde und aus den verschiedensten Culturen heraus, in denen in der That sich e i n   h ö h e r e r   T y p u s   d a r s t e l l t: etwas, das im Verhältniß zur Gesammt-Menschheit eine Art »Übermensch« ist. Solche Glücksfälle des großen Gelingens waren immer möglich und werden viell⟨eicht⟩ immer möglich sein. Und selbst ganze Stämme, Geschlechter, Völker können unter Umständen einen solchen T r e f f e r darstellen …

Von den ältesten uns errathbaren Zeiten der indischen, ägyp-tischen und chinesischen Cultur bis heute ist der h ö h e r e T y - p u s M e n s c h viel gleichartiger als man denkt …

Man vergißt, wie wenig die Menschheit in eine einzige Bewe-gung hineingehört, wie Jugend, Alter, Untergang durchaus keine Begriffe sind, die ihr als Ganzem zukommen

Man vergißt, um ein Beispiel zu geben, wie unsere europäi-sche Cultur erst heute sich wieder jenem Zustand von philoso-phischer Mürbigkeit und Spätcultur annähert, aus dem die Ent-stehung eines Buddhism begreiflich wird. (…)

(KSA XIII, 191)

XIV. Amor fati und Ewige Wiederkunft

Ecce homo

Also sprach Zarathustra

1.

Ich erzähle nunmehr die Geschichte des Zarathustra. Die Grundconception des Werks, der Ewige-Wiederkunfts-Gedanke, diese höchste Formel der Bejahung, die überhaupt erreicht werden kann –, gehört in den August des Jahres 1881: er ist auf ein Blatt hingeworfen, mit der Unterschrift: »6000 Fuss jenseits von Mensch und Zeit«. Ich gieng an jenem Tage am See von Silvaplana durch die Wälder; bei einem mächtigen pyramidal aufgethürmten Block unweit Surlei machte ich Halt. Da kam mir dieser Gedanke. – Rechne ich von diesem Tage ein paar Monate zurück, so finde ich, als Vorzeichen, eine plötzliche und im Tiefsten entscheidende Veränderung meines Geschmacks, vor Allem in der Musik. Man darf vielleicht den ganzen Zarathustra unter die Musik rechnen; – sicherlich war eine Wiedergeburt in der Kunst zu hören, eine Vorausbedingung dazu. In einem kleinen Gebirgsbade unweit Vicenza, Recoaro, wo ich den Frühling des Jahrs 1881 verbrachte, entdeckte ich, zusammen mit meinem maestro und Freunde Peter Gast, einem gleichfalls »Wiedergebornen«, dass der Phönix Musik mit leichterem und leuchtenderem Gefieder, als er je gezeigt, an uns vorüberflog. Rechne ich dagegen von jenem Tage an vorwärts, bis zur plötzlichen und unter den unwahrscheinlichsten Verhältnissen eintretenden Niederkunft im Februar 1883 – die Schlusspartie, dieselbe, aus der ich im Vorwort ein paar Sätze citirt habe, wurde genau in der heiligen Stunde fertig gemacht, in der Richard Wagner in Venedig starb – so ergeben sich achtzehn Monate für die Schwangerschaft. Diese Zahl gerade von achtzehn Monaten dürfte den Gedanken nahelegen, unter Buddhisten wenigstens, dass ich im Grunde ein Elephanten-Weibchen bin. – In die Zwischenzeit gehört die »gaya scienza«, die hundert Anzeichen der

Nähe von etwas Unvergleichlichem hat; zuletzt giebt sie den Anfang des Zarathustra selbst noch, sie giebt im vorletzten Stück des vierten Buchs den Grundgedanken des Zarathustra. – Insgleichen gehört in diese Zwischenzeit jener Hymnus auf das Leben (für gemischten Chor und Orchester), dessen Partitur vor zwei Jahren bei E. W. Fritzsch in Leipzig erschienen ist: ein vielleicht nicht unbedeutendes Symptom für den Zustand dieses Jahres, wo das jasagende Pathos par excellence, von mir das tragische Pathos genannt, im höchsten Grade mir innewohnte. Man wird ihn später einmal zu meinem Gedächtniss singen. – Der Text, ausdrücklich bemerkt, weil ein Missverständniss darüber im Umlauf ist, ist nicht von mir: er ist die erstaunliche Inspiration einer jungen Russin, mit der ich damals befreundet war, des Fräulein Lou von Salomé. Wer den letzten Worten des Gedichts überhaupt einen Sinn zu entnehmen weiss, wird errathen, warum ich es vorzog und bewunderte: sie haben Grösse. Der Schmerz gilt nicht als Einwand gegen das Leben: »Hast du kein Glück mehr übrig mir zu geben, wohlan! noch hast du deine Pein ...«

(KSA VI, 335 f.)

Die fröhliche Wissenschaft

Viertes Buch.
Sanctus Januarius.

Der du mit dem Flammenspeere
Meiner Seele Eis zertheilt,
Dass sie brausend nun zum Meere
Ihrer höchsten Hoffnung eilt:
Heller stets und stets gesunder,
Frei im liebevollsten Muss: –
Also preist sie deine Wunder,
Schönster Januarius!

Genua im Januar 1882.

276.

Zum neuen Jahre. – Noch lebe ich, noch denke ich: ich muss noch leben, denn ich muss noch denken. Sum, ergo cogito: cogito, ergo sum. Heute erlaubt sich Jedermann seinen Wunsch und liebsten Gedanken auszusprechen: nun, so will auch ich sagen, was ich mir heute von mir selber wünschte und welcher Gedanke mir dieses Jahr zuerst über das Herz lief, – welcher Gedanke mir Grund, Bürgschaft und Süssigkeit alles weiteren Lebens sein soll! Ich will immer mehr lernen, das Nothwendige an den Dingen als das Schöne sehen: – so werde ich Einer von Denen sein, welche die Dinge schön machen. Amor fati: das sei von nun an meine Liebe! Ich will keinen Krieg gegen das Hässliche führen. Ich will nicht anklagen, ich will nicht einmal die Ankläger anklagen. Wegsehen sei meine einzige Verneinung! Und, Alles in Allem und Grossen: ich will irgendwann einmal nur noch ein Ja-sagender sein!

(KSA III, 521)

Das grösste Schwergewicht. – Wie, wenn dir eines Tages oder Nachts, ein Dämon in deine einsamste Einsamkeit nachschliche und dir sagte: »Dieses Leben, wie du es jetzt lebst und gelebt hast, wirst du noch einmal und noch unzählige Male leben müssen; und es wird nichts Neues daran sein, sondern jeder Schmerz und jede Lust und jeder Gedanke und Seufzer und alles unsäglich Kleine und Grosse deines Lebens muss dir wiederkommen, und Alles in der selben Reihe und Folge – und ebenso diese Spinne und dieses Mondlicht zwischen den Bäumen, und ebenso dieser Augenblick und ich selber. Die ewige Sanduhr des Daseins wird immer wieder umgedreht – und du mit ihr, Stäubchen vom Staube!« – Würdest du dich nicht niederwerfen und mit den Zähnen knirschen und den Dämon verfluchen, der so redete? Oder hast du einmal einen ungeheuren Augenblick erlebt, wo du ihm antworten würdest: »du bist ein Gott und nie hörte ich Göttlicheres!« Wenn jener Gedanke über dich Gewalt bekäme, er würde dich, wie du bist, verwandeln und vielleicht zermalmen; die Frage bei Allem und Jedem »willst du diess noch einmal und noch unzählige Male?« würde als das grösste Schwergewicht auf deinem Handeln liegen! Oder wie müsstest du dir selber und dem Leben gut werden, um nach Nichts m e h r zu verlangen, als nach dieser letzten ewigen Bestätigung und Besiegelung? –

(KSA III, 570)

Also sprach Zarathustra

Vom Gesicht und Räthsel

Düster gieng ich jüngst durch leichenfarbne Dämmerung, – düster und hart, mit gepressten Lippen. Nicht nur Eine Sonne war mir untergegangen.

Ein Pfad, der trotzig durch Geröll stieg, ein boshafter, einsamer, dem nicht Kraut, nicht Strauch mehr zusprach: ein Berg-Pfad knirschte unter dem Trotz meines Fusses.

Stumm über höhnischem Geklirr von Kieseln schreitend, den Stein zertretend, der ihn gleiten liess: also zwang mein Fuss sich aufwärts.

Aufwärts: – dem Geiste zum Trotz, der ihn abwärts zog, abgrundwärts zog, dem Geiste der Schwere, meinem Teufel und Erzfeinde.

Aufwärts: – obwohl er auf mir sass, halb Zwerg, halb Maulwurf; lahm; lähmend; Blei durch mein Ohr, Bleitropfen-Gedanken in mein Hirn träufelnd.

»Oh Zarathustra, raunte er höhnisch Silb' um Silbe, du Stein der Weisheit! Du warfst dich hoch, aber jeder geworfene Stein muss – fallen!

Oh Zarathustra, du Stein der Weisheit, du Schleuderstein, du Stern-Zertrümmerer! Dich selber warfst du so hoch, – aber jeder geworfene Stein – muss fallen!

Verurtheilt zu dir selber und zur eignen Steinigung: oh Zarathustra, weit warfst du ja den Stein, – aber auf d i c h wird er zurückfallen!«

Drauf schwieg der Zwerg; und das währte lange. Sein Schweigen aber drückte mich; und solchermaassen zu Zwein ist man wahrlich einsamer als zu Einem!

Ich stieg, ich stieg, ich träumte, ich dachte, – aber Alles drückte mich. Einem Kranken glich ich, den seine schlimme Marter müde macht, und den wieder ein schlimmerer Traum aus dem Einschlafen weckt. –

Aber es giebt Etwas in mir, das ich Muth heisse: das schlug bisher mir jeden Unmuth todt. Dieser Muth hiess mich endlich stille stehn und sprechen: »Zwerg! Du! Oder ich!« –

Muth nämlich ist der beste Todtschläger, – Muth, welcher angreift: denn in jedem Angriffe ist klingendes Spiel.

Der Mensch aber ist das muthigste Thier: damit überwand er jedes Thier. Mit klingendem Spiele überwand er noch jeden Schmerz; Menschen-Schmerz aber ist der tiefste Schmerz.

Der Muth schlägt auch den Schwindel todt an Abgründen: und wo stünde der Mensch nicht an Abgründen! Ist Sehen nicht selber – Abgründe sehen?

Muth ist der beste Todtschläger: der Muth schlägt auch das Mitleiden todt. Mitleiden aber ist der tiefste Abgrund: so tief der Mensch in das Leben sieht, so tief sieht er auch in das Leiden.

Muth aber ist der beste Todtschläger, Muth, der angreift: der schlägt noch den Tod todt, denn er spricht: »War das das Leben? Wohlan! Noch Ein Mal!«

In solchem Spruche aber ist viel klingendes Spiel. Wer Ohren hat, der höre. –

2.

»Halt! Zwerg! sprach ich. Ich! Oder du! Ich aber bin der Stärkere von uns Beiden –: du kennst meinen abgründlichen Gedanken nicht! Den – könntest du nicht tragen!« –

Da geschah, was mich leichter machte: denn der Zwerg sprang mir von der Schulter, der Neugierige! Und er hockte sich auf einen Stein vor mich hin. Es war aber gerade da ein Thorweg, wo wir hielten.

»Siehe diesen Thorweg! Zwerg! sprach ich weiter: der hat zwei Gesichter. Zwei Wege kommen hier zusammen: die gieng noch Niemand zu Ende.

Diese lange Gasse zurück: die währt eine Ewigkeit. Und jene lange Gasse hinaus – das ist eine andre Ewigkeit.

Sie widersprechen sich, diese Wege; sie stossen sich gerade vor den Kopf: – und hier, an diesem Thorwege, ist es, wo sie zusammen kommen. Der Name des Thorwegs steht oben geschrieben: »Augenblick«.

Aber wer Einen von ihnen weiter gienge – und immer weiter und immer ferner: glaubst du, Zwerg, dass diese Wege sich ewig widersprechen?« –

»Alles Gerade lügt, murmelte verächtlich der Zwerg. Alle Wahrheit ist krumm, die Zeit selber ist ein Kreis.«

»Du Geist der Schwere! sprach ich zürnend, mache dir es nicht zu leicht! Oder ich lasse dich hocken, wo du hockst, Lahmfuss, – und ich trug dich h o c h !

Siehe, sprach ich weiter, diesen Augenblick! Von diesem Thorwege Augenblick läuft eine lange ewige Gasse r ü c k - w ä r t s : hinter uns liegt eine Ewigkeit.

Muss nicht, was laufen k a n n von allen Dingen, schon einmal diese Gasse gelaufen sein? Muss nicht, was geschehn k a n n von allen Dingen, schon einmal geschehn, gethan, vorübergelaufen sein?

Und wenn Alles schon dagewesen ist: was hältst du Zwerg von diesem Augenblick? Muss auch dieser Thorweg nicht schon – dagewesen sein?

Und sind nicht solchermaassen fest alle Dinge verknotet, dass dieser Augenblick a l l e kommenden Dinge nach sich zieht? A l s o – – sich selber noch?

Denn, was laufen k a n n von allen Dingen: auch in dieser langen Gasse h i n a u s – m u s s es einmal noch laufen! –

Und diese langsame Spinne, die im Mondscheine kriecht, und dieser Mondschein selber, und ich und du im Thorwege, zusammen flüsternd, von ewigen Dingen flüsternd – müssen wir nicht Alle schon dagewesen sein?

– und wiederkommen und in jener anderen Gasse laufen, hinaus, vor uns, in dieser langen schaurigen Gasse – müssen wir nicht ewig wiederkommen? –«

Also redete ich, und immer leiser: denn ich fürchtete mich vor meinen eignen Gedanken und Hintergedanken. Da, plötzlich, hörte ich einen Hund nahe heulen.

Hörte ich jemals einen Hund so heulen? Mein Gedanke lief zurück. Ja! Als ich Kind war, in fernster Kindheit:

– da hörte ich einen Hund so heulen. Und sah ihn auch, gesträubt, den Kopf nach Oben, zitternd, in stillster Mitternacht, wo auch Hunde an Gespenster glauben:

– also dass es mich erbarmte. Eben nämlich gieng der volle Mond, todtschweigsam, über das Haus, eben stand er still, eine runde Gluth, – still auf flachem Dache, gleich als auf fremdem Eigenthume: –

darob entsetzte sich damals der Hund: denn Hunde glauben an Diebe und Gespenster. Und als ich wieder so heulen hörte, da erbarmte es mich abermals.

Wohin war jetzt Zwerg? und Thorweg? Und Spinne? Und alles Flüstern? Träumte ich denn? Wachte ich auf? Zwischen wilden Klippen stand ich mit Einem Male, allein, öde, im ödesten Mondscheine.

Aber da lag ein Mensch! Und da! Der Hund, springend, gesträubt, winselnd, – jetzt sah er mich kommen – da heulte er wieder, da schrie er: – hörte ich je einen Hund so Hülfe schrein?

Und, wahrlich, was ich sah, desgleichen sah ich nie. Einen jungen Hirten sah ich, sich windend, würgend, zuckend, verzerrten Antlitzes, dem eine schwarze schwere Schlange aus dem Munde hieng.

Sah ich je so viel Ekel und bleiches Grauen auf Einem Antlitze? Er hatte wohl geschlafen? Da kroch ihm die Schlange in den Schlund – da biss sie sich fest.

Meine Hand riss die Schlange und riss: – umsonst! sie riss die Schlange nicht aus dem Schlunde. Da schrie es aus mir: »Beiss zu! Beiss zu!

Den Kopf ab! Beiss zu!« – so schrie es aus mir, mein Grauen mein Hass, mein Ekel, mein Erbarmen, all mein Gutes und Schlimmes schrie mit Einem Schrei aus mir. –

Ihr Kühnen um mich! Ihr Sucher, Versucher, und wer von euch mit listigen Segeln sich in unerforschte Meere einschiffte! Ihr Räthsel-Frohen!

So rathet mir doch das Räthsel, das ich damals schaute, so deutet mir doch das Gesicht des Einsamsten!

Denn ein Gesicht war's und ein Vorhersehn: – was sah ich damals im Gleichnisse? Und wer ist, der einst noch kommen muss?

Wer ist der Hirt, dem also die Schlange in den Schlund kroch? Wer ist der Mensch, dem also alles Schwerste, Schwärzeste in den Schlund kriechen wird?

– Der Hirt aber biss, wie mein Schrei ihm rieth; er biss mit gutem Bisse! Weit weg spie er den Kopf der Schlange –: und sprang empor. –

Nicht mehr Hirt, nicht mehr Mensch, – ein Verwandelter, ein Umleuchteter, welcher lachte! Niemals noch auf Erden lachte je ein Mensch, wie er lachte!

Oh meine Brüder, ich hörte ein Lachen, das keines Menschen Lachen war, – – und nun frisst ein Durst an mir, eine Sehnsucht, die nimmer stille wird.

Meine Sehnsucht nach diesem Lachen frisst an mir: oh wie ertrage ich noch zu leben! Und wie ertrüge ich's, jetzt zu sterben! –

Also sprach Zarathustra.

(KSA IV, 198–202)

Der Genesende

(...)

Der grosse Überdruss am Menschen – der würgte mich und war mir in den Schlund gekrochen: und was der Wahrsager wahrsagte: »Alles ist gleich, es lohnt sich Nichts, Wissen würgt.«

Eine lange Dämmerung hinkte vor mir her, eine todesmüde, todestrunkene Traurigkeit, welche mit gähnendem Munde redete.

»Ewig kehrt er wieder, der Mensch, dess du müde bist, der kleine Mensch« – so gähnte meine Traurigkeit und schleppte den Fuss und konnte nicht einschlafen.

Zur Höhle wandelte sich mir die Menschen-Erde, ihre Brust sank hinein, alles Lebendige ward mir Menschen-Moder und Knochen und morsche Vergangenheit.

Mein Seufzen sass auf allen Menschen-Gräbern und konnte nicht mehr aufstehn; mein Seufzen und Fragen unkte und würgte und nagte und klagte bei Tag und Nacht:

– »ach, der Mensch kehrt ewig wieder! Der kleine Mensch kehrt ewig wieder!« –

Nackt hatte ich einst Beide gesehn, den grössten Menschen und den kleinsten Menschen: allzuähnlich einander, – allzumenschlich auch den Grössten noch!

Allzuklein der Grösste! – Das war mein Überdruss am Menschen! Und ewige Wiederkunft auch des Kleinsten! – Das war mein Überdruss an allem Dasein!

Ach, Ekel! Ekel! Ekel! – – Also sprach Zarathustra und seufzte und schauderte; denn er erinnerte sich seiner Krankheit. Da liessen ihn aber seine Thiere nicht weiter reden.

»Sprich nicht weiter, du Genesender! – so antworteten ihm seine Thiere, sondern geh hinaus, wo die Welt auf dich wartet gleich einem Garten.

Geh hinaus zu den Rosen und Bienen und Taubenschwärmen! Sonderlich aber zu den Singe-Vögeln: dass du ihnen das Singen ablernst!

Singen nämlich ist für Genesende; der Gesunde mag reden. Und wenn auch der Gesunde Lieder will, will er andre Lieder doch als der Genesende.«

– »Oh ihr Schalks-Narren und Drehorgeln, so schweigt doch! – antwortete Zarathustra und lächelte über seine Thiere. Wie gut ihr wisst, welchen Trost ich mir selber in sieben Tagen erfand!

Dass ich wieder singen müsse, – d e n Trost erfand ich mir und diese Genesung: wollt ihr auch daraus gleich wieder ein Leier-Lied machen?«

– »Sprich nicht weiter, antworteten ihm abermals seine Thiere; lieber noch, du Genesender, mache dir erst eine Leier zurecht, eine neue Leier!

Denn siehe doch, oh Zarathustra! Zu deinen neuen Liedern bedarf es neuer Leiern.

Singe und brause über, oh Zarathustra, heile mit neuen Liedern deine Seele: dass du dein grosses Schicksal tragest, das noch keines Menschen Schicksal war!

Denn deine Thiere wissen es wohl, oh Zarathustra, wer du bist und werden musst: siehe, du bist der Lehrer der ewigen Wiederkunft –, das ist nun dein Schicksal!

Dass du als der Erste diese Lehre lehren musst, – wie sollte diess grosse Schicksal nicht auch deine grösste Gefahr und Krankheit sein!

Siehe, wir wissen, was du lehrst: dass alle Dinge ewig wiederkehren und wir selber mit, und dass wir schon ewige Male dagewesen sind, und alle Dinge mit uns.

Du lehrst, dass es ein grosses Jahr des Werdens giebt, ein Ungeheuer von grossem Jahre: das muss sich, einer Sanduhr gleich, immer wieder von Neuem umdrehn, damit es von Neuem ablaufe und auslaufe: –

– so dass alle diese Jahre sich selber gleich sind, im Grössten und auch im Kleinsten, – so dass wir selber in jedem grossen Jahre uns selber gleich sind, im Grössten und auch im Kleinsten.

Und wenn du jetzt sterben wolltest, oh Zarathustra: siehe, wir wissen auch, wie du da zu dir sprechen würdest: – aber deine Thiere bitten dich, dass du noch nicht sterbest!

Du würdest sprechen und ohne Zittern, vielmehr aufathmend vor Seligkeit: denn eine grosse Schwere und Schwüle wäre von dir genommen, du Geduldigster! –

»Nun sterbe und schwinde ich, würdest du sprechen, und im Nu bin ich ein Nichts. Die Seelen sind so sterblich wie die Leiber.

Aber der Knoten von Ursachen kehrt wieder, in den ich verschlungen bin, – der wird mich wieder schaffen! Ich selber gehöre zu den Ursachen der ewigen Wiederkunft.

Ich komme wieder, mit dieser Sonne, mit dieser Erde, mit diesem Adler, mit dieser Schlange – n i c h t zu einem neuen Leben oder besseren Leben oder ähnlichen Leben:

– ich komme ewig wieder zu diesem gleichen und selbigen Leben, im Grössten und auch im Kleinsten, dass ich wieder aller Dinge ewige Wiederkunft lehre, –

– dass ich wieder das Wort spreche vom grossen Erden- und Menschen-Mittage, dass ich wieder den Menschen den Übermenschen künde.

– Ich sprach mein Wort, ich zerbreche an meinem Wort: so will es mein ewiges Loos –, als Verkündiger gehe ich zu Grunde!

Die Stunde kam nun, dass der Untergehende sich selber segnet. Also – e n d e t Zarathustra's Untergang.« – –

(KSA IV, 274–277)

Das Nachtwandler-Lied

(...) Sagtet ihr jemals Ja zu Einer Lust? Oh, meine Freunde, so sagtet ihr Ja auch zu a l l e m Wehe. Alle Dinge sind verkettet, verfädelt, verliebt, –

– wolltet ihr jemals Ein Mal Zwei Mal, spracht ihr jemals »du gefällst mir, Glück! Husch! Augenblick!« so wolltet ihr A l l e s zurück!

– Alles von neuem, Alles ewig, Alles verkettet, verfädelt, verliebt, oh so l i e b t e t ihr die Welt, –

– ihr Ewigen, liebt sie ewig und allezeit: und auch zum Weh sprecht ihr: vergeh, aber komm zurück! D e n n a l l e L u s t will – E w i g k e i t!

Alle Lust will aller Dinge Ewigkeit, will Honig, will Hefe, will trunkene Mitternacht, will Gräber, will Gräber-Thränen-Trost, will vergüldetes Abendroth –

– w a s will nicht Lust! sie ist durstiger, herzlicher, hungriger, schrecklicher, heimlicher als alles Weh, sie will s i c h , sie beisst in s i c h , des Ringes Wille ringt in ihr, –

– sie will Liebe, sie will Hass, sie ist überreich, schenkt, wirft weg, bettelt, dass Einer sie nimmt, dankt dem Nehmenden, sie möchte gern gehasst sein, –

– so reich ist Lust, dass sie nach Wehe durstet, nach Hölle, nach Hass, nach Schmach, nach dem Krüppel, nach W e l t , – denn diese Welt, oh ihr kennt sie ja!

Ihr höheren Menschen, nach euch sehnt sie sich, die Lust, die unbändige, selige, – nach eurem Weh, ihr Missrathenen! Nach Missrathenem sehnt sich alle ewige Lust.

Denn alle Lust will sich selber, drum will sie auch Herzeleid! Oh Glück, oh Schmerz: Oh brich, Herz! Ihr höheren Menschen, lernt es doch, Lust will Ewigkeit,

– Lust will a l l e r Dinge Ewigkeit, w i l l t i e f e , t i e f e E w i g - k e i t !

Lerntet ihr nun mein Lied? Erriethet ihr, was es will? Wohlan! Wohlauf! Ihr höheren Menschen, so singt mir nun meinen Rundgesang!

Singt mir nun selber das Lied, dess Name ist »Noch ein Mal«, dess Sinn ist »in alle Ewigkeit!«, singt, ihr höheren Menschen, Zarathustra's Rundgesang!

Oh Mensch! Gieb Acht!
Was spricht die tiefe Mitternacht?
»Ich schlief, ich schlief –,

Aus tiefem Traum bin ich erwacht: –
Die Welt ist tief,
Und tiefer als der Tag gedacht.
Tief ist ihr Weh –,
Lust – tiefer noch als Herzeleid:
Weh spricht: Vergeh!
Doch alle Lust will Ewigkeit –,
– will tiefe, tiefe Ewigkeit!«

(KSA IV, 402–404)

Jenseits von Gut und Böse

56.

Wer, gleich mir, mit irgend einer räthselhaften Begierde sich lange darum bemüht hat, den Pessimismus in die Tiefe zu denken und aus der halb christlichen, halb deutschen Enge und Einfalt zu erlösen, mit der er sich diesem Jahrhundert zuletzt dargestellt hat, nämlich in Gestalt der Schopenhauerischen Philosophie; wer wirklich einmal mit einem asiatischen und überasiatischen Auge in die weltverneinendste aller möglichen Denkweisen hinein und hinunter geblickt hat – jenseits von Gut und Böse, und nicht mehr, wie Buddha und Schopenhauer, im Bann und Wahne der Moral –, der hat vielleicht ebendamit, ohne dass er es eigentlich wollte, sich die Augen für das umgekehrte Ideal aufgemacht: für das Ideal des übermüthigsten lebendigsten und weltbejahendsten Menschen, der sich nicht nur mit dem, was war und ist, abgefunden und vertragen gelernt hat, sondern es, s o w i e e s w a r u n d i s t, wieder haben will, in alle Ewigkeit hinaus, unersättlich da capo rufend, nicht nur zu sich, sondern zum ganzen Stücke und Schauspiele, und nicht nur zu einem Schauspiele, sondern im Grunde zu Dem, der gerade dies Schauspiel nöthig hat – und nöthig macht: weil er immer wieder sich nöthig hat – und nöthig macht – – Wie? Und dies wäre nicht – circulus vitiosus deus?

(KSA V, 74 f.)

Ecce homo

Warum ich so klug bin

10.

(...) Meine Formel für die Grösse am Menschen ist a m o r f a t i : dass man Nichts anders haben will, vorwärts nicht, rückwärts nicht, in alle Ewigkeit nicht. Das Nothwendige nicht bloss ertragen, noch weniger verhehlen – aller Idealismus ist Verlogenheit vor dem Notwendigen –, sondern es l i e b e n ...

(KSA VI, 297)

Nachgelassene Fragmente

Die Wiederkunft des Gleichen.
Entwurf.

1. Die Einverleibung der Grundirrthümer.
2. Die Einverleibung der Leidenschaften.
3. Die Einverleibung des Wissens und des verzichtenden Wissens. (Leidenschaft der Erkenntniss)
4. Der Unschuldige. Der Einzelne als Experiment. Die Erleichterung des Lebens, Erniedrigung, Abschwächung – Übergang.
5. Das neue Schwergewicht: die ewige Wiederkunft des Gleichen. Unendliche Wichtigkeit unseres Wissen's, Irren's, unsrer Gewohnheiten, Lebensweisen für alles Kommende. Was machen wir mit dem Reste unseres Lebens – wir, die wir den grössten Theil desselben in der wesentlichsten Unwissenheit verbracht haben? Wir lehren die Lehre – es ist das stärkste Mittel, sie uns selber einzuverleiben. Unsre Art Seligkeit, als Lehrer der grössten Lehre.

> Anfang August 1881 in Sils-Maria,
> 6000 Fuss über dem Meere und viel höher über allen
> menschlichen Dingen! –

Zu 4) Philosophie der Gleichgültigkeit. Was früher am stärksten reizte, wirkt jetzt ganz anders, es wird nur noch als Spiel angesehn und gelten gelassen (die Leidenschaften und Arbeiten) als ein Leben im Unwahren principiell verworfen, als Form und Reiz aber ästhetisch genossen und gepflegt, wir stellen uns wie die Kinder zu dem, was früher den Ernst des Daseins ausmachte. Unser Streben des Ernstes ist aber alles als werdend zu verstehen, uns als Individuum zu verleugnen, möglichst aus vielen Augen in die Welt sehen, leben in Trieben und Beschäftigungen, um damit sich Augen zu machen, zeitweilig sich dem Leben überlassen, um hernach zeitweilig über ihm mit dem Auge zu ruhen: die Triebe unterhalten als Fundament alles Erkennens, aber wissen, wo sie Gegner des Erkennens werden: in summa **abwarten**, wie weit das Wissen und die Wahrheit sich **einverleiben** können – und in wiefern eine Umwandlung des Menschen eintritt, wenn er endlich nur noch lebt, um zu erkennen. – Dies ist Consequenz von der Leidenschaft der Erkenntniß: es giebt für ihre Existenz kein Mittel, als die Quellen und Mächte der Erkenntniß, die Irrthümer und Leidensch(aften) auch zu erhalten, aus deren Kampfe nimmt sie ihre erhaltende Kraft. – Wie wird dies Leben in Bezug auf seine Summe von Wohlbefinden sich ausnehmen? Ein Spiel der Kinder, auf welches das Auge des Weisen blickt, Gewalt haben über diesen **und** jenen Zustand – und den Tod, wenn so etwas nicht möglich ist. – Nun kommt aber die schwerste Erkenntniß und macht alle Arten Lebens furchtbar bedenkenreich: ein absoluter Überschuß von Lust **muß** nachzuweisen sein, sonst ist die Vernichtung unser selbst in Hinsicht auf die Menschheit als Mittel der Vernichtung der Menschheit zu wählen. Schon dies: wir haben die Vergangenheit, unsere und die aller Menschheit, auf die Wage zu setzen und auch zu überwiegen – nein! dieses Stück Menschheitsgeschichte wird und muß sich ewig wiederholen, das dürfen wir aus der Rechnung lassen, darauf haben wir keinen Einfluß: ob es gleich unser Mitgefühl beschwert und gegen das Leben überhaupt einnimmt. Um davon nicht umgeworfen zu werden, darf unser Mitleid nicht groß sein. Die Gleichgültigkeit muß tief in uns gewirkt haben und der Genuß im Anschauen auch. Auch das Elend der zukünftigen Menschheit soll uns nichts angehn. Aber ob wir noch leben wollen, ist die Frage: und wie!

Zu erwägen: die verschiedenen erhabenen Zustände, die ich hatte, als Grundlagen der verschiedenen Capitel und deren

Materien – als Regulator des in jedem Capitel waltenden Ausdrucks, Vortrags, Pathos, – so eine Abbildung meines Ideals gewinnen, gleichsam durch A d d i t i o n. Und dann höher hinauf!

Rede ich wie einer, dem es offenbart worden ist? So verachtet mich und hört mir nicht zu. – Seid ihr noch solche welche Götter nöthig haben? Hat eure Vernunft noch keinen Ekel dabei, so billig und schlecht sich speisen zu lassen?

»Aber wenn alles nothwendig ist, was kann ich über meine Handlungen verfügen?« Der Gedanke und Glaube ist ein Schwergewicht, welches neben allen anderen Gewichten auf dich drückt und mehr als sie. Du sagst, daß Nahrung Ort Luft Gesellschaft dich wandeln und bestimmen? Nun, deine Meinungen thun es noch mehr, denn diese bestimmen dich zu dieser Nahrung Ort Luft Gesellschaft. – Wenn du dir den Gedanken der Gedanken einverleibst, so wird er dich verwandeln. Die Frage bei allem, was du thun willst: »ist es so, daß ich es unzählige Male thun will?« ist das g r ö ß t e Schwergewicht.

Es wäre entsetzlich, wenn wir noch an die S ü n d e glaubten: sondern was wir auch thun werden, in unzähliger Wiederholung, es ist u n s c h u l d i g. Wenn der Gedanke der ewigen Wiederkunft aller Dinge dich nicht überwältigt, so ist es keine Schuld: und es ist kein Verdienst, wenn er es thut. – Von allen unseren Vorfahren denken wir milder als sie selber dachten, wir trauern über ihre einverleibten Irrthümer, nicht über ihr Böses.

1. Die mächtigste Erkenntniß.
2. Die Meinungen und Irrthümer verwandeln den Menschen und geben ihm die Triebe – oder: die e i n v e r l e i b t e n Irrthümer.
3. Die Nothwendigkeit und die Unschuld.
4. Das Spiel des Lebens.
   (...)

Der Widerwille gegen das Leben ist selten. Wir erhalten uns darin und sind selber am Ende und in schweren Lagen einverstanden damit, nicht aus Furcht vor Schlimmerem, nicht aus Hoffnung auf Besseres, nicht aus Gewohnheit (die Langeweile wäre) nicht wegen der gelegentlichen Lust – sondern wegen der Abwechslung und weil im Grunde nichts eine Wiederholung ist, aber an Erlebtes erinnert. Der Reiz des Neuen und doch an den alten Geschmack Anklingenden – wie eine Musik mit vielem Häßlichen.

(...)

Die Welt der Kräfte erleidet keine Verminderung: denn sonst wäre sie in der unendlichen Zeit schwach geworden und zu Grunde gegangen. Die Welt der Kräfte erleidet keinen Stillstand: denn sonst wäre er erreicht worden, und die Uhr des Daseins stünde still. Die Welt der Kräfte kommt also nie in ein Gleichgewicht, sie hat nie einen Augenblick der Ruhe, ihre Kraft und ihre Bewegung sind gleich groß für jede Zeit. Welchen Zustand diese Welt auch nur erreichen kann, sie muß ihn erreicht haben und nicht einmal, sondern unzählige Male. So diesen Augenblick: er war schon einmal da und viele Male und wird ebenso wiederkehren, alle Kräfte genau so vertheilt, wie jetzt: und ebenso steht es mit dem Augenblick, der diesen gebar und mit dem, welcher das Kind des jetzigen ist. Mensch! Dein ganzes Leben wird wie eine Sanduhr immer wieder umgedreht werden und immer wieder auslaufen – eine große Minute Zeit dazwischen, bis alle Bedingungen, aus denen du geworden bist, im Kreislaufe der Welt, wieder zusammenkommen. Und dann findest du jeden Schmerz und jede Lust und jeden Freund und Feind und jede Hoffnung und jeden Irrthum und jeden Grashalm und jeden Sonnenblick wieder, den ganzen Zusammenhang aller Dinge. Dieser Ring, in dem du ein Korn bist, glänzt immer wieder. Und in jedem Ring des Menschen-Daseins überhaupt giebt ⟨es⟩ immer eine Stunde, wo erst Einem, dann Vielen, dann Allen der mächtigste Gedanke auftaucht, der von der ewigen Wiederkunft aller Dinge – es ist jedesmal für die Menschheit die Stunde des Mittags.

Auch die chemischen Qualitäten fließen und ändern sich: mag der Zeitraum auch ungeheuer sein, daß die jetzige Formel einer Zusammensetzung durch den Erfolg widerlegt wird. Einstweilen sind die Formeln wahr: denn sie sind grob; was ist denn 9 Theile Sauerstoff zu 11 Theilen Wasserstoff! Dies 9:11 ist vollends unmöglich genau zu machen, es ist immer ein Fehler bei der Verwirklichung, folglich eine gewisse Spannweite, innerhalb deren das Experiment gelingt. Aber ebenfalls innerhalb derselben ist die ewige Veränderung, der ewige Fluß aller Dinge, in keinem Augenblick ist Sauerstoff genau dasselbe wie im vorigen, sondern etwas Neues: wenn auch diese Neuheit zu fein für alle Messungen ist, ja die ganze Entwicklung aller der Neuheiten während der Dauer des Menschengeschlechts vielleicht noch nicht groß genug ist, um die Formel zu widerlegen. – Es giebt so wenig Formen, wie Qualitäten.

Wir können uns das Werden nicht anders denken als den Übergang aus einem beharrenden »todten« Zustand in einen anderen beharrenden »todten« Zustand. Ach, wir nennen das »Todte« das Bewegungslose! Als ob es etwas Bewegungsloses gäbe! Das Lebende ist kein Gegensatz des Todten, sondern ein Spezialfall.

Unsere Annahme, daß es Körper Flächen Linien Formen giebt, ist erst die Folge unserer Annahme, daß es Substanzen und Dinge, Beharrendes giebt. So gewiß unsere Begriffe Erdichtungen sind, so sind es auch die Gestalten der Mathematik. Dergleichen giebt es nicht – wir können eine Fläche, einen Kreis, eine Linie ebenso wenig verwirklichen als einen Begriff. Die ganze Unendlichkeit liegt immer als Realität und Hemmniß zwischen 2 Punkten.

Wenn nicht alle Möglichkeiten in der Ordnung und Relation der Kräfte bereits erschöpft wären, so wäre noch keine Unendlichkeit verflossen. Weil dies aber sein muß, so giebt es keine neue Möglichkeit mehr und alles muß schon dagewesen sein, unzählige Male.

Unser Intellekt ist nicht zum Begreifen des Werdens eingerichtet, er strebt die allgemeine Starrheit zu beweisen, Dank seiner Abkunft aus Bildern. Alle Philosophen haben das Ziel gehabt, zum Beweis des ewigen Beharrens, weil der Intellekt darin seine eigene Form und Wirkung fühlt.

(...)

Hüten wir uns, diesem Kreislaufe irgend ein Streben, ein Ziel beizulegen: oder es nach unseren Bedürfnissen abzuschätzen als langweilig, dumm usw. Gewiß kommt in ihm der höchste Grad von Unvernunft ebenso wohl vor wie das Gegentheil: aber es ist nicht darnach zu messen, Vernünftigkeit oder Unvernünftigkeit sind keine Prädikate für das All. – Hüten wir uns, das Gesetz dieses Kreises als geworden zu denken, nach der falschen Analogie der Kreisbewegung innerhalb des Ringes: es gab nicht erst ein Chaos und nachher allmählich eine harmonischere und endlich eine feste kreisförmige Bewegung aller Kräfte: vielmehr alles ist ewig, ungeworden: wenn es ein Chaos der Kräfte gab, so war auch das Chaos ewig und kehrte in jedem Ringe wieder. Der Kreislauf ist nichts Gewordenes, er ist das Urgesetz, so wie die Kraftmenge Urgesetz ist, ohne Aus-, nahme und Übertretung. Alles Werden ist innerhalb des Kreislaufs und der Kraftmenge; also nicht durch falsche Analogie die werdenden und vergehenden Kreisläufe z. B. der Gestirne oder Ebbe und Fluth Tag und Nacht Jahreszeiten zur Charakristik des ewigen Kreislaufs zu verwenden.

Hüten wir uns, eine solche Lehre wie eine plötzliche Religion zu lehren! Sie muß langsam einsickern, ganze Geschlechter müssen an ihr bauen und fruchtbar werden, – damit sie ein großer

Baum werde, der alle noch kommende Menschheit überschatte. Was sind die Paar Jahrtausende, in denen sich das Christenthum erhalten hat! Für den mächtigsten Gedanken bedarf es vieler Jahrtausende – l a n g e l a n g e muß er klein und ohnmächtig sein!

Drücken wir das Abbild der Ewigkeit auf u n s e r Leben! Dieser Gedanke enthält mehr als alle Religionen, welche dies Leben als ein flüchtiges verachten und nach einem unbestimmten a n d e - r e n Leben hinblicken lehrten.

Diese Lehre ist milde gegen die, welche nicht an sie glauben, sie hat keine Höllen und Drohungen. Wer nicht glaubt, hat ein f l ü c h t i g e s Leben in seinem Bewußtsein.

Nicht nach fernen unbekannten Seligkeiten und S e g n u n g e n und B e g n a d i g u n g e n ausschauen, sondern so leben, daß wir nochmals leben wollen und in Ewigkeit so leben wollen! – Unsere Aufgabe tritt in jedem Augenblick an uns heran.
 (...)

Leben ist die Bedingung des Erkennens. Irren die Bedingung des Lebens und zwar im tiefsten Grunde Irren. Wissen um das Irren hebt es nicht auf! Das ist nichts Bitteres!
 Wir müssen das Irren lieben und pflegen, es ist der Mutterschooß des Erkennens. Die Kunst als die Pflege des Wahnes – unser Cultus.
 Um des Erkennens willen das Leben lieben und fördern, um des Lebens willen das Irren Wähnen lieben und fördern. Dem Dasein eine ästhetische Bedeutung geben, u n s e r e n G e - s c h m a c k a n i h m m e h r e n, ist Grundbedingung aller Leidenschaft der Erkenntniß.
 So entdecken wir auch hier eine Nacht und einen Tag als Lebensbedingung für u n s: Erkennen-wollen und Irren-wollen sind Ebbe und Fluth. Herrscht e i n e s absolut, so geht der Mensch zu Grunde; und z u g l e i c h d i e F ä h i g k e i t.

Der politische Wahn, über den ich eben so lächle, wie die Zeitgenossen über den religiösen Wahn früherer Zeiten, ist vor allem Verweltlichung, Glaube an die Welt und Aus-dem-Sinn-Schlagen von »Jenseits« und »Hinterwelt«. Sein Ziel ist das Wohlbefinden des **flüchtigen** Individuums: weshalb der Socialismus seine Frucht ist, d. h. die flüchtigen **Einzelnen** wollen ihr Glück sich erobern, durch Vergesellschaftung, sie haben keinen Grund zu warten, wie die Menschen mit ewigen Seelen und ewigem Werden und zukünftigem Besserwerden. Meine Lehre sagt: so leben, daß du wünschen mußt, wieder zu leben ist die Aufgabe – du wirst es jedenfalls! Wem das Streben das höchste Gefühl giebt, der strebe: wem Ruhe das höchste Gefühl giebt, der ruhe; wem Einordnung Folgen Gehorsam das höchste Gefühl giebt, der gehorche. Nur **möge** er bewußt darüber werden, **was** ihm das höchste Gefühl giebt und kein Mittel scheuen! Es gilt die Ewigkeit!

(...)

Wir wollen ein Kunstwerk immer wieder erleben! So soll man sein Leben gestalten, daß man vor seinen einzelnen Theilen denselben Wunsch hat! Dies der Hauptgedanke! Erst am Ende wird dann die Lehre von der Wiederholung alles Dagewesenen vorgetragen, nachdem die Tendenz zuerst eingepflanzt ist, etwas zu schaffen, welches unter dem Sonnenschein dieser Lehre hundertfach kräftiger gedeihen kann!

(KSA IX, 494–505)

Das Maaß der All-Kraft ist bestimmt, nichts »Unendliches«: hüten wir uns vor solchen Ausschweifungen des Begriffs! Folglich ist die Zahl der Lagen Veränderungen Combinationen und Entwicklungen dieser Kraft, zwar ungeheuer groß und praktisch »unermeßlich«, aber jedenfalls auch bestimmt und nicht unendlich. Wohl aber ist die Zeit, in der das All seine Kraft übt, unendlich d. h. die Kraft ist ewig gleich und ewig thätig: – bis diesen Augenblick ist schon eine Unendlichkeit abgelaufen, d. h.

alle möglichen Entwicklungen müssen schon d a g e w e s e n
s e i n. F o l g l i c h muß die augenblickliche Entwicklung eine
Wiederholung sein und so die, welche sie gebar und die, welche
aus ihr entsteht und so vorwärts und rückwärts weiter! Alles ist
unzählige Male dagewesen, insofern die Gesammtlage aller
Kräfte immer wiederkehrt. Ob je, d a v o n a b g e s e h e n, irgend
etwas Gleiches dagewesen ist, ist ganz unerweislich. Es scheint,
daß die Gesammtlage bis in's Kleinste hinein die E i g e n s c h a f -
t e n neu bildet, so daß zwei verschiedene Gesammtlagen nichts
Gleiches haben können. Ob es in Einer Gesammtlage etwas
Gleiches geben kann, z.B. z w e i B l ä t t e r? Ich zweifle: es
würde voraussetzen, daß sie eine absolut gleiche Entstehung
hätten, und damit hätten wir a n z u n e h m e n, d a ß b i s i n a l l e
E w i g k e i t z u r ü c k etwas Gleiches bestanden habe, trotz aller
Gesammtlagen-Veränderungen und Schaffung neuer Eigenschaften – eine unmögliche Annahme!

11[203]
Prüfen wir, wie der G e d a n k e, daß sich e t w a s w i e d e r -
h o l t, bis jetzt gewirkt hat (das Jahr z.B. oder periodische
Krankheiten, Wachen und Schlafen usw.) Wenn die Kreis-Wie-
derholung auch nur eine Wahrscheinlichkeit oder Möglichkeit
ist, auch der G e d a n k e e i n e r M ö g l i c h k e i t kann uns erschüttern und umgestalten, nicht nur Empfindungen oder bestimmte Erwartungen! Wie hat die M ö g l i c h k e i t der ewigen
Verdammniß gewirkt!
(...)
Hüten wir uns zu glauben, daß das All eine Tendenz habe, gewisse F o r m e n zu erreichen, daß es schöner, vollkommener,
complicirter werden wolle! Das ist alles Vermenschung! Anar-
chie, häßlich, Form – sind ungehörige Begriffe. Für die Mecha-
nik giebt es nichts Unvollkommenes.

Es ist Alles wiedergekommen: der Sirius und die Spinne und deine Gedanken in dieser Stunde und dieser dein Gedanke, daß Alles wiederkommt.

(KSA IX, 523 f.)

Um den Gedanken der Wiederkunft zu e r t r a g e n :
    ist nöthig Freiheit von der Moral,
neue Mittel gegen die Thatsache des S c h m e r z e s (Schmerz
    begreifen als Werkzeug, als Vater der Lust – es giebt kein
    s u m m i r e n d e s Bewußtsein der Unlust)
der G e n u ß an aller Art Ungewißheit Versuchhaftigkeit,
    als Gegengewicht gegen jenen extremen Fatalismus
Beseitigung des N o t h w e n d i g k e i t s b e g r i f f s
Beseitigung des »Willens«
Beseitigung der »Erkenntniß an sich«
g r ö ß t e E r h ö h u n g d e s K r a f t - B e w u ß t s e i n s
d e s M e n s c h e n , als dessen, der den Übermenschen schafft.

1. Der Gedanke: seine Voraussetzungen, welche wahr sein
    müßten, wenn er wahr ist
    was aus ihm folgt
2. als der s c h w e r s t e Gedanke: seine muthmaßliche Wir-
    kung, falls nicht vorgebeugt wird d. h. falls
    nicht alle Werthe umgewerthet werden
3. Mittel ihn zu e r t r a g e n die Umwerthung aller Werthe:
    nicht mehr die Lust an der Gewißheit
        sondern an der Ungewißheit
    nicht mehr »Ursache und Wirkung«,
        sondern das beständig Schöpferische
    nicht mehr Wille der Erhaltung, sondern
    der Macht
        usw.
    nicht mehr die demüthige Wendung »es ist
    alles n u r subjektiv, sondern »es ist auch
    u n s e r Werk!« seien wir stolz darauf!

(KSA XI, 224 f.)

XV. Ecce homo

Warum ich ein Schicksal bin.

1.

Ich kenne mein Loos. Es wird sich einmal an meinen Namen die Erinnerung an etwas Ungeheures anknüpfen, – an eine Krisis, wie es keine auf Erden gab, an die tiefste Gewissens-Collision, an eine Entscheidung heraufbeschworen gegen Alles, was bis dahin geglaubt, gefordert, geheiligt worden war. Ich bin kein Mensch, ich bin Dynamit. – Und mit Alledem ist Nichts in mir von einem Religionsstifter – Religionen sind Pöbel-Affairen, ich habe nöthig, mir die Hände nach der Berührung mit religiösen Menschen zu waschen ... Ich will keine »Gläubigen«, ich denke, ich bin zu boshaft dazu, um an mich selbst zu glauben, ich rede niemals zu Massen ... Ich habe eine erschreckliche Angst davor, dass man mich eines Tags heilig spricht: man wird errathen, weshalb ich dies Buch vorher herausgebe, es soll verhüten, dass man Unfug mit mir treibt ... Ich will kein Heiliger sein, lieber noch ein Hanswurst ... Vielleicht bin ich ein Hanswurst ... Und trotzdem oder vielmehr nicht trotzdem – denn es gab nichts Verlogneres bisher als Heilige – redet aus mir die Wahrheit. – Aber meine Wahrheit ist furchtbar (...).

(KSA VI, 365)

ANHANG

Die grausame Wiederkehr des Dionysos

Friedrich Nietzsche liest Euripides –
und antizipiert sein eigenes Geschick

Euripides' späte Tragödie »Die Bakchen«, postum im Jahr 405 v. u. Z. in Athen uraufgeführt, hat Zuschauer und Interpreten seit je erschreckt und fasziniert. Das Werk ist selbst nach den Maßstäben der griechischen Tragödie, die keinen Eltern-, keinen Kindesmord, freilich auch keine inzestuöse Liebe scheut, eines der grausamsten der Weltliteratur: ›Theater der Grausamkeit‹ im eminenten Sinne. Pentheus, der König von Theben, wird von seiner Mutter Agaue im mänadischen Rausch buchstäblich zerrissen, weil er ihrem Gott, dem Dionysos, die Gefolgschaft verweigert und als voyeuristischer Beobachter des dionysischen Kultes der Mänaden das Mysterium entweiht. Ein Muttermord also, aber, im Sinn des *genitivus subjectivus*, kein Mord an der Mutter, wie der Begriff ›Muttermord‹ üblicherweise verstanden wird, so wie etwa der Begriff ›Christenverfolgung‹ in der Regel die Verfolgung *der* Christen, nicht die Verfolgung *durch* die Christen meint.

Zugleich, und das muss kein Gegensatz zum ›Theater der Grausamkeit‹ sein, wurde das Werk als religiöses Drama verstanden, mit dem sein Autor, der ehemalige Aufklärer, der gottlose Sophist, der religionskritische Entlarvungspsychologe Euripides, in den Schoß der Tradition zurückzukehren schien: Die blutige Ermordung in den »Bakchen« ist göttliche Strafe und Rache. Ihr Werkzeug aber ist eben die Mutter, Agaue, die ihren Sohn liebt, jedoch von dem Gott so verblendet wird, dass sie das muttermörderische Werk vollbringt, bevor ihr Bewusstsein wiederkehrt. Die Tragödie ist gleichsam der Altar, auf dem der Gott sich die Menschen opfert.

Zweitausenddreihundert Jahre später liest ein junger klassischer Philologe, der sich in einen Philosophen verwandelt und immer in gewissem Sinn ein Theologe bleibt, das Werk des Euripides: Friedrich Nietzsche. Bei ihm findet die intensivste Euripides-Rezeption der Neuzeit statt. Mit den »Bakchen« hat er sich dabei am eingehendsten befasst. Er ist *der* Gottesjäger und Gottesmörder der Moderne. Aber er ist auch derjenige, der den Dionysos als den uralten und zugleich ›neuen‹ Gott wiederbringen will. Das ist die Antwort auf seine Klage über die Unfähigkeit der Epoche zu neuer Theogonie, ihre gottesschöpferische Impotenz: ›Zweitausend Jahre und kein neuer Gott!‹ Am Anfang wie am Ende ist Dionysos *die* Konstante seines so vielschichtigen wie zerrissenen Werkes. Im Zeichen des Dionysos wird er selber zum Opferpriester wie zum Opfertier. – An ihm wird zwar durchaus kein frommer Muttermord vollzogen: Zweitausend Jahre Christentum haben ihre Zivilisierungsarbeit getan. Die Liebe hat ein allzu offensichtliches, allzu blutiges Theater der Grausamkeit von der Lebensbühne verbannt. Franziska Nietzsche, die große Mutter, die ›magna mater‹ ihres großen Sohnes, ist nichts weniger als eine Mänade. Aber in den Seelen geht die alte Tragödie weiter, zumal wenn die Mutter- und Sohnesliebe die Liebe zu Gott obligatorisch mitumfasst. So kann denn auch Nietzsches umgetriebenes, nomadisches, gespaltenes, zerrissenes Leben wie ein bedeutsamer Teil seines Werkes im Zeichen der Agaue, des Pentheus und des Dionysos, der heiligen trinitarischen Familie von Mutter, Sohn und Gott stehen. Am Ende führt ihn der Wahn in die Arme zurück, die seiner stets harrten.

In der »Geburt der Tragödie aus dem Geiste der Musik« mit ihrer polaren Typologie des ›Apollinischen‹ und des ›Dionysischen‹ leitet Nietzsche die griechische Tragödie bekanntlich aus der Verbindung des hellenischen Apollon mit dem asiatischen Dionysos ab. Das Apollinische steht für die festumrissene individuelle Gestalt, mit dem Begriff Schopenhauers gesagt, dessen Jünger Nietzsche um diese Zeit noch ist: für das Prinzip der Individuation. Das Dionysische indessen hebt im unbewussten

Rausch, in dem des Weines, des sexuellen oder auch des Blutrausches, das Individuationsprinzip auf. Das ›Dionysische‹ ist keine Distanzierungs-, sondern eine Vereinigungsmacht. Es schlingt die Individuen in die Alleinheit zurück, es verschlingt sie, in einen als »Mutterschooß« (KSA, Nr. 7, 195), als »Schooss[ ] des Ur-Einen« (KSA, GT, 1, 141), gefassten Grund.

Euripides aber und seine Entsprechung in der Philosophie: Sokrates, spielen in diesem Zusammenhang für Nietzsche eine höchst zwiespältige Rolle. Einerseits werden sie für den Tod des Dionysischen *in* der Tragödie und damit für den Tod *der* Tragödie, genauer: für ihren ›Selbstmord‹ verantwortlich gemacht. Bevor Nietzsches ›toller Mensch‹ in der »Fröhlichen Wissenschaft« verkündet: »Gott ist todt! Gott bleibt todt!« (KSA, FW, 3, 481), sagt er: »›der große Pan ist todt‹, ›die Tragödie ist todt!‹« (KSA, GT, 1, 75). »Götterdämmerung« (KSA, NF, 7, 28) ist es in Griechenland. Der vom frühen Nietzsche als naiv gescholtene »*Rationalismus*« (ebd., 41), der Geist der Analyse, der Anatomie, die Bindung des Schönen (Euripides) und des Guten (Sokrates) an das Bewusstsein (vgl. KSA, ST, 1, 540), kurz: die hellenische Aufklärung zerreißt die stets labil gebliebene Einheit des Dionysischen und des Apollinischen. Euripides, für Nietzsche der dezidierte »*Nicht-Mystiker*« (KSA, GT, 1, 90), der hybride dramatische Prometheus (vgl. NF, 7, 157), tut als Tragiker selber das, was seine Protagonisten zeigen: Das kühle Pathos der kritischen Distanz, der »*Vereinzelung*« (ebd., 41), der Autonomie, verweigert sich den Mysterien der frommen Verschmelzung.

Andererseits sind da die »Bakchen«. Zeigen sie mit der Wiederkehr der dionysischen Tragödie, mit ihrer mänadischen Raserei, dem Furor der Hingabe an den rauschhaften Gott nicht ganz anderes? So scheint es. Aber das Bild, das Nietzsche von der Tragödie und ihrem Autor, indirekt von sich selber zeichnet, ist nicht eindeutig – was die Übersicht einigermaßen erschwert. Ich versuche, die komplexen, zum Teil widersprüchlichen Zusammenhänge wenigstens andeutungsweise zu rekonstruieren und bitte um Nachsicht, wenn ich Ihre Aufmerksamkeit dabei etwas strapaziere.

Vor der »Geburt der Tragödie«, in der nachgelassenen Schrift »Die dionysische Weltanschauung«, schreibt Nietzsche dem Euripides der *Bakchen* die »Vergeistigung der Dionysosfeier« (KSA, DW, 1, 558), die »Idealisierung der Orgie« (ebd., 556), also gerade wieder ihre apollinische Sublimation zu. Nietzsche bezieht sich hier auf jene unerwartet keusche und züchtige Version der mänadischen Orgien, die in den »Bakchen« ein Hirtenbote erzählt, während der aufgeklärte sexuelle Voyeur Pentheus sich von den Mänaden ganz anderes erwartet. Bei den asiatischen Dionysos-Feiern – so Nietzsche, ich zitiere die Passage, weil sie so züchtig ist, etwas ausführlicher –, »wurde in fünftägiger Festdauer jedes staatliche und sociale Band zerrissen; aber das Centrum lag in der geschlechtlichen Zuchtlosigkeit, in der Vernichtung jedes Familienthums durch das unumschränkte Hetärenthum. Das Gegenstück dazu bietet das Bild der griechischen Dionysosfeier, welches Euripides in den Bacchen entwirft: aus ihm strömt derselbe Liebreiz, derselbe musikalische Verklärungsrausch, welchen Skopas und Praxiteles zur Statue verdichteten. Ein Bote erzählt, dass er in der Mittagshitze mit den Herden auf die Bergspitzen hinaufgezogen sei: es ist der rechte Moment und der rechte Ort, um Ungesehenes zu sehen; jetzt schläft Pan, jetzt ist der Himmel der unbewegte Hintergrund einer Glorie, jetzt *blüht* der Tag. Auf einer Alpentrift bemerkt der Bote drei Frauenchöre, über den Boden hinzerstreut liegend und in sittsamer Haltung: viele Frauen haben sich an Tannenstämme gelehnt: alles schlummert. Plötzlich beginnt die Mutter des Pentheus zu jubeln, der Schlaf ist verscheucht, alle springen auf, ein Muster edler Sitten; die jungen Mädchen und die Frauen lassen die Locken herab auf die Schultern fallen, das Rehfell wird in Ordnung gebracht, wenn im Schlafe die Bänder und Schleifen sich gelöst haben. Man umgürtet sich mit Schlangen, die vertraut die Wangen lecken, einige Frauen nehmen junge Wölfe und Rehe auf den Arm und säugen sie. Alles schmückt sich mit Epheukränzen und

Winden, ein Schlag mit dem Thyrsos an den Felsen und Wasser sprudelt hervor: ein Stoß mit dem Stab auf den Grund, und ein Weinquell steigt empor. Süßer Honig träufelt von den Zweigen, wenn jemand den Boden nur mit den Fingerspitzen rührt, so springt schneeweiße Milch heraus. – Dies ist eine ganz verzauberte Welt, die Natur feiert ihr Versöhnungsfest mit dem Menschen. Der Mythos sagt, dass Apollo den zerrissenen Dionysos wieder zusammengefügt habe. Dies ist das Bild des durch Apollo neugeschaffenen, aus seiner asiatischen Zerreißung geretteten Dionysos« (ebd., 558 f.).

In der Tat, ein apollinisches Idyll, das wiedergewonnene goldene Zeitalter, das die säugenden Frauen mit ›jungen Wölfen und Rehen‹ in vollendeter symbiotischer Harmonie vereint. Selbst christliche Gottesmütter hätten keine Schwierigkeiten gehabt, ihrem Sohn in diesem sittsamen Kreis die Brust zu reichen. Noch die erotischen Konnotationen – das Negligé der gelösten ›Bänder und Schleifen‹, die Anlehnung an die Tannenstämme, das Stoßen des Thyrosstabes, und sogleich fließen Wein und Wasser hervor, die leckenden Schlangen, der träufelnde Honig, die herausspringende Milch – sind in apollinischem Geist gemildert. Aus der laut Nietzsche »abscheulichen Mischung von Wollust und Grausamkeit« im Dionysoskult werden hier die Mysterien der »geschlechtlichen Zuchtlosigkeit« (KSA, GT, 1, 32) im barbarischen Asien gelassen.

Aber Nietzsche gibt damit nur ein sehr fragmentiertes Zitat der »Bakchen«. Vor allem der Muttermord und damit das Zentrum der grausamen dionysischen Tragödie fehlen. Es handelt sich um eine bereinigte Fassung. In Nietzsches anderen Versionen kehrt das Verdrängte jedoch umso mächtiger wieder. Gemäß der »Geburt der Tragödie« und einer noch drastischeren Formulierung, die Nietzsche in den Nachlass verbannt hat, lässt Euripides sich gleichsam selber in der Gestalt des Pentheus, des »verständigste[n] Gegner[s]« des Dionysos (ebd., 82), »zerfleischen« (KSA, 14, 51). Die »Bakchen« sind für Nietzsche der Selbstwiderruf, der *Anti-Euripides* des Euripides. Ja, der Muttermord am Protagonisten ist der »Selbstmord[ ]« (ebd., 82) des Dichters als Anti-Dionysiker und religionskritischer Aufklärer, eine Selbstopferung, die konsequenterweise im Zeichen der dionysischen Aufhebung der Autonomie und Individuation des kritischen Bewusstseins steht. Wie der Gott, die Mutter und der zerrissene Sohn in der Tragödie auf blutige Weise zusammenfließen, wenn der Gott keinen Gehorsam findet, so »verherrlicht« der Dichter laut Nietzsche mit derselben erschreckenden Energie »auf seinen eignen zerfetzten Überresten die Allmacht des Gottes« (KSA, 14, 51) im Bild der Tragödie und schwört der Gottlosigkeit ab.

Diese Interpretation Nietzsches ist freilich nur begrenzt triftig. Sie geht daran vorbei, dass Euripides in den »Bakchen« keineswegs einen totalen Selbstwiderruf, eher so etwas wie eine hellenische Variante der ›Dialektik der Aufklärung‹ inszeniert hat. Beispielsweise karikiert die Tragödie gerade die Frömmsten im Lande – Agaues Vater Kadmos, den Seher Teiresias – als beizeiten gewendete religiöse Opportunisten. Und der Religionskritiker Pentheus wird als der Repräsentant einer halbierten Aufklärung, einer instrumentellen Herrschaftsvernunft gezeigt. Aber auch Nietzsches eigene Entwicklung fügt sich keiner eindeutigen Tendenz. Welchen Weg ist er als Dionysosjünger und Sohn einer »großen Mutter«, welchen als Pentheus gegangen?

Das Werk des frühen Nietzsche, der noch nicht gänzlich mit der familiären, der christlichen Tradition bricht, sympathisiert zwar spürbar mit Euripides' ›Widerruf‹. Doch schon im Nachlass dieser Zeit fragt Nietzsche sich, ob denn die angebliche Bekehrung des Dichters, seine ›fromme‹ Absage an das ›Vernünfteln‹, nicht »Ironie« sei (KSA, NF, 7, 35). Ironie aber ist ein Bewusstseins-, ein Distanzphänomen, durch und durch apollinisch, kein Kind der dionysischen Verschmelzung: ›Über die Geburt der Ironie aus dem Geiste der Distanz …‹. – Der mittlere Nietzsche von »Menschliches-Allzumenschliches« über die »Morgenröthe« bis zur »Fröhlichen Wissenschaft« radikalisiert das Zersetzungswerk der religionskritischen griechischen und der westeuropäischen Aufklärung bis zum Gottesmord. Die Wiederkehr des Dionysos wird abgelöst von der Exekution des christlichen Gottes. Freilich, schon im vierten und vor allem im fünften Teil der »Fröhlichen Wissenschaft« signalisiert Nietzsche, dass er Gottesmörder und zugleich wieder Gottgebärer werden will. Sein ›Kind‹ Zarathustra ist die erste Frucht dieser neuen Gottgeburt. Danach kehrt, zunächst episodisch, dann immer stärker, kulminierend in den »Dionysos-Dithyramben«, Dionysos als der uralte ›neue Gott‹ wieder, den er einer ganz und gar unfruchtbaren, vor allem nicht mehr gottschöpferischen Welt verkündet: Nach zweitausend Jahren Christentum nun doch wieder ein neuer Gott.

Dionysos' Beziehung zum christlichen Gott aber ist weitaus komplexer, als man es gerne wahrhat. Grob vereinfacht gesagt: Einerseits ist Dionysos für Nietzsche der Gott emphatischer Immanenz, eines entschlossenen Wohnens hienieden, einer strikt weltlichen Religion, die das schöpferische, das sich selbst steigernde Leben in allen seinen Formen, jenseits von Gut und Böse, in Lust, nicht zuletzt der sexuellen Lust, und in Weh bejaht. Dionysos und *Anti*christ, die dionysische und die antichristliche Weltanschauung (vgl. KSA, GT, 1, 19) fallen insofern zusammen. Dionysos ist die Chiffre für eine *unio mystica* mit der Natur und dem Leben, eine vitalistische Mystik, die nun freilich nicht mehr mit der Aufhebung der Individuation verbunden ist, vielmehr im Willen zur Selbststeigerung kulminiert.

Andererseits, auf Grund einer nie gelösten Ambivalenz, die Nietzsche zum gläubigsten aller atheistischen Philosophen, zum frömmsten aller Gottesmörder, manchmal geradezu zum Hoftheologen des toten Gottes macht, zeichnen sich hinter der tragischen Maske des Dionysos wieder und immer stärker die Züge des christlichen Gottessohnes ab. Schon in den »Bakchen« wie im Dionysos-Mythos insgesamt ist der christliche Glaube auf stupende Weise präfiguriert: die Passio des Dionysos selber, der als noch unerkannter Gott vor Pentheus wie Jesus vor Pilatus steht; dessen Wein und Blut in den Adern der Menschen fließen;

der eine überaus innige Beziehung zu allen Aspekten der ›großen Mutter‹, besonders der ›Maria lactans‹ und der ›mater dolorosa‹, der milchgebenden und der schmerzenreichen Gottesmutter unterhält – alles das deutet darauf hin. Vor allem aber stiftet die Bejahung des Leidens und die kompensatorische Neigung zu Verklärung und Wiedergeburt bei Nietzsche die Verbindung von Dionysos und Crucifixus, und zwar so weitgehend, dass Nietzsche am Ende seines bewussten Lebens seine letzten Botschaften an die vernünftige Welt, wie hinlänglich bekannt, wahlweise mit ›Dionysos‹ oder ›Der Gekreuzigte‹ unterzeichnen kann. Von den sogenannten ›Wahnsinnszetteln‹ sind neun von »Dionysos«, acht direkt und zum Schluss zunehmend, mehrere weitere indirekt vom »Gekreuzigten« signiert (KSB, 8, 571 ff.). Doch es sind auch die letzten ›frohen Botschaften‹ eines Geistes, der über seinen Leiden zerbricht – die Botschaften des ans Kreuz des Lebens geschlagenen Menschensohnes.

In Nietzsches Weg in den Wahn aber lebt in gewissem Umfang die Tragödie der »Bakchen« fort. Der späte Nietzsche selber hat sein Geschick als »Bakchen«-Tragödie interpretiert. Nicht, dass etwa Nietzsches Mutter ihren Pentheus just dem Dionysos geopfert hätte. Dionystisch im exzessiven ›wilden‹, irgendwie orgiastischen Sinn war Franziska Nietzsche weiß Gott nicht. Am 27. März 1896 zitiert sie gegenüber Nietzsches Freund Franz Overbeck tief befriedigt die Diagnose von Nietzsches Jenaer Anstaltsdirektor Otto Binswanger: »[...] die Liebe der Mutter hat seinem Wildsein die Kraft genommen.« Aber zwischen Mutter und Sohn ereignet sich doch eine Tragödie, die den Sohn zerreißt, weil er sich mit ihr nicht in jenem Gottesglauben vereinen kann, der ihr erstes Gebot und das ihrer Herkunft ist.

Die andere Variante, die auch möglich gewesen wäre, den indirekten geistigen Mord an der Mutter, hat der freie Geist Nietzsche in der »Morgenröthe« phantasiert; nur wechselt er dabei den Mythos: »*Die Sesshaften und die Freien.* – Erst in der Unterwelt zeigt man uns Etwas von dem düsteren Hintergrunde aller jener Abenteurer-Seligkeit, welche um Odysseus und Seinesgleichen wie ein ewiges Meeresleuchten liegt, – von jenem Hintergrunde, den man dann nicht mehr vergisst: die Mutter des Odysseus starb aus Gram und Verlangen nach ihrem Kinde! Den einen treibt es von Ort zu Ort, und dem Andern, dem *Sesshaften* und Zärtlichen, bricht das Herz darüber: so ist es immer! Der Kummer bricht Denen das Herz, welche es erleben, dass gerade ihr Geliebtester ihre Meinung, ihren Glauben verlässt, – es gehört dies in die Tragödie, welche die freien Geister *machen*, – um die sie mitunter auch *wissen*! Dann müssen sie auch wohl einmal, wie Odysseus, zu den Todten steigen, um ihren Gram zu heben und ihre Zärtlichkeit zu beschwichtigen« (KSA, M, 3, 327).

Nietzsches eigene »Bakchen«-Tragödie beginnt damit, um kurz die bekannten Fakten zu resümieren, dass seine Mutter mitsamt Großmutter und Tanten im Naumburger Frauenreich den ›kleinen Pastor‹ den Manen des unter grausamen Bedingungen gestorbenen Vaters weiht. Das In-Spuren-Gehen, die vorbehaltlose Identifikation, soll seine Lebensaufgabe sein.

Erste nachhaltige Erschütterungen kommen, als Nietzsche mit der Mutter über die Alleingültigkeit der christlichen Lehre streitet und schließlich die Rolle des Theologen quittiert.

Die Begegnung mit dem unbeugsamen Atheismus Arthur Schopenhauers mündet in den Bruch mit der Tradition. Die Tragödie nimmt ihren Lauf mit einem schizoiden, einem zerrissenen Leben, in das Nietzsche hineingetrieben wird, in das er, unfähig, sich der Liebe zu erwehren oder auf sie zu verzichten, sich selber hineintreiben lässt. Die Geburten seines Geistes wird dieser noch in seiner Dissidenz gezähmte Pentheus und Euripides seiner Mutter, wenn sie um die Zusendung bittet, vorenthalten, damit das Trauma einer unwiderruflichen Trennung vermieden werde. ›Lass es, Mutterchen, lies es nicht, es ist von einem ganz anderen Standpunkt aus geschrieben‹, empfiehlt Nietzsche seine in der Tat ›ganz anderen‹, nämlich gottesmörderischen Bücher zur Nichtlektüre. Markiert er aber doch einmal mit Härte die Distanz zu den ›guten Christen‹ mit ihren ›einseitigen, oft anmaßenden Urteilen‹, zu Mutter und Schwester, die seine natürlichen Feinde sein müssten, wenn sie sein Ziel ahnten, so mündet das noch im selben Brief in die gütliche Empfehlung: ›Wir wollen es, meine liebe Mutter, doch wie früher machen und alle schwierigen Punkte in Briefen und Gesprächen vermeiden.‹

Franziska ihrerseits bekennt: ›es greifen mich derartige Sachen so an, indem es die Grundfesten unseres Glaubens erschüttert und am Ende selbst die Liebe zu einem so edlen lieben und geliebten Kinde beeinträchtigen könnte‹. Wenn sie seine Sachen aber doch einmal liest, verliest sie sich vorsorglich sogleich: Aus der »Götzen-Dämmerung« wird so die ›Geisterdämmerung‹. Und die Publikation seiner blasphemischsten Texte – des »Antichrist«, des »Fluch[s] auf das Christenthum« (KSA, AC, 6, 165) – hat ihr Sohn, wie sie glaubt, ›gewiss nicht gewollt‹.

Seine sexuellen Dionysien feiert Nietzsche, wenn überhaupt, nur in der sorgfältig verborgenen käuflichen oder der in ihren Formen tabuierten Liebe. Seiner Mutter kann Nietzsche zwar davon schreiben, dass ihm die Selbsttötung nicht ferne gewesen sei (KSB, 6, 103) – das weitestgehende Dokument seiner Offenheit –, von der Art seines Lebens aber nicht. Und als ihm in Gestalt von Lou von Salomé ein einziges Mal die sinnliche und die intellektuelle Verheißung eines freien Geistes und Leibes zugleich naht, exkommuniziert ihn die Mutter als »›Schande für das Grab seines Vaters‹« und »›Schimpf der Familie‹« (ebd., 365, 326). Was Mutter und Schwester ihm hier – die Mutter »seit seiner Geburt«, schreibt er an Franz Overbeck (ebd., 338) – zugemutet haben, deutet er als Tötungsversuch. Doch das steht in Briefentwürfen, die er, wie fast alle seine Abrechnungen, nicht abschickt (ebd., 468 f.). Jenen Satz, in dem Nietzsches Lehrer Schopenhauer und dessen Mutter Johanna sich vereinen, um sich in seinem Zeichen zu trennen: ›Wir beide sind *Zwei*‹, diesen antisymbiotischen Satz hat Nietzsche nie sagen können.

Die labile Balance zwischen Franziska und Friedrich Nietzsche wird danach von ihnen so weit wiederhergestellt, dass das schizoide Leben fortgeführt werden kann: vollständige geistige Kommunikationslosigkeit bei weitestgehender emotionaler Abhängigkeit ist die Konstellation. In den ersten Januartagen 1889 aber zerbricht dieses zerstückelte, schizoide Leben vollends. Und Dionysos und der Gekreuzigte erstehen aus den Leichenteilen von Nietzsches Geist wieder auf. Die Schwester ist es, die seine dionysischen und die christlichen Bilder und Begriffe dokumentiert, in denen er seine Tragödie als »Bakchen«-Tragödie zu fassen versucht. Und in diesem Fall kann man ihrem Zeugnis wohl trauen, weil es sich auch gegen sie selber richtet. Zweimal wird das tragische Zentralbild der Zerrissenheit wiederholt. »In jener Zeit« – »in illo tempore!« –, notiert sie in ihrer Biographie, »beschrieb er auch einige Blätter mit seltsamen Phantasien, in denen sich die Sage des Dionysos-Zagreus mit der Leidensgeschichte der Evangelien und den ihm nächststehenden Persönlichkeiten der Gegenwart vermischen: der von seinen Feinden zerrissene Gott wandelt neu erstanden an den Ufern des Po und sieht nun Alles, was er jemals geliebt hat, seine Ideale, die Ideale der Gegenwart überhaupt, weit unter sich. Seine Freunde und Nächsten sind ihm zu Feinden geworden, die ihn zerrissen haben. Diese Blätter wenden sich gegen Richard Wagner, Schopenhauer, Bismarck, seine nächsten Freunde: Professor Overbeck, Peter Gast, Frau Cosima, meinen Mann, meine Mutter und mich [...] Auch in diesen Aufzeichnungen sind noch Stellen von hinreißender Schönheit, aber im Ganzen charakterisieren sie sich als krankhafter Fieberwahn« (KSA, 14, 460). Diese ›seltsamen Phantasien‹ sind offenbar so provozierend, vielleicht tatsächlich schon wahnhaft, dass Schwester und Mutter die Blätter zerrissen haben. Was man fast verstehen kann, wenn man die bitterböse, geradezu monströse Abrechnung Nietzsches liest, die in einer wiederaufgefundenen Abschrift von Peter Gast erhalten geblieben ist. Im nachgelassen »Ecce homo«, im Kapitel »Warum ich so weise bin«, heißt es: »Wenn ich den tiefsten Gegensatz zu mir suche, die unausrechenbare Gemeinheit der Instinkte, so finde ich immer meine Mutter und Schwester, – mit solcher canaille mich verwandt zu glauben wäre eine Lästerung auf meine Göttlichkeit. Die Behandlung, die ich von Seiten meiner Mutter und Schwester erfahre, bis auf diesen Augenblick, flösst mir ein unsägliches Grauen ein: hier arbeitet eine vollkommene Höllenmaschine, mit unfehlbarer Sicherheit über den Augenblick, wo man mich blutig verwunden kann [...] Aber ich bekenne, dass der tiefste Einwand gegen die ›ewige Wiederkunft‹, mein eigentlich *abgründlicher* Gedanke, immer Mutter und Schwester sind [...] Man ist *am wenigsten* mit seinen Eltern verwandt« (KSA, EH, 6, 268).

Der Text spricht immer wieder von ›Mutter und Schwester‹. Aber der primäre Adressat ist die Mutter. So rabiat ist der Abschied von der Mutter nicht einmal im Hause Schopenhauer vollzogen worden. Die ›vollkommene Höllenmaschine‹ des christlich-familiären Infernos arbeitet auf blutige Verwundung, letzten Endes auf die grausame Tötung hin. Und, wie Nietzsche weiß, vor einer solchen christlichen ›Höllenmaschine‹ gibt es kein Entrinnen. Ja, Nietzsches Denken wird im Kern davon erschüttert. Mutter und Schwester werden zu dem, was selbst der Schmerz des Lebens in Nietzsches und Lou von Salomés »Hymnus an das Leben« noch nicht ist: zum ›tiefsten Einwand‹ gegen die ›ewige Wiederkunft‹ als ›höchste Formel der Bejahung‹.

Mit dem Augenblick aber, wo Nietzsche »Ecce homo« sagt, ist auch die Zeit gekommen, dass die Mutter ihren Sohn zu sich heimholen kann. Wahn, Heimholung und Versöhnung fallen zusammen. Sie pflegt den nach ihrem Urteil in die Irre Gegangenen mit unendlicher Hingabe, mit Mut gegenüber den Autoritäten der Psychiatrie, mit Umsicht, mit Güte, mit einer fast nie erlahmenden Zuversicht. Die Mutter Friedrich Nietzsches verdient Sympathie und Bewunderung. Sie ist, mit einem Terminus der Psychoanalyse gesagt, die es ohne Nietzsche nicht gäbe, die *good-enough-mother*, die in bedingungsloser Zuwendung auch die Attacken des Sohnes erträgt, z. B. als er noch während des Krankentransportes im Zug von Basel nach Jena auf dem Abort einen schrecklich anzusehenden Wutanfall auf sie bekommt oder später, als Peter Gast fürchten muss, dass er sie ›möglicherweise einmal erschlagen oder erwürgen könne‹: nach dem Modell der »Orestie« sein möglicher Muttermord, *genitivus objectivus*, der neue Pentheus erschlüge seine Agaue.

Das ›alte Kind‹, das sich mit Kot beschmiert und den eigenen Urin trinkt, pflegt sie. Den dionysischen Musiker, der weiterhin gerne wie einst der Vater frei am Klavier phantasiert, ermuntert sie sogar. Aber auch ihr Wille ist höchst bestimmt. Wenn Nietzsche als tragikomischer Naumburger Professor Dionysos nackt unter den wohlbekleideten Bürgern wandeln will und, sich auf dem Boden wälzend, sein orgiastisches ›Evoe‹ herausschreit – in den Irrenanstalten von Basel und Jena hat seine Phantasie gleich jede Menge ›verrückter Weiberchen‹, nicht weniger als zwei Dutzend Huren zu Besuch gehabt, und das weibliche Pflegepersonal war nicht sicher vor seinen Zudringlichkeiten –, wenn der Sohn also zum praktizierenden Dionysiker zu werden droht, dann unterbindet sie solche Exzesse. Wenn er seine Hände in die Hosentaschen steckt, legt sie diese, ›wenn er sich auch krampfhaft weigert, auf den Tisch‹, um sie dort zu ›liebkosen‹.

Wenn er sich im Bett mit der rechten Hand die linke Brustseite reibt und dabei förmlich stöhnt und wie gebadet in seinem Bett liegt, sorgt sie dafür, dass er ›das Reiben mit der Hand auf dem Seitenstuhlarm abmacht‹. Regt er sich zu sehr auf, streicht sie ihm unablässig beruhigend über die Stirn oder legt seine Hand an ihre Wange. – ›Du hast eine gute Hand‹, sagt er ihr dafür, und ›eine gute Sache in Deinen Augen‹ und ›kommt dann […] zu den überschwänglichsten Ergüssen darüber‹. ›Ich bete dich an, mein liebes Mutterchen‹, flüstert er ihr zu. Oft fragt er sie: ›heißt du Franziska vielleicht?‹ und sieht sie dazu fast zärtlich mit seinen lieben guten Augen an […] Und jetzt folgt er so gut, gefügig wie ein ›Kind‹.

Wenn er aber doch einmal seinen Eigenwillen bekundet, lässt die List ihrer Vernunft sich darauf zunächst scheinbar ein und bringt ihn gerade so unverzüglich dahin, dass er sie fragt: ›wie wolltest du's, und es so macht wie ich wollte. Und er wird wieder fromm!‹ ›Die religiöse Stimmung‹, berichtet die Mutter mit kaum verhohlener Befriedigung an Overbeck, macht sich ›mehr denn je geltend‹. Der Gottesmörder der Moderne spielt wieder die alten Choräle; er besucht an der Hand der Mutter wieder den Gottesdienst; und er lernt wieder beten. Mit einem Wort: Endlich hat sie den verlorenen Sohn wieder. Er ist in den mütterlichen Schoß des Glaubens zurückgekehrt. Er avanciert sogar zu jenem ›Lamm Gottes‹, das seit je ihre pietistisch geprägte Frömmigkeit in Liebe umfängt.

Sie nennt das ›alte Kind‹, ihr ›Königskind‹, das »alte Geschöpf« (KSB, 8, 460), als das er seine Briefe gerne signiert hat, im zärtlichsten Diminutiv mit den vertrauten Koseworten: ›mein Lieberchen‹, ›mein altes Herzchen‹. Als neue milchgebende ›Maria lactans‹ bereitet sie ihm das ›Fläschchen schönster Milch‹. Sie singt ihn in Schlaf. Ihre frühe Vermutung, dass sie dermaleinst noch den ›Kandidaten der Theologie‹ ins Bett bringen würde, hat sie nicht getrogen. Da darf er sogar mit ihr spielen, indem er mit der Schlummerrolle, die sie ihm für sein Bett gemacht hat, scherzend nach ihr wirft. Während sie am Tisch sitzt, liegt er halb schlafend neben ihr auf dem Sofa.

Als Nietzsche noch bei Sinnen war, hat sein Zarathustra schon verkündet: »Dass der Schaffende selber das Kind sei, das neu geboren werde, dazu muss er auch die Gebärerin sein wollen und der Schmerz der Gebärerin« (KSA, Za, 4, 111). Als er nicht mehr bei Sinnen war, hat er in seinen letzten von der Mutter aufgezeichneten Worten die altneue Einheit und den Rückweg dahin beschworen, auch wenn selbst hier noch letzte Widersprüche bleiben. Ich zitiere aus den von Sander Gilman dokumentierten Notizbüchern Franziska Nietzsches aus den Wahnsinnsjahren bis zu ihrem Tod 1897, einem tief berührenden Dokument. Jedes Wort, jeden Satz, jede Zeile von ihm hat sie aufbewahrt, abends notiert sie, was tagsüber »der gute Fritz gesprochen«. Fast alles hat mit dem Guten, dem Feinen, dem Schönen, zumal aber mit der Liebe zu tun: »Ich habe viel in Naumburg gelebt, weil ich gut war. Ich habe in der Saale geschwommen wie ein Wallfisch [...] Ich war sehr fein und gebe jeden Tag einen Hausschlüssel an meine Mutter [...] meine Mutter war ganz fein, weil sie mich sehr liebt, pour le mérite: Wallfische geschätzt. Kein Mensch übrig […] Ich bin kein Kind mehr. Jemand habe ich sehr geliebt mich selbst […] Ich habe Friedrich Nietzsche gar nicht geliebt […] Ich bin gern aus Haus gegangen. Ich habe Niemand geliebt nicht einmal einen Menschen […] Schöne Milch die habe ich sehr geliebt […] Was hat denn die Frau Pastor? schöne Augen […] Schöne Milch gute Milch […] Ich liebe meine Mutter sehr […] Wo lebt meine Mutter eigentlich […] Die Mutter elegant die liebe ich sehr […] Ich habe meine Mutter sehr geliebt weil sie gut ist […] Ich liebe die Mutter sehr weil ich die Mutter sehr liebe.«

Mit den Konfigurationen von Fluss und Walfisch, Haus und Schlüssel, schönen Augen und immer wieder der schönen, der guten Milch; mit Formeln, die in einer tautologischen Begründung, einem symbiotischen Zirkelschluss kulminieren, wird auf dem erschütterten Grund einer prekär bleibenden Selbst- und Menschenliebe die Mutterliebe sowohl als Liebe ›der‹ Mutter wie als Liebe ›zur‹ Mutter magisch beschworen: der Text ist ein *maternales Mantra*. ›Om mani padme hum. Ich liebe die Mutter sehr weil ich die Mutter sehr liebe.‹

So ist das Trennungstrauma endlich gebannt, und das blutige Ende der »Bakchen« vermieden. So stehen sie am Schluss in dem berühmten Naumburger Photo vor uns: der wahnsinnige Nietzsche an der Seite seiner liebevoll und energisch sich bei ihm einhakenden Mutter. Die Tragödie hat die zerstückelten Glieder wieder zusammengefügt, der Wahnsinn vereint am Ende das einst zerrissene Paar. An diese Paradoxie mag man sich in der Kirche wie an keinem anderen Ort der Nietzsche-Welt erinnern, in unmittelbarer Nähe zum Familiengrab, ›auf dem alten Gottesacker‹ von Röcken, wo seine Beerdigung, wie eingangs zitiert, ohne kirchliche Beteiligung stattfand, sein Weiterleben aber nicht ohne philosophische.

Der Wille zur Macht und der Wille zum Text.

Zur Geschichte der Nietzsche-Edition

»Diese Welt ist der Wille zur Macht – und nichts außerdem!
Und auch ihr selber seid dieser Wille zur Macht – und nichts außerdem!«

»Ich verstehe unter ›Moral‹ ein System von Wertschätzungen, welches
mit den Lebensbedingungen eines Wesens sich berührt.«

»Indem ich dich vernichte Hohenzollern, vernichte ich die Lüge.«

Drei Sätze desselben Autors, angeblich sogar die Schlusssätze desselben Werkes. Der erste entstammt der postumen Ausgabe von Friedrich Nietzsches sogenanntem »Hauptwerk«, dem »Willen zur Macht«, die das Weimarer Nietzsche-Archiv unter der Ägide von Nietzsches Schwester Elisabeth Förster-Nietzsche erstmals 1901, dann in zahlreichen weiteren Ausgaben, mal 483, mal 1067 Aphorismen umfassend, besorgt hat.

Der zweite »Schlusssatz« ist in Karl Schlechtas Ausgabe von 1956 enthalten, die nur noch chronologisch geordnete Manuskripte unter dem so nüchternen wie vorsichtigen Titel »Aus dem Nachlaß der Achtzigerjahre« bot.

Der dritte »Schlusssatz« steht in der von Giorgio Colli und Mazzino Montinari seit 1967 herausgegebenen »Kritischen Gesamtausgabe«.

Die Unterschiede sind schwerwiegend. Und Leser, die mit den Tücken der Philologie nicht vertraut sind, könnten spätestens hier den Glauben verlieren und desillusioniert feststellen, dass Editionen immer schon Interpretationen und manchmal auch Manipulationen sind.

Einen Philosophen eben des »Willens zur Macht« allerdings müsste das nicht weiter irritieren. Eigentlich bräuchte er nur Nietzsche selber beim Wort nehmen. Denn wenn es nach seiner Philosophie keine »Tatsachen« gibt, »nur *Interpretationen*«, und »das Interpretieren selbst (...) eine Form des Willens zur Macht« ist, »ein Mittel (...), um Herr über etwas zu werden«, warum sollte man dann nicht auch der »Tatsachen« der Texte Herr werden wollen –

»Der Wille zur Macht *interpretiert*«.

»Der Wille zur Macht **ediert**«?

Elisabeth Förster-Nietzsche jedenfalls war das Gegenteil von dem, was man sich unter einem seriösen Herausgeber vorstellt: zupackend, willensstark, ohne Skrupel und ohne jeden Respekt vor dem überlieferten Text, dafür begabt mit eindrucksvollen kriminellen Energien. Sie hat aus den verschiedenen konkurrierenden Entwürfen, die sich bei Nietzsche mit dem Konzept des »Willens zur Macht« verbanden und Ende August 1888 als eigenständiger Buchplan von ihm aufgegeben wurden, willkürlich einen als titelgebenden Plan ausgewählt und die nachgelassenen Fragmente »bearbeitet«, das heißt: sie hat ausgewählt, umgestellt, auseinandergerissen, weggelassen, hinzugefügt, systematisiert, Nietzsches umfängliche Zitate fremder Autoren irreführend ihm zugeschrieben und auch schlicht und einfach Texte gefälscht, wie sie es womöglich noch eindrucksvoller in ihren rasierten, radierten und retuschierten Briefeditionen getan hat: Das Weimarer Nietzsche-Archiv – eine Fälscherwerkstatt.

In den eingeweihteren Kreisen blieb es denn auch nicht ganz unbekannt, womit die mit einem Ehrendoktorat der Universität Jena ausgezeichnete und mehrfach für den Literaturnobelpreis vorgeschlagene Frau Dr. Förster-Nietzsche die nächtlichen Stunden verbrachte, in denen sie keinesfalls gestört werden wollte. Ein ziemlich hintersinniges Gerichtsurteil attestierte ihr 1931 sogar die Tantiemenberechtigung für ihre Ausgabe des »Willens zur Macht« dank unbestreitbarer Co-Autorinnenschaft. Doch erst die Ausgabe des ehemaligen Archivmitarbeiters Karl Schlechta, der indes noch nicht den handschriftlichen Nachlass in Weimar einsehen konnte, dann die »Kritische Gesamtausgabe« von Colli und Montinari enttarnten die Fälschung und entmythologisierten den »Willen zur Macht«.

Die »kritische Gesamtausgabe« gilt mit Recht als epochemachende Leistung. Sie hat statt des »Willens zur Macht« nur noch »Nachgelassene Fragmente« übriggelassen, Nietzsche im Ganzen von der Verfälschung zu einem rassistischen, antisemitischen Propheten des Nationalsozialismus befreit und die Textgrundlage für die weltweite Nietzsche-Renaissance der letzten Jahrzehnte geschaffen. Dem akkuraten Philologen, der Nietzsche bei allem Hohn auf seine Zunft blieb, war denn doch keine Handlungsanweisung für eine Fälscherwerkstatt zu entnehmen. Selbst im angeblichen »Willen zur Macht« wird die Grenze zwischen »Interpretation« und den »Tatsachen« des Textes mit Schärfe gezogen:

»Das nenne ich den *Mangel an Philologie*; einen Text *als Text* ablesen können, ohne eine Interpretation dazwischen zu mengen …«

Doch auch Colli und Montinari haben die nachgelassenen Fragmente – Notizbücher, Hefte, Lose-Blatt-Sammlungen – entgegen ihrer Ankündigung nicht ganz so dokumentiert, wie sie »in den Handschriften vorliegen«. Sie haben zwar keine systematische, aber eine von ihnen vermutete chronologische Ordnung hineingebracht. Und ausgeschlossen wurden nach den Worten Montinaris unter anderem

»Notizen und Bemerkungen von äußerlichem und zufälligem Inhalt …«

Nietzsche wurde dadurch selbst in dieser maßgeblichen Ausgabe noch rationaler, linearer, ordentlicher, als er in Wahrheit war. Ist aber ohne weiteres klar, was »äußerlicher und zufälliger Inhalt« ist – und das bei einem Philosophen, der mit seinem notorischen »Jenseits von …« alle schlichten Gegensätze verabschiedet hat und kein »äußerlich« und kein »innerlich«, kein »zufällig« und kein »notwendig« mehr kennt? Und darf ein Herausgeber darüber vorentscheiden?

Kurzum: Das Prädikat einer integralen, Wort für Wort und Zeichen für Zeichen den Handschriften folgenden Edition verdient auch diese lange Zeit sakrosankte Edition nicht.

Seither ist indessen eine von Marie-Luise Haase und Michael Kohlenbach herausgegebene, in diplomatisch treuer Transkription wiedergegebene Edition des handschriftlichen Nachlasses ab Frühjahr 1885 im Erscheinen. Diese inzwischen bis zum neunten Band gediehene, radikal auf die chaotische Gestalt des Nachlasses eingeschworene Ausgabe stagniert leider einstweilen nach der Einstellung der Förderung durch die DFG und die Thyssen-Stiftung.

Seit Herbst 2013 ebenfalls im Erscheinen die von David Marc Hoffmann und mir besorgte zwanzigbändige Basler Nietzsche-Ausgabe letzter Hand. Sie wird die von Nietzsche letztgültig autorisierten Fassungen seiner Werke im Faksimile dokumentieren. Der editorische Wille zum autorisierten Text löst den Willen zur Macht über den Text ab.

»Peitsche und Küche!«

»Zarathustras Schwester«
und Nietzsches Peitschen-Rat

Nietzsches Zarathustra scheint ein vergesslicher Mann zu sein. Muss er doch vor seinem Besuch der »Frauen« eigens von einer Frau daran erinnert werden, dass er die Peitsche als sein wichtigstes Requisit nicht vergessen soll …

Unter den allgegenwärtigen Nietzsche-Zitaten ist die Aufforderung, beim Gang zu den »Frauen« die »Peitsche« nicht zu vergessen, eines der populärsten, aber auch berüchtigtsten. Im ersten Teil von Nietzsches »Also sprach Zarathustra«, im Kapitel »von alten und jungen Weiblein«, heißt es, allerdings etwas anders, als es zumal der männliche Volksmund gerne zu zitieren pflegt: »›Du gehst zu Frauen? Vergiß die Peitsche nicht!‹« – Besagter Volksmund macht daraus meistens: »Wenn du zum Weibe gehst, vergiss die Peitsche nicht!« Aus den Frauen im Plural wird so das pejorativ verallgemeinerte schlechthinnige »Weib« im Singular.

Außerdem wird das Zitat wie selbstverständlich Zarathustra, wenn nicht gleich Nietzsche selber zugeschrieben, obwohl es sich um einen Rollentext handelt, der einem »alten Weiblein« in den Mund gelegt wird. Die Karriere des Zitats war gleichwohl unaufhaltsam. Es ist zu einem auf das Buchstäblichste zu verstehenden Schlag-Wort geworden.

Für die Rezeptionsgeschichte Nietzsches ist es eine Peinlichkeit geblieben, die sein Image als Frauenfeind, ja, Frauenhasser geprägt hat, ungeachtet dessen, dass er in seinem persönlichen Umgang alles andere als ein peitscheschwingender Sado-Macho, der aggressive Verkünder des Übermenschen als Übermanns war. Philosophiehistorisch ordnet man ihn gerne in die Tradition der Frauenfeindschaft seit Schopenhauers »Über die Weiber« ein, was die Sache aber auch nicht besser macht. Von Schopenhauer zu Nietzsche ist eher eine Eskalation der Misogynie zu beobachten.

Man übersieht indessen gerne, dass es sich bei dieser Peitschengeschichte um eine Fortsetzungsgeschichte: die Replik Nietzsches auf eine berühmte Photoszene handelt, die er selber 1882 in einem Luzerner Studio mit der unglücklich geliebten Lou von Salomé und dem Freund Paul Rée arrangiert hat: Als eine Art von Domina schwingt sie dort auf einem Leiterwägelchen über ihren beiden philosophischen Zugtieren ihr Peitschlein. Sie bringt die sonst männlich dominierten Geschlechterverhältnisse zum Tanzen. Zugleich spielt die Luzerner Inszenierung auf eine berühmte Anekdote der Philosophiegeschichte an, die dem Altphilologen und Philosophen Nietzsche mit großer Wahrscheinlichkeit bekannt war: auf die Geschichte des liebestollen Aristoteles in seiner Rolle als scheiternder Erzieher Alexanders und der erotisch triumphierenden Hofdame Phyllis. Der gleichermaßen liebestolle Nietzsche reinszeniert diese Anekdote als ironisches und selbstironisches ikonographisches Zitat.

Mit dem Zerbrechen der Freundschaft Nietzsches zu Lou von Salomé und Paul Rée finden indes die vergnügten erotischen Rollenspiele ihr Ende. Es scheint so, dass definitiv die Zeit für den Ratschlag gekommen ist, beim Gang zu den Frauen / dem Weib die Peitsche nicht zu vergessen. Mit dem Mann als Peitschenschwinger wird die Rolle der schönen Domina, die Nietzsche im Banne seiner Liebe für einen Moment an Lou vergeben hat, revidiert. Der Sado-Macho übernimmt das Regiment über die Domina-Femina. Aus den weiblichen Händen kehrt die Peitsche in die männlich-übermännlichen zurück.

So scheint es. Die wirklichen Verhältnisse sind indessen komplexer, widersprüchlicher, ambivalenter. Hier kommt Nietzsches Schwester Elisabeth ins böse Spiel. Um den inzwischen berüchtigten »Peitschen-Rath« aus dem »Zarathustra« zu erklären, erzählt sie in ihrer Biographie des Bruders von einer harmlos-heiteren Szene, wie sie glaubt. »Als Fritz im Frühjahr

1882 in Naumburg bei uns zum Besuch war, las ich ihm Turgenjews Novelle »Erste Liebe« vor. Ein reizendes junges Wesen, wohl etwas zweifelhafter Natur, wird zu gleicher Zeit von Vater und Sohn geliebt. Der Vater ist eine kraftvolle, brutale Natur von 40 Jahren, der Sohn ein idealer 18jähriger Jüngling. Die Schöne zieht den Vater vor. Späterhin belauscht der jugendliche Schwärmer eine Szene, wo das reizende Wesen den bevorzugten Liebhaber auf den Knien um etwas bittet, dieser aber mit der Reitpeitsche nach ihr schlägt, so dass auf den weißen Armen rote Streifen sichtbar werden; – aber sie liebt ihn trotzdem.«

In dem »reizenden«, aber »wohl etwas zweifelhaften jungen Wesen« ist unschwer eine Anspielung auf die allseits umworbene Lou von Salomé zu erkennen, die um diese Zeit genauso alt – 21jährig – wie »Sinaida«, die von allen Männern begehrte erotische Zentralfigur der Turgenjewschen Erzählung, war. Im Mittelpunkt steht die Psychologie einer schönen jungen Frau, die über die in sie verliebten Männer herrscht, mit ihnen spielt, sie anlockt und grausam quält, ja, sie schlägt – wenngleich nur mit der Hand auf die Finger –, bis sie in dem doppelt so alten »brutalen« Vater dem Mann begegnet, dem nun sie verfällt.

Zentral ist wieder eine Peitschen-Szene; mit angedeutetem sexuellen Hintersinn geht es um eine Reitgerte. Vater und Sohn reiten gestiefelt und gespornt aus. Nachdem beide sich getrennt haben, belauscht der Sohn eine »unglaubliche« Gewaltszene zwischen seinem Vater und Sinaida. Der Vater besteht auf ihrem Gehorsam in einer nicht weiter konkretisierten Sache, aber die ergebene und zugleich eigensinnige Sinaida willigt nicht ein, woraufhin der jähzornige Vater sie mit der Reitgerte auf den vorgestreckten und bis zum Ellenbogen entblößten Arm schlägt. Die Domina wird nun selber von dem brutalen Mann geschlagen. »Aber«, so die Schwester, »sie liebt ihn trotzdem«, vielleicht eben deswegen. Sie hebt den entblößten Arm an ihre Lippen und küsst die sich rötenden Striemen. Der Vater schleudert die Gerte beiseite. Als er beim Weiterreiten sein Pferd mit der Faust auf den Hals schlägt, weil ihm die Gerte fehlt, fragt der Sohn, wo er die Gerte »verloren« habe. Wahrheitsgemäß antwortet der Vater, er habe sie »nicht verloren«, sondern »weggeworfen«.

Erstaunlich genug jedoch, was die Schwester aus Turgenjews Text macht. Sie identifiziert sich weitgehend mit der Rolle des schlagenden Mannes. Dass Sinaida bei aller Ergebung eigensinnig bleibt, wird wegretuschiert. In der Wiedergabe der Schwester wird sie zur kniefällig Bittenden, die sie bei Turgenjew überhaupt nicht ist. Und die Peitsche, die man nicht vergessen darf, wenn man »zu Frauen«/»zum Weibe geht«? Bei Turgenjew wird die Reitpeitsche zwar mit allem Nachdruck als Schlaginstrument vom Mann gebraucht, aber danach wird sie weggeworfen, ja beiseitegeschleudert: Sie *war* beim Mann. In der Version der Schwester aber liebt die Geschlagene den Schläger weiterhin. Die im Luzerner Photo auf den Kopf gestellte Geschlechterhierarchie wird wiederhergestellt. Die Peitsche kehrt zum Mann zurück, die vormalige Domina wird wieder diszipliniert: so die Kriegserklärung des »Lamas« an alle »emanzipierten Frauen von heutzutage«.

Nietzsche freilich, der hier noch die Luzerner Szene in angeregter Erinnerung hat, will zunächst von diesem Peitschengebrauch nichts wissen. Er begleitet vielmehr, selbst nach Auskunft der Schwester, die Turgenjew-Lesung »mit allerhand humoristischen Bemerkungen« und missbilligt sogar den schlagenden »Liebhaber«. Doch dann wird er von der Schwester, wie sie erzählt, auf den Boden der Geschlechterhierarchie zurückgeführt. Sie glaubt nämlich besser als er zu wissen, dass es »in ihren Trieben und Charakteren ungebändigte Frauen gibt«, die »des starken Herrn bedürfen«, um »durch die brutale Machtbetonung des Mannes im Zaume gehalten zu werden«. Die Peitsche soll dabei trotz ihrer höchst realistischen Bedeutung bei Turgenjew nichts Handgreifliches, sondern »natürlich nur ein Symbol der Herrschaft« sein. Sobald diese Frauennaturen nicht die symbolische Peitsche über sich fühlen, werden sie »frech und unverschämt« und spielen »mit dem allzu guten Mann, der sie anbetet, Fangball«.

Der Bruder aber scheint auch jetzt noch nicht recht überzeugt zu sein. »Mit gut gespieltem Erstaunen« ruft er nach dem Bericht der Schwester aus: »›Also das Lama rät dem Manne die Peitsche an!‹ – ›Nein‹, antwortete ich lachend, – ›natürlich für Lamas und für alle vernünftigen, tugendhaften Frauen ist die Peitsche nicht; die wollen mit zarter Rücksicht und Liebe behandelt werden. Aber für die Anderen!‹« »Mit mancherlei Scherzen« geht das Geschwisterpaar vorerst »über die Angelegenheit hinweg«.

Die eindeutigere Fortsetzung dieser Peitschengeschichte findet indessen nach dem Bericht der Schwester ein Jahr später, im Mai 1883, bei einem Treffen mit dem Bruder in Rom statt. Als er ihr den ersten Teil des »Zarathustra« gibt und sie das Kapitel »Von alten und jungen Weiblein« liest, bekennt sie, angeblich erschrocken: »›O Fritz‹ (…), ›das alte Weibchen bin ich!‹ Mein Bruder lachte und sagte, das wolle er keinem Menschen verraten. Inzwischen (…) mochte Fritz über die Frauen etwas umgelernt oder dazu gelernt haben, so dass er jetzt in der Peitschengeschichte den Kern der Wahrheit so deutlich erkannte, dass er sich veranlasst fühlte, ihn besonders stark hervorzuheben.«

Der eigentliche Urheber des Peitschen-Raths ist demzufolge weder Nietzsche noch sein Zarathustra, sondern »Zarathustras Schwester«, die Gericht über die verhasste Konkurrentin um die Liebe ihres Bruders hält und mit der Turgenjewschen »Ersten Liebe« das Verhältnis der Geschlechter noch brutalisiert. Franz Overbeck hat böse ihren Beitrag zur Frauenfrage kommentiert: »… nun schwatzt sie weiter über die moderne Frauenfr., so unverfroren weiter, dass man nicht weiß ob man es nicht zu bedauern hat, dass sich der Umstandskrämer Nietzsche der modernen Culturnoth angenommen hat … Die Frauenfrage meint sie in der That allen Ernstes mit den Recepten zu lösen: Peitsche u. Küche!«

Das ist freilich nicht der Peitschengeschichte letzter Schluss. Der steht vielmehr im Dritten Teil des »Zarathustra« unter der Überschrift »Das andere Tanzlied«. Eine Dialogszene führt den Tänzer Zarathustra mit der personifizierten Gestalt des Lebens zusammen, in der unschwer wieder Reflexe der Lou-Geschichte zu entdecken sind. Von der »Hand« des Lebens fühlt er »zwei Tupfen und rothe Klexe« in seinem Gesicht. Revanchist, der er ist, will er das Leben dafür schlagen, dass es schreit: »Nach dem Takt meiner Peitsche sollst du mir tanzen und schrein!« Und dann die fast wörtliche Wiederaufnahme der Peitschenmaxime – »Ich vergaß doch die Peitsche nicht? –«, um sie sofort lapidar zu verneinen. »Nein!« –, er hat sie nicht vergessen. Er scheint der gehorsame Jünger des »alten Weibleins« zu sein, nach dessen Lehre er nun das Leben in der Gestalt des jungen Weibleins schlagen will.

Die Replik des Lebens freilich ist eine ganz andere: »Oh Zarathustra! Klatsche doch nicht so fürchterlich mit deiner Peitsche!« Das Leben hat in ihm den lärmend bramarbasierenden Sado-Macho erkannt. Um die Ironie vollkommen zu machen, bietet es ein kryptisches Zitat auf. Es stammt aus den »Parerga und Paralipomena« Arthur Schopenhauers, aus dem Kapitel über »Lerm und Geräusch«: »Du weisst es ja: Lärm mordet Gedanken«, wie Zarathustra es in der Tat mit Schopenhauer weiß, »und eben kommen mir«, dem erotisch personifizierten Leben, »so zärtliche Gedanken«.

Einstweilen bleibt zwar der Vorwurf, dass Zarathustra dem Leben »nicht treu genug« sei. Aber nachdem Zarathustra dem Leben seine »Weisheit« ins Ohr geflüstert hat, feiert er die Versöhnung mit dem Leben: so Nietzsches abschließende Antwort auf die Lou-Krise. Von einer Peitsche ist nun keine Rede mehr; es geht vielmehr um die Verwerfung des Peitschen-Rats aus dem ersten Teil, um Nietzsches Widerruf. Kein Wunder, dass Nietzsches Schwester von diesem »Zarathustra«-Kapitel schweigt. Es ist das Ende einer Peitschengeschichte, die 1882 mit der ironischen Luzerner Inszenierung der Domina Lou und ihrer philosophischen Zugtiere begann, ein Jahr später ihren Tiefstpunkt im Peitschen-Rat des »Zarathustra« fand und nun, 1884, nachdem Zarathustra wieder anders über Lou und das Leben denkt, revidiert wird. Es ist die Geschichte einer Nicht-Wiederkehr des Gleichen.

Zur Ikonographie und Geschichte des Peitschen-Motivs: Ludger Lütkehaus: Nietzsche, die Peitsche und das Weib. Basilisken-Presse Marburg 2012.

Daten zu Leben und Werk

1844

Geburt am 15. Oktober 1844 als erstes Kind des Pfarrers Carl Ludwig Nietzsche und dessen Ehefrau Franziska Nietzsche (geb. Oehler) in Röcken.

1846–1864

1846: Geburt der Schwester Elisabeth. 1848: Geburt des Bruders Joseph. 1849: Früher Tod des Vaters infolge einer Gehirnerkrankung. 1850: Tod des Bruders. Umzug der Familie nach Naumburg, wo Friedrich die Jahre zwischen 1850 und 1856 in einem reinen »Frauenhaushalt« (Mutter, Schwester, Großmutter und zwei unverheiratete Tanten) verbringt. Besuch der Naumburger Knabenbürgerschule. Nach vorübergehendem Unterricht an einer Privatschule Wechsel auf das Domgymnasium Naumburg. 1858–1864: Ausbildung am Elite-Internat Schulpforta. Beginn der Freundschaft mit Paul Deussen und Carl von Gersdorff. Frühe Dichtungen und Kompositionen.

1864–1870

1864–1865: Studium der Theologie und Klassischen Philologie in Bonn. Abbruch des Theologiestudiums nach dem ersten Semester. 1865: Verlegung des Studienorts nach Leipzig. Förderung durch den Altphilologen Friedrich Wilhelm Ritschl. Intensive Beschäftigung mit dem Werk Arthur Schopenhauers. 1866: Beginn der Freundschaft mit dem klassischen Philologen Erwin Rohde. 1867–1868: Unterbrechung des Studiums, Militärdienst und Rückkehr an die Universität Leipzig. 1868: Erste Begegnung und Beginn der Freundschaft mit Richard Wagner. Auf Vermittlung Ritschls wird der 24-jährige Nietzsche noch vor seiner Promotion als außerordentlicher Professor für Klassische Philologie an die Universität Basel berufen. Ab 1869 wiederholt Besuche bei Richard Wagner und Cosima von Bülow in Tribschen bei Luzern. Baseler Antrittsvorlesung über »Homer und die klassische Philologie«. 1870: Ernennung zum ordentlichen Professor. Bekanntschaft mit Jacob Burckhardt und Beginn der Freundschaft mit Franz Overbeck.

1870–1879
1870: Teilnahme am Deutsch-Französischen Krieg als freiwilliger Krankenpfleger. Vorzeitige Beendigung des Dienstes aufgrund einer Erkrankung an Ruhr und Diphtherie. Zunehmend distanzierte Haltung zum Krieg und zur Hegemonie Preußens. 1871: Erfolgloses Bemühen um die Übernahme des philosophischen Lehrstuhls in Basel. 1872: Veröffentlichung der Studie *Die Geburt der Tragödie aus dem Geiste der Musik*, die innerhalb der Klassischen Philologie aufgrund ihres spekulativen Charakters überwiegend auf Ablehnung stößt. Entstehung der Baseler Vorträge *Über die Zukunft unserer Bildungsanstalten*. Besuch bei Wagner anlässlich der Grundsteinlegung des Bayreuther Festspielhauses, für das sich Nietzsche auch publizistisch engagiert. Beginn der freundschaftlichen Beziehung zu der Schriftstellerin Malwida von Meysenbug. 1873: Erste *Unzeitgemäße Betrachtung: David Strauß, der Bekenner und der Schriftsteller*. Bekanntschaft mit Paul Rée. 1874: Zweite *Unzeitgemäße Betrachtung: Vom Nutzen und Nachteil der Historie für das Leben* sowie dritte *Unzeitgemäße Betrachtung: Schopenhauer als Erzieher*. 1876: Vierte *Unzeitgemäße Betrachtung: Richard Wagner in Bayreuth*. Besuch der ersten Festspiele in Bayreuth. Beginn der Freundschaft mit Paul Rée. Beurlaubung vom Universitätsdienst wegen einer Verschlechterung des Gesundheitszustands (schwere migräneartige Anfälle, Einschränkung des Sehvermögens). Zunehmende Distanz zu Wagner nach dem letzten persönlichen Treffen in Sorrent. 1878: Endgültige Abwendung von Wagner nach Erhalt des *Parsifal*. Letzter Brief an Wagner mit Übersendung von *Menschliches, Allzumenschliches*.

1879: Aufgabe des Lehramts an der Universität Basel aus Krankheitsgründen. Nietzsche, der sich in den Jahren bis zu seinem geistigen Zusammenbruch überwiegend in Italien, Sils-Maria (Schweiz) und Nizza aufhält, begreift sich fortan als »umherirrender Flüchtling«.

1879–1889

1879: *Der Wanderer und sein Schatten.* 1881: Nachhaltiger Eindruck einer Aufführung von Bizets Oper *Carmen.* Publikation von *Morgenröthe.* 1882: *Die fröhliche Wissenschaft.* In Rom trifft Nietzsche auf Paul Rée und Lou von Salomé. Letztere lehnt seine wiederholten Heiratsanträge ab. Die sich zunächst formierende »Dreieinigkeit« (von Salomé, Nietzsche, Rée) scheitert. 1883–1885: Erscheinen der vier Teile von *Also sprach Zarathustra.* 1886: *Jenseits von Gut und Böse.* 1887: *Zur Genealogie der Moral. Eine Streitschrift.* 1888: Georg Brandes hält an der Universität Kopenhagen Vorlesungen über Nietzsches Philosophie. *Der Fall Wagner* erscheint. Weitere in diesem Jahr entstandene und erst nach dem geistigen Zusammenbruch erscheinende Schriften weisen die zunehmenden Anzeichen einer pathologischen Selbstüberschätzung auf: *Ecce homo. Wie man wird, was man ist* (1908), *Der Antichrist. Fluch auf das Christentum* (1895), *Götzen-Dämmerung, oder: Wie man mit dem Hammer philosophirt* (1889). Briefwechsel mit August Strindberg. Anfang des Jahres 1889 erfolgt, kurz nach Fertigstellung des Druckmanuskripts der *Dionysos-Dithyramben* (erschienen 1892), in Turin der vollständige geistige Zusammenbruch. Die Versendung größenwahnsinniger Botschaften (sogenannter »Wahnsinnszettel«), die allerdings mit dem in seinem Spätwerk angelegten Sendungsbewusstsein in Verbindung stehen, lenkt Aufmerksamkeit auf seinen Zustand. Auf Veranlassung Overbecks wird er zunächst in das Baseler Irrenspital eingeliefert und danach in die Universitäts-Nervenklinik in Jena überführt.

1890: In einem bis zu seinem Tode andauernden Dämmerzustand wird der als unheilbar entlassene Nietzsche zunächst von der Mutter in Naumburg aufgenommen. 1894: Gründung des Nietzsche-Archivs durch Elisabeth Förster-Nietzsche. 1896: Verlegung des Archivs nach Weimar, wohin nach dem Tod der Mutter (1897) auf Veranlassung Elisabeths auch Nietzsche gebracht wird. Dort stirbt er am 25. August 1900. Die Beisetzung erfolgt am 28. August im Erbbegräbnis der Familie in Röcken.

Quellen- und Siglenverzeichnis

KSA Sämtliche Werke. Kritische Studienausgabe in 15 Bänden. Herausgegeben von Giorgio Colli und Mazzino Montinari, München/New York 1980 (abgekürzt mit römischer Band- und arabischer Seitenzahl).

KSB Sämtliche Briefe. Kritische Studienausgabe in acht Bänden. Herausgegeben von Giorgio Colli und Mazzino Montinari, München/New York 1986 (abgekürzt mit römischer Band- und arabischer Seitenzahl).

BAW Friedrich Nietzsche: Werke und Briefe. Historisch-Kritische Gesamtausgabe, Bände I bis V. Herausgegeben von Hans Joachim Mette, Karl Schlechta und Carl Koch, München 1934–1940 (abgekürzt mit römischer Band- und arabischer Seitenzahl).

BA Friedrich Nietzsche: Werke. Basler Ausgabe. Ausgaben letzter Hand. Herausgegeben von Ludger Lütkehaus und David Marc Hoffmann. Frankfurt am Main/Basel 2013 ff. Erschienen: Bd. XI: Also sprach Zarathustra. Ein Buch für Alle und Keinen. In drei Theilen. Frankfurt am Main/Basel 2013. Bd. XII: Also sprach Zarathustra. Ein Buch für Alle und Keinen. 4. und letzter Theil. Frankfurt am Main/Basel 2013.

Friedrich Nietzsche
Also sprach Zarathustra
Band 90086

›Also sprach Zarathustra‹ ist eines der lebendigsten und umstrittensten Werke der modernen Philosophie. Mit seiner Unruhe und ›gottlosen‹ Leidenschaft wirkt es – über alle Dogmen und Religionen hinweg – gerade im 21. Jahrhundert aktueller denn je. Vor allem aber kann man von Nietzsche lernen, dass das Philosophieren keine rein akademische Angelegenheit ist, sondern ein großes Abenteuer, hinter dem sich unsere Sehnsucht nach einem intensiveren, lustvolleren Leben verbirgt.

Das gesamte Programm von Fischer Klassik
finden Sie unter:
www.fischer-klassik.de

Fischer Taschenbuch Verlag

fi 90086 / 1

Ludwig Börne
Das große Lesebuch
Herausgegeben von Inge Rippmann
Band 90377

»Gefährlich ist nur das unterdrückte Wort, das verachtete
rächt sich, das ausgesprochene ist nie vergebens.« – Ludwig
Börne war Wegbereiter des modernen Feuilletons und des
politischen Journalismus. Sein Eintreten für Demokratie und
Pressefreiheit erregte den Argwohn der Zensur, der er mit
Satire und Witz begegnete. In den berühmten ›Briefen aus
Paris‹ durchstreift Börne seine Gegenwart mit scharfem
Blick, verknüpft Literaturkritik mit Zeitdiagnose. Dieses
Lesebuch lädt dazu ein, den Facettenreichtum und die Aktu-
alität von Börnes Texten neu zu entdecken.

Das gesamte Programm von Fischer Klassik
finden Sie unter:
www.fischer-klassik.de

Fischer Taschenbuch Verlag

Karl Marx
Das große Lesebuch
Herausgegeben von Iring Fetscher
Band 90002

Wer die Gegenwart verstehen will, kommt an Karl Marx nicht vorbei. Nach dem Zusammenbruch des real existierenden Sozialismus von vielen für tot erklärt, ist er heute aktueller denn je. Ob Globalisierung, Neoliberalismus oder Herrschaft der Monopole – zu jedem dieser Stichworte unserer Zeit hat Karl Marx bereits im 19. Jahrhundert hellsichtige Analysen vorgelegt. Dieses Lesebuch breitet das gesamte Spektrum seiner bahnbrechenden Kapitalismuskritik aus. Es wirft aber auch immer wieder interessante Seitenblicke auf diesen großen Denker und politischen Publizisten, der von sich selbst sagte, er sei kein Marxist.

Das gesamte Programm von Fischer Klassik finden Sie unter:
www.fischer-klassik.de

Fischer Taschenbuch Verlag

Sigmund Freud
Das große Lesebuch
Band 90171

Unter der zivilisierten Oberfläche des Menschen diagnosti-
zierte Sigmund Freud unbändige Sexualität, deren Entwicklung er in die Kindheit zurückverfolgte. Religion erklärt er
als universelle Zwangsneurose. Zu seiner Zeit war Freud ein
Skandal. Mit Begriffen wie »Ödipuskomplex« ist der
Vater der Psychoanalyse inzwischen längst in die Alltagskul-
tur eingegangen. Neben einer Auswahl der wichtigsten Texte
enthält das Lesebuch einen fortlaufenden Kommentar, der
leichtfüßig und kenntnisreich durch das Gesamtwerk eines
der einflussreichsten Denker des 20. Jahrhunderts führt.

Inhalt: ›Zum psychischen Mechanismus der Vergeßlichkeit‹,
›Einige Bemerkungen über den Begriff des Unbewußten in
der Psychoanalyse‹, ›Trauer und Melancholie‹ und viele andere.

Das gesamte Programm von Fischer Klassik
finden Sie unter:
www.fischer-klassik.de

Fischer Taschenbuch Verlag